· 毛泽东谈文论史全编 ·

顾　问：龙新民　郑欣淼　陈　晋　阎晓宏

评说中国现代巾帼英豪

MAOZEDONG PINGSHUO ZHONGGUO
XIANDAI JINGUO YINGHAO

毕桂发　主编

李　涛　著

中国文史出版社

图书在版编目（CIP）数据

毛泽东评说中国现代巾帼英豪 / 毕桂发主编；李涛著 . -- 北京：中国文史出版社，
2023.12

（毛泽东谈文论史全编）

ISBN 978-7-5205-4552-5

Ⅰ . ①毛… Ⅱ . ①毕… ②李… Ⅲ . ①毛泽东著作研究②女性 – 人物研究 – 中国 –
现代 Ⅳ . ① A841.692 ② K828.5

中国国家版本馆 CIP 数据核字 (2023) 第 244597 号

责任编辑：窦忠如

特约编辑：王德俊　窦广利　赵增越　张幼平　邓文华　张永俊

出版发行：中国文史出版社

社　　址：北京市海淀区西八里庄路 69 号院　邮编：100142

电　　话：010-81136606　81136602　81136603（发行部）

传　　真：010-81136655

印　　装：廊坊市海涛印刷有限公司

经　　销：全国新华书店

开　　本：787 毫米 × 1092 毫米　1/16

印　　张：26

字　　数：384 千字

版　　次：2024 年 1 月北京第 1 版

印　　次：2024 年 8 月第 3 次印刷

定　　价：88.00 元

总　序

2023 年 12 月 26 日，是中国人民的伟大领袖毛泽东同志诞辰 130 周年。经过多年酝酿策划和组织编撰，我们于今年正式出版发行《毛泽东谈文论史全编》（以下简称《全编》）以示隆重纪念。

十年前，习近平总书记在纪念毛泽东同志诞辰 120 周年座谈会上的重要讲话中指出："毛泽东同志是伟大的马克思主义者，是伟大的无产阶级革命家、战略家、理论家，是马克思主义中国化的伟大开拓者，是近代以来中国伟大的爱国者和民族英雄，是党的第一代领导核心，是领导中国人民彻底改变自己命运和国家面貌的一代伟人。"同时，毛泽东同志又是世所公认的伟大的文学家、史学家、诗人和作家。在深入学习贯彻党的二十大精神、纪念毛泽东同志诞辰 130 周年的重要时间节点上，组织编撰出版这一大型项目图书，为人们缅怀毛泽东同志的丰功伟绩，学习毛泽东同志的伟人品格、政治智慧和文化思想，提供了一套非常重要的文化历史资料；对于弘扬中华优秀传统文化，学习贯彻党的二十大报告中关于"推进文化自信自强，铸就社会主义文化新辉煌"的重要精神，具有十分宝贵的启示和积极的意义。

在组织编撰这部大型项目图书的过程中，我们坚持以习近平新时代中国特色社会主义思想为指导，认真学习党中央关于历史问题的三个决议精神，特别是十九届六中全会通过的《中共中央关于党的百年奋斗重大成就和历史经验的决议》精神，对全部书稿的政治观点和思想内容进行了认真把关，使其符合三个决议精神，也符合习近平总书记十年来有关论述毛泽东同志历史功绩和毛泽东思想指导地位的重要讲话精神，以及关于学习党史国史和弘扬中华传统文化的重要讲话精神。

《全编》计 27 种 40 册 1500 万字。编撰者耗费数十年心血收集、整理、阐析、赏评，把毛泽东在各个时期的文章、诗词、书信、讲话、谈话中引用、化用、批注、圈阅、点评、编选的古今人物和文史作品，把毛泽东传记、年谱、回忆录中提及或引用和评点的古今人物和文史作品，即使片言只语、寸缣尺楮也收集入册，希望能够集散为专、分门别类，尽量避免遗珠之憾，力求内容全面系统、表述科学客观。

这部《全编》有以下几个特点：

资料齐全。毛泽东同志一生酷爱读书，可以说是博览群书、通古贯今。他曾说："饭可以一日不吃，觉可以一日不睡，书不可以一日不读。"他熟读《二十四史》《资治通鉴》等中国历代著名历史著作，熟读中国历代优秀的诗词文学作品，且不动笔墨不读书，读书时做了大量批注和圈画，还常常在自己的文章、诗词、讲话、谈话中引经据典、巧妙运用，真可谓博学约取、学以致用。这就给我们留下了浩如烟海的珍贵史料。在编著这部《全编》时，我们想最大限度地收集、整理、汇编其所涵盖的各个方面的文献史料，力争做到文献可靠、史料精准，可读性、知识性和趣味性兼具，使其成为研究毛泽东思想特别是毛泽东文化思想的重要资料。

分类精细。毛泽东同志喜欢中国古代文学，阅读、圈评了大量各类体式的文学作品，他的诗词创作尤为脍炙人口。因此，收录《全编》中关于毛泽东同志的文史资料，浩瀚如海，编撰者都进行了认真严格的划分整理，将其分三辑，文学类就有两辑，所占分量最大。比如，编撰者将其细分为评点名诗、名词、散曲、辞赋、小说、散文、戏曲的"毛泽东同志评点中国传统文化赏析"7 种 19 册，以及《跟着毛泽东学诗词》《毛泽东诗话》《周世钊论毛泽东诗词》《毛泽东致周世钊书信手迹》与毛泽东读唐诗、宋词、元曲、古文等的"毛泽东与中国诗词曲赋"8 种 9 册。

评述允当。在这部《全编》中，编撰者将每篇作品分为毛泽东评点、人物、事件评述或毛泽东评点、原文和赏析，力求评述或赏析允妥、适当，即深刻理解毛泽东原文含义，紧扣毛泽东的评点，不作过多发挥，文字力求简明生动。同时，编撰者注重史料收集整理的文献性，兼顾知识性和趣味性，这就使得这部大型项目图书兼具很强的可读性。

这部《全编》还有一个最突出的重要特点，那就是比较集中地梳理和呈现了毛泽东同志的历史自信和文化自信。习近平总书记在纪念毛泽东同志诞辰120周年座谈会上的讲话中明确指出，毛泽东同志"是马克思主义中国化的伟大开拓者，是近代以来中国的爱国者和民族英雄"。这个评价反映在毛泽东同志学习和运用、继承和发展中华优秀传统文化方面，鲜明地体现为他的历史自信和文化自信。因此，我们认为这部《全编》的编撰出版，有益于读者更深入体会党的二十大报告论述的"坚持和发展马克思主义，必须同中华优秀传统文化相结合"的重大论断。在这部《全编》中，有关毛泽东圈阅、评点历史人物和文史作品的材料，就很具体地体现了他作为"马克思主义中国化的伟大开拓者"，是如何运用马克思主义的世界观和方法论，去激活中华优秀传统文化的；又是如何通过继承、运用和发挥中华优秀传统文化，为坚持和发展马克思主义提供深厚滋养的。

《全编》除了引用毛泽东同志的相关评点外，主要篇幅是介绍、叙述和评论毛泽东同志评点的对象即历史人物和文史作品，所引毛泽东的评点内容都出自公开的出版物并注明出处。从目前已出版的各类关于毛泽东同志的书籍来看，这是目前更加全面系统反映伟人毛泽东同志的一部大型丛书，但每册又可独立成书，以满足不同读者的阅读喜好与多样需求。当然，限于编撰者的水平和时间，这部《全编》的体例编排和文字表述等方面还有改进和完善空间，恳请专家学者和广大读者朋友不吝批评指正。

《毛泽东谈文论史全编》编委会
2023 年 12 月 18 日

目　录

第一章 "昨天文小姐，今日武将军"

——毛泽东与丁玲

她，既是毛泽东的老乡，又是杨开慧的校友；

她，是20世纪30年代著名的女作家，积极投身革命，成长为革命文学运动中鲁迅旗帜下的一位有重大影响的左翼作家；

她，不远千里奔赴陕北参加红军，毛泽东亲笔签发任命她为中央红军警卫团政治处副主任的命令，并欣然为她写下"昨天文小姐，今日武将军"的词句；

她，以一部《太阳照在桑干河上》而蜚声中外，一举获得斯大林文学奖，更博得了毛泽东的赞赏；

她，历经人间沧桑，解放后遭受不公正批判20多年，依旧无怨无悔地说"主席对我个人是不错的"；

她，就是丁玲。

丁玲，原名蒋伟，字冰之。1904年，出生于湖南安福（今临澧）。1918年，考入湖南省立女子第二师范学校。1919年，积极投身五四运动，热情宣传反帝反封建的道理。1922年到上海入陈独秀、李达创办的平民女校，次年入中国共产党创办的上海大学中文系学习。1927年，发表处女作《梦珂》。随后，发表《莎菲女士的日记》《水》《法网》《消息》《奔》等描写工农斗争生活的作品。作品中所反映的鲜明的时代女性主题和对旧中国黑暗现实的大胆揭露，在社会上引起强烈反响，成为蜚声文坛的女作家。1930年，参加中国左翼作家联盟。1931年，任"左联"机关刊物《北斗》主编。1932年，加入中国共产党，担任"左联"党团书记。1933年5月，被国民党特务非法绑架，拘禁于南京。1936年9月，在党组织的帮助下获救，奔赴当时的中共中央所在地陕北保安。先后任中国文艺协会主任、中央红军警卫团政治处副主任、八路军西北战地服务团团长、中华全国文艺界抗敌协会延安分会主任。曾主编《解放日报》文艺副刊。解放战争期间，在晋察冀边区参加土地改革运动。1948年，出版反映土改运动的长篇小说《太阳照在桑干河上》，被誉为"延安文艺座谈会以后中国新文学的一座丰碑"。1951年，该书获斯大林文学奖。中华人民共和国成立后，历任中共中央宣传部文艺处处长，中华全国文学工作者协会副主席，中央文学研究所所长，中国文联第一、第二、第四届全委，中国作协第一至第四届理事、党组书记、副主席，《文艺报》《人民文学》《中国》主编等职。1955年，遭受错误批判，被下放劳动。1979年，恢复名誉。第一、第五届全国政协委员，第六届全国政协常委，第一届全国人大代表，国务院教育委员会委员，中国妇联理事。1986年3月4日，在北京病逝。

★ "你想当红军，那就与杨尚昆同志到前方总政治部去吧"

1936年深秋的一个黄昏，著名女作家丁玲历尽千辛万苦，经上海、北平、西安来到了"红都"——中共中央驻地陕北保安。

暮色中的保安，没有店铺，只有几家老百姓。然而往来的人们，脸上无不洋溢着自信和乐观。丁玲好奇地东瞧西看，用作家所特有的犀利目光注视着一个对她完全陌生、新奇的世界。她感到自己正被一种生机勃勃、激情盎然的气氛所包围着。

在《我是怎样来陕北的》一文中，丁玲写道：

> 房子全毁了，是那些逃走的地主放火烧的。除了一两家之外，所有的机关都住在靠东山的窑洞里。一排窑洞约半里长，军委、边区政府、党中央各部全住在这里，全中国革命的人民领袖，全都住在这里……

丁玲被安排住在当时的中华苏维埃外交部。这是保安唯一一栋没有遭火烧的房子，还有一个宽敞的大院子，算得上当地最豪华的建筑。

不一会儿，周恩来来看望丁玲。他依然留着在长征中蓄下的一脸大胡子，让人看不见他英俊的真面目。

又过了一会儿，毛泽东也很随便地披着一件棉大衣，微笑着走了进来。

坐在门槛上的周恩来笑道：

"主席今天漂亮了，刮了脸啦！"

"我还没有理发呢。"毛泽东同样微笑着说。

刚刚走完长征路，毛泽东的颧骨突出，脸显得很长，一头浓密的头发，几乎像个大锅盖压在头顶。本来就很高的身材，因为消瘦，再加上衣服太肥就显得更瘦了。

毛泽东笑容满面地同丁玲握手，亲切地问："你就是丁玲，大作家，我看过你写的文章，很好嘛！"

这是丁玲第一次见到毛泽东。除了鲁迅，毛泽东是丁玲心目中最敬仰的人。她早就听说过许许多多关于毛泽东的故事，知道他用兵如神，是位胸中有雄师百万的天才军事家；同时也是位才华横溢的诗人，他的诗词气势宏大，令无数文人墨客折服。但丁玲万万没有想到：这位中华民族的"大救星"竟是那样的平易近人，虚怀若谷，联想到自己三年来被国民党反动派的鬼魅监禁、被谣言诬陷，激动得一句话也说不出来。

《女战士丁玲》一文是这样描写的：

> 外面和街上非常的黑暗。室内只有洋蜡烛燃漾着。毛泽东坐在他们睡的炕上同丁玲闲谈，背靠在墙上，一只脚就跨在炕沿上，不断地抽着烟，上天下地的乱扯，这情形就像是一家人吃了晚饭闲谈消遣，而毛泽东就像是一个家长。炕下面是可以生火的，而火生好的时候，毛泽东竟挨着火炕门，在泥地上坐了下去，两脚就人字形的撑在地上。一个最高的革命领袖能够这样的平民化，恐怕全国只有在苏区才能找到。……毛泽东似乎就是丁玲的父亲，而丁玲就是一个他喜欢的大女儿。

11月10日晚，在保安的一座大窑洞里不时传来阵阵欢声笑语，中共中央宣传部特意为远道而来的丁玲举行了欢迎宴会。

窑洞里摆上了四五桌宴席，丰盛而不奢华。毛泽东、张闻天、周恩来等党和红军的领袖都兴致勃勃地出席了宴会。毕竟丁玲是红军到达陕北后，第一个来苏区的知名作家。

丁玲被邀请坐在首席，周恩来亲切地给她倒水。中共中央宣传部长吴亮平主持宴会，许多领导先后讲了话，欢迎丁玲冲破黑暗的牢笼，回到革命大家庭中来。

倾听着领袖们的殷切希望，感受着革命家庭的温暖，丁玲完全沉浸在无比幸福之中。渐渐地，这个在敌人的法庭上从没有掉过泪的奇女子，眼睛湿润了。她怀着激动的心情，讲述了自己在国民党监狱中的遭遇，讲述了宋庆龄等民主人士的营救，讲述了在奔赴保安路上的种种坎坷和磨难……

许多年后，丁玲回忆起那晚的情景仍是激动不已：

这是我有生以来，也是一生中最幸福最光荣的时刻吧。我是那么无所顾虑、欢乐满怀的第一次在那么多的领导同志面前讲话。我讲了在南京的一段生活，就像从远方回到家里的一个孩子，在向父亲母亲那样亲昵的喋喋不休的饶舌……

丁玲的讲述感染了到会的同志们，也给毛泽东留下了深刻的印象。

宴会后，毛泽东关切地问："丁玲呀，你想做什么事呀？"

"我想当红军！我要上前线当红军！"丁玲毫不犹豫地回答。

虽然那时丁玲对红军并不十分了解，但红军的英雄业绩和举世闻名的长征，在她的心目中早已掀起了巨大的浪花。她向往和追求那些英雄，她想认识和了解那些最能克服困难、最能战斗、最无私的红军战士。

毛泽东极为赞赏地说："好呀，还赶得上，可能还有与胡宗南的最后一仗，现在还赶得上，你就跟杨尚昆他们领导的前方总政治部上前方去吧！"

丁玲兴奋地点点头，感到心都飞了：

"啊！上前线去，当红军！"

★ "昨天文小姐，今日武将军"

在奔赴前线之前，丁玲参与筹备发起了陕北苏区的第一个文艺团体——中国文艺协会。

1936年11月22日，中国文艺协会成立大会召开了。会议主席李伯钊主持会议。丁玲汇报了协会的筹备经过。毛泽东、张闻天、博古（秦邦宪）、林伯渠、凯丰（何克全）等人出席会议并以来宾身份先后讲了话。

毛泽东说："中华苏维埃成立已很久，已做了许多伟大惊人的事业，但在文艺创作方面，我们干得很少。今天这个中国文艺协会的成立，这是近十年来苏维埃运动的创举。"

全场顿时爆发出热烈持久的掌声。

毛泽东清了清嗓子，继续说："要抗日我们首先就要停止内战，……我们要文武两方面都来，要从文的方面去说服那些不愿意停止内战者，从文的方面去宣传教育全国民众团结抗日，如果文的方面说服不了那些不愿停止内战者，那我们就要用武的去迫使他停止内战。"

在讲话中，毛泽东还特别强调：要发展苏维埃的工农大众文艺，发扬民族革命战争的抗日文艺。这些话给丁玲以莫大的启示。

在成立大会上，丁玲被推选为中国文艺协会主任。几天后，她便随红军奔赴前线，开始了崭新的生活。

刺骨的冷风夹着冰冷的雪片，在山谷里翻滚着、吼叫着。队伍在这苍莽而荒凉的无边无际的黄土地上，艰难地前进、前进。

一身戎装的丁玲走在队伍里。军旅生活已把她锻炼得更加坚强，她已经学会了穿山越岭急行军，学会了纵马奔驰，学会了用一根线沾上点儿油，从脚上的血泡中间穿过去，……丁玲成了一名真正的红军战士。

在红军总政治部，丁玲见到的是一张张虽然陌生但又是那么亲切的脸庞。有经过二万五千里长征的老红军，有满怀革命理想从祖国各地聚集而来的知识青年，还有饱经苦难刚刚摆脱封建压迫的劳苦大众……她真想张开双臂去紧紧地拥抱他们。

在这里，人和人的关系明朗而和谐。丁玲认识了许多英气勃勃的红军将领，任弼时、彭德怀、左权、贺龙、萧克、陈伯钧……都给她留下极其深刻的印象。那是一群多么洒脱、坦率、热忱、坚定、年轻而又成熟的指挥员啊！他们肩负着中华民族奋起的希望。

丁玲没有忘记自己肩负的使命，抓紧一切时间去感受新生活。因为没编入建制，也没有分配具体任务，她就自己去找工作做，与战士谈心，跟老乡聊天，缠住那些红军将领，请他们讲战斗故事。红军战士勇往直前的大无畏精神深深教育着丁玲。

每当宿营后，战士们都进入梦乡时，丁玲借着摇曳的火光，在笔记本上记下自己的见闻和感受。她以饱满的热情写下了《记左权同志谈山城堡之战》《南下军中之一页日记》《到前线去》等一篇篇记述红军战斗的散文，受到了红军将士的交口称赞，得到了红军统帅部的赞扬。

1936 年 12 月 30 日，丁玲在随部队经甘肃赴三原途中，收到由红一方面军转交的毛泽东亲发的一封电报。

那天，彭德怀接过机要员刚收到的电文后，面带微笑地说："丁玲同志！"

见一向严肃的彭大将军冲自己笑了，丁玲猜想一定是好消息，便笑着问："前线又打胜仗了？！"

"是战报，主席用诗写的战报！"

丁玲不解，急忙接过电报一看，原来是毛泽东写给她的一首词——《临江仙·给丁玲同志》：

> 壁上红旗飘落照，西风漫卷孤城。保安人物一时新。洞中开宴会，招待出牢人。　　纤笔一支谁与似？三千毛瑟精兵。阵图开向陇山东。昨天文小姐，今日武将军。

丁玲手捧电报，看了一遍又一遍，兴奋之情难以言表：毛主席在词中，对她能够脱离虎口、结束囚禁生活，表示了深切的慰问和庆幸；对她辗转来到陕北投入新的战斗，表示了由衷的喜悦与欢迎。同时，也对她在与国民党反动派的文化"围剿"进行英勇的斗争中所发挥的作用和建立的功绩，给予了充分的肯定和高度的赞扬，赞颂她由一个写文章的"文小姐"，经过革命锻炼，成长为一名"武将军"，可抵得上"三千毛瑟精兵"。

想到自己不过是一个刚刚投身革命队伍的年轻女兵，不过是刚刚以自己的所见所闻和亲身体会写了几篇文章，做了那么一点点应该做的事情，就受到毛主席的夸奖，丁玲又不禁暗自惭愧起来。当然她知道，这首词并不只是给她个人的，其中包含着毛主席对文化战线斗争的重视以及对广大文化战士所寄予的殷切希望。

毕竟这是毛泽东第一次写词专门夸奖一位女作家。丁玲回忆道："我收到词的几天里都沉浸在快乐之中。"

当丁玲从前线返回后，毛泽东又特意手书了这首词赠给她。丁玲把这一令她感动终生的墨宝一直珍藏在身边。

★ 毛泽东任命丁玲为中央红军警卫团政治处副主任，并鼓励她："你能行，不会就学嘛！"

1937 年 2 月，丁玲从前线归来。当时西安事变刚刚和平解决，延安已由红军接防，第二次国共合作在即，抗日民族统一战线即将形成。

毛泽东关切地问："丁玲，你还想做什么呀？"

丁玲还是那句老话："当红军！"

毛泽东满意地笑了，随即向丁玲宣布了任职命令：中央红军警卫团政治处副主任。

听到命令，丁玲既喜又愁。喜的是毛主席和党中央这样器重自己，愁的是自己可从来没当过领导，现在与红军战士相处没几天就要当领导，几乎什么都不懂。怎么工作呢？她还是想从事文化工作，写好文章，当好新闻记者。

于是，丁玲怯生生地问："当主任，我能行吗？"

毛泽东鼓励道："你能行！不会就学嘛！你总愿意学习吧？天下无难事，只怕有心人。你想当红军，说明你愿意学习红军。只要肯学，一切都可以学会的。我们闹革命，建红军，搞武装斗争，开始也不会吧！还不是学中干，干中学，慢慢就会了。"

"我是愿意学的，到陕北来什么都要学，可这是要我当领导，当主任呀！"丁玲仍感到没有把握。

"当领导也难也不难，只要钻进去什么都好办。"毛泽东循循善诱，做起了丁玲的思想工作：

"当好主任无非是抓那么几条嘛！放下架子，深入群众，团结干部和战士，搞好各方面的关系；多动脑子，注意学习别的领导好的工作作风和方法，取长补短，把上边精神吃透，把政策变为群众的行动；再就是严格要求自己，身先士卒，理论联系实际。"

听了毛主席的教导，丁玲心里踏实多了，反复琢磨着每一句话、每一个字的含义。她仿佛在迷茫中看到了光明，在困难时看到了希望。

当晚，丁玲在日记中写道：

> 当一个伟大的任务站在你面前的时候，应该忘去自己的渺小。
>
> 不要怕群众，不要怕群众知道你的弱点。要到群众中去学习，要在群众的监视之下纠正那致命的缺点。
>
> 领导是集体的，不是个人的，所以不是一个两个英雄能做成什么大事。多听大众的意见，多派大众一些工作，不独断独行，不包而不办，是最好的领导方式。
>
> 要确立信仰。但不是作威作福，相反的，是对人要和气，对工作要耐苦，斗争要坚定，解释要耐烦，方式要灵活，说话却不能随便。

就这样，丁玲带着毛泽东的谆谆教诲和任职书愉快地回到部队，开始了新的工作。

当时正处在抗日战争全面爆发的前夜，在新形势下要使警卫团适应新的情况，认识历史转折，认识统一战线的重要性，是一项很艰巨的工作。丁玲认真地按毛泽东的嘱咐去做。

丁玲在中央警卫团的任职虽然只有几个月，但在她的一生中却是很重要的。她深入连队，和干部、战士交朋友，了解他们的感受、想法，了解他们的出身、经历、性格、爱好，一个人一个人地做工作。

通过努力，丁玲在很短时间内，赢得了干部、战士的尊敬，和他们建立了深厚的感情，并逐渐地学会了作为领导如何归纳问题、分析问题和解决问题。

离开中央警卫团后，丁玲担任红军历史征编委员会委员，从事《二万五千里长征记》的编选工作。

有一段时间，丁玲工作不踏实，有些心浮气躁，也很少深入群众。毛泽东察觉到了。

一天，毛泽东到丁玲住的窑洞，看见一大群从国统区来"抗大"学习的青年正同丁玲谈得火热，便用幽默诙谐的口气说："丁玲，我看这些知识分子很喜欢同你接近，你这里有点像文化人的俱乐部呐。"

几天后，毛泽东又严厉地批评丁玲"蛮有名士气派嘛"。

丁玲虚心地接受了批评。从此，她坚持深入工农兵，开展文艺创作。在《三日杂记》这篇散文中，丁玲记述了她跟村长老婆——一个柳拐子婆姨睡在一个炕上谈家常的情景。

毛泽东看了这篇文章，很高兴地对丁玲说："唉！丁玲，你能够和柳拐子婆姨聊天。"

言语之间，对丁玲深入生活，与人民群众打成一片的做法表示了肯定。

毛泽东作为一位伟大的无产阶级革命家和学识渊博的伟大诗人，在文艺方面，就其个人的修养和兴趣来说，是比较喜欢中国古典文学的。

丁玲曾回忆道：

> 我记得党中央初到延安时，我去看毛主席，他给我的印象是比较喜欢中国古典文学，我很钦佩他的旧学渊博。他常常带着非常欣赏的情调谈李白，谈李商隐，谈韩愈，谈宋词，谈小说则是《红楼梦》。
>
> 那时他每周去红军大学讲唯物辩证法，每次他去讲课，警卫员都来通知我去听。在露天广场上，他常常引用《红楼梦》中的人、事为例，深入浅出，通俗生动，听课的人都非常有兴趣。

他同我谈话，有几次都是一边谈，一边用毛笔随手抄几首他自己填的词，或者他喜欢的词，有的随抄随丢，有几首却给了我，至今还在我这里。

他把《娄山关》那首词抄给我时，还问我印象怎么样？我虽觉写得雄伟有力，却一下说不清，只说"苍山如海，残阳如血"是一幅多么好的图画呵！

他当时的秘书周小舟同志也是喜欢旧诗的，常常从对面窑洞里跑过来参加谈话。

有一次，周小舟同我在徐梦秋那里，为了庆祝徐特立同志的六十寿辰，我们买了一块红缎子，准备写一首诗贺他。我们三个人在那里凑句子，毛主席来了，知道我们在做"诗"，高兴得大笑。

我们把凑成的几句念给他听，他说："前面两句写徐老长征时的神态，很好。'衣服自己缝，马儿跟着跑'，真是那样，很现实，这是谁都知道的。末尾两句也好，'青山与绿水，徐老永不老'。"

其实，这诗有点打油，没有什么好。毛主席之所以有兴趣，不在诗，是因为我们在凑着写"诗"。

那时我听他谈话，常常感到自己的旧文学底子太薄，不足为他谈话的对手，因为多半是我听，他讲，我以能作为他的听众而感到高兴。但他在文艺工作上，却再三要我们搞大众化。

毛泽东要丁玲搞"大众化""工农大众文艺"，说明他不从个人爱好着眼而是从革命利益出发，从革命作家与人民大众的关系来要求丁玲。

每当谈起这段经历时，丁玲都带着甜蜜的笑意，怀着欢快的心情说："我现在仍珍藏着毛主席亲笔签发我任中央警卫团政治处副主任的任职命令，我把它当作激励自己在长征路上不断前进的号角。"

★ "这个工作很重要，对你也很好，你到前方去可以接近部队，接近群众，宣传党的政策，扩大党的影响"

1937年7月7日，是每个炎黄子孙都不可忘却的日子。就在这一天深夜，震惊世界的"七七事变"爆发了，日本帝国主义发动了全面侵华战争。

卢沟桥畔隆隆的炮声，惊醒了中国人民；日本法西斯的种种暴行，更激起了四万万同胞的民族义愤。中华儿女在行动，炎黄子孙在奋起抗争！

在关系到中华民族生死存亡的历史关头，中国共产党迅速做出反应，事变的第二天即发表《通电》：

全国同胞们，平津告急！华北告急！中华民族告急！只有全民族实行抗战，才是我们的出路……

在中国共产党的不懈努力和全国人民日益高涨的呼声中，以第二次国共合作为基础的抗日民族统一战线终于形成了。

神圣的抗日民族自卫战争由此在中华大地威武壮烈地打响了。黄河、长江怒涛向日本侵略者席卷而去！

在延安，每个人的心都飞向了抗日前线。望着一队队整编后的八路军健儿誓师出征，一批批抗大学员提前毕业，丁玲再也坐不住了。她决心要放下手中心爱的笔墨，拿起刀枪，奔赴抗日第一线，"把我们的血肉，筑成我们新的长城！……"

而此时，全国各地的知识青年和文化名流，有感于中国共产党的博大胸怀和团结一切爱国志士抗日救国的真诚，纷纷奔赴延安。寂寞的陕北黄土高坡顿时群星云集，人才济济。偏僻的延安小镇，成了世人瞩目的抗日文化名城。

毛泽东深知：一个弱国抵抗强国的侵略，想要彻底打败武器兵力优势的敌人，唯有广大地激励人民的敌忾，发动大众的有力武器……文艺正是激励人民、发动大众的有力武器。

于是，在毛泽东的倡议下，中央军委决定组织宣传队，命名为西北战地服务团，奔赴抗战前线和国民党统治区进行战地宣传。丁玲出任服务团主任。

丁玲深感责任重大，临行前，她去向毛泽东请示工作。

"这个工作很重要，对你也很好，你到前方去可以接近部队，接近群众，宣传党的政策，扩大党的影响。"

毛泽东兴致非常高，点燃了一支烟，深深地吸了一口，接着说：

"组织上嘛，在延安属军委管，到了前方由总政管。出发前，需要什么，就找留守兵团司令萧劲光同志。宣传工作，问中宣部。组织机构可以小一点，你们几个领导同志，叫'团长'也可以，叫'主任'也可以。下边不要设'部''科'了，叫'股'就行了。"

丁玲连连点头称是，然后向毛泽东请示：

"团里有几个人的历史、政治面貌不清楚，让他们去前线是否合适？"

"这不要紧。对他们，在工作中可以慢慢了解，不要有成见，更不要轻易下结论，要帮助他们。"

"明白了，主席。但我们现在的节目还不晓得怎么搞好？"

毛泽东胸有成竹地说：

"要大众化！新瓶新酒也好，旧瓶新酒也好，都应该短小精悍，适合战争环境，为老百姓所喜欢。要向群众，向友军宣传我党的抗日主张，宣传抗日救国十大纲领，扩大我们党和军队的政治影响。"

最后，毛泽东又鼓励丁玲：

"你是写文章的，不会演戏，但可以领导，没有搞过，可以学会。"

遵照毛泽东的指示，西北战地服务团在出发前赶排了一些短小精悍的话剧、歌剧、大鼓、相声，其中有《劝夫从军》《抗日十大纲领》《保卫卢沟桥》《放下你的鞭子》《打倒日本升平舞》《东北之光》《最后的微笑》《王老爷》《汉奸的末日》等。

在延安南门外戏台，西北战地服务团进行了汇报演出。毛泽东和中央其他领导同志兴致勃勃地观看了演出。

丁玲回忆道：

我第二次参加演出是1937年西北战地服务团出发前在延安的一次汇报演出。

节目中有一个是诗人张天虚同志写的剧本《王老爷》，内容是宣传全民族抗战，有力出力，有钱出钱。剧中出现一个八路军的女宣传员，对富绅王老爷进行教育。剧组的同志们要我上台担任这个角色，大家都一致赞成，我推辞不掉，只好答应了。

排戏时，要我排练，我以为只说那么几句话，到台上背一背，很容易，别的工作又忙，抽不出时间，我便说不排也罢。

那天演出时，我仍穿我那一身灰军服，系皮带，裹绑腿，也没有怎么化妆，薄薄地在脸上涂了一点油彩。门帘一掀，我走上台。台下观众都是干部，平日都是熟人，出其不意地看见我，都哄笑起来。我一眼瞥去，台下一张张笑脸，我一下晕了，觉得脸上发烧，心跳得厉害，好在我涂的油彩也是红色。演戏同讲演到底不一样。幸好那个饰王老爷的同志赶忙走过来迎着我，客客气气地讲话，我才定下神来，慢慢地走过去，分几次把我的台词念完。我的戏完了，这幕剧也完了。

真是无巧不成书，毛泽东偏偏在这时候赶来看戏。

在抗战初期，毛泽东工作特别繁忙，既要指挥前线同日寇作战，又要撰写理论文章指导抗战，因此一般是抽不出身来看戏的。这次，毛泽东想亲眼看一看丁玲他们搞的节目到底如何，是否大众化。于是，他事先也没有打招呼，便在节目开始后，兴致勃勃地来看演出了。谁知，会场上观众人山人海，早已挤了个水泄不通，不仅没有座席，就连站的地儿都没了。

前门根本进不来，毛泽东便走到后台。那时，一些领导同志或是剧团的熟人来迟了，常常就从后台进来，台上还演戏呢，他们就从台沿跳下去找座位。

这次，西北战地服务团下决心破除陋习，建立舞台新秩序，规定在节目进行中，任何人都不能在前台上下，以免影响观众看戏。演出前，丁玲又向后台工作人员重申了这项纪律：

"这次我们不仅要演出好，更要展示出好的团风。谁要是违反规定，放人进来，就处分谁。"

见毛主席来了，后台的工作人员既高兴又为难。高兴的是毛主席日理万机，平时演出请都请不来，这次竟主动来了，可见对西北战地服务团的重视。为难的是，团里刚刚规定了纪律，谁也不敢擅自做主，放毛主席从后台进去；但不放主席进去，又生怕扫了他的兴。

无奈之下，工作人员只得硬着头皮，向毛泽东讲了这条纪律，并一再解释这是团里的新规定，请主席等台上的这个节目演完后再到台下看戏。

毛泽东不仅没生气，反而颇为赞许地说："好嘛，遵守你们的规定！"

恰在这时，台下打断丁玲台词的哄笑声传了进来。毛泽东被笑声吸引了，便悄悄地站在台上侧幕旁边，从缝隙里往里窥视。

当他看到台上扮演女八路的丁玲一脸的窘迫样时，不禁哑然失笑，自言自语："这个丁玲哇！"

这场戏演完了，丁玲一进后台，毛泽东就笑着迎上前去，说："啊！丁玲也上台演戏了，好啊！"

整个演出结束后，毛泽东极有兴趣地对丁玲说："节目可以，就这样演下去。"

1937年8月15日，延安各界为西北战地服务团举行欢送会。毛泽东在会上发表了激情洋溢的讲话：

"要用你们的笔，用你们的口，与日本打仗……从文的方面和武的方面夹击日本帝国主义。"

丁玲代表西北战地服务团的全体成员，向党中央和毛主席宣誓：

"我们的服务团虽小，但她好像小河流水一样，慢慢地深入大河，聚汇成若干河的水，变成一股洪流，把日寇完全覆灭在我们的洪流中。"

带着党中央和毛泽东的重托，丁玲率领着西北战地服务团出发了，他们高举鲜红的旗帜，东渡黄河，奔赴山西抗日前线。

西北战地服务团从晋西、晋北到晋东，途经16个县、60多个村庄，辗转3000余里。一路行军，一路演戏，一路向群众宣传抗日救国。

丁玲广泛地接触了各阶层人士和许多抗日将士，受到了教育、鼓舞和锻炼。其间，丁玲主编出版了《西线生活》《一年》《战地歌声》《杂耍》《突击》《呈在大风沙里的人们》《河内一郎》一套战地丛书。她还和西安各界座谈、联欢，进行教唱、排剧等活动。

除了写通信报道外，西北战地服务团主要进行各种形式的抗战宣传演出。演出以话剧为主，演话剧就要有剧本。于是，丁玲亲自动手写剧本，先后写了《重逢》《河内一郎》等，在抗日的烽火前线，在大后方许多地方上演。由于这些剧目短小精悍，适合战争环境，深受老百姓喜欢。因为戏多人少，丁玲也常常亲自登台，参加演出。

西北战地服务团圆满地完成了党中央、毛泽东赋予的任务。党中央对西北战地服务团的工作给予了很高的评价。

周恩来称赞道："丁玲等所组织的战地服务团，在前线艰苦奋斗，获得了全国人民的称颂。"

★ 丁玲在《延安文艺座谈会前前后后》一文中，写道："毛主席的话保了我，我心里一直感谢他"

1938年8月，丁玲率领西北战地服务团胜利返回延安后，组织上安排她到中央党校学习。

时任中央党校校长的康生在一次党校学生会议上却公开说："丁玲没有资格到党校来，党校也不会要她，因为她在南京被捕后自首过。"

丁玲得知此事后，当即找到毛泽东，十分委屈地说："主席，康生有什么根据说我是'叛徒'，我请求党中央审查我在南京的这段历史，给我做出书面结论！"

毛泽东听了，关心地说："你不要生气，我相信你是一个忠实的共产党员，可是要作书面结论，你得找中央组织部部长陈云同志。"

为了对革命对同志负责，弄清历史，陈云组织对丁玲被绑架、囚禁在南京的历史作了仔细、认真、负责的审查。

1941年元旦，中组部将陈云、李富春审定签名的审查结论通知了丁玲。

结论认为：通过对丁玲1933年5月被捕至1936年离开南京这一段历史的审查，中组部结论认为，丁玲曾经自首的传说并无证据，不能凭信。因此应该认为丁玲仍然是一个对党对革命忠实的共产党员。

陈云还告诉丁玲："结论的最后一句话是毛主席加的。"

丁玲听了，不禁热泪盈眶，她感谢党组织，感谢毛主席。

但丁玲万万没有想到：17年后，有人颠倒黑白，捏造了"丁玲、陈企霞反党集团"案，重新做出"丁玲被捕后有变节性行为"的审查结论，并由此导致丁玲遭受了长达20多年的迫害。

抗战全面爆发后，正确的路线、方针和政策使中国共产党有了极大的发展。但历史上遗留下来的，特别是王明"左"倾错误遗留下来的一些不正确的思想作风在党内严重存在。同时，大批非无产阶级出身的新党员思想上的不稳定性，也从一定程度上助长了这些不良思想作风的蔓延。

据此，1942年春从延安开始逐步展开了全党全军的整风运动。

这次整风运动是有领导、有准备、有计划、有步骤地开展起来的，任务是：反对主观主义以整顿学风，反对宗派主义以整顿党风，反对党八股以整顿文风。

1942年2月，毛泽东先后发表《整顿党的作风》和《反对党八股》的演说，整风运动随之进入普遍阶段。其后，《改造我们的学习》和《论共产党员修养》等著作，也都成为整风运动的重要学习文件。广大党员干部认真学习文件，遵照"惩前毖后，治病救人"的方针，开展批评与自我批评。

出身于小资产阶级的丁玲，同五四运动以后其他一些小资产阶级作家一样，在思想和创作上都有一个发展过程。她从1927年开始创作，到1942年延安文艺座谈会，走过了一段相当曲折的道路。

到陕北前，丁玲已经出版了包括30多篇（部）小说在内的10本作品集。她是以《莎菲女士的日记》蜚声文坛的，其前期作品塑造最成功的人物，是小资产阶级知识女性，而不是工农群众和革命者。她对小资产阶级女性很熟悉，思想上有某些共同之处，又不乏同情。对于丁玲和她过去的创作情况，当时的党中央领导是比较了解的，而且丁玲到保安后，还亲自向毛泽东作了详细汇报。

延安整风运动开始不久，"三八"妇女节就来到了。当时《解放日报》文艺版编辑陈企霞邀请丁玲写一篇纪念"三八"妇女节的文章。

丁玲联想到发生在延安的两起离婚事件，心里很为妇女同志鸣不平，又想到文化俱乐部星期日舞会上打扮得"怪里怪气"的几位女同志的模样，便有感而发，连夜写出了一篇杂文——《三八节有感》。

文章从关心妇女的社会地位出发，就谈恋爱、婚姻、家庭等方面列出了种种障碍，最后提出妇女要取得平等权利，首先要自强。丁玲在文章中发泄着自己的不满情绪。

《三八节有感》刊登在《解放日报》1942年3月9日的文艺栏。几天后，即3月13日，《解放日报》文艺栏又刊载了王实味的一篇杂文——《野百合花》。

4月初，毛泽东在延安整风学习中主持召开了一次高级干部学习会。毛泽东在讲了几句开场白后，康生的夫人曹轶欧第一个发言，矛头直指《三八节有感》和《野百合花》。她振振有词地批评起来，言语有条有理，上纲上线，显然是做了充分的准备，大有将丁玲一棍子打死之势。

丁玲感到很意外：曹轶欧不搞文化工作，为什么要批评我？

这天的整风学习会，除了徐老（徐特立）以外，其余七人的发言都讲到了《三八节有感》，而且批评得非常尖锐。

毛泽东作最后的总结性发言：

"《三八节有感》同《野百合花》不一样。《三八节有感》虽然有批评，但还有建议。丁玲同王实味也不同，丁玲是同志，王实味是托派。"

就《三八节有感》这篇文章本身来讲，因有片面性，缺少点辩证法，而产生了不良影响，幸好毛泽东把不同性质的问题区别开来，用一分为二的观点对它作了中肯的评价，从而保护了丁玲。

随后，在中央研究院批判王实味的座谈会上，丁玲作了《文艺界对王实味应有的态度及反省》的发言，进行了自我批评，顺利地过关，没有受任何处分。

一场由《三八节有感》引起的风波就此过去了。

这件事情给了丁玲深刻的教育，使她开始对如何批评人才能使别人心服的问题进行思考。

延安文艺座谈会的目的是解决新形势下革命文艺工作和文艺思潮中出现的各种问题。毛泽东为了准备这次会议，分别找很多人谈话。

有一次，毛泽东就谈批评问题与丁玲进行了长谈。

"我们要不要自我批评？要的。如果一个党没有自我批评，这个党的生命就停止了。"

毛泽东用自问自答的方式启发丁玲。

"为什么你在文章里批评人，人家服气，我写文章批评，人家就不高兴呢？"丁玲不解地问。

毛泽东微微一笑，说：

"批评同志要实事求是，讲点辩证法。人家有优点，要肯定嘛。缺点，有几分就说几分，要恳切，不要刻薄。你不肯定人家的优点，缺点又说得过分，开门见山就说女同志受压迫，受歧视，人家当然受不了啦！"

几十年后，丁玲反思道：

> 当时我因两起离婚案件而引起的为妇女同志鸣不平的情绪，一泄无余地发出来了。这两起事件的当事人今仍健在，可能会想得起来的。那时"文抗"的俱乐部，每逢星期日就有几个打扮得"怪里怪气"的女同志来参加跳舞。"每星期跳一次舞是卫生的"，说这话的就是江青。我不反对跳舞，但看这些人不顺眼，就顺便捎了她们几句。我的确缺少考虑，思想太解放，信笔所之，没有想到这将触犯到什么地方去。我也没有想到文章可能产生的影响和对被批评者应有的体谅，更想不到敌人可以用来反对党的。四十年之后，现在我重读它，也还是认为有错误的。毛主席对我说过：内部批评，一定要估计人家的长处，肯定优点，再谈缺点，人家就比较容易接受了。

1942年5月，毛泽东发表了具有划时代意义的《在延安文艺座谈会上的讲话》，从而开创了新文化运动的新纪元。这个讲话是毛泽东深思熟虑的结果，提出了文艺是为什么人服务和怎样服务的问题，提出了写光明与写黑暗的问题，并把每个问题都讲得十分明确和透彻。

丁玲听了深受教育和启发。她非常愉快地、诚恳地用《在延安文艺座谈会上的讲话》作武器，开展自我批评，自觉自愿地在"整风运动"中

"痛痛快快地洗个澡"，洗刷思想上从旧社会沾染的污泥，并表示一定要轻装上阵，要为革命文艺奉献自己的一切。

尽管丁玲有错误，毛泽东还是很信任、重用她的。高干学习会结束后，丁玲出任中华全国文艺界抗敌协会延安分会（简称"文协"）主任，负责领导"文协"的学习和整风。

1982年，丁玲在《延安文艺座谈会前前后后》一文中，在谈到这件事时写道："毛主席的话保了我，我心里一直感谢他。"

★ 毛泽东致信丁玲、欧阳山："你们的文章引得我在洗澡后睡觉前一口气读完"

延安文艺座谈会以后，在毛泽东《在延安文艺座谈会上的讲话》精神指引下，文艺工作者纷纷深入生活第一线为人民大众服务。

丁玲以革命战士的姿态出现在陕甘宁边区的文坛上，思想和创作逐渐起了变化。她又像上前线一样，打起背包，裹上绑腿，深入部队、农村体验生活，全心全意地投入工农兵火热的斗争中去，写出了《一二九师在晋冀鲁豫》《三日杂记》等多篇报告文学，热情歌颂边区新生活和英雄模范人物。

1944年6月，丁玲出席了在延安召开的边区合作社会议。会上，她广泛地接触发展互助合作事业的先进人物和模范事迹。这一个个鲜活的人物、一件件感人的事迹，使丁玲再也坐不住了。她拿起笔来，用满腔的热情，几乎是一气呵成，写出了报告文学——《田保霖》。

这篇作品，描写了田保霖，由一个受过教会宣传的买卖人成长为边区劳动英雄、合作社主任的生活经历和思想发展的历程，歌颂了"他踏上新的道路，为建设新民主主义的新靖边而工作"的革命精神，展示了陕北地区近二十年，特别是在中国共产党的领导下所发生的历史巨变。田保霖的成长过程，体现了中国共产党的正确领导；而他的合作社的发展，又反映了边区人民生活的新面貌。

丁玲说："这本书很单薄，但却是我走向新的开端。这是我读了毛主席《在延安文艺座谈会上的讲话》以后有意识地去实践的开端。"

7月1日凌晨，毛泽东读了丁玲写的《田保霖》和欧阳山写的《活在新社会里》，从中深深感到了革命文艺作家新的创作作风，欣然提笔给他们写了一封信。

丁玲、欧阳山二同志：

快要天亮了，你们的文章引得我在洗澡后睡觉前一口气读完，我替中国人民庆祝，替你们两位的新写作作风庆祝！合作社会议要我讲一次话，毫无材料，不知从何讲起。除了谢谢你们的文章之外，我还想多知道一点，如果可能的话，今天下午或傍晚拟请你们来我处一叙，不知是否可以？

敬礼！

毛泽东

七月一日早

毛主席请，盼都盼不来，还有不可以吗？当天下午，丁玲和欧阳山怀着激动的心情，来到了枣园毛泽东的住处。

毛泽东热情地接见了他们，并留他们一同吃晚饭。席间，毛泽东兴致颇高，频频举杯，为"新写作作风"干杯。

"我一口气看完了《田保霖》，很高兴，这是你写工农兵的开始，希望你继续写下去。我为你走上新的文学道路而庆祝。"毛泽东鼓励丁玲。

后来在延安的干部会议上，毛泽东对大家说：

"丁玲现在到工农兵中去了。《田保霖》写得很好嘛！作家到群众中去就能写出好文章。"

许多年后，丁玲谈起此事，仍是激动不已。

毛主席过去读过我的文章，并且同我谈论过。后来，他又读过我的文章，也同我谈论过。他对我的文章有过评语。虽然都是平常谈话，但我却把这些当成是从一位最高明的人、一个知音那里来的悦耳之音，常常铭记在心的。

……

这文章我一点也不觉得好，一点也不满意，可是却得到了最大的鼓励。……毛主席在干部会议上、在合作社会议上都提到这篇文章。我懂得这个意思。毛主席对我这样的鼓励永远成为一种鞭策。我不会因为有毛主席的鼓励就以为《田保霖》写得好，就以为我的文章真正好，这还只是一点点萌芽呢。

★ "丁玲是个好同志，就是缺少一点基层锻炼，有机会当上几年县委书记，那就更好了"

1946 年 5 月 4 日，中共中央发出《关于清算减租及土地问题》的指示，号召"坚决拥护群众从反奸、清算、减租、退租、退息等斗争中，从地主手中获得土地，实现耕者有其田"。

于是，一场轰轰烈烈的土地改革运动在各解放区展开了。

土改运动从根本上结束了绵亘数千年的封建土地所有制，开启了一场伟大的历史性社会变革。丁玲主动请缨，要求投身到这场伟大的运动中去。

1946 年仲夏，作为晋察冀中央局组织的土改工作队一员，丁玲先后到河北怀来、涿鹿一带参加土改工作。时值平绥战线战事吃紧，土改队如同在前线战场上作战，没日没夜地工作了近一个月。

温泉屯，位于河北涿鹿县境内，风光秀美，桑干河水从村边潺潺流过。丁玲在这里参加了土改的全过程，目睹了 20 多天里周围所发生的翻天覆地的变化：几千年的封建土地制度结束了，贫苦农民成为了土地的主人。

丁玲漫步在乡间小路，沉浸在农民翻身的欢乐中。20 多天里，她是在兴奋与紧张中度过的，整个人被创作的激情燃烧着。

从 1946 年 11 月动笔，至 1948 年春，丁玲以自己在实践中积累的大量素材完成了一部长篇小说《太阳照在桑干河上》。这是一部描写在中国共产党、毛泽东领导下进行土地改革的作品。她把这部 23 万多字的小说送给乔木（胡乔木）、萧三和艾思奇，请他们提意见。

1948年夏，西柏坡，中共中央所在地。

又是一个炎热的下午，毛泽东请乔木、萧三、艾思奇等人出去散步。于是，大家高高兴兴地坐上毛泽东的吉普车，驱车20余里后，便在一个阴凉的树林里休息。

毛泽东的兴致很高，与大家谈笑风生。谈话中，乔木等人向毛泽东提起了丁玲写的这部小说。

乔木介绍说："丁玲写了一部描写张家口附近地区农村土改的长篇小说，她请我们提意见，我们正在讨论。"

毛泽东问："你们对这部小说的看法呢？"

"写得好，个别地方修改一下，就可以发表。"乔木兴奋地说着自己的看法，萧三、艾思奇也连连表示同意。

毛泽东没有看过这部小说，不好发表意见，就边听边吸烟，沉思了一会儿，说："丁玲是个好同志，就是缺少一点基层锻炼，有机会当上几年县委书记，那就更好了。"

不久，萧三的夫人甘露见到了丁玲，便把毛泽东说的这些话告诉了她。

丁玲心里有说不出的激动：在人民解放军即将同国民党军大决战的前夜，经常彻夜不眠的毛泽东竟还时时关心着自己的成长、进步！

1948年9月，《太阳照在桑干河上》在东北新华书店出版。出版后，即得到社会各界和评论界的一致好评，被誉为"延安文艺座谈会以后中国新文学的一座丰碑"。

1951年，该书荣获斯大林文学奖。

在莫斯科领奖时，面对众多记者的提问，丁玲谦逊地说：

"我是一个很渺小的人，只做了很少很少的一点工作，从来不敢有什么幻想。……我爱斯大林，我爱毛泽东，当我工作的时候，我心里常常想到他们，好像他们就站在我面前，这样，我就尽力按照他们的思想，他们所喜欢、所憎恶的意见去工作，就怕把工作做坏。……但是，我从来连做梦也不敢想到斯大林的名字、毛泽东的名字能和我丁玲这两个字连在一起……"

★　历经人间沧桑的丁玲毫无怨言地说："主席对我个人是不错的，虽然他老人家后期犯了一些错误，但他是值得我们尊敬的领袖"

中华人民共和国成立后，丁玲先后担任中共中央宣传部文艺处处长、中华全国文学工作者协会副主席、中央文学研究所所长，同时还担任《文艺报》《人民文学》《中国》主编，工作紧张忙碌。

丁玲辛勤而忘我的劳动得到了社会盛情回报，也得到了党和国家领导人的嘉许。

1951 年夏，一个闷热的星期天下午，颐和园云松巢。

一个警卫员模样的人急匆匆跑进来，找到正在此处居住写作的陈明、丁玲夫妇，气喘吁吁地问：

"请问，丁玲同志在这儿吗？"

"我就是，有什么事？"丁玲抬起头来问。

"啊！您好！有位首长要来看您。"

夫妻二人相视，谁也猜不出来的是"哪位首长"？

正在这时，一阵爽朗而又熟悉的笑声从门外传了进来。

"是毛主席！"夫妻二人异口同声地脱口而出，连忙迎出门去。

只见毛泽东在公安部部长罗瑞卿的陪同下，拾级而上。7 月的北京，酷暑难当，毛泽东身上的衬衫已被汗水湿透了。

原来，毛泽东到颐和园小游，散散心。当听说丁玲就在园内写作时，便兴致勃勃地来看她。

丁玲迎上去拉着毛主席的手在门前廊的一排廊椅上坐下。是啊，日理万机的毛主席仍然惦记着她，关心着她，这怎能不令她喜出望外！

在竹影清幽、松柏环绕的庭院里，大家边吃西瓜边聊天，谈笑风生，仿佛是家人团聚，又似久别重逢的故友，轻松欢快。

当谈到对小资产阶级出身的知识分子的思想改造时，毛泽东语重心长地说：

"急不得，也迁就不得，他们可是我们建设用得上的宝，要耐心、细致地做工作，好好团结、关心他们……是要经过长期的甚至是痛苦的磨炼。"

毛泽东讲话风趣、洒脱，再严肃的话题由他讲来，既亲切又引人深思，给人以启迪。丁玲连连点头。

又休息了一会儿，警卫员上来说游船已经准备好。丁玲等人才依依不舍地送毛泽东去昆明湖划船。

毛泽东的这次光临，给丁玲以极大的鼓舞，她决心要把领袖的关怀变成巨大的动力，创作出更多的反映工农兵生活的小说，为人民服务。

然而极为不幸的是，1955 年在反胡风浪潮中，"丁玲、陈企霞反党集团"的污泥浊水倾盆般扣了下来。

丁玲震惊了！愤怒了！因为她所犯的反党错误竟然"和她历史上被国民党逮捕后在南京的一段经历有一定关系"。她万万没有想到这段早有定论的历史竟会在事隔 10 多年后，被别有用心的人端出来，成为诬陷她的致命武器。

丁玲的反抗是那么的苍白无力。

1957 年，丁玲被扣上了"反党反社会主义的资产阶级右派分子"的帽子，开除党籍，下放到北大荒劳动。几年后，史无前例的"文化大革命"开始了。丁玲的处境更为悲惨，先是进"牛棚"，后又入监狱，最后被遣送到山西农村，从心灵到肉体遭受了非人的折磨。丁玲只有用沉默进行着无声的抗争。

然而，历史是公正的。

1984 年 8 月 1 日，经中共中央批准，中央组织部印发了《关于丁玲同志恢复名誉的通知》，通知中推翻了多年来强加给丁玲的一切不实之词，充分肯定了丁玲半个多世纪的革命生涯，重申丁玲是我们党忠诚的、有贡献的党员。

年已八旬的丁玲又重新出现在中国文坛上，焕发了青春。

虽然经历了 20 多年的坎坷生活，丁玲对毛泽东仍是那么一如既往，内心充满着崇敬和仰慕。

当有外国记者问："现在对毛泽东的看法与过去对毛泽东的看法有无变化？"

丁玲发自肺腑地说：

"毛主席是伟大的，没有毛主席就没有新中国。……主席对我个人是不错的，虽然他老人家后期犯了一些错误，但他是值得我们尊敬的领袖。毛泽东思想始终是我党的集体智慧和光辉的指导思想。"

"我的终身遗憾，就是没有在毛主席生前，能听他说那么一句话：丁玲改造过来了。"

丁玲是这样说的。

第二章 "你是开明娘娘"

——毛泽东与刘英

她，与毛泽东同为湖南老乡，也都是师范学校毕业生；

她，在中央苏区与毛泽东相识，毛泽东带病帮助她做扩红工作；

她，作为中央红军中参加长征的 30 个女战士之一，美国著名女记者尼姆·威尔斯在《续西行漫记》中是这样描述的：她"可算得身材最矮小的妇女了，我且谑称为洛甫的'袖珍夫人'，我真想不透在长征途中她怎么会没有被大风刮走，竟然也到了延安。她像春天的知更鸟一样活泼伶俐，忙着共产主义青年团的工作……"

她，在异国他乡与洛甫（张闻天）相识，在长征的艰苦岁月中相恋，在延安窑洞里结为终身伴侣，其间少不了毛泽东的牵线搭桥；

她，曾被毛泽东笑称作"开明娘娘"；

她，就是刘英。

刘英，原名郑杰。1905 年 10 月，生于湖南长沙。1924 年，入长沙女子师范学校。1925 年 3 月，加入中国共产主义青年团，同年 6 月转入中国共产党。"五卅"运动期间，积极投身工人运动，曾任湖南省总工会秘书、干事，中共湖南省委候补委员兼妇女部部长。1929 年，赴苏联，先后在莫斯科共产主义劳动大学、国际无线电学校学习。1932 年，底回国，不久即到中央苏区，曾任少共福建省委书记，少共中央局宣传部、组织部部长。1934 年，参加长征，任红军纵队巡视员、第三梯队政治部主任、中央队秘书长。抗日战争时期，历任少共中央宣传部部长、中共中央秘书处处长等职。1945 年，抗战胜利后赴东北，历任中共合江省委、辽东省委常委兼组织部部长等职。中华人民共和国成立后，历任驻苏联大使馆参赞，外交部部长助理兼人事司司长、监察委员会书记，中共中央纪律检查委员会委员等职。是中共七大、八大、十四大、十五大代表，第二届全国人大代表，第五届全国政协常委。1985年离休。后担任中国儿童少年基金会理事、中共党史学会顾问、中国关心下一代工作委员会顾问等职。2002年8月26日，在北京病逝。

★ 张闻天向毛泽东介绍："这是你的老乡，是从莫斯科回来的"

1934年1月初，中华苏维埃共和国首府瑞金。

当时，正值天寒地冻，中央苏区第五次反"围剿"的斗争形势十分艰难。就在大半年前，即1933年5月，蒋介石在接连四次"围剿"中央苏区失败后，重整旗鼓，亲率50万大军分南北两路，以"步步为营、节节推进，碉堡公路、连绵不断，经济封锁、滴水不漏"的策略，向中央苏区恶狠狠地猛扑过来。在中央苏区，年仅24岁的博古（秦邦宪）成为中共临时中央的总负责人，他积极推行王明的"左"倾冒险主义，对毛泽东进行排斥和打击，剥夺了毛泽东的红军领导职务，将第五次反"围剿"的军事指挥权拱手交给了共产国际委派的军事顾问李德。

李德（1900—1947），又名华夫，原名奥托·布劳恩，德国共产党员，曾在德国打过街垒战，号称"街垒战专家"，后在苏联伏龙芝军事学院进修。李德虽有一些实战经验，但对中国情况一无所知，更不了解中国革命的特殊情况，只是将他的经验和在军事学院课堂上学到的书本知识，盲目地、机械地搬到中国，指导红军作战。

虽然毛泽东领导红军战胜了蒋介石的三次"围剿"，第四次反"围剿"也是在毛泽东灵活机动的战略战术影响下取得胜利，但在博古、李德看来，那是"右"倾机会主义，于是毛泽东被无情地剥夺了指挥权。博古、李德制定了"御敌于国门之外"的错误方针，企图以阵地战、正规战在苏区外制敌，保卫苏区每一寸土地。结果，红军浴血奋战数月，不仅没有御敌于苏区之外，反而损失惨重，被迫停止了冒险的进攻。至此，红军已陷于完全被动的不利局面。

这一天，少共福建省委书记刘英风尘仆仆地赶回了瑞金，她是奉命列席将于 15 日召开的中国共产党六届五中全会。22 日，刘英又参加了在沙洲坝中央工农民主政府大礼堂举行的中华苏维埃共和国第二次全国代表大会，即第二次全国工农兵代表大会，简称"二苏"大会。

这次会议，总结了中华苏维埃共和国成立两年来中国苏维埃运动的经验，提出了当前的任务，讨论了苏维埃政权建设、红军建设和经济建设等重要问题。会上，中华苏维埃共和国中央执行委员会主席毛泽东致开幕词，并做了《我们的经济政策》的报告。这是刘英第一次见到仰慕已久的毛泽东。

对于这位大名鼎鼎的湖南老乡，刘英是久闻其名，如雷贯耳，脑子里更是塞满了毛泽东的革命故事，如数家珍：举办农民运动讲习所，领导湘赣边界秋收起义，创建井冈山革命根据地，总结"敌进我退，敌驻我扰，敌疲我打，敌退我追"的游击战争"十六字诀"，率领红军以弱胜强、连续三次粉碎国民党军的重兵"围剿"。于是，刘英认真地观察起主席台上作报告的毛泽东来。只见他身材伟岸，中分式黑色长发，面颊清癯，双目炯炯有神，举止潇洒而自信，讲起话来头头是道，妙语连珠，全身上下透出一种不同凡响的气质……刘英暗自称奇：毛泽东果然与众不同。

这就是毛泽东给刘英留下的极其深刻的第一印象。半个多世纪过去了，刘英回首往事，仍能清晰地回忆起当时的情景：

> 毛主席本人确实会做宣传。他讲话生动风趣。在"二苏"大会上做报告，讲到婚姻法，怕群众思想不通，毛主席就说，结婚年龄男的二十岁，女子十八岁。为了革命，青年同志要忍耐着点啊！说得哄堂大笑。

会后，刘英没有返回福建，而是留在瑞金，担任少共中央局宣传部部长。当时，刘英的主要工作是培训青年干部。

对于这段经历，刘英在《我和张闻天命运与共的历程》一书中写道：

说起来很有意思，我读的是师范，可是没有当过教师。这辈子真正搭上教育工作边的，还就是在少共当宣传部长这两三个月。我办了一个红军青年宣传干事训练班，给他们较系统地上团课。为此，我还主编了一本《青年读本》。马克思共产主义学校（党校）有个青年班，请我去讲过青年团的任务，还讲过团的建设。我的宣传能力和组织能力都得到提高。

刘英担任少共中央局宣传部部长不久的一天，张闻天找到她，开口便问："你不是一直想见毛主席吗？"

张闻天，原名张应皋，又名张荫皋，笔名洛甫。1900年，生于江苏省南汇县（现为上海市浦东新区）。1915年起，先后入吴淞水产学校、河海工程专门学校学习，接受新思想。1920年，留学日本，开始翻译外国文艺理论著作和文学作品。1922年，到美国勤工俭学。1924年初，回到上海，任中华书局编辑，创作了《旅途》《青春的梦》两部文学作品，获得成功；同年到四川省立第二女子师范学校任英文教师。1925年6月，加入中国共产党；同年11月，赴苏联莫斯科中山大学学习，毕业后留校任教。1931年，回国任中共中央宣传部部长。

刘英和张闻天是老相识了。早在1929年，刘英在苏联莫斯科共产主义劳动大学学习期间，就认识了正在苏联最高学府红色教授学院深造的张闻天。只不过由于当时所处的特定环境和学习工作的忙碌，两人并没有更多的接触。几年后，张闻天、刘英相继回国，在中央苏区再度相逢。

听张闻天这么说，早就渴望与毛泽东相见的刘英立即兴奋地问："真的？什么时间？"

"我现在就带你去！"

在毛泽东简陋的住处，张闻天把刘英介绍给毛泽东："这是你的老乡，她是莫斯科回来的，在少共中央局当宣传部长。"

在他乡见到故乡人，毛泽东自然是非常高兴，连忙请刘英坐下，并叫贺子珍烧了一盆炭火，四人暖暖地围坐在炭火边聊天。

"你是哪个学校的？"毛泽东操着浓重的湘潭家乡话问道。

"长沙师范。"刘英也是一口的长沙土话。

毛泽东一听就乐了,望着眼前这位个子矮小、比自己年轻12岁的湖南小老乡,略带惊讶地说:

"咦,是吗?我也是师范的。"

"你是第一师范,我是女子师范的。我们那儿的老师都是你的同学。比如周以栗、陈章甫啦。"

刘英略显得有些拘谨,接着又说:

"我去看周以栗老师时,他和我介绍过你,说你走群众路线,打仗了解国情,是正确的,现在不是有人说你是……"

那时,毛泽东受到了执行"左"倾冒险主义的中央领导人的排斥和打击,被剥夺了红军领导职务,他在红军中实行的战略方针和战术原则也受到了批评和指责,"十六字诀"也被污蔑成"游击主义"。

刘英考虑到毛泽东当时的处境不好,"游击主义"这个词未免太刺激了,话到嘴边又咽了回去,改口道:

"……说你是……不正确嘛!"

毛泽东饶有兴趣地望着刘英,语重心长地说:

"你是学生出身,现在到苏区来了,要注意,不能学生腔。你的工作对象是工农分子,没有文化的,对他们讲话一定要通俗。现在许多人写的文章人家看不懂,讲话长篇大论人家听不懂,这有什么用啊?"

随后,毛泽东又讲了许多实际工作的经验。刘英脸上洋溢着兴奋的喜悦,不住地点头,感到毛泽东的话句句都说到了点子上,真是受益匪浅。

张闻天一边伸出手在炭火盆前烤火,一边笑眯眯地看着这两个同操湖南腔的人一见如故,越谈越投机,不时也插上几句话。

炭火越烧越旺,映红了四个人的脸,屋里的气氛也愈加活跃起来。

这次会谈给刘英留下了极其深刻的印象,毛泽东平易近人的风度、幽默诙谐的言谈和非凡的工作能力使她打心底里折服。此后,每当在工作中遇到困难时,刘英总喜欢跑去向毛泽东请教。毛泽东也十分欣赏这位聪明机智、性格开朗,浑身好似有使不完的劲儿的小老乡,总是热情、真挚地帮助她。

有一次，刘英又跑去找毛泽东，向他诉说在宣传工作中经常遇到不被人理解甚至被人误解的情况。

毛泽东认真地思考了一会儿，说：

"你嘴巴子很伶俐，能说会道，不过当了宣传部部长，讲话的对象不同了，可要注意通俗化啊。"

见刘英一脸的不解，毛泽东笑了笑，点燃了一支烟，吸了一口，慢条斯理地解释说：

"你宣传的对象是农民，长篇大论不灵，学生腔也要不得。就是湖南人的腔调也变一变，要向江西老表学说话呐！"

刘英恍然大悟，连声说："我明白了！"

果然，经过毛泽东的点拨和帮助，刘英的宣传能力和组织能力都得到了很大的提高。

★ 雩都城，毛泽东带病教刘英做扩红工作

1934年春，由于博古、李德在战略决策和指挥上执行"左"倾冒险主义的错误，加之李德性情暴躁、刚愎自用，听不得别人的意见，只是依靠地图指挥作战，致使红军第五次反"围剿"从一开始就处于被动。4月28日，广昌失守，中央苏区的北大门被打开了。此役，红军浴血奋战18天，付出了伤亡5500余人的惨痛代价。

随着战争形势的日益恶化，红军的伤亡人数不断增加，前线部队急需补充兵员。扩红便成为当时战斗动员的中心工作。

> 送得哥哥前线去，
> 做双鞋子赠送你，
> 鞋上绣了七个字，
> 红军哥哥万万岁。
> ……

一送郎哥去当兵，

革命道路要认清，

......

老妹送郎当红军，

这条手巾寄深情；

手巾绣上七个字：

永远革命不变心！

......

　　这几首在江西中央苏区流行的山歌，反映的是当时轰轰烈烈的扩红运动。扩红，顾名思义，就是扩大红军，即动员青壮年参加红军。

　　是年5月中旬的一天，中共中央局组织部部长罗迈（李维汉）找到刘英，命令她立即到离瑞金180里的雩都县（今于都）去当扩红突击队队长。

　　刘英受领任务后，二话没说，就带领10多个突击队员，赶到了雩都。

　　这时的刘英，经过毛泽东的言传身教和在工作中摸爬滚打，做起宣传工作来已是得心应手。在她的领导下，雩都县开展了轰轰烈烈的政治动员，掀起了一个欢送红军、优待红军家属的热潮。原定三个月扩红2200名的任务，刘英他们仅用一个半月就超额完成了。

　　6月下旬，刘英带着完成任务的喜悦，从雩都回到瑞金。

　　时任《红星报》主编的邓小平竖着大拇指，称赞刘英："不鸣则已，一鸣惊人！"

　　6月21日，《红色中华》报的头版头条刊登了雩都扩红的消息。中革军委武装动员部为表彰刘英等人的成绩，还特地颁发了一面光荣旗，上面写着："雩都扩红超过二倍半"。

　　然而，刘英却怎么也高兴不起来。因为中央苏区反"围剿"的形势越来越严峻。

　　7月，国民党大军兵分六路气势汹汹地向瑞金猛扑过来。而博古、李德在反"围剿"初期采取"左"倾冒险主义的进攻战略遭到失败后，转而采取了消极防御战略，严令红军"分兵把口、全线防御"。结果，本来兵力就处劣势的红军与人数数倍于我、装备精良的敌军，打起了阵地战、消耗战。节节防御成了节节败退，红军损失惨重，苏区面积日益缩小。

刘英看在眼里，急在心中。她不明白为什么在反"围剿"斗争形势岌岌可危的情况下，博古、李德等人仍一意孤行，继续推行全面防御的错误方针，为什么不让率领红军取得前几次反"围剿"胜利的毛泽东重新指挥作战。

战局对红军越来越不利。为大量补充兵员，9月2日，临时中央再次发出动员令，要求在9月27日前，动员3万青壮年加入红军，以救前线燃眉之急。

鉴于刘英在雩都扩红工作中的突出表现，9月中旬的一天，罗迈找到刘英，十分焦虑地说：

"刘英同志，你上次雩都扩红成绩突出，这次想再派你到雩都去做扩红工作，你看怎么样？"

刘英听后，眉头不禁皱了起来，为难地说：

"上次扩红后，雩都现在妇女是多数，时间又这么急促，怕不太好办……"

罗迈打断了她的话，不容置疑地说：

"刘英同志，这是党交给你的任务，相信你会有办法的。就这么决定了，你去当扩红突击队队长，扩红数目定在4500人。"

性格直爽的刘英，平时有什么说什么，分配的工作再难也不推辞，有点湖南辣妹子的泼辣劲；同时作为一名老党员，她有严格的组织纪律性，自然不会与党讨价还价，更何况当前形势危急，红军将士正在前线浴血奋战。于是，刘英再也没说什么，立即收拾好简单的行李，策马赶赴雩都。

到了雩都，刘英顾不上一路的鞍马劳顿，马上投入扩红工作中。但令刘英感到震惊的是：雩都的形势比她想象的要更加困难。仅仅过了4个月，这座小县城就基本上看不到青壮年了，在地里耕田的清一色都是女人。

原来，由于扩红严重，各家几乎都没有什么人了，加上红军在前方的失利大大动摇了老百姓的信心，感到前途难料，为了躲避扩红，许多人甚至干脆钻进大山里不出来。整个雩都县到处弥漫着悲观失望的气氛，扩红工作举步维艰。

刘英费了九牛二虎之力，才动员了 255 人参军，离 4500 人的任务相差十万八千里。一连几天，刘英一筹莫展，眉头紧锁，吃不下饭，睡不着觉。

这天，刘英正在为扩红的事急得团团转时，脑子里忽然灵光一闪，想到了一个人。

"对了，我怎么把他给忘了。现在，也只有他才可以帮助我。"刘英一边在心里暗自责备自己，一边急匆匆地跑出门去。

刘英想到的这个人正是毛泽东。

当时雩都已成了赣南省委的所在地，毛泽东正在那里巡视工作。

然而，当见到毛泽东后，刘英简直不敢相信自己的眼睛：身材高大魁梧、双眸炯炯有神的毛泽东竟会被病魔折磨得又黄又瘦、一脸倦容。

刘英这时才知道：毛泽东到雩都没多久就患上恶性疟疾，高烧几天几夜都退不下来。赣南省委焦急万分，只好打电话向张闻天求助。张闻天立即派傅连暲医生星夜赶往雩都。经傅连暲的精心救治，毛泽东的病情被及时控制住了，脱离了生命危险，但一时无法迅速恢复体力。身体极度虚弱的毛泽东，只能垫着棉被靠在床上与人交谈。

见到小老乡，毛泽东格外高兴，又恢复了往日的风趣，笑着问：

"明朝金陵陈全作的一首曲子，形容害疟疾的，你读过吗？"

刘英摇摇头，说不知道。

毛泽东便很有兴致地背诵道：

"冷来时冷得在冰凌上卧，热来时热得在蒸笼里坐，疼时节疼得天灵破，颤时节颤得牙关挫。只被你害煞人也么哥，只被你闷煞人也么哥，真的是寒来暑往人难过！"

说完，毛泽东深有感触地笑着说：

"刘英同志，这一次，我可是深有体会哟。"

望着面容憔悴的毛泽东，刘英可笑不出来，只是静静地坐在床边，心想：

毛泽东刚刚摆脱死神魔爪，身体如此虚弱，怎么好开口讲自己的困难。

善解人意的毛泽东看出了刘英的心思，轻声地问：

"怎么啦？是不是扩红遇到困难啦？"

事已至此，刘英咬咬牙还是把在扩红工作中遇到的困难讲了出来：

"情况很紧急。雩都目前剩下的青壮年不多，扩红非常困难。大家都缺乏信心，不知道该怎样才能完成任务。"

说完，刘英用焦灼的目光注视着毛泽东。

毛泽东沉思了一会儿，果断地说：

"要开会，把突击队员、区委书记都找来开会。"

"再开会，就没有时间了。离规定的期限只有不到十天了。"

"不，一定要开会，思想不打通，再有时间也完不成任务。"

毛泽东语气坚定，坚持要开会。

"可是，突击队员都分散到各区去了，现通知也来不及了。"刘英面露难色。

"这事好办，我有四个警卫员，叫他们骑马到各区去，口头通知。"

毛泽东立即把警卫员叫到床边，给他们布置了任务，又叫他们把通知的内容复述了三遍，直到确信他们背熟了，才让他们出发。

这一招果然奏效。

9月19日，雩都县扩红工作活动分子紧急会议在县委机关的一间屋子里如期召开。

突击队员和各区委书记都到了，坐了满满一屋子。

毛泽东也拖着虚弱的身体参加会议。他进来时，大家都向他鼓掌致意。

会议开始后，首先是刘英做报告。她把这些天来了解的情况、前方的形势、扩红的必要性和紧迫性讲了一遍，并把毛泽东的指示以及罗迈的意见，都融汇在报告中。

刘英讲完后，到会者便一个劲儿地鼓掌，要求毛泽东讲话。

"毛泽东同志打摆子刚好，身体还很虚弱，大家不要再鼓掌了。我的报告就是传达他的意见。"

刘英连忙摆手说。谁知适得其反，她越是这么说，大家鼓掌就越热烈，非要毛泽东讲话不可。

"好，我就讲五分钟，讲'决心'两个字。"

毛泽东站起身来，举起两手，示意大家安静。随后，他围绕为什么要下扩红的决心，深入浅出地阐述了反"围剿"形势的严峻，以及如何克服目前的困难。最后，毛泽东鼓励大家要下定决心，不怕困难，开动脑筋，多想办法，努力完成扩红的任务。

毛泽东的讲话，言简意赅，条理清楚，既有理论高度，又有指导工作的实际方法，所有在场的人备受鼓舞，刘英更是发自内心地钦佩。

第二天下午，全县各区都积极行动起来，召开活动分子大会进行动员，贯彻落实前一天的会议精神。

就这样，在毛泽东的正确指导下，经刘英等人的大力宣传，雩都的扩红运动发生了明显的转变。一时间，报名参军的人踊跃起来，送子参军、送郎上前线的动人场面又出现了。

9月26日，《红色中华》做了专门报道，称：雩都"过去最严重的问题是群众逃跑登山，自会议后各地争取逃跑群众回来的工作，收到了最大成效"。

然而，扩红4500人的原定指标太高了，也不切合实际。至9月底，刘英率突击队员们尽了最大努力，雩都人民也做出了最大奉献，总共动员了近1000人参加红军。

★ 毛泽东指着自己的杰作，得意洋洋地说："怎么样，刘英，你要坐担架试试吗？"

1934年9月底，中央苏区仅存瑞金、会昌、雩都、兴国、石城、宁化、长汀等县的狭小地区，人力、物力极度匮乏，红军损失惨重，已失去了在内线打破国民党军"围剿"的可能。中国共产党和工农红军已然到了生死存亡的紧要关头。

10月初的一天，刘英坐在雩都县委的一间小屋里，盘算着如何完成第二次扩红任务。

这时，毛泽东突然走了进来。

刘英连忙站起身，未等张口，毛泽东却抢先说：

"刘英同志，告诉你，马上回瑞金，有特别任务！"

"特别任务？"看到毛泽东神情严肃，刘英心里顿时一惊，意识到事情的严重，但一想到罗迈是出名的"铁的纪律"，如果擅自回去，少不了挨批，便为难地说：

"扩红任务还没有完成，我怎么能走呢？罗迈没有通知，我可不能走。随便回去要挨批哩！"

见刘英不肯走，毛泽东显得有些焦急，张张口想说什么，却欲言又止，转身带着警卫员走了。

自从在瑞金认识毛泽东以来，这是刘英第一次见到毛泽东说话如此吞吞吐吐。回想起刚才毛泽东说话时露出神秘的眼色，刘英心中不禁犯起嘀咕来：

到底是什么特别任务啊？

正在刘英胡思乱想之际，毛泽东又折了回来，郑重地说：

"刘英，你一定要走，不能不走，有特别任务啊！我也要回瑞金了。"

毛泽东特意把"特别任务"四个字加重了语气，同时双眼朝刘英眨了眨，然后扭头就急匆匆地走了。

这下，刘英更有些疑惑了，究竟发生了什么事，毛泽东分明是向自己暗示着什么。

没过多久，这个谜底就揭开了。

"叮铃…叮铃……"桌上的电话急促地响了起来。

"是刘英吗？你马上回瑞金来。"电话那头传来罗迈焦急的声音。

"可零都扩红的任务还没有完成呢！"

"任务没有完成不要紧，现在有特别任务，你快回来。"罗迈急火火地说完就挂断了电话。

"特别任务"，又是一个"特别任务"。刘英被弄得一头雾水，但同时也更加坚定了自己的预感：一定有什么重大的事件发生了。

刘英急忙收拾好行李，骑上马，带着警卫员，向瑞金急驰而去。零都距瑞金 180 里，刘英快马加鞭，仅用了一天时间就赶到了。

直到这时，刘英才知道，所谓"特别任务"就是要突围，要从根据地打出去。原来，国民党军集中重兵向中央苏区中心区域猛攻。短短几天，兴国、雩都、石城一线相继失守，红军机动回旋的余地更加缩小。危急关头，博古、李德由"左"倾冒险转为惊慌失措，未经中央政治局讨论，便仓促决定放弃中央苏区，向湘西实行战略转移，准备与贺龙、萧克率领的红2、红6军团会合。

刘英意识到形势严峻，也顾不上一路上的劳累，便立即赶到少共中央局驻地，安排转移事项。

一切总算是都安排好了。刘英如释重负，长长地舒了一口气。这时，她突然想起应该去看看毛泽东。

毛泽东正蹲在地上，同王稼祥一起准备担架。见刘英满脸疲倦地走过来，毛泽东放下手中的活，站起身来，十分高兴地说：

"叫你走，你不走，不走就把你丢了！"

"你怎么不早告诉我？光讲'特别任务'。"刘英故意装出很生气的样子。

"军事秘密，不便乱说。"毛泽东也故意用很严肃的语气说。

刘英一下子被逗乐了，然后关切地问："你们现在身体能吃得消吗？"

刘英知道：毛泽东在雩都染上的恶性疟疾，当时还没有完全痊愈，而王稼祥在第四次反"围剿"战斗中身负重伤，肠子被打穿。两人身体都十分虚弱，根本无法行军。

没想到，毛泽东立即来了兴致，指着地上的担架，颇为自豪地说：

"你看，我们设计了担架哩。我和稼祥，一个病号，一个彩号，抬着走。"

说着，毛泽东和王稼祥得意洋洋地介绍起他们的"杰作"。这种担架由两根长长的竹竿和绳网组成，轻便有弹性，爬山方便，抬起来省力，上面还有用油布做成的弧形的盖，有点像南方江河里的船篷，既防雨淋又防日晒。

刘英饶有兴致地观看着，不住地点头：担架设计精巧，躺在上面睡觉休息都很舒服，怪不得两人这样得意。

"刘英，你要坐担架试试吗？"

见得到刘英的夸奖，毛泽东更来劲了，非要她亲自坐上去体验一下。

刘英连忙摆手，笑着说：

"我既不是病号，也不是伤员，干什么坐担架？我骑着马跑，神气哩！"

10月10日，中共中央、中革军委率中央红军（由红一方面军改称）主力8.6万余人，乘着夜幕，开始从瑞金、古城等地出发，悄然踏上了充满艰辛与危险的西征之路。

仍然掌握红军领导权的李德指挥部队采取"甬道式"队形，红1、红3军团为左右前卫，红9、红8军团掩护左右两翼，红5军团担任后卫压阵，中央和军委机关及直属队编成两个纵队居中。军委机关编成中央第一纵队，称"红星"纵队；党中央、政府机关、后勤部队、青年团等编为中央第二纵队，称"红章"纵队。

而此时的红军携带了大量的辎重，挑着各种"坛坛罐罐"，甚至把沉重的印刷机、兵工厂机械都搬上了，简直就是"大搬家"。斯诺在《西行漫记》中写道：

> 凡是能够搬走的值钱东西，都装在骡子和驴子的背上带走，组成了一支奇怪的队伍……

刘英腰间别着一支小手枪，挂着一个白搪瓷缸子，骑上马，带着她的全部家当——一条毯子、几件必备的换洗衣裳和大约够吃10天的口粮，走在这支奇怪的队伍中。当时，她担任"红章"纵队的巡视员，负责管无线电台，做政治思想工作。

17日，中央红军在夜色的掩护下，陆续通过雩都河上架设的浮桥，向西前进。

> 一送里格红军，
> 介支个下了山，
> 秋雨里格绵绵介支个秋风寒。

树树里格梧桐叶落尽，

愁绪里格万千压在心间。

问一声亲人红军啊！

几时里格人马介支个再回山？

……

　　望着周围熟悉的一景一物，听着耳边愁绪的江西民歌，刘英心中不禁感慨万千，回想几个月来，她在这里为扩红日夜奔波，但是如今却要从这里撤退，真不知如歌中所唱的"几时里格人马介支个再回山"？

　　几天后，刘英碰见了毛泽东，便悄声问：

　　"你9月份到雩都是有'特殊任务'的吧？"

　　"我上次到雩都的主要任务是察看地形，选择突围的路线。这在当时还是军事秘密，所以不能告诉你。"

　　毛泽东感到很惊讶，但还是告诉了刘英，并说这次红军安然渡过雩都河，走的就是他选定的路线。

　　"我们走到哪里去呢？"

　　"不知道。"

　　"也是军事秘密吧。"刘英还以为毛泽东知道真相不肯告诉她，便随口开了个小玩笑。

　　"我确实不知道。"毛泽东神情凝重，眉宇间透出一丝忧郁。

★ 长征路上，毛泽东提议把刘英调到中央队来

　　美国著名记者索尔兹伯里在《长征——前所未闻的故事》一书的开头，就写到了刘英：

　　刘英还不到五英尺高，娇小得就像小孩子玩的布娃娃。海伦·斯诺曾经说她无法想象刘英在长征途中是怎么没被大风刮走的？……

刘英的个子虽小，但她具有钢丝一般坚韧的精神，毛泽东也一直关照着她……

的确，长征的异常艰苦是无法想象的，前有险山恶水，后有重兵追赶。刘英作为中央红军8万余人中仅有的30名女战士之一，经受住了这种磨炼，不能不令人钦佩。作为一名女同志，能坚持住，不掉队，是无言的鼓励；和战士们同甘共苦，同时做思想工作，鼓舞士气，播撒革命的火种，是无声的号召；保持乐观的情绪，更是无形的力量。

1986年，为纪念长征胜利50周年，已是年过八旬的刘英满怀深情地写下了《难忘的三百六十九天》：

从1934年10月16日踏上长征之路，到1935年10月19日到达陕北吴起镇，我作为红一方面军三十个女战士之一，走完了二万五千里征程，跋涉了三百六十九天。这是永生难忘的三百六十九天。回想起来，无数悲壮的场面、惊险的经历，历历在目。长征途中种种复杂的斗争，也深深刻在我的脑际。长征精神，对于我自己是一种永不枯竭的鼓舞力量。对于亲身经历这一举世无双的伟大征程的老战士来说，长征是个讲不厌、说不完的题目。

中央红军开始长征后，蒋介石立即集结40万大军实施围追堵截。然而，博古、李德又实行退却中的逃跑主义，仓促出动，消极避战，红军将士浴血奋战一个月，接连突破了国民党军的三道封锁线，已是疲惫不堪。

时值秋雨绵绵，地上都是烂泥巴，战士们肩挑背扛的，都是重家伙。一个人挑着担子走已经不容易，几个人抬着辎重，要想合上脚步更是困难。为防止敌机空袭，行军都在夜里，又不准打火把，有时一个晚上只挪上五六里地。吃不好，睡不好，真是人困马乏，甚至站在地上就睡着了。许多体弱的病号，睡着了就再也醒不过来。更多的人则是脚沤烂了，还只能用破布包起来，一着地就疼痛难忍，不能走路。加上"左"倾路线还占着主导地位，红军士气低落，出现严重减员的情况。刘英努力鼓动，去点燃战士们的革命热情。

毛泽东、张闻天、王稼祥都被编入了"红章"纵队，随中央队一起行动。刘英一有空就到他们那里去，有时也向他们作些反映。三人总是不住地叹息、摇头，深为红军的前途忧虑。

11月28日，红军血战湘江，与国民党优势兵力展开了殊死拼杀。激战至12月1日终于突破了第四道封锁线，但损失惨重，中央红军人数一下子锐减至3万余人。

红军面临生死抉择。广大指战员强烈要求让毛泽东来指挥全军。张闻天、王稼祥也坚决支持毛泽东。12月12日，毛泽东在通道会议上终于打破了被撤销军事领导职务两年多来的沉默，坚决反对北上湘西，与红2、红6军团会合的原战略意图。会议经过激烈的斗争，最终还是采纳了毛泽东的正确主张，向敌军势力薄弱的贵州进军。

红军果真摆脱了困境，进入贵州势如破竹，于1935年1月7日攻占黔北重镇遵义城。15日，中共中央政治局扩大会议在遵义召开，对第五次反"围剿"进行总结，这便是著名的"遵义会议"。

遵义会议结束了"左"倾教条主义在中共中央长达四年之久的统治，重新确立了毛泽东在红军和中共中央的领导地位。这在中国共产党和红军的历史上是一个生死攸关的转折点。

"雄关漫道真如铁，而今迈步从头越。"

遵义会议后，红军进行了大整编，撤销了"红章"纵队的编制，庞大的挑夫队伍解散，一些重家伙有的埋起来，有的干脆扔了。凡是能战斗的人，都调到前方去。红军队伍精干，行动灵活，又焕发了往日的英勇。

4月的一天，刘英突然接到分管地方工作部的政治部代主任李富春写来的一张条子。上面写着：

"调刘英同志到中央队代替邓小平同志工作，立即前往报到。"

接替邓小平担任中央队的秘书长，刘英感到事情来得有些突然，不明白为什么会选调她。

于是，刘英骑马直奔总政治部，见到李富春，就直截了当地说：

"我是做群众工作的，中央队秘书长我干不了。"

李富春笑容满面地说：

"刘英同志谦虚起来了嘛！不要紧，到那里自然有人会帮助你嘛！"

刘英当然明白所谓"有人"指的就是张闻天，因为在私下里，李富春和蔡畅两口子多次向她提及，她和张闻天是很合适的一对。生性泼辣、好强的刘英只得拿起条子到中央队去报到。恰好毛泽东和王稼祥同志在那里。

"你知道谁提议你来的？"

毛泽东见刘英来了，开口就问。

"李富春呗！"

"是我提议你来的。在后梯队太累，你一个小女子要拖垮的。小平上前方了，这儿有个女同志就行。"

毛泽东微笑着把事情的真相，一五一十地告诉了刘英。

刘英恍然大悟，面带难色地说：

"小平同志能文能武，精明能干，我怕做不了。"

"你做得了，做得了。凭你在雩都扩红，一鸣惊人，肯定没问题。"毛泽东和王稼祥好像生怕刘英跑了，连声说道。

接着，毛泽东又继续解释说：

"因为前方要加强，小平同志很有才干，所以调他到前方去，让他发挥更大的作用。"

正谈着，张闻天从外边回来了。他们三人好像事先已经商量过，彼此达成了某种默契，张闻天仍旧重复那些话：

"你完全能做。工作也不多，主要是做警卫队的思想工作，你在这方面有经验。再一个就是管管我们这些人的生活。还有，开会时做个记录。"

三人一唱一和，刘英顿时没有了脾气，只得乖乖地举起了"白旗"——当上了中央队秘书长。

★ 长征路上，毛泽东的趣事：理发·毛巾·洋茶·《红楼梦》

调任中央队秘书长后，刘英工作的一项重要内容就是分管中央几位领导同志的生活。其他几位领导都好办，只有毛泽东不听指挥。在中央队，刘英跟毛泽东接触的机会更多了，也更加了解毛泽东。

（一）理发

毛泽东生活十分随便，爱开玩笑。

长征开始后，毛泽东的头发就长得老长，刘英"命令"他去理发。因为当时没有条件经常洗澡洗头，好多人身上，包括头发里都长了虱子，故而许多人都剪了短发。只有毛泽东听之任之，就是不肯剪头发。有好几次，刘英把理发员找来，洗头发的水也烧开了，可毛泽东依旧不理发，反而振振有词地说：

"刘英同志，我要等打了胜仗才理呢。"

刘英也无可奈何，只好随他去了。

（二）毛巾

长征途中，毛泽东的生活习惯不太讲卫生，洗脸、洗脚用的是同一块毛巾。

"打下了城市再发一条给你，这样多不卫生啊！"刘英看到后，就批评毛泽东，语气里带着一丝抱歉，毕竟当时红军物资极度匮乏，她实在拿不出第二条毛巾来。

谁知，毛泽东满不在乎地说："你以为上面比下面干净吗？你看，鼻子和嘴才脏呢！"

听他这么说，刘英也被逗笑了。

（三）洋茶

毛泽东的生活习惯属于地道的中国式。

有一次，红军在一个教堂里搞到了炼乳、可可、白糖，送给中央领导同志们，瓶瓶罐罐地摆满一桌。张闻天、王稼祥和刘英都高兴得不得了，赶快煮了喝。

三人边喝边回忆起当年在莫斯科的日子。刘英特意盛了满满一茶缸端给毛泽东喝，想让他也尝尝这异国风味。没承想，毛泽东闻到那味儿就眉头直皱，赶忙推开，连声说：

"我不喝洋茶，不喝洋茶！要喝，还是中国的土茶好！"

（四）《红楼梦》

毛泽东的幽默风趣和平易近人，令刘英无比钦佩，然而更令刘英折服的是毛泽东渊博的知识。

刘英知道毛泽东是个精通中国历史和中国古典文学的人，平时说话也喜欢引经据典，经常是一说起来就滔滔不绝，妙语连珠。

有一次，毛泽东与刘英闲聊起《红楼梦》，突然问：

"你知道'不是东风压倒西风，就是西风压倒东风'这句话是谁说的？"

刘英虽说是湖南女子师范学校的高才生，又曾留学苏联，但这个问题却一下难住了她。

"黛玉的'葬花词'我背得，这句话哪个知道是谁讲的？"

见刘英答不上来，毛泽东得意地说：

"告诉你，就是这位苏州姑娘说的啊！"

"《红楼梦》里你最喜欢哪一个？"毛泽东不依不饶，接着又问。

"当然是林妹妹了。"刘英回答得很干脆。

毛泽东连连摇头，说：

"《红楼梦》里最招人喜欢的是贾宝玉。他鄙视仕途经济，反抗旧的一套，有叛逆精神，是革命家。"

刘英第一次听到贾宝玉还是革命家，觉得十分新鲜。

中央红军与红四方面军在四川懋功（今小金）胜利会师后，有一次，毛泽东去找红四方面军的主要领导人张国焘谈话，把刘英带了去。

一见面，毛泽东就笑着对张国焘说：

"我给你带水来了！"

"什么水啊？"张国焘一下没反应过来。

"《红楼梦》里的宝二哥不是说男人是泥巴捏的，女人是水做的吗？"毛泽东一边笑着解释，一边指指站在身旁的刘英。

张国焘这才恍然大悟，也不由得笑起来。

★ 毛泽东对刘英大发脾气："这是怎么回事？贺子珍的怎么可以比徐老他们多呢？"

遵义会议后，在毛泽东的正确领导下，中央红军再次焕发了生机与活力，"四渡赤水出奇兵"，而后顺利渡过金沙江，摆脱了数十万国民党军的围追堵截，一举扭转了第五次反"围剿"以来的被动局面。在强渡天险大渡河后，中央红军以坚韧不拔的毅力，克服常人难以想象的困难，翻越终年积雪、空气稀薄的大雪山——海拔 4000 多米的夹金山，至 1935 年 6 月 16 日，到达四川懋功地区，与红四方面军胜利会师。

两大红军主力会师后，中共中央根据全国形势和当前情况，提出了创建川陕甘苏区的战略方针。然而却遭到张国焘的极力反对，他主张红军继续向青海、新疆或西康（今并入四川、西藏）等偏远地区转移。

张国焘（1897—1979），江西萍乡人。早年在北京大学读书，参与创建中国共产党活动，曾与毛泽东一同出席中国共产党第一次全国代表大会，历任西北革命军事委员会主席、中华苏维埃共和国中央政府副主席、中央革命军事委员会副主席等职，是红四方面军的主要领导人，一心想独揽红军的大权。

为统一思想，6 月 26 日，中央政治局在懋功以北的两河口召开会议。

会场设在一座喇嘛庙里。会议由张闻天主持，周恩来作报告，刘英担任记录，一共开了三天。

这次会议是红军两大主力会师后的第一次正式会议，通过了一个正式文件——《中央政治局决定（一九三五年六月二十八日）》，明确规定：中央红军和红四方面军共同北上，首先占领甘肃南部，进而创建川陕甘区，最终取得中国西北各省以至全中国的胜利。据此，中革军委制订了夺取松潘的作战计划。

两河口会议虽然对北上创建川陕甘苏区的战略方针和夺取松潘的战役部署都作了正式决定，但张国焘依仗红四方面军人多枪多，根本就没把党中央、毛泽东放在眼里，对中央政治局的决定更是阳奉阴违，没有真正执行，致使松潘战役计划未能实现。

这时，刘英仍然随着中央队行军。在毛儿盖，中央红军同红四方面军张国焘之间，电报和人员往来频繁，争论的焦点仍是北上还是西进、南下这个老话题。由于无法达成共识，行军路线迂回曲折，走了不知多少回头路。

毛泽东、张闻天等一直在思考如何使两大红军主力团结起来，统一行动。他们一致认为关键就在张国焘。刘英亲眼看见了毛泽东和张闻天为此事反复商量。

在那些日子里，毛泽东明显地消瘦了，饭吃不好，觉睡不香，烟却一支接一支抽得惊人，他需要精力，需要镇定。

"张国焘是个实力派，他有野心，我看不给他一个相当的职位，中央红军和四方面军很难合成一股绳。"

毛泽东一边拼命地抽烟，一边继续分析着：

"张国焘想当军委主席，这个职务现在由朱总司令担任，他没法取代。可只当副主席，同恩来、稼祥平起平坐，他又不甘心。"

张闻天认真地说：

"那我这个总书记的位子让给他好了。"

"不行！"毛泽东断然地说：

"他要抓军权，你给他做总书记，他说不定还不满意，但真让他坐上这个宝座，可又麻烦了。"

于是，两人又陷入了沉默，原本不大的屋里弥漫着浓浓的烟草味。

"还是让他当总政委吧。"

毛泽东想出了一个好主意。这样做既考虑了张国焘的要求，又没让他把军权都抓到手，是个两全其美的办法。

时任红军总政委的周恩来患了重病，发着高烧，咳嗽不止，但仍为此事烦心。当听到毛泽东的主意后，周恩来当即表示赞同。

7月18日，中革军委发布命令，任命张国焘为红军总政委。

然而，张国焘对红军总政委之职似乎并不满意，仍然和中央明里一张脸，暗里一股劲。为此，毛泽东、张闻天等人多次到红四方面军那里去，耐心地做他的思想工作，经常一谈就是半天。

交谈中，张国焘转弯抹角地说：

"对工农干部，我是很重视他们的啊，他们打仗勇敢，有经验。"

毛泽东心里明白张国焘的真实企图，他是想提红四方面军的一些人进中委和政治局。毛泽东便和张闻天、周恩来等人商量对症下药、妥善解决的办法。

一天，张闻天告诉毛泽东：

"张国焘拟定了一个名单，上面写着四方面军哪些人进中委，哪些人进政治局。"

毛泽东非常生气地说：

"中委可以增加几个，政治局不能增加那么多。"

经过一番针锋相对的斗争，张国焘终于同意北上，中共中央随即恢复红一方面军的番号，与红四方面军组成左路军和右路军，分别从卓克基、毛儿盖地区北上。

8月21日，中共中央、中革军委随右路军从毛儿盖出发，北行40里进入了人迹罕至、气候变化无常的茫茫草地。

"蜀道难，难于上青天"，而草地行军，比"蜀道"更难。

抬头远望，纵横几百里浩渺无垠的茫茫草地，渺无人烟，仿佛是人类诞生前的一片荒地，没有房舍，没有人影，甚至很少有牲畜，唯一的生命标志便是在狂风中摆动的齐腰深的杂草。草丛中到处盛开着美丽的野花，散发着诱人的怪香。但野花下面隐藏着成片成片的沼泽，不知吞噬了多少生命。更为可怕的是那变幻莫测的天气，中午还烈日炎炎，午后却气温骤降，夜晚更是寒风凛冽，冷如隆冬。

由于草地缺乏食物，在过草地之前，部队都在千方百计地收集一切可以吃的东西。

一天，前方部队给中央送来了一头牦牛，警卫队把它宰了。牛皮和内脏煮出来大家吃，余下的牛肉切成小块，每人分一点，晒成牛肉干当干粮。

由于休养连大都是病伤员，还有徐特立、谢觉哉、董必武等老同志，毛泽东特意吩咐首先要照顾好他们。警卫队邹队长就一份一份分好送去。

毛泽东的夫人贺子珍当时在休养连，邹队长考虑到她负过伤，又刚生了孩子，身体状况很差，便擅自决定分给她的比给徐老、谢老和董老等几位老同志的稍微多了些。

这事让毛泽东知道了，便对刘英大发脾气：

"这是怎么回事？贺子珍的怎么可以比徐老他们多呢？"

见毛泽东发这么大的火，刘英只好如实相告：

"这事不是我管的，是邹队长分的。"

"你替我找他，我可不能特殊，一定要给这几位老同志补上。"毛泽东十分严肃地说。

刘英便去找警卫队长。

"啊呀，现在全部分完了，剩下的就是毛主席、洛甫等几位同志的了，这可怎么办呢？"邹队长显得很为难。

"毛主席说了要补，可不敢不补啊！"刘英深知毛泽东的脾气，感到事情比较棘手。

两人商量了半天，还是从几位中央领导人的份子里割点下来，补给了几位老人。毛泽东这才放了心。

★ "你们要请客！结婚不请客，不承认！不算数！"此后，刘英就有了"开明娘娘"的绰号

1935年10月19日，红一方面军（此时已改称陕甘支队）抵达陕甘苏区的吴起镇，宣告中共中央及中央红军主力历时一年、转战十一省、行程二万五千里的长征胜利结束。

毛泽东诗兴大发，挥笔写下了那首脍炙人口的《七律·长征》。

红军不怕远征难，万水千山只等闲。
五岭逶迤腾细浪，乌蒙磅礴走泥丸。
金沙水拍云崖暖，大渡桥横铁索寒。
更喜岷山千里雪，三军过后尽开颜。

11 月 10 日，中共中央到达瓦窑堡安"家"。这时，一直暗暗相恋、共同走过长征路的张闻天和刘英，终于有了属于自己的家：他们结为终身伴侣。

提起张闻天与刘英的结合，其中还有毛泽东的不少"功劳"。

那还是在中央苏区，有一次，毛泽东、王稼祥、刘英坐在一起闲聊。突然，毛泽东打趣地问刘英：

"你怎么不找爱人呢？该结婚了！"

当时在女同志少、有文化的女干部更少的中央苏区，像刘英这样文化较高、聪明能干的女秀才，是很引人注目的；而且刘英已二十八九岁了，丈夫林蔚也已经牺牲了五六年，在不缺乏追求者的情况下，为什么选择独身生活呢？许多同志都表示不理解。

刘英大大方方地说："我怕生孩子。女同志有了孩子就不能工作，我要工作，所以不结婚。"

"聪明！女同志有了孩子的确是个问题。"王稼祥伸出大拇指，连声称赞。

"她不光这方面聪明，工作上也聪明。雩都扩红可是一鸣惊人哪！"毛泽东接口夸道，随即又笑着说：

"女同志没有老公不行啊，你一定要找一个。"

"我不要。"刘英一口回绝。

毛泽东故意把面孔一板，说："那不行，你一定要找一个。要不你就是心目中有，跟我老实说，是哪一个？"

"没有。大家都是朋友。"刘英仍然固执地说。

"那我就给你介绍。"毛泽东立即来了兴致，俨然就是一个热心的"红娘"，随口说出了一大串人名。

但刘英一概摇头："不要。"

最后，毛泽东不知是有意还是无意，郑重地说："洛甫这个人不错的！"

在长征路上，刘英调任中央队秘书长后，与张闻天朝夕相处，在一起工作，相互了解更多了。

当时，毛泽东、张闻天、朱德、周恩来等人经常在一起开会。一般的会，碰个头，议论一番，也不做记录，正式开会才由刘英负责做记录。

在中央苏区的时候，写文件做记录是用毛笔、土纸。长征路上一般都是用铅笔，钢笔那时是稀有的宝贝。张闻天有一支钢笔，每到开会需要做记录时，就把钢笔借给刘英。会后，他总是将记录审查一遍，将不确切的地方改正过来。刘英那时没有警卫员，张闻天便把他的警卫员分出一个照顾她。就这样，两人渐渐相爱。但刘英考虑到结婚生孩子会影响工作，便将对张闻天的爱深深地埋在心里。

毛泽东看在眼里，记在心头，一心想做他们的"红娘"。刘英调到中央队后，毛泽东便经常拿他们俩打趣开玩笑。

一次，毛泽东故作紧张地告诉刘英："不得了，洛甫在马上打瞌睡，四脚朝天滚下山去了。"

刘英闻听吓了一跳，满脸焦急地问："他摔伤了没有？"

见刘英果真上当了，毛泽东哈哈大笑起来，慢条斯理地说：

"莫急，莫急，洛甫他人没有受伤，马也没跌死，有菩萨保佑哩。大概是你刘英在保佑吧。"

刘英一下子涨红了脸。

可毛泽东仍是不肯罢休，继续用诙谐的语调夸张地描述了当时的情景，最后还念了一首打油诗：

> 洛甫洛甫真英豪，不会骑马会跌跤。
> 四脚朝天跌得巧，没伤胳膊没伤脑。

见毛泽东眉飞色舞的样子，联想到张闻天当时狼狈的模样，刘英也被逗得哈哈大笑。

毛泽东关心刘英，也关心张闻天，对两人的婚事，总希望能"成其好事"。有时到了宿营地，如果是一排四间房子，毛泽东便"密谋"让刘英和张闻天住中间那两间，他则住在边上。

毛泽东还故意对时任军委纵队政委的陈云说："你当监察委员吧，可要好好监视他们哟。"

刘英默默地感受着张闻天的爱和毛泽东等人的关心，但她心里却打定主意，绝不能在长征途中结婚。于是，她同张闻天保持着一定的距离，虽然她已经爱上他了。

就这样，直到长征结束后，在瓦窑堡，张闻天才悄悄征求刘英的意见："这下有了家，可以了吧？"

刘英含羞地点了点头。

在《我和张闻天命运与共的历程》一书中，刘英幸福地回忆道：

> 于是我们就结成了终身伴侣。分给我们一孔石窑洞，挺漂亮。革命有了"家"，我和闻天也成了家。没有举行任何仪式，也没有请客，情投意合，环境许可，两个行李卷合在一起就是了。倒是毛泽东到瓦窑堡后，来到窑洞闹了闹，算是补了"闹新房"的一课。

1935年11月24日，毛泽东、彭德怀率红一方面军取得直罗镇大捷，一举歼灭国民党军1个师又1个团，取得了陕甘宁边区第三次反"围剿"的胜利，为中国共产党把全国革命的大本营放在西北举行了奠基礼。

几天后，毛泽东凯旋。一到瓦窑堡，就听说张闻天和刘英结婚了，这真是双喜临门。于是，情绪高昂的毛泽东立即赶到张闻天夫妇住的窑洞，非要"闹一闹"洞房。

毛泽东一进窑洞，就大声嚷开了："你们要请客！结婚不请客，不承认！不算数！"

别看张闻天精通英语、俄语，理论水平高，文字修养深厚，平时说起话来头头是道，写起文章来下笔如有神，可一碰到开玩笑的场合，嘴就笨了，不知道该怎么回答。

倒是刘英伶俐、泼辣地反问道："拿什么请客呀？又没有钱，又没有东西？"

"那就不承认！"毛泽东不依不饶，又闹了一阵子，才说：

"我倒是真心给你们贺喜来了，还写了一首打油诗呢！"

说完，毛泽东便抑扬顿挫地大声念了起来：

> 风流天子李三郎，不爱江山爱美人；
> 当今皇帝，既爱江山又爱美人。

刘英赶紧声明："我可不是美人啊！"

毛泽东一面夸张闻天是"开明君主"，刘英是开明君主的"娘娘"，一面笑着说：

"我自封个毛大帅！"

此后，毛泽东见到刘英，就开玩笑地称她为"开明娘娘"。这个绰号一直叫了好多年。

1945 年 4 月 23 日，中国共产党第七次全国代表大会在延安杨家岭中央大礼堂隆重开幕。

这次大会是在德、意、日法西斯面临彻底覆灭和中国抗日战争日益接近最后胜利的前夜举行的。大会选举产生了新的中央委员会。出乎毛泽东的意料，时任中共中央军委副主席、总政治部主任的王稼祥竟然落选。原来，王稼祥因在中央苏区时执行了王明、博古领导的党中央的教条主义错误路线，而受到少数与会代表的不满和攻击，致使大多数代表对王稼祥产生了误解。

会后，毛泽东亲自到张闻天住的窑洞里，与他商量怎么办，落选的几位要不要列入正式名单。

见刘英在旁，毛泽东就风趣地笑着说："你是娘娘，有何意见呢？"

"我已经不是娘娘了。"刘英连忙摆手说。

毛泽东哈哈大笑起来，说："开明君主可以退位，娘娘可不能退位哟！"

当时，张闻天已不再担任中共中央总书记一职，只是主持政治材料室，负责整理国际、国内形势的参考资料。

接着，毛泽东真挚地对刘英说："你是三朝元老，应该听听你的意见。"

刘英就毫不保留地谈了她自己对此事的看法。

第二天，毛泽东在大会上发言，指出：王稼祥虽然以前犯过路线错误，但他是建有功劳的，并当场列举了他的三大功劳。

当讲到遵义会议时，毛泽东说：

"遵义会议是一个关键，对中国革命的影响非常之大。但是大家要知道，如果没有洛甫、王稼祥两个同志从第三次'左'倾路线分化出来，就不可能开好遵义会议。同志们把好的账放在我的名下，但绝不能忘记他们两个人。"

最后，毛泽东诚恳地说：

"昨天选举正式中央委员，王稼祥没有当选，所以主席团把他作为候补中央委员的第一名候选人，希望大家选他。"

经毛泽东一番开诚布公的讲话，代表们对王稼祥有了充分的了解。王稼祥顺利地以全票当选候补中央委员。

毛泽东除了称刘英"开明娘娘"外，还经常称她"红小鬼"。说起"红小鬼"这个绰号，还有一段小故事：

那是红军到达陕北不久，充满传奇色彩的长征故事到处流传，许多进步青年很想看看红军到底是什么样子。他们便组成参观团，冒险跑到延安。

有一次，清华大学参观团来到延安，正赶上搭班演戏。毛泽东、张闻天、周恩来等中央首长及许多红军高级将领，坐在人群之中和延安军民一起看戏。刘英恰巧坐在清华大学参观团的学生们旁边。

一个学生上下打量着身边的这位个头矮小的红军女战士，好奇地问：

"你是红小鬼吧？"

刘英故意调皮地说："是呀！"

"你也参加长征了吗？你也走了二万五千里路？"

"是啊，我参加了长征。"

"真不可思议！你这么小的年纪，是怎么走过来的？"学生们眼里充溢着钦佩之情，一边啧啧称赞，一边围拢过来，你一句，我一句，提了一大堆问题：

过草地的时候吃什么？真的连皮带也煮着吃了吗？沼泽地怎么会连人带马都给"吞"了下去？

巧得很，毛泽东就坐在离刘英不远的地方，看到了这一幕。从此，刘英又多了一个绰号"红小鬼"。

★ 毛泽东兴奋极了，一拍大腿，连声说："你才是真正理解我的人啊！"

1937年后，刘英的健康每况愈下。在长征途中患上的肠胃病没有治愈，偏偏又染上了肺结核，身体日渐消瘦。当时延安医疗条件差，又没有多少药品，中央便决定于这年11月送蔡树藩、钟赤兵、徐梦秋、刘英等一批高级干部去苏联治疗。

刘英临走前的一天，毛泽东面带忧虑地走进了张闻天住的窑洞。原来，不久前，毛泽东与妻子贺子珍大吵了一架，结果已有身孕的贺子珍一气之下跑到了西安，在八路军办事处住着，说要同刘英他们一道去苏联治病。

刘英对贺子珍还是比较了解的：

> 她十八岁在永新城偶遇毛泽东，两人一见倾心，她就离开父母跟着毛泽东上了井冈山。她文化素养确实低些，连着生孩子，也没有养成读书的习惯，脾气也不大好，常常干扰毛泽东，有时争吵起来贺子珍还忍不住动手。

其实，毛泽东与贺子珍吵架都是为些鸡毛蒜皮的小事，但也为此渐渐伤了感情。刘英就曾亲耳听贺子珍说起他们两人吵架的事。

那是1936年初，红一方面军发起东征战役，由陕甘苏区东渡黄河进入山西，准备东出河北与日军直接作战。

在黄河东岸的一个村子里，张闻天、刘英见到了毛泽东、贺子珍。因为渡河比较顺利，毛泽东情绪很高，同张闻天、刘英说了几句玩笑话后，便急匆匆上前线去了。贺子珍却不大高兴，留了下来，与张闻天、刘英住在一个老乡家里。

吃饭时，贺子珍拿出了一只干熏鸡。这只鸡原本是预备给毛泽东吃的，很硬，嚼不动。

三人一边吃鸡，贺子珍一边诉苦，说她要将鸡蒸烂了给毛泽东吃，营养好些，可毛泽东硬是不要，为此两人还吵了一架。张闻天、刘英都劝贺子珍，以后不要为点小事就和毛泽东吵架。

然而事与愿违，毛泽东与贺子珍吵架的次数越来越多，感情裂痕也越来越大。

抗日战争全面爆发后，毛泽东的威望一天天提高，接触的人，参加的活动也越来越多。贺子珍对毛泽东接触女同志很看不惯，不了解这是工作中必要的交际，总往别的方面想。

有一次，一位美国女记者采访毛泽东，贺子珍见两人又说又笑，就起了疑心，与毛泽东大闹起来，据说两人还动手打了起来。没多久，贺子珍就负气跑到了西安。

毛泽东无可奈何地对张闻天说："让她去吧。"

随后，毛泽东又嘱托刘英："你在政治上要帮助子珍提高，要让她多读点书。"

刘英理解毛泽东渴望贺子珍提高政治、文化水平的急迫心情，深感自己此行责任重大，便说：

"你放心，我一定帮助她。"

转眼已是 1939 年初，苏联莫斯科。

经过一年多的治疗，刘英的肺病、肠胃病大大好转，人也长胖了不少。但贺子珍的情况却十分不好。贺子珍到苏联后不久，生下一个男孩，这个可怜的孩子仅在世上活了六个月就因肺炎不幸死去。儿子的死对贺子珍打击太大了，加上在异国他乡，语言不通，生活习惯也不一样，精神上受到了极大的刺激。

一天，中共驻共产国际代表任弼时找到刘英，手里拿着一封电报。刘英打开一看，原来是党中央发来的电报：

蔡树藩、刘英即回延安，钟赤兵、贺子珍留莫斯科学习。

刘英立即收拾行李，与蔡树藩一同踏上了回国旅途。在路过新疆迪化（今乌鲁木齐）时，刘英意外得知毛泽东和江青已经结婚的消息。

回到延安的第二天，刘英就走进了毛泽东的窑洞，江青十分殷勤地接待了她。

刘英如实地向毛泽东讲了贺子珍一年来的情况，并怀着歉疚而又复杂的心情说：

"主席，你交给我的任务没有完成好。"

"这并不怪你呀！"毛泽东轻轻摇摇头。

望着眼前这位年轻秀丽的女主人，又看到毛泽东表现出的满意神情，刘英一边暗暗为贺子珍感到难过，一边随口说：

"你身边确实需要有人照顾。你同贺子珍也实在合不来。"

听刘英这样说，毛泽东兴奋极了，把大腿一拍，连声说：

"刘英同志，你才是真正理解我的人啊！这事不少老同志反对哩，你要给我做解释，做宣传！"

回到家里，刘英同张闻天讲了去看毛泽东的情况。当听到刘英支持毛泽东与江青结婚时，张闻天连忙严肃地说：

"你可不要管，江青的事你不要管！许多老同志有意见，不是反对毛主席同贺子珍离婚，而是不赞成他同江青结婚。"

刘英在《我和张闻天命运与共的历程》一书中，对此事是这样写的：

闻天告诉我，毛、江要结婚时，议论纷纷，反映很多。原在北方局做秘密工作的王世英同志，当时正在中央党校学习，写了一封信给中央，说江青在上海桃色新闻很多，毛主席同她结婚很不合适。信上签名的人一大串。根据地也有打电报、写信来的。意见都集中到闻天这里。中央的几位领导同志也向闻天反映，希望闻天劝说。闻天觉得这种个人私事，别人不便干预。他也了解毛个性很强，认准了的事很难回头。但是大家的意见确实很有道理，党的领导人的婚姻也不能等闲视之。考虑再三，闻天综合大家的意见，以个人名义给毛主席写了一封信。信写得比较婉转，大意是：你同贺子珍合不来，离婚，大家没有意见，再结婚也是应该的，但是否同江青结合，望你考虑。因江青在上海是演员，影响较大。这样做，对党对你，都不大好。信是让警卫员送去的。毛读罢大怒，当场把信扯了，说：“我明天就结婚，谁管得着！”第二天在供销社摆酒两桌，闻天自然不在宾客之列。

★ "文化大革命"期间，刘英遭受迫害，毛泽东批示："刘英的问题是否应与闻天的问题的处理有所分别，请你们加以研究"

1959 年 7 月，中共中央在庐山召开政治局扩大会议和八届八中全会。会议历时 46 天，通过了《中国共产党八届八中全会关于以彭德怀同志为首的反党集团的错误的决议》和《为保卫党的总路线，反对右倾机会主义而斗争》的决议。

在这场惊心动魄、关系党和国家历史命运的党内大斗争中，对"大跃进"和人民公社运动的错误，敢于凛然直言的彭德怀受到了毛泽东的严厉批判，全党随之掀起了一场声势浩大的"反对右倾机会主义斗争"。

庐山会议中，张闻天也被扣上了两顶帽子："右倾机会主义分子"和"彭（德怀）、黄（克诚）、张（闻天）、周（小舟）反党集团"成员。

8 月 20 日，张闻天回到北京，等待他的是无休无止的批斗。最令张闻天受不了的是在批斗中，有人竟不顾事实，无中生有地追究所谓"军事俱乐部"和"里通外国"。

对于这种子虚乌有的捏造，张闻天潸然泪下，对刘英说：

"说别的什么，那是观点不同，说我'里通外国'，真是冤枉！"

在精神与肉体的双重摧残下，张闻天的健康状况急剧恶化，血压猛增、前列腺肥大症加剧，尿中毒更是威胁着这位年近六旬的老人的生命。张闻天终于支撑不住，被送进了医院……

正所谓"城门失火，殃及池鱼"。

作为张闻天的妻子，时任外交部部长助理兼人事司司长的刘英也开始挨整、挨斗。刘英被勒令揭发张闻天"里通外国"的罪行。这本来是无中生有的事，刘英有什么好说的。于是，刘英就因态度顽固而成了"右倾"。随后，批判越来越猛，上纲上线越来越高，到最后竟说刘英猖狂攻击毛主席，是"右倾机会主义分子"，应当开除党籍。

刘英回忆道：

> ……说我攻击毛主席，还真讲得有鼻子有眼，不明底细的人很容易信以为真。
>
> 事情是这样的，1954年毛主席自己第一次提出要退居二线，中央组织党内讨论。我在驻苏使馆讨论时发言表示同意。讲理由时说道：毛主席身体不大好，看到生人会发抖，精神不能太紧张，退居二线专心研究重大问题，领航掌舵，对党有好处，对他本人的身体也好。这次批判时就翻出来，说我造谣污蔑，攻击毛主席。
>
> 其实我说的是大实话。那是1949年3月间，我从东北到北平参加全国第一次妇代会。会议结束时，党中央刚从西柏坡迁到北平。我去看望毛主席，他和中央其他领导人都还没有进城，住在香山。
>
> 我从1945年10月离开延安以后，同毛主席已经三年多没有见面了。毛主席情绪很高，江青拿出油果子等招待，谈得很知己。
>
> 毛主席当着江青的面说江青不安分，认为我这棵大树遮了她的阴了。
>
> 我对江青说，照顾好主席很重要，你的任务别人代替不了啊！
>
> 问到毛主席的身体，江青说他别的没什么，就是见了生人会发抖。
>
> 我一下没有听明白，说今天见到我不是挺好吗？
>
> 毛主席接过话头笑着说，你是老朋友，又不是生人。

刘英只因说了句大实话，就背上了攻击毛主席的罪名，真是天大的冤枉！而在群众性的批斗会上，刘英感到很难把这件事情的原委讲清楚。但真要是据此定罪，开除党籍，性格豪爽的刘英可咽不下这口气，更是无法接受的。

百般无奈之下，刘英决心打破一切顾虑，找毛主席主持公道。1960 年3 月 25 日，刘英提笔给毛泽东写了一封信。信的内容大意是这样的：

敬爱的毛主席：

我是多么想找您谈谈，但您是那样忙，管的事情是那么多，那么重要，我为个人的事就不能像过去一样随便去看您，去打扰您。但我想您是很关心同志的，您一定不会拒绝我给您写信吧。

……

斗争过火一些是难免的，……同志们怎样批评我、骂我，我都没有意见，……说我攻击您、反对您，实在是没有根据的，……我在外交部搞了四年多干部工作，周总理、陈老总和中组部领导以及外交部党委的领导，肯定了整个外交部的干部政策是正确的，我基本上也是执行了这个政策的。这点，我问心无愧。……材料中所下的结论，我觉得确实太严重了些……

在信中，刘英简要叙述了 1949 年在香山与毛泽东见面的经过，希望得到澄清，同时请求毛泽东为她说话，不要把她定成"右倾机会主义分子"，更不要开除党籍。

信写好后，刘英当面交给了中共中央办公厅主任杨尚昆，请他送交毛主席。

几天后，杨尚昆打电话通知刘英：

"毛主席已经批了，你放心好了。"

毛泽东对刘英这位共同战斗、相识几十年的湖南老乡，自然还是很信任的，当即在信上作了以下批示：

刘英的问题是否应与闻天的问题的处理有所分别，请你们加以研究，适当处理。

刘英的信和毛泽东的批示一并转到了外交部。陈毅也非常了解刘英，在信上批了"不划右派"等落实毛主席批语的话，并表示由他"负责处理此事"。信又转到国务院，周恩来总理大笔一挥，批示：同意陈毅同志意见。

正因为有了这把"尚方宝剑"，刘英才终于逃过一劫，由"右倾机会主义分子"变成了"严重右倾"。

第三章 "你是吃我们陕北小米长大的"

——毛泽东与侯波

她，在抗日战争的烽火燃遍神州大地时，毅然奔赴延安投身革命，并在那里学习、工作了整整七年，被毛泽东称作"是吃我们陕北小米长大的"；

她，受丈夫的影响，在黑土地上拿起相机，从此与摄影结下了不解之缘；

她，在建国伊始被调入中南海，成为毛泽东等共和国领袖的"御用摄影师"；

她，在中南海一干就是12年，用手中的相机记录了开国大典、毛泽东视察大江南北、中共代表团出访苏联等重大历史事件

她，就是侯波。

侯波，原名阎千金，又名阎锋。1924年，生于山西夏县。早年入夏县女子小学念高小。1937年，参加山西牺牲救国同盟会中条山抗敌决死队。1938年，到陕西安吴堡西北青年战时训练班学习，同年秋加入中国共产党。不久即赴延安边区中学学习。1940年，入延安女子大学（1941年7月与泽东青年干部学校、陕北公学合并为延安大学）学习。毕业后，先后在中央医院、延安妇女合作社工作。1945年秋，调任东北电影制片厂摄影科科长。1949年，任北平电影制片厂照相科科长，旋即调入中南海，担任中央办公厅摄影科科长，专门负责为毛泽东、周恩来、刘少奇等党和国家领导人照相，曾担任开国大典、毛泽东访问苏联等重大活动的摄影工作。1961年，调任新华社摄影记者。"文化大革命"期间，受到"林彪、江青反革命集团"的迫害。粉碎"四人帮"后，获得平反，重新回新华社任摄影记者。后担任中国女摄影家协会主席。

★ 侯波走进中南海，为毛泽东等中央领导人摄影，没想到一干就是十二年

1949 年 1 月 21 日，国民党华北"剿总"总司令傅作义将军接受中国共产党提出的和平解放北平条件。次日，北平城内的国民党守军开始陆续出城，接受人民解放军改编。古城北平宣告解放！

4 月初的一天，时任东北电影制片厂摄影科科长的侯波突然接到命令：立即前往北平，执行新的任务。

"是什么任务呢？要到北平去？"侯波百思不得其解。但作为一名 13 岁参加革命、14 岁入党的老同志，侯波执行党交给的任务从来都是不讲条件、绝对服从的。

侯波立即收拾好简单的行李，与东北电影制片厂的同志们依依告别后，带着次子徐小慧，坐上火车赶往北平。

北平，对当时年仅 25 岁的侯波来说，是一个既神秘又陌生的地方。直到几十年后，她在回忆录《带翅膀的摄影机》中是这样描述的：

> 我小时候在脑子里对北平这个地方还是有点印象的，那是从语文课本里看到的。再就是老师在课堂上也讲过好几遍，说这是皇上住的地方，有很多官殿和宝贝，外国人来了用火烧，也抢走许多值钱的东西。到北平来工作是我连做梦都没想到过的。对我来说那是一个十分遥远、十分富丽又十分可怕的地方，也许我有机会去看一看故官，可是要说来这里常年工作，那实在是不敢想的。如今，这竟然变成了现实，而且来得这么快，我思想上连一点准备都没有。

初春的北平城风和日丽，但第一次来到北平的侯波却无心观赏。报到后，侯波被分配到北平电影制片厂工作，担任照相科科长。直到这时，侯波才知道自己执行的新任务。

原来，那时正值新中国成立前夕，领袖们的活动非常多，而且许多场面具有历史意义。侯波的任务就是把这些活动拍下来，留作影像的史料，

但又不像新华社的摄影记者，有发稿任务。

侯波受领任务后，心情万分地激动，因为她不仅可以经常地见到毛泽东、周恩来、朱德这些领袖们，而且还要亲手用照相机为这些叱咤风云的伟人们留下永恒的瞬间，把他们的光辉形象与非凡的业绩固定在相纸上。同时，侯波也感到任务的艰巨，只怕自己完成不好党交给的重任。

当时，北平城刚刚解放，毛泽东、周恩来、朱德、刘少奇、任弼时等领导人主要的活动地点在中南海的勤政殿、颐年堂和紫光阁。于是，侯波怀着忐忑不安的心情走进了中南海，开始为领袖们摄影。

侯波深情地回忆道：

> 从 1949 年政治协商会议开始，我到中南海去摄影了。参加一些重要的大型活动，如参加政协筹备会的中共代表团成员合影，第一届政协会议的全体女委员合影等，那么多重要的人物，又是那么重要的事情，我真怕拍不好。可是真接触起来，越是这些著名人士，越是好打交道，他们一点架子也没有，相反却很为摄影的人着想。像宋庆龄、邓大姐、康克清等在照片拍完之后，总是拉着我的手说些亲热话。

不久，因为工作的需要，侯波、徐肖冰一家搬进了中南海，住在勤政殿进门不远的一间左厢房。这间 20 平方米左右的屋子，既是侯波的办公室，又成了他们一家四口人的寝室。

作为中南海的一个摄影工作者，侯波拍的照片，不管是领导人的重要活动、接见各界著名人物，还是生活照，全都保存在一个保险柜里。当时，组织上没人向侯波交代有的照片可以公开发表，她自己也不懂有的照片能对外宣传。但她知道在毛主席身边工作要绝对保密，拍的毛主席和中央首长的照片也是要保密的。

一天，正当侯波在中南海自己的办公室兼寝室里忙碌的时候，一位工作人员走了进来，说："侯科长，首长要见你。"

在中南海的一间不大的办公室里，时任中共中央办公厅主任的杨尚昆和毛泽东机要室主任叶子龙接见了侯波。

叶子龙开门见山，问道："侯波同志，怎么样，对中南海熟悉了吗？"

"还可以吧，反正有不少同志关照，我的任务不就是拍照片吗。"侯波一边回答，一边在心里揣摩着眼前这两位首长的意思。

这时，杨尚昆插话说：

"拍照片可不是件小事情，主要是为中央首长的活动留一份影像档案，同时也关系到国家领导人的形象问题。大家都说你工作很细心，摄影技术也很好，组织上决定把你调进中南海来，专门负责为领导人拍照，包括领导人参加的各种活动以及一些生活照，当然以毛主席的活动为主，其他的活动听办公厅安排。"

见他们两人说话很和气，不像大首长的样子，侯波精神上感到很松弛，言谈起来也很随意。

杨尚昆面带笑容，继续说：

"我们打算成立一个摄影科，由你来当科长，可是现在你只是一个光杆科长，摄影科只有你一个人，以后慢慢地再配备人员。我们已经跟新闻电影制片厂打过招呼了，厂里的领导同意你来中南海工作。你看你还有什么意见？"

"我服从组织的安排，坚决完成党交给我的任务！"

就这样，侯波成了中南海的摄影师，一干就是12年。

★ 毛泽东笑着说："女同志是半边天，要站在中间"

在北京西郊有一座松柏参天、峰峦叠翠、风景秀丽的山，因有大石似香炉而得名香山。

在香山的东南半山坡上、金代皇帝行宫——金山寺脚下，坐落着一处幽静别致的庭院。院的北隅有两眼清泉，清乾隆皇帝在泉旁石崖上题刻："双清"。1917年，河北督办熊希龄开办慈幼院时，在此修建了一座漂亮的别墅。双清别墅由此得名。

清晨，双清别墅云雾缭绕，从远处望去，好似天宫仙境。院内不仅有苍松翠柏掩映，更有一池清澈见底的清泉，泉边建有六角亭，亭北则是一排坐北朝南的平房。

1949 年 3 月 23 日，中共中央由河北平山西柏坡迁到北平，毛泽东便住在此处。直到 9 月 21 日，中国人民政治协商会议第一次全体会议召开之际，毛泽东才移居中南海菊香书屋。

关于毛泽东到北平后先选择在香山双清别墅居住而不是去中南海的原因，后人有许多说法。侯波是这样说的：

> 毛主席刚进城的时候不住在中南海，是因为他不像封建帝王那样，江山还没打下来，先摆好了一副皇帝的架势。所以他宁可住在香山上，也不当皇帝。为此周总理颇费了一番口舌才说服了毛主席去中南海，不是去做皇帝，而是去那里主持全国的解放和即将开始的新中国建设。毛主席这才住了进去。

毛泽东住在香山双清别墅期间，经常在这里召开中共中央的各种会议，还不断召集各民主党派的人士到这里畅谈国事。

侯波的任务就是把这些场面拍下来，自然也就要经常到香山工作。但当时，侯波正担任北平电影制片厂照相科科长，归电影厂管，因此中央一有事就打电话通知，或是直接来车接，侯波带上照相机就走。侯波的丈夫徐肖冰也在新闻电影制片厂，不过他搞的是新闻电影，拍摄内容差不多，只是方式不一样，所以夫妻二人经常一同到香山去工作。

侯波至今仍能清晰地回忆起那段往事：

> 毛主席住香山的时候经常与我们见面，但一般都是工作上的。每当开会或者有一些其他的活动，毛主席主持，我们这些搞摄影的人就在边上忙活，活动结束，我们也就该走了。所以虽然与毛主席常见面，但他总是对我们"熟视无睹"。他是我们取景框里的"常客"，是我们摄影机里的主角，可是他难得有机会看我们一眼。

6月的一天下午，毛泽东在香山双清别墅接见一个苏联代表团。侯波、徐肖冰及新华社记者陈正清，负责此次活动的摄影、电影拍摄工作。

时值全国胜利即将到来，新中国也正在紧张地筹建中，毛泽东的心情非常好，在会谈期间，兴致勃勃地与苏联同志谈了很多。

会见结束后，毛泽东送走苏联客人，回过身来，对正在分别收拾器材、准备收工的侯波、徐肖冰和陈正清三人说：

"你们辛苦了。每次来我这里都是行色匆匆，我想跟你们说句话都没有机会。"

毛泽东指着院子里的一座小亭子，面带笑容地说：

"来，今天不忙走，大家坐下来认识一下。"

说着，毛泽东就先坐下了。

此言正合三人的心意。平时怕影响毛主席工作和休息，加上有严格的工作纪律，他们想与毛主席说话都不敢。今天既然毛主席主动提出来了，自然求之不得。

于是，侯波三人就围着毛泽东坐下了。

毛泽东指着徐肖冰说：

"你，我当然认识。你是延安培养出来的摄影师，给我们拍过不少照片，这位女同志我是初次见面。"

"她叫侯波，是我爱人，也是从延安出来的。"徐肖冰马上回答。

"好，延安出来的是喝过延河水、吃过小米饭的。"

毛泽东笑着点了点头，转而问侯波：

"你家是哪里的？"

"山西夏县。"

侯波有些拘束地回答。因为侯波虽然见过毛泽东许多次，而且抗战时期在延安大学读书时，也曾听过毛泽东作报告，但直接同毛泽东讲话，这还是第一次，所以侯波当时的心情非常激动，既高兴又紧张。

"啊，你是关云长的老乡呵！关云长就是夏县人，武艺高强，人又忠厚。"

侯波知道毛主席是个精通中国历史的人，平时说话也喜欢引经据典。

她曾听在毛主席身边做秘书工作的人说：主席读古书是不知疲倦的，肚子里装满了古人的经典。美国著名记者埃德加·斯诺对主席的引经据典就听得上瘾、入迷。可是为主席当翻译的，没有一个不因此而头痛、而叫苦的。

毛主席的话把大家都逗笑了。本来侯波他们还很紧张，不敢与毛主席坐得太近，没想到毛主席这么平易近人，而且说话这么幽默，这么随和，他们一下子胆子大了起来。

侯波不禁想起第一次见到毛泽东时的情景。那是在 1941 年，侯波还是延安大学的学员。

……延安大学的教学方式就更加正规化，按照学生的具体情况划分了几个层次，我被分在了高中部，新添了英语课。

延安大学是中共中央的高层领导都很关心的学校，许多中央干部都在延安大学讲过课。毛泽东主席来讲过几次课，每次讲课之前都贴海报，其他学校的学生以及机关干部也会来听。有时是在大教室里，有时就在露天的操场上。

毛主席讲课很有风趣，很有感召力，经常逗得大家笑个不停。讲过《论持久战》《矛盾论》和辩证法等，总是深入浅出，用事例来说明道理。我当然每次都去听，可是因为人实在太多，我挤不到前面去，所以看不清楚毛主席的脸，只听到他操有浓重的湖南口音的话，很悦耳，可是涉及到的那些高深的理论，我听不太懂。

王明也来讲过，他主要是讲马克思主义和列宁主义，讲唯物辩证法等抽象的理论，条条理论背得很熟，就是与实际联系不起来，我就更是一点也听不懂了。

后来延安大学保持着很好的传统，又为中国革命培养了许多优秀人才。

这时，卫士长李银桥送来一盘水果。毛泽东十分客气地请侯波他们吃，并笑着说：

"我不爱吃水果。"

后来，侯波在毛泽东身边的时间长了，观察到毛泽东果真很少吃水果，但吸起烟来却是一支接一支，而且喝茶从来不剩茶叶。

"山西是个好地方，在抗日战争中起了不小的作用，可是当初不是我们的天下，被阎锡山占着，他又不抗日，我们在统战工作中费了好大的劲也没把他拉过来。他与蒋介石也有矛盾，想不理蒋介石的茬，搞一个独立王国，可惜蒋介石容不下他。"

毛泽东吸了口烟，继续说：

"陈赓也在山西打过几个漂亮仗，把个日本人打得不轻。后来国民党的那个朱怀冰还想占据这里，不抗日，反而与我们的八路军摩擦，陈赓火了，一生气把他给彻底收拾了。"

说完，毛泽东哈哈大笑起来。

侯波回忆道：

那时毛主席已经是五十多岁了，每天都有无数的事情要处理，国家也正面临着许多重大的问题需要他来决断，可是对于历史，对于发生在中国土地上的每一场战争，他都记忆犹新，说不清是他有一个惊人的记忆力，还是他想从过去的战争中找到可以避免战争的经验和教训。

毛泽东接着问侯波：

"什么时候到延安的？在延安住过哪个学校？"

"1938年。先是在边区中学，以后又在延安女子大学和延安大学读书。"

"你是吃我们陕北小米长大的。"毛泽东高兴地点点头，亲切地说。

随后，毛泽东鼓励侯波要钻研业务，要好好读马列的书，提高思想水平，为人民服务。

这时，天色渐晚。

侯波他们非常清楚这段时间毛主席日理万机，不忍心再打扰主席宝贵的时间。于是，三人起身告辞。

毛泽东站起来，挥挥手说：

"来，咱们一起合个影吧。"

侯波他们早就想与毛主席合影，可是不敢说。这真是一个千载难逢的好机会，三人立即行动起来。

陈正清拿着照相机，让侯波和徐肖冰两人一左一右在毛泽东身边站好。

毛泽东突然发话：

"不行，不能这样站，女同志是半边天，要站在中间。"

说着，毛泽东就把侯波拉到了中间。

侯波见毛主席是极为认真的，也就不再争辩了。

陈正清按下了快门，于是就留下了一张珍贵的照片。

★ 开国大典上，为了拍一张毛泽东的侧身像，侯波差点摔下天安门城楼

1949 年 10 月 1 日，一个令亿万中华儿女永远牢记的日子。中华人民共和国开国大典在北京隆重举行。这是一个近代史上备受屈辱的民族扬眉吐气的时刻，是华夏大地新的历史开端……

是日，古老的北京城阳光灿烂，秋风送爽，披上了节日的盛装。

人们从四面八方涌向天安门广场，在东西长安街和天安门前汇集成人的海洋。30 万翻身的劳苦大众欢聚在天安门广场上，隆重地庆祝自己亲手创建的中华人民共和国的诞生，歌唱自己的翻身解放。

作为参加开国大典的一名摄影记者，此时此刻，侯波站在庄严巍峨的天安门城楼上，目睹中华人民共和国的诞生，望着亲手缔造共和国的领袖们，不禁心潮澎湃。

许多年后，侯波深情地回忆起那令人幸福无比的时刻：

作为一个二十世纪的中国人，在我的记忆中，没有一件事能与开国大典相比。凡参加过开国大典的人，谁都能讲一段与它有关的故事，在天安门城楼上见到了谁，毛主席那天是一种什么样的神态，等等。我作为一个摄影师，有我独特的角度。我不是站在下面看的，而

是在天安门城楼上，在离天安门最近的地方观看了国家领导人们是怎样活动的。

为了安全，那天允许上天安门城楼拍照的记者很少，在我的记忆中，好像摄影师里面就我一个是女的。那天徐肖冰也在天安门上，他和电影厂里的其他同志是拍电影的，而我是拍照片的，所以与他们的角度不一样。他们可以架好机器在一个地方拍很长时间，而我要背着照相机来来回回地跑。

周总理带领着党和国家领导人从左侧上来，我就开始拍了，一边拍一边往后退，还要不断地调整焦距和光圈，拍完一卷，就得赶紧换，生怕误了一个重要的镜头，那可就犯下了大错误。

周总理落落大方，指挥得有条不紊，既能让人感到紧张的气氛，又不失稳重和儒雅。毛主席是一个情感型的人，一遇到群众集会的场面就容易激动，更何况这又是一个历史性的伟大时刻。他一边往上走就一边向群众挥手，两只手不停地挥，能明显地看出，他胸脯起伏得很快，说话的声音也有点变调，偶尔与周围的宋庆龄、刘少奇等人交换一下意见，自豪与神圣的情绪溢于言表。那天毛主席身着草绿色的中山装，干净整洁。他的脸上不时闪现着笑意，微微隆起的腹部更显出他的风度和魅力。

下午3时整，中央人民政府秘书长林伯渠宣布庆祝典礼开始。

毛泽东以浓重而又洪亮的湖南口音向全世界宣告：

"中华人民共和国中央人民政府今天成立了！"

随着毛泽东按动电钮，天安门广场上第一面鲜艳夺目的五星红旗冉冉升起，迎风飘扬。

此情此景，心潮激荡的侯波双眼再一次湿润了。

由于毛泽东、周恩来、朱德、刘少奇等领导人都站在离护栏不远的天安门城楼的前廊上。因此侯波要想照到他们的正面，就得把身体尽可能地往外伸。但沉浸在共和国诞生的无比幸福中的侯波，早已把个人的危险置之度外，一心只想多拍几张照片，千万不能错过每一个重要的时刻。于是，侯波一次次冒着掉下城楼的危险，把身体伸到护栏外面，举起相机，按动快门。

突然，侯波感到身体一晃，差一点摔了下去。就在这时，后面伸出一只手，扶住了她。

盛大的阅兵仪式开始了。

中国人民解放军总司令朱德任检阅司令员。华北军区司令员兼京津卫戍区司令员聂荣臻任阅兵总指挥。受阅部队成分列式经过天安门前，由东向西阔步前进。受阅部队以海军两个排为前导，接着是一个步兵师、炮兵师、战车师和骑兵师相继跟进。

这时，毛泽东走到了天安门城楼的右边。

侯波正想拍一个带着天安门城楼的毛主席侧身镜头，便努力往后缩着身体，但试了几次，还是取不到角度。

正当侯波心急如焚的时候，一个人抓住她的衣角说：

"你放心大胆地取景，我抓住你。"

早已全神贯注的侯波根本就顾不上那人是谁了，便使劲往后撤了撤身体，终于取到一个很好的角度，随手按下了快门。

侯波收回身体，回头一看，不禁大吃一惊：

原来抓她衣角的人竟然是周恩来。

周恩来关切地说：

"要小心，别摔着。"

侯波顿时感到有点不好意思，竟然让周总理帮忙，同时又对周总理充满了感激。

开国大典进入了高潮。

天安门城楼上，毛泽东向下面的群众挥手致意……

群众高呼：

"毛主席万岁！毛主席万岁！"

毛泽东挥臂高呼：

"人民万岁！人民万岁！"

侯波自然不会错过这个毛主席对群众挥手的镜头，于是她再一次把身体向外伸。

这时，陈云注意到了侯波，就主动伸过手来，抓住她的衣服，鼓励道："我来帮你，赶快拍。"

就这样，侯波终于又拍下了这历史性的一幕。

几十年过去了，回忆起当时的情景，侯波仍是激动无比：

这是我最得意的几张照片之一。不是因为我照得好，而是因为它是一张非常特殊的照片，一张新中国光辉历史的见证，不是谁想拍就能拍得到的。每当我的名字随着这张照片登出来的时候，我都有一种自豪感，更有一种庆幸感。是历史给了我这样的机会，是党和人民给了我这样的机会。

毛主席在天安门城楼上不停地走动，我就要跟着他拍。有时为了抢到一个很好的角度，我得把身体伸出墙外，要冒很大的危险，一不小心就可能摔下去。

……

拍完以后，我回身连声向陈云同志道谢。陈云微微一笑，说："多注意，安全第一。"

这是革命队伍里的同志之间的关系，是人和人的感情，我不会忘记这样的人情味。

★ 跟随毛泽东视察黄河

1954年9月，时任全国人民代表大会常务委员会副委员长的张治中提出了一个建议：每个常务委员应该每年都要出去视察，了解地方情况，听取群众意见。

对此，毛泽东不仅表示赞同，并且建议扩大到全国人民代表，后来又加上政协全国委员会委员。几十年来，这竟成了一项制度。

对这一制度，毛泽东身体力行。在50年代，毛泽东除了在北京参加一些重要活动和会议外,一年中总有半年甚至八个月的时间在各地做调查,了解各行各业、各个方面的情况。

作为中南海专职摄影记者,侯波自然会时常陪同毛泽东到各地视察。侯波深情地回忆道:

> 毛主席在外地总是不愿麻烦地方政府,火车就是主席的家。不仅在火车上批阅文件、写文章,还在火车上会见过外宾,有时也找一些有关同志到火车上开会,谈话。到农村、工厂、矿山、部队、学校等处视察,视察完了也要回到火车上,和火车上工作的同志一起吃饭。毛主席是我们的领袖,是大家的长辈,但同志们和主席在一起,有说有笑亲如家人。

在陪同毛泽东视察中,1952年秋毛泽东到河南兰考县视察黄河,给侯波留下了终生难忘的印象。

侯波回忆道:

> 这事惊动了中共中央的很多人。有人认为不能去,黄河太危险,路又不好走,不如治理一下再让毛主席去。可是毛主席早就有去视察黄河的想法,他决定了的事情别人是阻挡不了的。于是,中共中央派了一个庞大的队伍跟随毛主席前去,有罗瑞卿、杨尚昆、滕代远、黄敬、李烛尘等。
>
> 1952年10月29日,一个专列从北京出发。经郑州到达河南兰封车站后,火车停在一个专线上,不至于影响其他列车的运行。下了火车,受到河南省张奎、吴芝圃、陈再道和黄河水利委员会主任王化云等领导同志的迎接。路不好走了,只有坐吉普车。好多辆吉普车,一同开向东坝头视察。
>
> 那时已经是深秋了,天已经很冷了,毛主席不怕冷,只穿了一件风衣。他喜欢穿风衣,一般出去视察他都愿意穿一件风衣。黄河里的水已经不多,是枯水期,可是风沙很大,北风一吹,黄河两岸的风沙

就卷起来，刮得我们满脸都是。毛主席不管这一切，在前面大步流星地走着，见到农民就询问收成、负担、生活情况和水利建设情况。这次视察花了三天时间。

毛泽东下车后，就在当地同志的陪同下来到了东坝头，观看黄河的变迁和堤坝的结构。

那时候，黄河已经成为名副其实的"地上河"，也就是说河岸和河底比两边的地基高出很多，这都是由于上游和中游的泥沙造成的。再加上两岸有一种非常特殊的河鼠打洞，把河岸挖出了许多小孔。这些小孔看起来不显眼，可是"千里之堤，溃于蚁穴"，一旦河水渗进这些小孔，慢慢地就可以把河岸泡透，时间一长，就会造成很大的决口。

在大堤上，毛泽东弯下腰拔了一棵草。

"这种草的根结实，对保护大堤很有好处。"当地的同志介绍说。

毛泽东点点头，说：

"像这样的草就可以多种一些。"

这时，治黄专家给毛泽东介绍了对付河鼠的办法，还建议要在两岸大量种植树木和草，改善黄河两岸的植被条件，用树根和草根来保护水土，黄河上游也要效仿这种做法。保持上游的水土，是治黄最为关键的地方。

治黄专家们无不感叹：

"历朝历代都对黄河感到头痛，她是我们的母亲河，可是母亲一发起脾气来，子女们更没有办法。"

毛泽东一直皱着眉头听专家们的讲解，似乎从专家们的话中听出了一种疑问：过去的封建帝王不能治理黄河，我们现在是社会主义国家，如果同样也不能治理黄河，我们就枉为社会主义国家的称号。

于是，毛泽东就对周围的同志说：

"我们一定要把黄河治好。李白有诗云'黄河之水天上来'，那我就要骑着毛驴到天上去，从黄河的源头一直走到黄河的入海处，我要看看黄河究竟是怎么一回事！"

说完，毛泽东点燃一支烟，长长吸了一口，好像没有换气，都吸进了肚子里。他向左右一看，发现一个人不大熟，便问：

"你叫什么名字？"

"王化云。"

接着，王化云又补充一句说明：

"变化的化，云彩的云。"

毛泽东听后，面带笑容地说：

"雨水多了，化云就开晴，逢到干旱，化云就下雨。我看咱们中国有了你，老百姓吃饭可以不发愁。"

众人皆笑。

毛泽东就是这样谈笑风生，既幽默又风趣，无论走到哪里，都给大家带来轻松、和谐、愉快的感觉，使得大家喜笑颜开，气氛活跃，满座生辉。

沿着黄河走了半个多小时，毛泽东来到了一个叫许贡庄的村子。一些农民正在场上打晒秋粮。

见到毛主席来了，场上的农民都高兴地围拢上来，不少人高兴得流出了眼泪。

毛泽东指着黄河，对农民说：

"黄河是我们中华民族的摇篮，但多少年来也给百姓造成了不少灾难。现在，我们要治理黄河了，一定要把黄河治好，为民造福。"

毛泽东又向农民询问了当年的收成情况，并到一些农民家里去了解生活状况。

在村西头的一所小学校前，毛泽东停下了脚步。

教室里，一个年轻的教员正在向学生讲世界和平大会的情形。

毛泽东就站在小窗子外面，身体贴着土墙，仔细地听了一会儿，然后笑着对大家说：

"这个教员讲得不错嘛。"

毛泽东非常关心黄河流域人民的生活疾苦。经过兰考时，他特意到农民家里去了解情况。

那年，兰考地区天不作美，一个秋天没有好天气，已是深秋时节，地里还有没收完的庄稼。庄稼长得不好，地瓜个很小，棉花开得皱皱巴巴，颜色也不白，有点发乌。

在田间地头、在农民家里，毛泽东反复询问农民饭够不够吃，有没有零钱花，并当场指示河南省的领导，一定要把农业搞好，必须保证解决农民的吃饭、穿衣问题。

专列走走停停，途经郑州时，毛泽东登上了邱山东端的小顶山，查看了黄河河道、邱山水库库址。

当地的同志告诉毛泽东：那里有一座铁桥，是德国人造的，虽已过了安全期，可是当地人还在用，而且没看出有什么危险，质量很好。

毛泽东对这座桥马上产生了兴趣，手一挥，说：

"走，去看看。"

果然，那是一座很不一般的桥，结构和形态与我国自己建造的桥有很大的不同。

毛泽东乘坐铁路工人检查铁路线的平板车，一面观察这座铁桥，一面向一位在桥上工作了20多年的老工人了解桥的情况。

随后，毛泽东向滕代远指示：要尽快请我国的桥梁专家们研究一下，向人家学一学。同时他又向河南省领导作出指示：要对这座桥密切注意，一旦有问题，马上停止使用，万不可造成伤亡和损失，在条件允许的情况下，要再造一座新桥。

走下铁桥后，毛泽东又登上了邱山岭远眺黄河全景，描绘治理黄河的蓝图，再一次发出了"一定要把黄河的事办好"的指示。

★ 为了多拍几个毛主席游泳的镜头，侯波掉进了粪池子……

在《最幸福的回忆》一文中，侯波满怀深情地写道：

在跟随毛主席外出视察时，特别在群众场合中我也出过不少丑，有时从高架上，棉花、粮食垛子上和一些制高点上摔下来，有时甚至掉在田间污泥、水沟里。群众很关心给主席摄影的工作，有时看我在拍摄中着急找不到高角度，就几个人把我举起来，有些同志让我站在他们的肩膀上，给我创造条件。群众对党对主席的热爱，对我们记者工作的支持，使我很受教育。

……

有时候要为毛主席拍照是很难的事情，因为只要他一出去，就会有很多随行人员，所到之处更是前呼后拥，没有人会照顾我一个照相的弱女子，所以我很难占到一个好的位置。而毛主席的活动全无规律，只要是他想看的地方，再偏再远他也要看，往往这些地方拍照是很难的，甚至没有角度。那我也得拍，于是就难免出洋相。

最令侯波难忘的一次莫过于拍摄毛主席畅游湘江了。

那是1958年，毛泽东视察长沙。一天，毛泽东提出要到湘江去游泳。

毛泽东一生酷爱游泳，也擅长游泳。他常说：游泳是他最好的运动和休息，到了水中脑子里什么东西也不想了。早年在长沙求学时，毛泽东就经常到湘江里畅游，曾留下了"曾记否，到中流击水，浪遏飞舟"的著名词句。这次故地重游，毛泽东自然不会放过畅游湘江的机会了。

当时，湘江岸两边都是齐腰深的草丛，根本看不见里面的东西。湖南省公安厅厅长当即安排有关安全事项，并亲自走在最前面，观察动静。

突然，有一条蛇咬住了公安厅长的腿。腿马上就肿了。当地有经验的人一看：那是一条毒蛇，就赶紧把他送进了医院。幸亏处理及时，公安厅长的腿才没有大碍。

这样一来，随行的工作人员都异口同声地劝毛主席不要游泳了，即使游也要换一个地方，怕万一再出事。

毛泽东却说：

"怕什么，蛇不会咬我的。我小时就与水亲，我到江里游泳，是如鱼得水。"

说完，毛泽东跃入水中，轻松自然地游向江里。他时而侧泳，载沉载浮，从容不迫；时而仰泳，在水中仰面放目，悠然地欣赏着广阔的天空，真是胜似闲庭信步。

见毛主席在湘江里游得很痛快，侯波想抢几个他在水中游泳的动作，就一边往后退一边找角度。

只听"扑通"一声，侯波掉进了粪池子！

原来，南方的河边上一般都有粪池子，而且粪池子与地面齐平。自小在北方长大的侯波哪里有这方面的经验，只顾取景往后退。不料一脚踏空，刚好掉进了粪池子，结果弄得满身都是粪便。

等大家七手八脚地把侯波救上来的时候，毛泽东已经上岸了。

工作要紧，侯波略微稳定了一下情绪，来不及把身上清洗干净，就跟在毛泽东的后面，一心只想多拍几个镜头。

这时，毛泽东已披着一件睡衣，坐在一个院落的门前，神情怡然地点上了一根烟。

或许，刚才游得有些累，毛泽东坐在椅子上，贪婪地抽了一口烟。

正好旁边走过来几个小孩子，他们不知道眼前这个两脚都是泥巴、面容慈祥的大胖子是谁，就十分好奇地走过去看他抽烟。

见小孩子围了上来，童心未泯的毛泽东就笑着问：

"你吃的什么东西？拿出来请客，大家都吃一点嘛。"

小孩子很天真，好像是要逗一逗这位上了年纪的不速之客，就捂着手里的东西说：

"你猜，猜得着我就给你吃。……我……我谅你也猜不着。"

"我猜不着。你给我跳个舞吧。"

小孩子一点儿也不怕生，大大方方地跳了起来。

毛泽东笑了，笑得是那样的慈祥。

功夫不负有心人。侯波终于又等到了一个好场面，按下了快门。

还有一次在河南，毛泽东去看棉花收获的情景。

那年，河南棉花大丰收，田野里和乡场上到处堆的都是棉花。棉农们把毛主席围了个里三层外三层，纷纷让他老人家看这看那。

这下可急坏了侯波。她在人群里转了老半天，也没找到一个能拍照片的地方。可不，到处都是人，个头矮小的侯波在人群中根本就看不见毛主席。

怎么办呀？侯波急得直跺脚。

侯波无意间一扭头看到了旁边不远处有一座棉花山，顿时喜出望外。有了，爬到棉花山顶上去。

说时迟，那时快。侯波把相机往身上一背，三步并做两步往棉花山上冲去，心里还在美滋滋地想：从上往下俯拍，肯定就能拍到一种特殊角度的照片。

谁知，棉花山看着很高，其实很虚很软，人一上去就会往下陷。侯波手脚并用，好不容易爬上去，还没等她站起来，就"忽"地一下陷了进去。

侯波扯开嗓门大叫：

"救人呀，救人呀！"

叫声大得出奇，一下子把人们的目光都吸引了过来。

毛泽东自然也听到了喊声，马上对周围的同志说：

"是侯波陷进去了，快去把她救出来。"

这时，几个当地的棉农已笑哈哈地把侯波从棉花山里拉了出来。

只见侯波全身都是白的，挂满了棉花，连相机上也都是棉花，甭提有多狼狈了。

更令侯波扫兴的是：那次照片就没拍成。

★ 自小在北方长大的侯波不会游泳，毛泽东笑着说："喝几口长江水就会了"

毛泽东一生酷爱游泳，对江河湖泊更是有一种难以表达的感情。

新中国成立后，中央特意在中南海为他修建了一座游泳池，但毛泽东对游泳池不感兴趣，因为他总觉得在游泳池里四平八稳，水是死的，只能说洗个澡还可以。于是，毛泽东在中南海的游泳池里游得并不多，而黄河、珠江、长江、湘江、钱塘江、富春江、北戴河等大江、大海中，都曾留下过毛泽东劈波斩浪的雄姿。其中最著名的壮举自然莫过于数次横渡长江了。

1955年，毛泽东到湖北武汉视察工作。

一天，毛泽东在参观了汉口棉纺厂后，临时决定去长江游泳。这下可急坏了负责安全保卫工作的公安部部长罗瑞卿。

当时，滔滔江水不但湍急，而且还有漩涡。正在施工打桥墩的武汉长江大桥，中间第三孔桥墩就因水流过急被冲垮了好几次。

罗瑞卿等同志纷纷劝阻毛主席：为了安全起见，这次就不要游了。

可毛泽东下了决心谁也劝阻不住。

许多年后，每当侯波回忆起那段往事时，感叹不已：

主席换上了游泳衣，登上小船，走下了长江。江水澎湃，等后边的人跟着下去时，主席早就漂出几百米之外了。

岸上成千成万的群众都以焦急的心情目睹这从来没有见过的场面。有些青年工人急得在岸上沿江跑起来，好像要抓住长江水，让它慢慢流。

大船不能靠近游泳的人，我急忙跳上给主席准备休息用的一只小木船，老船工以熟练、稳当的速度紧跟在毛主席身边，我站在船头上，让老船工再靠近主席些，全神贯注，等待拍摄的机会。

旁边船上的同志都知道我不会游泳，不断向我发出警告，向老船工打手势，但我取得了老船工的密切配合，终于完成了毛主席横渡长江的拍摄任务。

毛主席渡过了长江天险到武昌上了岸。

已是62岁高龄的毛泽东征服了长江，心情格外地好。他指着侯波，满面笑容地说：

"你衣服都湿了，你没有下长江吗？"

自小在北方长大的侯波是个"旱鸭子"。望着那江风卷起的千堆雪浪，侯波坦率地说：

"我不会游泳。"

"喝几口长江水就会了。"

毛泽东爽朗地笑了。

1956 年 5 月下旬，毛泽东从广州经长沙来到武汉，再次提出想到长江去游泳。

其实早在广州开会期间，毛泽东就已向时任湖北省委书记的王任重打过招呼，说过几天要到武汉去游长江。

王任重很是担心：毕竟岁月不饶人，毛主席已是 60 多岁的人了。于是当即劝道：

"多少年来从没有人在这个地方游过泳，水流太急，有伤人的水兽……"

"你的意思我明白，不就是不想让我去冒险吗？"毛泽东显然是不高兴了，打断了王任重的话。

停顿了一下，毛泽东接着说：

"建筑工人不就是在水里建造大桥的吗？他们下得，我怎么下不得？你的水性不是很好吗，我们一起下去试试看。"

见毛泽东的决心已定，王任重不好再说什么了。

毛泽东一行到达武汉后，王任重立即组织了几个游泳好手在武汉长江大桥附近试游。经试游，证明江水漩涡的力度不大，可以游，王任重等人心里悬着的一块大石头总算是落了地。

5 月 31 日下午 2 时许，毛泽东在中央办公厅主任杨尚昆、王任重等人的陪同下来到蛇山脚下。

侯波回忆道：

> 毛主席就在武汉长江大桥的桥墩处下了水。
>
> 我很高兴，因为我知道毛主席在水里我就能拍到特别精彩的照片。我老早就做好了准备，把相机、胶卷全都准备好，毛主席一下水，我就跟了上去。我不敢下水，只能在船上拍。我也给驾船的人打好了招呼，他们很配合。
>
> 两岸都是群众，热闹得很，他们都想借此机会看一看毛主席是怎么游泳的。

那时候毛主席已经很胖了，可是一点也不显得笨，一下子就蹿到深水中，两只胳膊不停地划着水，动作很自然、很协调。

毛主席的游泳技术很好，可以做出多种动作，有时可以好长时间在水面上一动不动，有时还可以在水面上抽烟。可惜我也没拍到毛主席在水面上抽烟的镜头。

我咔嚓咔嚓地按着快门，一连拍了好多张，岸上有不少人观看，大家都拍手叫好。最紧张的是保卫人员，唯恐出点事，那可就麻烦了。可是毛主席在水中，一点都不在意，从中游开始向对岸游去。负责保卫的船就一直跟着，我在船上不停地拍着。

不大一会儿的工夫，侯波已拍完了一卷。

侯波手脚麻利地把拍好的那一卷收起来，装上一卷新的。谁知，这时船突然间猛地一晃，侯波的身体也跟着一抖。

"不好！"侯波惊呼了一声。

原来，装胶卷的盒子掉到了水里。

船立即掉过头，去捞胶卷盒子。

水里的毛泽东也听到了侯波的叫声，游了过来，一把抓住了水中的盒子。他笑着举起了胶卷盒子，仔细端详着，口里念念有词。

侯波大吃一惊，当时她用的是进口的柯达胶卷，盒子上面印着英语说明书。毛主席认识了不少英语单词，竟然念出了柯达胶卷的英文说明书。

令侯波遗憾的是，毛主席念说明书的情景没有拍下来，错失了一个十分难得的机会。

这次畅游长江，毛泽东大过其瘾，一气游到汉口的丹水池附近才上岸，历时两个多小时。

也就在这次横渡长江后，毛泽东写下了那首脍炙人口的诗篇——《水调歌头·游泳》：

才饮长沙水，又食武昌鱼。万里长江横渡，极目楚天舒。不管风吹浪打，胜似闲庭信步，今日得宽余。子在川上曰：逝者如斯夫。

风樯动，龟蛇静，起宏图。一桥飞架南北，天堑变通途。更立西江石壁，截断巫山云雨，高峡出平湖。神女应无恙，当惊世界殊。

★ 侯波生气地对毛泽东说："大国的架子摆得十足！"

1957 年 11 月 17 日，是苏联十月革命胜利 40 周年纪念日。当时苏联是全世界共产党的领导核心，每一个国家的共产党都把苏联看作他们的榜样，苏联的国庆当然都要去庆贺。

一时间，各种肤色、操着各种语言的共产党人云集苏联，莫斯科成为世界关注的焦点。

中国自然也不例外，派了一个庞大的代表团去庆祝，毛泽东主席亲任代表团团长，宋庆龄副主席任副团长。中共中央办公厅同时还决定派侯波随代表团出访苏联，主要担负为毛主席拍照的任务。

人一多，住宿就成了棘手的大问题。苏联共产党最后决定：各国的元首或者代表团团长住在克里姆林宫，其他的人都要住在外面的宾馆里。

侯波做梦也没有想到：到了莫斯科后，她竟受到了苏联政府的最高礼遇——随毛主席和宋庆龄住进了克里姆林宫。

后来，侯波才从宋庆龄的翻译那里弄清事情的原委：当时住在克里姆林宫的客人是 68 个国家的共产党和工人党代表团的团长，宋庆龄被安排住在一间高大豪华的房间里。为了使侯波工作起来更方便，宋庆龄便亲自找到苏联方面交涉，以让侯波照顾她为名义，把侯波接进了克里姆林宫。

在苏联出访期间，侯波感触颇深：

> 大国自有大国的气派，对别的小国家就架子十足，而且对外来人员很不放心。大概是我身上的摄影机太惹眼了，我不管到哪里都有一个保安模样的人跟着我，把我搞得提心吊胆，好像我成了嫌疑犯。
>
> 在庆典大会上，我被隔离在外面，就是不让进去。我又不会说俄

语，跟他们那些保安人员也没有什么道理好讲，他不让你进，你就干瞪眼。

庆典就要开始了，再晚了一些重要的镜头就可能拍不着了，我急了。可是不管我怎么急，苏联的保安人员就是不让进。

这时我突然看见了对面的彭老总和邓小平同志，我就对他们招手。他们明白了我的意思，就让大使馆的人过来跟保安交涉，这才让我过去，接近了主会场。

一天，在开会的间隙，毛泽东看到侯波的情绪不高，就故意问道：
"这次到苏联来，印象怎么样？"
侯波马上撅着嘴说：
"大国的架子摆得十足，可是会务安排得一团乱麻，我们这些客人反倒成了被怀疑的对象，太欺负人了！"
毛泽东会意地笑了，对周围的人说：
"没想到我们的侯波同志还这么大的脾气。来到人家的国家就要听人家的指挥，客随主便嘛。等他们到了我们的国家，也要听我们的指挥的。"
庆典结束后，毛泽东、宋庆龄、邓小平等又在莫斯科出席了《社会主义国家共产党和工人党代表会议宣言》的签字仪式。

侯波自然一定要到会场上，拍摄毛主席签字的照片。

可是，那天出席签字仪式的总共有 12 个社会主义国家的代表。人多极了，各个国家的记者也多得不行。前面的人一站起来，个子矮小的侯波连主席台上的人头都看不见了。

许多年后，侯波回忆起那天的情景时，还不禁哑然失笑：

那是一个很大的会议厅，中间是椭圆形的会议桌，就在上面签字。我急了，四处打量，没有可以到中心位置的办法。

这时一个法国共产党的代表站起来对我招了招手，我一下认出来了，他曾经到中国参加过党的代表大会，我们见过面。他把椅子拉了拉，想让我从桌子下面钻过去，可是旁边也正有一个苏联的记者无路可走，趁那位法国人起来的时候，他一步抢了先，但他太胖，在桌子底下钻了半天了没露出头来。

我再也不能等了，借助于法国朋友的一臂之力，一下子跳到桌子上，对准正在签字的毛主席按下了快门。

这一跳可不要紧，在场人的目光几乎都聚集到侯波的身上。就连正端坐在主席台上的苏共主席赫鲁晓夫也大吃一惊，急忙抬头看个仔细。见侯波是拍照片的记者，赫鲁晓夫嘴里嘟囔一句后就不再说什么，然后冲侯波笑了笑，好像是对她的行动表示赞赏。

这时，侯波已经顺利完成了拍摄，在众人惊异的目光下跳下桌子。而此时，那位苏联记者还在桌子底下没出来呢！

★ 在专机上，侯波终于拍到了一张毛主席办公的照片，实现了多年的一个愿望

作为毛泽东身边的摄影师，从1949年起，侯波拍摄了大量的有关毛泽东的照片，但多年来她仍有一个未了的心愿，那就是——

"我多年的愿望就想拍摄毛主席办公的照片，这也是广大群众多次向我提出的一个任务。我总是在找这个理想的机会。"

机会终于来了。

1957年春，侯波跟随毛泽东到山东视察工作。视察结束后，毛泽东一行人又乘专机继续南下。

当飞机升到高空后，由于气流的原因，飞机开始颠簸起来，一些同志感到不舒服。

侯波也有些不适应，但工作任务使她必须抓紧点滴时间，整理好已拍过的胶卷，准备好下一站的工作。

这时，侯波偶然间抬起头，从隔幕缝中看到坐在机舱前面的毛主席连大衣也没脱，正在聚精会神地看文件，手里的一支烟已燃了很长一段，

显然好久没有抽了。

侯波立即被眼前的这个情景吸引住了。

"这不正是拍摄毛主席办公照片的最好机会吗？"

想到此，侯波立刻拔下闪光灯，迅速调整好相机的光圈、焦距，轻手轻脚地走到离毛主席两米多远的地方，屏住呼吸，按下快门。

照完后，侯波又悄然地回到自己的座位上，长长地舒了一口气，脸上洋溢着幸福的笑容，心里暗自想道：

"真是太棒了，在没有惊动主席工作的情况下，我终于拍下了主席在飞机上办公的照片。"

果然不出侯波的意料，这张照片发表后，立即引起了巨大的反响。为此，郭沫若同志还特意为照片配了诗。

侯波回忆道：

> 毛主席是一个情绪型的人，喜怒哀乐都挂在脸上，所以我拍照片也要看他的情绪怎么样。
>
> 情绪好的时候怎么拍都行，要是他情绪不好，比如失眠了，再比如遇上了什么让他烦心的事，这时候要是想拍照片，就是自找苦吃。

作为一条工作纪律，侯波不能直接到毛泽东的办公室，观察他的情绪好坏。于是，这一重要工作就交给毛泽东的卫士们来完成。

有一次，卫士李银桥兴冲冲地跑来告诉侯波：

"毛主席休息得很好，正在书房里看书呢，你不是总想拍一张主席看书的照片吗？今天是个机会。"

侯波一听，赶紧跑回办公室，拿起相机，装上胶卷，然后就兴冲冲地来到毛泽东的书房。

可走进门一看，侯波顿感情况不妙：毛泽东正对着一名将军发脾气。

那个将军像是犯了什么大错误，在毛泽东面前低着头，一句话也不说。

毛泽东沉着脸，一拍桌子，大声叫道：

"如果再有下一次，你就不要来见我！"

正在这时候，毛泽东看到了走进门来的侯波，一瞪眼，发火了：

"干什么？没看见我正有客人吗？"

侯波吓得赶紧溜之乎也。

★ 毛泽东十分伤感地说："以后你要经常来看我！"

有道是：天下没有不散的宴席。

1961 年 4 月，在中南海工作了 12 年的侯波，接到上级命令：即刻调新华社任摄影记者。

临行前，一位工作人员通知侯波：

"主席要你去书房里见他。"

侯波又惊又喜，真想不到毛主席工作这样忙，还惦记着她。

"我要走了，主席，我在您身边工作了十来年，您一直很关心我的学习和工作，但我总觉得自己的工作不称职，没干好。"

虽说心里早有所准备，但这一天真的到来时，侯波心里还是难过极了。刚张口说了两句，眼泪就不知不觉地流了下来。这是 10 多年来，侯波第二次在毛泽东面前流眼泪。

毛泽东用伤感的语调说：

"你在我身边工作了 10 多年，不容易啊！你做了很多工作，我知道你工作是很紧张、很辛苦的。李银桥、小冯（毛主席卫士）他们都对我说过，你给我拍的照片，有些登在报纸上的，群众很喜欢看，都说好。这就是成绩嘛！"

多年来，侯波一直认为：自己在中南海工作，在革命老前辈的关怀和教育下，做了一名摄影记者应做的工作，没想到毛主席给了她这么高的荣誉和这么大的鼓励，不禁万般回忆涌上心头。

毛泽东见侯波哭得伤心，就安慰道：

"这次，有不少在我身边工作了多年的同志调到别的地方去工作，我是想了好久才下这个决心的。因为你们在我身边工作，熟悉了，这有好处，但有很大的局限性。你们同群众、同社会有一定距离，就是坏处。当然，你在我们这些人身边工作10多年，人是有感情的，可是你不要难过嘛！"

此时此刻，侯波激动得再也说不出话来，流着眼泪，点点头。

最后，毛泽东说：

"以后你要经常来看我，出去以后好好干。有什么困难可以来找我，也可以给我写信。"

毛泽东是十分重感情的，对曾经在他身边工作过的同志也是非常关心的。

1962年4月，侯波生了一场病。几天后，毛泽东知道了此事，便让一名卫士来看望侯波，还亲手将自己早年写的一首词《清平乐·六盘山》，认真地抄写了送给侯波。

天高云淡，望断南飞雁。不到长城非好汉，屈指行程二万。

六盘山上高峰，红旗漫卷西风。今日长缨在手，何时缚住苍龙？

每当回忆起在中南海的这些往事，侯波总是充满自豪地说：

"我在中南海任记者，度过了最有意义、最幸福的岁月！"

第四章　"我支持你去敌后"

——毛泽东与曾志

　　她，15 岁便投身到轰轰烈烈的大革命中，人称"红姑娘"，在风云激荡的革命年代逐步成长为中国共产党的一名坚贞女战士；

　　她，作为一位富有传奇色彩的女革命家，为中国革命的胜利，做出了巨大的牺牲，第一任丈夫夏明震（也就是曾写下著名的《断头诗》——"砍头不要紧，只要主义真。杀了夏明翰，还有后来人"的革命家夏明翰的弟弟）、第二任丈夫蔡协民（早期革命家，曾在广州农民运动讲习所与毛泽东共事）先后惨死在敌人的屠刀下，第三任丈夫陶铸为中国革命披肝沥胆，在"文化大革命"中惨遭"林彪、江青反革命集团"的无情迫害，临终前，给她留下了"如烟往事俱忘却，心底无私天地宽"的著名诗句；

　　她，早在井冈山时期就与毛泽东相识，并由此开始了与毛泽东长达近半个世纪的交往，两人在革命的烽火中结下深厚的战友情，其间充满了传奇色彩，令人叹为观止；

　　她，就是曾志。

　　曾志，原名曾昭学。1911 年 4 月，生于湖南省宜章县王家冲的一个知识分子家庭。1917 年，入宜章县女子小学。1924 年考入湖南省立第三女子师范学校。1926 年，考入衡阳农民运动讲习所；同年 10 月，加入中国共产党。后在衡阳、郴州、宜章地区做地下工作，参加了湘南暴动，历任衡阳农民协会妇女部干事、衡阳地委组织部干事、衡阳警察大队政治助理员、郴州中心县委秘书长等职。因在革命斗争中作风泼辣，腰扎红腰带、头裹红头巾、背着红缨大片刀，人称"红姑娘"。1928 年 4 月，参加了井冈山朱毛红军会师。历任井冈山红军后方总医院总支书记，红 4 军直属队支部书记，红 4 军前委工农运动委员会民运股股长、妇女组组长、政治部组织干事，闽西团特委书记，厦门福州中心市委秘书长等职。抗日战争期间，历任湖北临时省委妇女委员会书记，荆门、当阳、远安中心县委书记，中央妇女委员会秘书长等职。解放战争期间，历任沈阳市委委员、铁西区委书记，辽吉省委委员，五地委副书记，沈阳市委常委、职工部部长等职。中华人民共和国成立后，历任中南军政委员会委员、中南局工业部副部长兼广州电业局局长、广州市委书记兼市委工业部部长、广东省委书记处候补书记、中共中央组织部副部长、中共中央顾问委员会委员等职。中共七大候补代表，八大、十二大、十三大、十四大代表，十五大特邀代表。第一届全国人大代表，第三、第四、第五届全国人大常委会常务委员。1998年6月21日，在北京逝世。

★ "嗬！金屋藏娇吆。老蔡，好福气哟！"

曾志第一次见到毛泽东是在1928年春天。那次见面毛泽东给曾志留下了难以磨灭的印象，她深情地写道：

> 如今整整七十年过去了，但回想起来，初次见到毛泽东那一幕历历在目，主席的音容笑貌依然是那样的清晰、真切。

那是1928年的春天，湘南暴动后，广东和湖南两省国民党军如滚滚洪水般向湘南猛扑过来。

形势万分火急。起义军总指挥朱德认为：敌我力量悬殊，若不迅速转移，起义军必将遭到一次灭绝式的大杀戮，湘南的革命力量必将毁于一旦，于是当即下令起义军向井冈山撤退，与毛泽东率领的秋收起义部队会合，这就是后来举世闻名的朱毛会师。

转移极为仓促，头天下午通知，第二天一早就出发。部队所经之地的苏维埃政权干部，农会积极分子，还有他们的家属，都不顾一切地尾随部队撤走，以躲避国民党反动派的杀害。

曾志在回忆录中是这样描述那次转移的:

> 这支队伍一路走一路在加长,最后首尾竟相距十几里地。这支队伍什么样的人都有,有拄杖蹒跚而行的白发老人,有神色惶恐的妇女,有襁褓里的婴儿。有抱孩子,背孩子,担孩子的,还有用梭标挑着布衫,包袱,甚至尿布的。晚上宿营,四处火光熊熊,烟尘缭绕;喊声、叫声、哭声响成一片。这支军民混杂的队伍毫无战斗力,如果此时被敌人发现,只能是全军覆灭。

> 因此队伍到达水口时,不得不进行了整顿。精壮汉子随队继续进发,妇孺老人和伤病体弱者或动员回去,或找地方隐蔽起来,最后只剩下一千多人的精干队伍开进了酃县。

工农革命军郴州第7师直属队抵达酃县后,便住了下来,等候朱德率领的主力部队。

一天傍晚,在第7师师部所在地——酃县的一座祠堂里,十分疲惫的曾志正依偎着新婚丈夫蔡协民的肩膀,等待吃晚饭。

蔡协民(1901—1934),广州农民运动讲习所第一期学生,曾参加过八一南昌起义,是第24师铁军连指导员,后随朱德到湘南,调到郴州任第7师党代表。而曾志此时也由郴州特委调到第7师党委办公室工作。两人朝夕相处,产生了感情。在师长邓允庭的撮合下,两人结为了革命伴侣。

战争年代,特殊时期,一切从简。蔡协民和曾志的婚礼既没有举行仪式,也没有大摆喜宴,甚至连简单的茶点都没有。

那时曾志已有孕在身,加上连续几天的强行军,真是疲劳得像散了骨头架一样,靠在蔡协民的肩膀上就迷迷糊糊地睡着了。

突然,正在睡梦中的曾志被门外的大声喊叫惊醒了。

"蔡协民同志,老蔡,老蔡在里面吗?"

还没等蔡协民起身,那人已跨门而进。

"嗬! 金屋藏娇吆。老蔡,好福气哟!"

来人一边开着玩笑,一边拉过一条长凳,不请自坐,满含笑意地看着坐在床上、还未及起身的蔡协民和曾志二人。

直到这时，曾志才睁开惺忪的睡眼，看清楚来人的模样：只见他身材伟岸，中分式黑色长发，面颊清癯，双目炯炯有神，举止潇洒而自信，表情亲切而深沉。

曾志暗自称奇：此人绝非寻常之人！但这位来者的突然闯入，也弄得曾志一时满脸通红，有些不好意思。

"这人是谁呢？看来他和老蔡是熟人。唉，又休息不成了……"

"曾志，这位就是毛泽东，毛润之呀！"蔡协民忙拉曾志起身，向她介绍来人。

啊！真没想到眼前的这个人，就是创办广州农民运动讲习所的毛泽东，一个如雷贯耳的名字，一个仰慕已久的大名鼎鼎的革命家。

曾志顿时倦意全消，肃然地坐在一边倾听着这两位师生和战友的谈话。

毛泽东在广州创办农民运动讲习所时，蔡协民就是他的学生。此刻久别重逢，两人自然十分高兴。尽管毛泽东那时已是一位很有名气的领导人，却没有一点架子，和蔡协民就像一对老朋友，很随便，很亲热。两人侃侃而谈，似乎早已把一旁的曾志给忘了。

许多年后，曾志在回忆录中写道：

> 我端详着毛泽东，中分式的黑色长发，清癯的面颊、智慧的双眸，举止潇洒自信，表情亲切而深沉。他们畅谈了差不多一个小时，毛泽东谈笑风生，妙语连珠，挥洒自如；待人亲切和蔼，平等热情而又有一种不同凡响的气质……这就是毛泽东给我留下的第一印象。这印象极其深刻，将近七十年过去了，回首往事，常常会恍惚感到毛主席就坐在我面前的凳子上，满含笑意地在望着我。……他热情风趣、平易近人，使我对他从仰慕变成了崇敬和亲切，从此对他没有了拘束，就是后来人们对他神化般地顶礼膜拜时，在我心目中，他还是那个热情风趣、平易近人的毛泽东。

"我这次下山是专门来接你们这支队伍的。朱德的队伍很快就到了，我还要去那里接他们。"

原来，毛泽东这次见蔡协民，是特意来接第 7 师上井冈山的。

天色渐渐黑了下来，毛泽东起身告辞。

蔡协民和曾志一直目送着他那高大的身影，消失在远处，消失在一片浓浓的暮色之中。

几天后，也就是 1928 年 5 月 4 日，在砻市南边的一个大草坪上，曾志随郴州第 7 师参加了井冈山胜利会师大会。

会议是由陈毅主持的。他庄严宣布：全体部队改编为工农革命军第 4 军，朱德任军长，毛泽东任党代表，陈毅任政治部主任。

这就是中国革命史上具有划时代意义的"朱毛会师"。

★ 毛泽东关切地对曾志说："你不能再随部队走了，赶快回后方，明天一早就骑我的马上山去休息，等生了孩子后再工作！"

"井冈山会师"后，郴州第 7 师番号取消，正式编入红 4 军，曾志被分配到第 32 团工作。

1928 年 8 月中旬，朱德率红 4 军一部回师湘南攻克郴州，复又失败退回桂东一带。毛泽东率第 31 团第 3 营往桂东方向迎接朱德的部队返回井冈山。

毛泽东率部经过井冈山下的宁冈时，来到了第 32 团驻地看望老朋友蔡协民夫妇。

当时，第 32 团正在休整，战士们抓紧难得的战斗空隙，有的在补衣服，有的在打草鞋，一派安静悠闲的气氛。更多的战士到村前的一条小河里洗澡。那时许多战士没有换洗的衣服，他们脱光衣裤，在河里洗干净、晒在石头上等基本干了，就往身上穿。

毛泽东见曾志和蔡协民坐在一起，又风趣地开起玩笑：

"你们这一对形影不离，真是模范夫妻啊！"

突然，毛泽东发现曾志的肚子鼓鼓的，即便肥大的男装也遮不住了，就关切地问：

"曾志同志，你怀孩子了？有几个月了？"

"有七八个月了。"曾志有些难为情地回答。

"这样不行！部队马上要行动，你不能再随部队走了，赶快回后方，明天一早就骑我的马上山去休息，等生了孩子后再工作！"

曾志知道毛泽东有匹马，但他很少骑，行军时都是步行，将马留给掉队的同志或伤病员骑。见毛泽东不容争辩地下达了命令，曾志尽管不情愿，但也不得不服从。

第二天一大早，毛泽东的马夫就牵着马来接曾志去井冈山。

曾志肚子大行动笨拙，连马都爬不上去，还是马夫连扶带拉地将她推上了马背。

于是，曾志就骑着毛泽东的马，带着简单的行李，从宁冈出发，经过茅草坪，沿着崎岖的山路，向井冈山进发。

这是曾志有生以来第一次骑马，既紧张又害怕，生怕从马上摔下来。可越是害怕越是出问题。谁承想马鞍没绑紧，当走到一处山陡的地方，马鞍突然滑落，曾志从马上重重地摔了下来。

还好，没什么大事，但曾志不敢再骑了，索性徒步爬上山去。爬了大半天，曾志终于艰难地翻过了黄洋界山头，来到井冈山的后方留守处。

曾志深情地回忆道：

> 这虽是件极小的事情，但从中能透射出毛泽东的风格。多少人骑过毛泽东的马啊！我也有幸是其中之一。尽管这马将我摔得够呛，但我是永远不会忘记毛主席对我的关怀的！

11月初，曾志在井冈山留守处生下一个男孩。产后第40天，曾志便接到通知，去后方总医院担任党总支书记。

虽说初为人母，但那年曾志才只有17岁。当时环境恶劣，战斗残酷，无法养育孩子，曾志只好流着泪，忍痛将婴儿——才一个月大的儿子，送给了当地人，就匆匆奔赴新的岗位。

井冈山的星星之火，不仅震惊了江西、湖南两省国民党当局，也使国民党中央政府深感它已成为心腹之患。

1929 年 1 月，国民党集结湘赣两省 6 个旅约 3 万兵力，分五路大举进犯井冈山，发动了历史上的第三次"会剿"。

红军决定避开与敌人正面交锋，采取"围魏救赵"之计，由彭德怀、滕代远指挥红 4 军第 30、第 32 团留守井冈山；由毛泽东、朱德率红 4 军主力第 28、第 31 团及军直属队出击赣南，打破敌人的经济封锁，同时牵制敌人对井冈山的新的大举进犯，这就是历史上第三次反"会剿"行动。

当时曾志正在后方总医院工作，自然是属于留守的性质，一点儿也没有随大部队转移的思想准备。

但就在大部队出发的前一天，即 1929 年 1 月 13 日下午 2 点钟左右，从茨坪突然送来了一张条子。这张条子是毛泽东亲笔写给曾志的。

> 曾志同志，见到条子立即交代工作，天黑前赶到茨坪，黎明即随队出发。

曾志看了条子后，马上找到曹荣院长和萧光球副院长，将条子交给他们。因为在医院工作时间不长，没有什么可移交的。曾志回屋将破夹被一卷，找了根竹棍，一头挑着被卷，一头挑着米袋和挎包，三步并两步地向茨坪赶去。

天擦黑的时候，曾志准时到达茨坪，在一家店铺里找到了毛泽东。

屋里，毛泽东正同贺子珍、伍若兰（朱德夫人）、吴仲莲等人谈得热闹。

见曾志进来，毛泽东亲切地说："曾志，你来了。"

曾志一面擦着满头的汗水，一面焦急地问道："为什么要我赶来随队伍出发？"

"你问她们，是她们推举你，要你一同下山的。"毛泽东半开玩笑地指着坐在旁边的伍若兰、贺子珍、吴仲莲等女同志说。

原来前委为了做好行军途中的群众工作，专门成立了一个工农运动委员会，下设宣传股、民运股、青年股和妇女组等。军部和前委的几个女同志被编在妇女组，当时的妇女组除了做一些缝缝补补的工作外，就是做群众工作和宣传工作。

伍若兰想起曾志在衡阳的农民运动讲习所学过军事，参加过战斗，又是做地方工作的，便向毛泽东建议将曾志调来随军行动。

于是，毛泽东一张纸条就把曾志调来了。

伍若兰认真地对曾志说：

"你做过地方群众工作，所以我就选举你来当组长。"

后来，曾志回忆道：

> 主席一张纸条就把我调来了。这样也就使我有机会在主席身边战斗和生活，亲聆教诲，学到了许多东西，这对我的一生，起到了很大的指导作用，我至今感谢主席的纸条！

★ 毛泽东生气地说："曾志！你是女皇啊！难道就是你关心女同志？"

1929年1月14日，时值寒冬腊月，一场大雪过后，曾志跟随毛泽东、朱德率领的红4军主力3600余人下了井冈山，长途跋涉向赣南挺进，开辟新的革命根据地。

曾志在工农运动委员会除了担任妇女组组长外，还担任了民运股股长和政治部部务会议成员，在毛泽东的直接领导下开展工作。

曾志在回忆录中写道：

> 每当行军时，主席总是将马让给伤病员骑，自己却一直坚持步行。他人高腿长，迈一步够我们跑两三步，跟他一起行军我们实际上是一路小跑。就这样，我们几个小青年也愿跟着他，因为他会说很多笑话和历史典故，又幽默爱开玩笑，我们总是一路跑一路笑，轻松愉快的就到了宿营地。大家爱跟着他走，还有一个原因，就是他会在一

种快乐的气氛中，不知不觉的向我们传授了很多革命道理、工作方法和党的原则，尤其是指导我们如何去做群众工作。

首先学到的，就是注重调查研究，全面占有第一手材料。他的方法是先拟一张表格，在出发前，让我召集驻在附近的连队的宣传员，按表格的内容一项项去调查填写，然后交还给他，或口头向他汇报，由他去分析判断。这张表格可以说是无所不包，如沿路经过的村庄，有多少户人家？瓦房多少，茅屋多少？是朝南还是朝北？庄稼长势如何，种的是什么作物？从这个村到那个村距离是多少？沿途有无河流、桥梁？有几座山？是什么样的形状和结构？有没有墟镇？群众穿的破烂肮脏还是干净整齐？总而言之，让我们要将行军沿途所能看到的一切，尽可能详细地填到表上或向他口述。主席根据我们这些汇报及其他许多调查材料，运筹策划帷幄之中，而决胜于千里之外。

每到一个宿营地，我们还必须做一件事情——访贫问苦。主席叮嘱我们，一定要对老百姓热情亲切，要格外尊重老人，不要怕小孩脏，要抱抱亲亲。要调查这个村最富有户和最贫困户，及富人对穷人的态度怎样？

部队休整两三天后，总是要召开一次群众大会，由领导出面讲话，宣传共产党的主张，而我们散布在台下收集反映。凡对讲话表示同情的，我们就盯住他，了解他，将他视为贫雇农中的积极分子，并尽量建立起秘密联系来。就这样我们一路走，一路播火种，一旦革命高潮到来，这些星星之火，必将成为燎原熊熊大火。

主席就这样，将我们培养成战斗员，同时也是宣传员和组织员。我们学会了如何去调查群众，发动群众，组织群众；以及建立组织的行之有效的方法。这一切，对我们以后在恶劣复杂的环境中独立工作，起到了很大的作用，可以说是终身受益匪浅。

大庾岭战斗后，形势变得严峻起来。

在强敌围追堵截的不利局面下，为避免硬拼和争取主动，红4军主力采取盘旋式打圈子的做法，没有按原定路线行进，而是折向粤北南雄。

由于沿途没有群众的帮助，红军的行军、宿营和侦察工作都很困难。加之一路都是崇山峻岭，又值寒冬腊月，崎岖的山路冰雪覆盖，水晶般光滑，人马辎重寸步难行，下坡滑行，上坡则需用刀凿，就这样连滚带爬地行军，到了宿营地，人人都变成了泥猴子。而可恶的敌人又采取轮番追击的策略，一路咬住不放，穷追不舍。正如毛泽东当时给中共中央的报告所说：

"沿途都是无党无群众的地方，追兵五团紧跟其后，反动民团助长声威，是为我军最困苦的时候。"

红军为了摆脱敌人的围追，只好避其锋芒，翻山越岭，踏着冰雪不化的羊肠小道走，每日急行军都在九十里以上，弄得部队疲惫不堪。战士们开始发牢骚，而且将火气撒到女同志身上，不是讽刺挖苦，就是歧视侮辱。

曾志她们气得不得了，可又无可奈何，只好憋在肚子里。

不久，红军到达江西寻乌的一个小镇子，与当地古柏率领的游击队和地下党取得了联系。

一天晚上，毛泽东在一座祠堂里召开了一次官兵活动分子大会，有百十来号人。

毛泽东首先讲了当前的形势和对策，然后让大家讨论。

这时，有一位男同志站起来，大声说：

"我们部队不够精简，特别是女同志，有的怀孕，有的身体不好，不仅拖累了部队，还分散了指挥员的精力，既然这儿有地下组织，不如将体弱的女同志留下来。"

这一说可不要紧，会场里顿时七嘴八舌地议论起来，许多人趁机高喊：

"把所有的女同志都留下来！"

早就憋了一肚子气的曾志，这下子爆发了。她腾地站起身来，大声说：

"你们男同志就是歧视女同志，这里到处是地方反动武装，即便有地下党，组织也很薄弱，女同志留下来能生存吗？你们这是借刀杀人！"

"借刀杀人"这一句话显然是说得过头了，只见毛泽东一下子站起来，用手指指着曾志，十分气愤地说：

"曾志！你是女皇啊！难道就是你关心女同志？"

见毛泽东动了气，会场里顿时鸦雀无声，大家都不吭声了。曾志虽仍是气呼呼的，但也不敢再吭声了。

经过这一场辩论，毛泽东还是接受了曾志等人的意见，女同志一个也没有留下来。

★ 转战赣南途中，毛泽东向曾志"讨饭"吃

1929年1月下旬，正值数九寒天。衣单粮缺的红军顶风冒雪，经粤北南雄，向赣南丰信、安远、寻乌转移。

一天，部队正在休息，突然听到外面枪声大作，密集的子弹从头上"嗖嗖"飞过，原来敌人已经打进来了。疲惫的红军，对敌人的偷袭毫无准备，此时仓促应战，只得边打边退。

曾志所在的前委机关，行动比较迟缓，被敌人追着尾巴打。曾志跑出一程碰到蔡协民，他正在指挥部队撤退。

部队苦得很，边走边打，从早到晚粒米不进，滴水未沾，急行军直到半夜，指战员们个个累得站着都能睡着了。好不容易跑到一个村子里，部队总算休息下来。曾志和蔡协民一头倒在地上就睡着了。

几天后，红军在寻乌的圳下村宿营。当天边刚刚透出一点点亮色时，部队正待集合出发，突然响起了密集的迫击炮声，国民党军刘士毅部包围了村子。

习惯于夜间工作的毛泽东还没有起床就陷入敌人的包围中。朱德率领军部前委直属部队迅速向山上跑去，他身上穿着件黄呢大衣，煞是醒目。曾志同伍若兰紧盯着这件黄大衣跑，跑着跑着，突然黄大衣不见了，朱德身边的手提机枪也不响了。两人失去了目标，敌人的子弹像雨点一般，打得附近稻田水花翻滚。

曾志和伍若兰跑到一座一人多高的土障前，手脚麻利的曾志抓着一根树藤，一下子就跳了上去，拼命地向前跑。就这样，曾志一口气跑出去五六里路，回头才发现伍若兰不见了。

这时，蔡协民也跑了过来。曾志劈头就问：

"见到毛泽东、朱德了吗？"

蔡协民着急地说：

"直属部队的人差不多都回来了，就没看见毛泽东和朱德。"

过了两个小时，朱德和他的特务排、机枪手也来了。原来敌人听到手提机枪声后，将火力集中打过来，两名机枪手受了伤。朱德为了减少目标，脱下黄大衣扔了。

直到两三天后，毛泽东才赶上队伍。几天来，由于没有毛泽东的消息，全军上下忧心忡忡，寝食不安，好像失去了主心骨。如今党代表终于回来，整个部队一片欢腾！

但是伍若兰却永远不会归队了。她腿部负伤后被敌人抓住，凶残的敌人知道她是朱德的夫人，就把她的头割了下来，挂在赣州城楼示众。

朱德悲痛万分，此后独钟爱兰花，据说就是为了纪念伍若兰。

脱离根据地后的流动作战毕竟是艰难的。红4军主力离开井冈山后，在敌军重兵追击下，且战且退，一直没有摆脱困境，有时甚至连吃饭都成了问题。毛泽东就曾经在转移途中当过"乞丐"，向曾志讨饭吃。

当时毛泽东在行军途中，都是亲自布置工作、听取汇报、起草命令，时常熬通宵，天快亮时才睡觉。等他起床时已是日上三竿，误了开饭点。为此，专门有一个勤务员负责把他的饭盛好带上。但毛泽东经常一起床就出发，边走边吃饭，勤务员一旦掉队，他就没有饭吃了。

一天上午，勤务员又找不见了。毛泽东起床后，饥肠辘辘，饿得眼前只冒金星。

恰巧，曾志正蹲在路边吃饭。毛泽东径直走上去，不好意思地说：

"哎哟，起来迟了，勤务员也找不到，我还没吃饭呢，肚子饿得很。你的饭匀给我吃一点嘛！"

"好，可以。"曾志十分爽快。

"那你够不够呀？"

"一大缸子饭，给你一些也还够我的。"

说完，曾志就把缸子盖盛着的饭和腌菜递给了毛泽东。

很快，此事就传开了。大家开玩笑地说：

"前委书记竟成了讨饭的'乞丐'！"

2月上旬，红4军主力势如破竹一举攻占了瑞金城，这是红军离开井冈山转战赣南以来占领的最大的一座县城。随即，红军在朱德、毛泽东的率领下，于2月10日取得了大柏地战斗的胜利。

此役是红4军主力下井冈山后取得的第一场大胜利，一举扭转了被动局面。随后，总前委决定红军向闽西进军，开辟新的革命根据地。

3月14日，毛泽东指挥红4军取得了长岭寨战斗的胜利，击毙了国民党福建省防军混成旅旅长郭凤鸣，占领了闽西重镇长汀。

红军在长汀休整了20余天，气氛也就变得宽松活泼了一些。曾志和工农运动委员会的同志们抓紧时机，张贴布告，刷写标语，向群众进行广泛宣传，收到了很好的教育效果。

在长汀期间，蔡协民任红31团的党代表，也驻扎在附近休整。蔡协民几次捎信想让曾志到他那里去工作。

可生性好强的曾志一想到红31团的战士们见到女同志时，流露出的那种歧视的眼神和难听的议论，就不自在，所以每次都借故不去。这使得蔡协民很不高兴，便给曾志写了一封长长的、情意绵绵的"情书"。

曾志看过信后，随手将它藏在挎包里，谁知竟被贺子珍发现了。

原来自从下井冈山后，曾志就经常和贺子珍睡一个铺，合盖一床被。这一天，贺子珍偶然间在曾志的挎包里看到了蔡协民的"情书"。

贺子珍怀着十分好奇的心情读完信后，被蔡协民信中那些情意绵绵的话语逗得开怀大笑，连忙拿给毛泽东看。

毛泽东读完这封"情书"，也不禁哈哈大笑起来。真是无巧不成书，恰在这时，曾志路过毛泽东的房门口。

毛泽东挥着手，向曾志喊道："曾志，曾志！你过来！"

曾志不知何事，急忙走到他俩面前。

毛泽东指着贺子珍，笑嘻嘻地说："贺子珍正在说你那封信……"

曾志一眼看到了毛泽东手上的那封信，顿时感到惊讶和害羞，气得转身就走，心里直埋怨贺子珍不该拿别人的隐私开玩笑。

不久，蔡协民调任红 4 军政治部副主任，这样曾志与蔡协民终于夫妻团圆了。虽然事情来得突然，但曾志清楚这肯定是毛泽东的有意安排，内心里不禁暗自感激毛泽东的成人之美。

★ 红军战士杀了商人的四头肥猪，毛泽东严厉地指出："这是土匪行为！"

1929 年 3 月下旬，红 4 军前委扩大会议在长汀召开。

会议分析了闽西、赣南的政治、经济形势，决定抓住蒋桂战争爆发，国民党军队处于分裂、自顾不暇的有利时机，在赣南、闽西创建新的革命根据地，与湘赣边界的红军根据地遥相呼应。

在红 4 军回师瑞金的行军途中，曾志和朱德走在一起。一天，部队快到宿营地的时候，突然看到田野不远处有四只很大的肥猪在觅食。

朱德身边的一个战士惊讶地说：

"哇，这么大的肥猪，一头足有 300 多斤。这一定不是穷人家养的，肯定是地主或者是富农的。咱们没收它，杀了会餐！"

多日未见荤腥的战士们一听有猪肉可吃，立即来了精神头，马上就附和着说：

"对！肯定是地主家养的，我们把它没收了，杀了它改善生活。"

当时，曾志还只当是战士们开玩笑说的。但到了吃晚饭的时候，曾志果真在餐桌上惊喜地发现了久违的猪肉。

毛泽东非常爱吃红烧肉，但他想到了战士们：

"问一问部队指战员们都吃上猪肉了没有？"

一了解，部队上下都吃上了猪肉。毛泽东又要人到供应部门查一下猪肉是哪里来的。

供应部门回答说：

"猪肉是上面分下来的，是打土豪没收地主的猪。"

既然这样，毛泽东也就没再说什么，提起筷子和大伙儿一起大快朵颐，痛痛快快地打了次"牙祭"。

第二天一大早，部队刚要出发，一位商人就跑来告状，说他贩卖的猪让红军强行宰杀了。

经了解，原来那猪果真不是地主的，而是富农经商买卖的猪。

毛泽东震怒了。早在井冈山，他就提出了"三大纪律六项注意"（当时还没有洗澡避女人、不搜俘虏腰包），以改变红4军的游击习气和兵油子作风，与人民群众血肉相连，树立起革命军队不同于旧式军队的良好形象；而如今，却发生了这件败坏人民军队声誉的违纪行为。

毛泽东立即命令有关部门向那个商人赔礼道歉并退还了猪款。

当晚，毛泽东召开了干部会议，对这一违反商业政策，损害商人利益的恶劣行径，提出了严厉的批评，指出：

"我们的商业政策，是不侵犯商人的利益。那人虽是富农，但他是经商的，猪是经商买卖的商品，我们不作调查就杀了商人的猪，就违反了党的商业政策，是土匪行为！"

但谁也没有想到，一场关于革命军队根本性质的大辩论随即而起，并最终导致毛泽东离开了红4军的领导岗位。

当时，毛泽东是前委书记，是红4军党的最高负责人。毛泽东建军思想的核心就是"党指挥枪"，这一准则在古田会议以前，也一直被认为是不可更改的指导思想。

但那时，对"党指挥枪，还是枪指挥党"的争论却十分激烈，很多人对毛泽东的建军思想还不能很好地理解和接受。一些人认为，毛泽东强调党对红军的领导，实行集权制（当时对民主集中制的称谓），是搞家长制；政治部妨碍了司令部的工作，是"卖狗皮膏药"的，宣传兵是"吃闲饭的"。他们不赞成红军宣传和组织群众，创建根据地，主张四方游击。

红4军第2纵队司令刘安恭早年留学德国，曾到苏联学过军事。他从心底里瞧不起毛泽东，对红4军实行前委领导下的分工负责制更是不满，极力主张采用苏联正规军的一套做法，一切归司令部统一指挥，而党组织只能对内发挥作用。

这场辩论从赣南一直辩到闽西，有些从旧军队出来的同志，倾向于刘安恭；但一些土生土长的了解中国国情的同志，却赞同毛泽东的建军原则。这场争论，卷进的人越来越多，而人们的思想也越来越混乱。

"肥猪事件"发生后，刘安恭借机挑拨，说什么毛泽东的批评太重了，干涉得太多，党对军队干涉的也太多，等等。

随后，刘安恭等人又借机发难，提出取消前委，成立军委的主张，要将前委的一些人编到军委去，以后一切服从司令部领导，政治部门不能干预司令部。

对此，毛泽东针锋相对地指出：

"红军是共产党的军队。就是要绝对置于党的领导之下，红军的任务不单单是打仗消灭敌人，还要打土豪、筹款子和做群众工作。"

当时反对他的力量很强，前委处于孤立状态。

毛泽东沉稳而又坚定地表示：

"党领导一切，我要坚持到底，取消前委我也要坚决反对。"

随即，毛泽东半开玩笑地说：

"若你们来武装解散前委，我有一个班的兵力，还可以抵抗！"

6月下旬，红4军前委在龙岩城召开党的第七次代表大会。会上，"前委同志号召'大家努力来争论'"。代表们围绕井冈山斗争以来各方面大小近三十个问题争论不休。

会议否定毛泽东提出的必须在红4军党内反对流寇思想、必须坚持党的集权制领导原则的正确意见，错误地认为毛泽东对这次争论负有"较大的责任"，给予毛泽东党内严重警告处分；会议没有指出"先交下级讨论，再由上级决议"的"由下而上的民主集权制"是极端民主化的错误，却认为红4军党内有"形成家长制度的倾向"；会议虽然批评刘安恭提出的"完全选举制度，使党内负责同志轮流更换来解决纠纷"的意见是"非常不对"的，但却不经中共中央许可越权改选掉中共中央指定的前委书记毛泽东。

就这样，在1929年夏，毛泽东被迫离开了前委领导岗位，离开了红4军，到闽西特委所在地上杭去指导建立和发展苏维埃政权。

不久，与毛泽东持相同观点的谭震林、江华、贺子珍、蔡协民和曾志等人，也相继离开红4军，来到了闽西。

★ 毛泽东笑着对曾志说:"看来我这个人命大,总算过了这道'鬼门关'"

1929年夏,在红4军两次入闽的鼓舞和推动下,闽西的革命斗争形势发展迅速。

红军解放了龙岩、永定县城,建立了革命委员会。部队进行大规模的近距离分兵,广泛发动群众,建立地方武装,开展了分田运动,并很快将长汀、上杭、永定、龙岩、连城等县的红色区域连成一片。

来到闽西后,毛泽东做的第一件事就是健全闽西特委。在他的提议下,闽西党的负责人邓子恢担任特委书记,江华任秘书长,蔡协民任组织部部长,谭震林负责建立地方武装,曾志则担任闽西的团特委书记。

随后,毛泽东亲笔起草了一批文件,帮助闽西苏区制定了一些法律制度。就这样,毛泽东在被迫离开红4军后,勇气不馁,终于在闽西又建立了一个红色政权。

曾志在《一个革命的幸存者》一书中,是这样描述这段往事的:

> 当时闽西特委机关设在龙岩与上杭交界的苏家坡,毛委员、邓子恢都住在那里,毛委员有时也到蛟洋一带指导工作,但大部分时间在苏家坡。
>
> 重视调查研究,掌握第一手资料,是毛委员历来的良好工作作风。在红四军的戎马倥偬时期尚且如此,现在到了地方工作,时间较多,毛委员更不失时机地开展各种调查研究,思考重要问题。
>
> 记得在苏家坡,毛委员用好几天的时间开了几场座谈会。每次邀请人数不多,只七八个人,但请来的都是各种各样的人,有商人、小贩,有贫雇农、中农,有老人、年轻人和妇女。根据不同的对象有针对性地了解不同的情况。
>
> 毛委员主持这样的座谈会、调查会不是一问一答式的,而是开得很生动活泼,像是在唠家常,有说有笑的。
>
> 毛委员给大伙提的问题,都是实际生活中遇到的社会问题,切合

实际。大家见他这样平易近人，没有一点架子，也就无拘无束，你一言我一语地谈开了。有时他们也向毛委员提出一些问题，毛委员谈笑风生、旁征博引，能讲出许多道道来且通俗易懂。

毛委员主持的几次座谈会，我都在边上旁听，有时还帮忙做些搬桌椅、挂黑板、倒开水等杂务。但就是不要我记录，毛委员每次都是亲自记录，每场会下来都要记上好几张纸。

毛委员很喜欢同群众接触，同三教九流交朋友。记得刚打下长汀城时，他就邀请过佃农、裁缝工人、老教书先生、老衙役、钱粮师爷、流氓头子等六种人来参加调查会，从各个侧面深入了解汀州的社会经济、政治状况。

后来还在汀州召开工人座谈会，了解汀州的工业、手工业状况，了解社情民意。

红4军三占龙岩城，闽西苏维埃运动迅速发展，震惊了国民党当局。

1929年6月间，蒋介石命令闽粤赣三省国民党军对红4军和闽西苏区发动"会剿"。江西国民党军第12师师长金汉鼎为总指挥。其部署为：

江西国民党军第12师、第7师由长汀向新泉、古田进攻，福建国民党军暂编第1师由漳州向龙岩进攻，广东国民党军第7旅一部由大埔、松口向永定推进。

6月下旬，红4军前委召开会议讨论反"会剿"问题。会议认为：敌"会剿"军虽数倍于红军，但兵力分散，派系不一，矛盾突出，行动难以一致；闽西的广大群众已经发动，赤卫队普遍建立，有条件在内线击破敌之"会剿"。因此决定采取"诱敌入赤色区击破一面"的原则，全军留在闽西反对敌人"会剿"，并确定以暂编第1师为主要作战对象。

7月下旬，敌"会剿"军开始行动。30日，江西国民党军第12师进到长汀，第7师第2旅由长汀进到河田；福建国民党军暂编第1师一部进到龙岩南部的适中；广东国民党军也在梅县集结。

据此，前委认为红4军主力难于在闽西内线打破敌之"会剿"，决定率第2纵队、第3纵队向闽中地区出击，在外线寻机歼敌；远在回龙、官庄的第 1 纵队一时难以集中，则留在内线与第 4 纵队一起坚持斗争。

毛泽东这时不在苏家坡，而是到永定的虎岗一带，一方面指导地方工作，一方面做些调查研究工作。

9 月下旬，红 4 军主力从梅县、蕉岭回师闽西，一举攻克上杭县城。

听到这一消息后，曾志等几个人迅速收拾文件和行李，连夜从苏家坡翻山越岭赶路。在打下上杭县的第三天，曾志等人抵达了县城。

一两天后，毛泽东也被担架抬到了上杭。原来他在永定虎岗一带活动时不知得了什么病，高烧不退，面色蜡黄，脸、脚、肚子都浮肿起来，病情十分严重。

在上杭，毛泽东和曾志、蔡协民住在一起。那是一座两层楼的房子，毛泽东、邓子恢和曾志他们都住在楼上。

当时部队里没有医生，曾志就从上杭街上一个西药铺里请来一位医生。他看过之后说：

"得的是疟疾，又泻又烧，持续不愈，时间一长，体质逐渐虚弱，因此身上便出现浮肿。"

医生给毛泽东开了金鸡纳霜丸，说是特效药，服了很快就会好的。另外，他还叮嘱道：

"要增加营养。要一天吃一只鸡，再用两斤牛肉来熬汤喝，可以少吃肉，主要是喝汤。"

当时驻扎上杭县城的红 4 军军纪严明，买卖公平，执行党的商业政策。因此商民安居乐业，商贸繁荣，鸡和牛肉都很容易买到，也很便宜。

曾志等人还专门为毛泽东请了个男厨师，每天为他炖一只鸡，烧两斤牛肉，烧得烂烂的。每顿饭毛泽东都喝一碗牛肉汤。

20 天以后，在曾志等人的悉心照顾下，毛泽东的病终于痊愈，身上的浮肿也消失了。

在毛泽东治病期间，红 4 军党的"八大"在上杭召开了。会后红军主力离开上杭，继续转战。

身体已完全恢复的毛泽东和贺子珍、蔡协民、曾志等人一起由上杭回到了苏家坡。

在回苏家坡的路上，毛泽东边说笑着边迈着缓缓的大步，一副悠哉游哉的样子，而贺子珍、曾志他们却要一溜小跑才能跟在他的旁边。

大病初愈的毛泽东，心情格外地好，对正跑得上气不接下气的贺子珍、曾志等人，笑着说：

"看来我这个人命大，总算过了这道'鬼门关'。"

众人皆笑。

国民党对毛泽东恨之入骨，得知毛泽东患重病后，便造谣："共匪"首领毛泽东死于肺结核。

远在莫斯科的共产国际听信了这个误传，于1930年初在《国际新闻通讯》上发表讣告：

> 据中国消息：中国共产党的奠基者，中国游击队的创立者和中国红军的缔造者之一的毛泽东同志，因长期患肺结核而在福建前线逝世。……这是中国共产党、中国红军和中国革命事业的重大损失。

★ 几十年后，曾志深情地回忆道："在苏家坡的日子是那样的充实愉快，真让人怀念啊！"

从上杭撤到苏家坡后，曾志、蔡协民与毛泽东、贺子珍同住在两层小楼的楼上。

楼中间是个小天井，两间房子遥遥相对，窗子刚好面对面。天气热，窗子都开着，在屋里说话做事，对面屋的人都看得清，听得见，所以彼此的动静都一清二楚。

许多年后，曾志还清楚地记得当时的情景：

> 那时贺子珍身体不好，鼻子常出血，以为是倒经。在上杭检查时，医生说是怀孕了。可能是怀孕的缘故，有些烦躁。
>
> 毛主席和贺子珍一会儿说说笑笑，一会儿又打打闹闹……此时的

贺子珍很清秀，见人总是笑眯眯的，待人又善良又亲切。虽然她像林黛玉一样弱不禁风，实际上她的性格很倔强，发起脾气来也火冒三丈，而且还像小孩一样爱哭……毛主席又喜欢开玩笑，开过了头，贺子珍就生气，两个人便吵了起来。吵着吵着，你打我一下，我也打你一下，就这样打起来了。但一会儿，两人又和好如初有说有笑了。我和蔡协民就住在对面的房间里，经常耳闻目睹他们的打闹说笑。

在苏家坡，毛主席经常做的一件事，是请各种各样的人来座谈，有贫雇农、商人、手工业者等等。每次在楼下禾坪上摆一张桌子，几个长板凳，再摆上一双瓦壶，几只土杯，虽然简陋，但气氛却很和谐。主席很懂谈话艺术，从不正面发言，而是在问寒问暖中，在拉家常中，就获得了他所想了解的内容。这种座谈会，每次主席都自己做记录，但不知这些记录是否保存了下来？

当时，毛泽东离开了前委，病刚好正在休息，因此他每天都在读书看报。

一天，毛泽东不知道从哪里弄来两本英文书，叫《模范英文读本》，是当时初中二年级的课本。有时他就坐在窗前大声地念英文。可是，毛泽东有很重的湖南口音，读得也不很准，听起来令人发笑。

曾志在教会学校学过一点儿英文，所以知道英语该怎么个读法。于是，毛泽东在那边愈是认真地读，曾志在这边愈是笑得厉害。可毛泽东并不介意，依然旁若无人地在那边念他特有的湖南腔英语。

其实，毛泽东对英语学习情有独钟，直到新中国成立后，有一次他突然问曾志：

"你学过英文吗？"

"在小学学过一点儿，我们的校长是美国人，教师和校长都用英文讲话。这么多年了，早已忘得干干净净。"曾志感到有点突然，但还是一五一十地做了回答。

"英文将来是世界语言，要学一点儿，会有用处的。"毛泽东非常认真地说。

"我都46岁了，脑子记不住了。"曾志有些畏难。

"我都60多岁了，还请了一位英文教员，每星期给我上几小时的英文课，都已经学了两年了，你才40多岁就不能学了？"

曾志的脸一下子就红了，眼前仿佛又出现了当年毛泽东在苏家坡旁若无人地念他特有的湖南腔英语的一幕。

1929年苏家坡的秋天格外地美，草木葱茏。有一条小溪，溪水清澈见底。溪上还有座小桥。

晚饭后，曾志夫妇经常陪同毛泽东夫妇去那里散步，欣赏暮色中的田园风光和落日的霞晖。

小溪里也有很多的小鱼。待天黑下来后，当地群众就点起一只只装有松油火把的铁笼，将笼子推到河边，一群群的小鱼见了火就聚拢过来。这时，人们有的用网捞，有的用手抓，一个晚上就可以捞上两三斤。整个场面既热闹又壮观。

毛泽东、曾志等四人就伏在桥上，看得津津有味。鱼若捞得多，老百姓就送他们几条。有时他们也学着别人的样子去捞鱼，毛泽东总是兴致勃勃地在一旁看着。每次捞到鱼后，他们就如获至宝似的拿回去。

有时，他们也爬到不远处的一个山洞里去玩。洞中的水里有一种鱼，能在陆地上爬，也能在水里游，叫的声音像小孩哭，当地人叫它"娃娃鱼"，吃起来味道鲜美。

毛泽东很爱吃鱼，而且特别爱吃鱼头。每次吃鱼，他都是先将头吃了。因此，大家也很高兴去干这桩事，总觉得自己捞回来的鱼特别好吃。

几十年后，曾志深情地回忆道：

"在苏家坡的日子是那样的充实愉快，真让人怀念啊！"

★ 因为照顾贺子珍的事，曾志与毛泽东大吵了起来

1929年11月中旬的一天，陈毅突然来到上杭苏家坡找毛泽东，说是接毛泽东回红4军。

原来，陈毅在红4军党的"七大"上接替毛泽东担任前委书记，会后他前往上海向党中央汇报工作。党中央、周恩来向红4军前委发了指示信和口头指示，肯定了毛泽东关于"工农武装割据"的思想和建军思想，并指示立即恢复毛泽东前委书记的职务，要他们请毛泽东火速回红4军担任领导。这就是我党、我军历史上著名的"九月来信"。

毛泽东在陈毅的陪同下离开了苏家坡，经蛟洋、新泉，最后到达汀州，与正在那里的红4军会合。

毛泽东重新主持前委工作后，立即开展各项调查研究和摸底工作，花了近20天时间，亲自起草了红4军第九次党代会的有关文件和材料，为大会的召开做准备工作。

由于汀州经常受到国民党军队的骚扰，为了集中精力开好会议，解决党内存在的思想认识问题。前委决定离开汀州，来到比较偏僻的古田镇。

12月底，红4军第九次党代会在古田镇的一个祠堂里召开。这就是著名的"古田会议"。

曾志作为闽西团特委书记，应邀列席了这次会议，听了毛泽东的报告。

在这次会议上，毛泽东再次当选前敌委员会书记，并通过了由他主持起草的《中国共产党红军第四军第九次代表大会决议案》，即著名的"古田会议决议"。由此开始了人民军队历史上的重大转折。

会后，毛泽东和朱德、陈毅等率领红4军，经宁化、清流、归化，回师江西。

当时曾志、贺子珍等人都跟特委一起住在蛟洋。毛泽东准备回部队，可偏偏赶上贺子珍已怀孕六个多月了，不便随军。

于是，毛泽东找到曾志，说：

"曾志，我要带队伍去江西，贺子珍怀孕了，无法随我走。她留下来，由你负责照顾她。"

曾志以为"照顾"，就是让她离开工作，专门去护理贺子珍，不由得火了，便大声地说：

"我有我的工作！哪有时间伺候她生孩子！"

毛泽东也生气了，嗓门一下子提高了许多。

"就是要你照顾！"

"就是不照顾！"曾志毫不示弱地大声顶撞。

"一定要你照顾！"毛泽东坚持道。

"我是党的干部，我有那么多的工作要做，哪能成天去护理她呢？"

直到这时，毛泽东才明白曾志理解错了他的意思，语气也就缓和了下来：

"让你照顾她，又不是让你一天到晚去护理她，不过是要你关心些罢了！"

曾志知道自己理解错了，顿时感到不好意思，连忙压低声调向毛泽东道歉：

"我跟子珍是好朋友，过去行军都常在一起吃饭睡觉，我从来都关心她，照顾她，你不说我也会这样去做的，刚才是我误解了你的意思。"

"理解了就好！那就多多拜托了！"毛泽东再三向曾志表示感谢。

曾志满怀深情地回忆道：

> 在那时，我们年轻人虽然崇敬毛主席，但却并不惧怕他，那时他是有血有肉的人，还没有变为神，所以我敢胆大妄为地与毛主席吵架！
>
> 我想这大概是我此生第一次也是唯一的一次对毛主席发火，后来每当我想到此事心中都深感内疚。

几天后，毛泽东就走了。正好蔡协民去厦门省委汇报工作，要好几个月才会回来。于是曾志将贺子珍接来同住。两人仍是同睡一张床，合盖一床被。

贺子珍的肚子越来越大，衣服箍得紧紧的，曾志就将自己身上穿的从地主家没收来的大宽袖圆下摆棉袄和罩衫，送给她穿。

同住了二十几天后，贺子珍想提高文化，就到龙岩党组织办的一所中学念书去了。

1930年夏，曾志与蔡协民被调到厦门工作，就再也没见过贺子珍，直到1946年底在哈尔滨才又见到贺子珍。

★ 漳州，毛泽东亲自设宴为曾志夫妇饯行

1932年4月，红军攻占漳州。厦门中心市委召开紧急会议分析形势，认为这是开辟闽南新苏区的有利时机，中心市委应立即迁往漳州。

当时，曾志任厦门市委秘书长，理应前去打前站，与红4军取得联系。但当她从丝篙屿赶到白水营时，只见行人纷纷往回跑。一打听，原来从厦门到漳州的公路让国民党军封锁了，设了关卡，行人一律不准通过。水路也无法通行，国民党的军舰已控制了漳州出海口，而从漳州撤退下来的土匪武装，盘踞在漳州附近的石码一带，杀人抢劫，无恶不作。

无奈之下，曾志只好返回厦门。可是倔强好胜的她，不愿就这个样子回机关，她一定要完成任务！

于是，曾志在码头上徘徊着，寻找机会。但厦门气氛也很紧张，水路已被封锁，所有船只，无论是客轮还是货船，一律都不准去石码。

正在一筹莫展之时，曾志意外地发现了一艘装粪船，是从石码来的。那个年代，厦门的粪便是靠船载运的。曾志喜出望外，计上心来，有办法了！

曾志立即走上前去，问道：

"大叔，还回去吗？"

船老大看了一眼打扮成学生模样的曾志，说：

"马上走。"

曾志欣喜若狂，毫不犹豫地登了上去，请求捎她一程。

这条船除了满满一舱粪便外，就是船老大和他的老婆，能坐人的地方只有船头和船尾。曾志坐在船头，身后的粪水随着船直晃荡，在阳光下蒸发出令人窒息的恶臭，但曾志一心想的是如何完成党组织交给的任务，只要能去漳州，再臭再脏也是无所谓的。

果然不出曾志的所料，装粪船十分顺利地通过了几道关卡，岸上的国民党兵一看是粪船，根本就懒得仔细盘问了。曾志那天是学生打扮，很朴素，没有引起敌人的怀疑。

就这样，曾志顺利地到达了石码。

非常巧，红军在两小时前占领了石码，土匪早已跑得无影无踪，街上走动的都是红军战士。

曾志顺利地来到红4军政治部驻地，第一次见到了政治部主任罗瑞卿。罗主任问明曾志的来意后，当即派了一部刚缴获的大卡车专程送曾志去漳州。

石码距漳州40多里地，一个多小时后，曾志就到了设在漳州城西芝山南麓的省立龙溪中学"干之楼"的红军东路军总指挥部。

在这里，曾志得知毛泽东此时以中华苏维埃共和国临时中央政府主席和中革军委委员的身份，亲自指挥由红1、红5军团组成的东路军东征福建，此时也住在漳州。

毛泽东住在龙溪中学隔壁的教会学校——寻源中学的校长楼里。这是一栋外墙漆成红色的两层楼。

当曾志突然出现在毛泽东办公室的时候，意外地发现蔡协民也在那里。

原来，在红军攻占漳州之前，厦门中心市委已派邓子恢、蔡协民等到那里，指导漳州县委开展工作，以策应红军攻打漳州，并做好迎接红军的各项准备工作。

对曾志的到来，毛泽东也同样感到意外，十分热情地说：

"我一直在想着你们，没想到你们来得这么快！巧得很，蔡协民也来了，你们就住在我这里，我搬到旁边房子去住。"

曾志说明了来意，毛泽东沉思了片刻说：

"我们的部队在漳州到底能待多久现在还很难说，市委要迁过来，就过来吧，来了再说。"

随即，毛泽东果真让出了他那间比较大的卧室给曾志和蔡协民，自己搬到旁边一间较小的房间住。

曾志夫妇就一直住在那里，直到红军撤出漳州。

在漳州期间，曾志陪同毛泽东到已跑得空无一人的省立龙溪中学的图书馆里找书。

曾志回忆道：

　　我发现毛泽东对书情有独钟，爱书如痴，见好书如获至宝，埋在书堆里整整待了两天。挑出了好几担的书，什么内容的都有。后来听说红军撤离漳州时，毛泽东的个人财物依然少得可怜，唯有书籍增加了好几倍，拉了有半卡车之多。除留下少数自己阅读外，他用这批书在瑞金创办了中央图书馆，丰富了苏区红军的文化生活。

　　精神上极富有的毛泽东，在生活上却是节俭而清贫的。

　　在漳州，部队的伙食有了很大的改善，唯独毛泽东的一切还是老样子，吃的天天都是豆芽和白菜；盖的还是那床毛都磨光了的旧毯子；袜子已换了两三次底。

　　有一次，曾志去邮局拿报纸，口袋里正好有几枚伙食尾子，就买了两双黑线袜送给毛泽东穿。

　　还有一次，曾志到街上办事，见一批战士围着一家大店铺，正在没收店里的东西。原来，这家鞋店没有向红军筹款，战士们就到店里没收财产。

　　鞋店里摆着各种橡胶制品，战士们只挑最实用的胶鞋拿。当时胶鞋对一个战士来说，那真是太需要了，行军打仗最用得着。谁要是有一双胶鞋，那才叫人羡慕呢！

　　在仓库里，曾志意外地发现了很多万金油、八卦丹、肥皂、巧克力和妇女穿的胶鞋等。这些东西，战士们都不知道有什么用途，因而没有人去动。

　　曾志告诉战士们，这些万金油、八卦丹以及肥皂，对部队来说可是热门货啊。万金油等药治那些头疼脑热、中暑拉稀十分管用。

　　听曾志这么一说，战士们立即动手将这些东西统统运走了。

　　曾志也拿了两双女胶鞋，两条肥皂，还有一包土纸包的巧克力，兴高采烈地跑回住处，请毛泽东带给贺子珍。当时贺子珍正在江西，没随毛泽东来漳州。

　　红军打下漳州后，厦门中心市委书记王海平率市委一行进驻漳州，开展工作。曾志负责起草了一份《告漳州同胞书》，并请毛泽东亲笔作了一些修改。

利用这个机会，曾志向毛泽东提出要求，想回部队工作。

曾志回忆道：

> 我那时不过二十一岁，充满着革命热情，非常不适应白区憋屈的生活，一心向往着军队里的战斗生涯。我向主席表明心迹，他同意了，但一定要征得中心市委书记王海平的认可。这时市委已迁来漳州，王海平最后也答应了，放我走，我好不高兴啊！心想终于又能扛枪当女兵了！

鉴于红军攻打漳州，旨在消灭国民党军张贞部，调动广东之敌，筹款筹粮等任务已基本完成，红军便决定回师中央苏区。

当厦门中心市委知道红军就要离开的消息后，立即研究讨论了红军退漳后的形势和创建闽南革命根据地的战略方针，决定集中精力发展壮大小山城根据地。会议同时决定成立漳州中心县，任命蔡协民为县委书记。

由于毛泽东和王海平已同意曾志回中央苏区工作，因此曾志没准备随蔡协民一同去漳南工作。

会后，蔡协民找到王海平，直截了当地说：

"要我去可以，但我有个条件，让曾志也去，否则我搞不好工作，负不起责任。"

这下可让王海平犯难了。因为他已答复毛泽东，同意让曾志回中央苏区工作。思来想去，王海平只好去求毛泽东将曾志留下来。

毛泽东亲自把曾志找来谈话，恳切地说：

"我本来是同意你回中央苏区工作的，但是如果蔡协民带着这样的情绪去漳南，势必会影响工作。他的身体不好，确实也需要你在他身边照顾。为了工作，我看你还是和蔡协民一起去创建新苏区吧，那也是很重要的工作嘛！"

接着，毛泽东怕曾志不同意，就故意用激将法说：

"开辟新苏区很艰苦，一个共产党员要勇于承担这个任务。回苏区只是做一部分工作，而这里是开辟，是创造，意义更大。"

年轻好胜的曾志，自然不愿让人认为她回苏区是逃避艰苦，怕死怕累，所以尽管心里一百个不乐意，但既然毛泽东出面这样说了，还是答应留下来。更重要的是，对于 14 岁就加入中国共产党的曾志来说，服从组织决定是起码的要求。即使与个人的利益和意愿相左，也还是要执行组织决定的。

两三天之后，蔡协民、曾志即将启程前往闽南小山城地区开展工作。

临行前的头天晚上，毛泽东特地设宴为曾志夫妇饯行。他破例叫警卫员去买了一只大火鸡，打开了一听从江西带来的一直没舍得吃的牛油罐头。

尽管鸡肉很瘦，牛油也不好吃，可曾志知道当时毛泽东在漳州生活十分清苦。

毛泽东住在芝山红楼，单独起伙，秘书、医生、伙夫、警卫员加上蔡协民、曾志共 10 多个人，天天就是豆芽加白菜，基本上没有荤菜。屋后的水缸里泡着两条一尺多长的海茄子，因为不知怎么吃，就一直泡在那里没动。

由此可见，毛泽东的一片真诚心意。这使曾志十分感动，差点没掉下眼泪来。

第二天，蔡协民、曾志依依不舍地与毛泽东告别，相约中央苏区见。谁知，这一分手就是八年，直到 1938 年，曾志在延安才重新见到毛泽东。而蔡协民于 1934 年在漳州英勇就义。

★ 延安，毛泽东鼓励曾志要多学马列主义

1939 年 12 月，曾志经过差不多三个月的辗转跋涉，终于来到了心仪已久的革命圣地——延安。

望着巍巍的宝塔山，看着一排排错落有致的窑洞，曾志的激动之情，难以言喻。

中央组织部出面接待曾志的是一个叫刘立青的科员。

在曾志来延安前，中原局已电告中央组织部并说明曾志要求进马列学院学习的情况，所以刘立青开口便问：

"你想去马列学院吗？"

"是的。"

于是，刘立青就让曾志写了一份自传，同时介绍她到中组部招待所住下。

招待所位于杨家岭附近的一排窑洞里，已有十几位同志住在那里了。

窑洞就是在黄土坡上挖出的一个个山洞，每洞长十来米，宽约四米，土质坚实、干燥，冬暖夏凉。窑洞内一半是土炕，炕下通烟沟，冬天炕下烧火，炕上及整个窑洞都暖融融的，每炕至少可睡四个人。窑洞口则一分为二，上窗下门，近门处光线还是很充足的，可以读书写字做针线。

刚刚安顿下来，曾志就迫不及待地伏在炕头上给毛泽东写信。信的大意是：

> 毛主席啊，自1932年漳州一别，我常常想时时盼，希望再见您，1936年我就想来延安，想回到您身边了。今天这个愿望终于实现了，我已来到这里，期待着您的接见！

两天后，曾志收到了毛泽东的回信：

曾志同志：

> 你来延安实是高兴，你明天就来我这里，我让中组部派人去接你，见面再长谈。

> 毛泽东

又要见到毛主席了！曾志实在是按捺不住那种又激动又兴奋的心情，高兴得几乎要跳了起来。

第二天早饭后，在一位警卫战士的带领下，曾志来到了杨家岭毛泽东的住地。秘书叶子龙住在他前面的一排窑洞里。警卫员让曾志在叶子龙的窑洞里等候，他便去通报了。

不一会儿，毛泽东走了过来，紧握住曾志的手，热情地说：

"你终于来了，很好，很好！走，到我那里去！"

说完，毛泽东便把曾志带到了他的窑洞。

毛泽东住的窑洞虽然比较大，但依旧是那样简朴！窑洞的前半截是石砌的，摆着小书桌，几张木椅凳，一张吃饭用的四方小矮桌，再就是几个木头架子上放满了书，除此之外，什么东西都没有。

毛泽东示意曾志坐下后，关切地问：

"这么多年，你们在哪里？蔡协民呢？你们还在一起吗？这几年上海那边有人来延安，我一直都注意打听你们的消息。潘汉年从白区来延安时，我也向他问起你和蔡协民，但他同样没有你们的消息。我还以为你不在人世了！今天见到你，好高兴噢！"

毛泽东的关怀，使曾志内心的酸甜苦辣一起涌了出来。

是啊，这八年来在白区工作是何等的艰难啊！四次无端蒙冤，一度丢失党的关系，而重新寻找党组织的过程又是那么的坎坷漫长；蔡协民的牺牲是那样的悲壮惨烈，而与陶铸的悲欢离合，又是那么的大起大落，真是百感交集、一言难尽的八年啊！

面对兄长般的领袖，曾志将几年来的郁闷委屈一股脑儿地倒了出来。最后，曾志又告诉毛泽东：

"这次来延安准备进马列学院学习，因为长期在白区工作，没有条件系统地学习过。"

毛泽东一边吸烟一边静静地听曾志讲完，然后点点头说：

"很好，很好！你已经有了实际工作经验，把经验好好总结起来才能真正提高自己。实践，经验总结，再上升到理论，这种学习方式很重要。你一直在苏区、游击区和白区工作，经验是有，但缺乏系统的理论学习。"

曾志立即兴奋地说："主席，我打算在马列学院学一年。"

不料，毛泽东摆了摆手，说：

"不行，要学三年，至少也要两年。马列主义的经典著作一定要精读，读了还要结合中国国情和自己的实践，去理解它，分析它，将理论变为行动指南。《共产党宣言》我看了不止一百遍了，但遇到实际问题还要去翻，有时只看一两段就会有新的启发。我写《民主主义论》时，不知翻阅了多少遍《共产党宣言》！就是要这样经常读，重复翻阅才行。你现在有时间坐下来读书，读它个两三年，将来对你会有好处的！"

接着，毛泽东手指窑洞内的书架，对曾志说：

"我这书架上有不少马列主义理论书，你随时可以来拿。"

曾志全神贯注地聆听着领袖的教诲，生怕漏过一字一句。时间在不知不觉中过去了，天色渐黑，已到了开晚饭的时间。

毛泽东便留曾志共进晚餐，笑着说：

"今天，就在我这里吃饭吧。"

曾志不假思索地说："那好啊，来吃一顿好的！"

话一说出口，曾志立即就后悔了，暗自责备自己：

"这么说是多么不应该啊！毛主席与全体将士同甘苦，共患难，军装上打着补丁，吃的也是粗茶淡饭，我这么说太不合适了。其实我也不是真想吃香喝辣，只是一到主席面前就不由得变成了大小孩，不由得变得调皮了。"

毛泽东一听，愣了愣，立刻又笑了。

"哦，吃好的，吃好的。"

饭菜端上来了，大米、小米加土豆的三合饭，一碗炒白菜，一碗烧土豆和一盘豆芽，豆芽还带着许多豆壳子，只有那碗烧土豆里有几片薄薄的肉。

吃饭时，毛泽东把江青叫了过来。关于毛泽东与江青结婚的事，曾志在上海时就听说了。

后来，曾志回忆道：

> 我当时十分疑惑，像主席这样一位伟大的无产阶级领袖，怎么会与上海滩这位声名狼藉的明星结合呢？她与贺子珍是两路人，而子珍才真正是我们自己的人啊！不理解，怎么又能理解！所以谈话时我不愿听到江青的名字，更不好去问贺子珍的情况。

江青走了过来。我在上海时看过她的戏剧广告，几乎有房子一面墙那么巨大。广告上的江青还是蛮漂亮的，但这会儿，我却实在看不出她有什么地方漂亮，也许是烛光太暗淡的缘故。她高高的个子，穿着臃肿的灰棉服，样子不显年轻，却在胸前吊着两根姑娘式的长辫子，只是她的一双眼睛还算明媚动人……不知为什么，她整个人显得软绵绵、懒洋洋的，不大多说话，对我谈不上热情，也谈不上不热情，也就是客客气气的吧！

我们三人一起吃饭，延安没什么好东西吃，我至今记得那盘豆芽菜，不去皮也不掐根，白水煮煮就那么端上来了。江青没吃几口就跑出去呕吐，我才明白她为何显得那么无精打采，原来怀孕了！主席赶快举着灯去给她照明，又端水给她漱口，还轻轻地为她捶背，看得出主席很疼她。

见此情景，曾志不好久留，于是起身告辞："天晚了，我该回去了。"

毛泽东也没有留客，随口说：

"以后每个礼拜天你就上我这里来，在我这儿吃饭。我有很多书，愿看哪本就拿去，看完后再来换。"

"那我以后每个星期天都到你这里来会餐！"曾志傻乎乎答道。

毛泽东收住了微笑，显得有点尴尬地点了点头。

曾志暗自对自己的再次失言后悔莫及。

"也真是的，主席这里只有粗茶淡饭，哪里谈得上什么会餐啊！自己不该尽想吃好的，应该努力进取呀！"

想到这里，曾志惭愧得脸都红了。

★ 毛泽东告诉曾志，他最爱他的母亲，而不喜欢父亲

1940年春，陶铸也来到延安。曾志和陶铸这对历经磨难的革命夫妻终于在延安筑起了属于自己的幸福小窝。

此时，曾志正在马列学院学习。但令曾志遗憾的是：学习不足一年就中断了。原来，参加革命十几年来，曾志东奔西跑惯了，心也野了，一旦坐下来看书，怎么样都适应不了，一听课就走神，一看书就犯困，那些马列主义的理论词句，根本进不到脑子里去。

好不容易苦苦熬过了两个月，学习才有点入门，偏偏曾志又怀孕了，于是就没有再坚持学下去。

不久，陶铸与曾志两人爱情的结晶——女儿陶斯亮出生了。

那时，曾志夫妇与毛泽东分住上下窑洞，靠得很近。于是，曾志经常抱着女儿去毛泽东那里聊天，谈点家常和以往的事情。

曾志在回忆录中深情地写道：

> 主席告诉我，他最爱他的母亲，而不喜欢父亲。
>
> 母亲善良开通，一生勤俭，坐月子不吃好的，只吃一只咸鸭蛋，还要吃上一天。而父亲是富农思想，自己舂米，然后拿到街上去卖。他也喜欢外婆，常常翻山走几里地去看她。
>
> 他还说他两个弟弟，二弟会理财，跟着父亲做生意。老三小时候很调皮，常常不听大哥的话，主席气起来就用脚踢他。后来这两个弟弟都参加了革命，并都壮烈捐躯。
>
> 主席有时也谈起家乡吃的东西，如湖南的臭豆腐、腊鱼、腊肉……说起辣椒来更是津津乐道。
>
> 他说："辣椒好啊！辣椒有很多好处，开胃通便，延安没辣椒吃，老吃那些土豆、白菜，真是没有什么味道！"
>
> 他还要给我二十元，让我给家里通信时，请我母亲做些腊肉腊鱼捎来。当然这只是一说而已，不过是他思乡情怀的偶然流露罢了。
>
> 有时他也谈到陶铸，说陶铸很能干，那篇论精兵简政的文章，写得好，别人写不出来。
>
> 我老惦着贺子珍，可又不敢贸然提她，没想到有一天，主席竟主动地谈起了她。
>
> 主席感叹道："我同贺子珍还是有感情的，毕竟是十年夫妻嘛！"

"那为什么要离开呢？"

"不是我要离开她，而是她要离开我。她脾气不好，疑心大，常为一些小事吵架。有次一位外国女记者采访我，美国女人开放无拘无束，我也爱开玩笑，我们又说又笑，这就激怒了贺子珍。她不仅骂了人家，俩人还动手打了起来。我批评她不懂事，不顾影响，她不服，为此我们两人吵得很厉害。一气之下贺子珍说要去西安，然后到苏联治病，她身上有十一处弹片。我希望她能回来，写了封信，派警卫员送去西安并接她回来。但贺子珍不回来，却捎回一方白手绢，上面写了诀别信，不久就去了苏联。这封信至今还保存在我的铁箱子里。"

沉默少许，主席又说："但我还是挂念着她的，她长征吃了不少苦。跟我十年生了十个孩子，年头生一个年尾又生一个。我最怀念的还是在中央苏区生的毛毛，部队出发时，孩子站在路边送行，那时毛毛才四岁，没想到一别就再也见不到了。"

主席谈起贺子珍，谈起毛毛，流露出一种发自内心深处的伤感。这伤感，过去我从未在主席身上发现过，看到的都是经天纬地的大丈夫气概。

他还告诉我，在中央苏区受到错误路线打击，被从领导岗位上撤下来后，名义上是苏维埃主席，但无实职工作，又患了病，连贺子珍也不怎么理他，不去主席那儿照顾他，却强调自己有事情要干。

主席说，"我当时就那么想，读书吧！坚持真理，坚持原则，我不怕杀头，不怕坐牢，不怕开除党籍，不怕处分，也不怕老婆离婚，一切我都不在乎，我只一心一意地去多读书！"

我相信主席讲得都是心里话。在他与贺子珍的分离上，人们总是指责他，连我也认为主席未免太负心。那天听了他的一席肺腑之言，才感觉到他也有难言的苦衷。

……

主席讲过一件遇险的事。他说1927年秋，中央派他去湘赣边，组织秋收暴动。

他化装成小学教员，穿长衫，戴草礼帽，一人独行。步行经过一个民团驻地，哨兵问他干什么的？去哪里？

他一一回答了，哨兵大概见他是个读书识礼的人，就没有详细盘查，放行了。

主席说，我走出几丈远。民团里走出一个当官的，见到我，就大声呼唤："前面的人，站住，过来！"

我装着没听见，继续往前走。

那个当官的又喊："快站住！"并追赶上来。那个哨兵也追了上来。

看看快要追上，我只好快跑。

当官的又喊："快站住，老子要开枪了！"

那时的白色恐怖，民团可以就地"正法"人的。

正在危急中，我急中生智，从口袋里掏出一些银毫子，还有几块大洋，赶快扔一些在地上。

追赶的人见了钱便弯腰去拾。我一路跑，一路扔毫子，民团一路追，一路弯腰捡钱。渐渐地我跑得很远了，在一个转弯处，我急转弯，钻进灌木丛中，从另一条毛草丛生的小路逃脱了。

那次要是被抓了去，准没了命，真好险呐！

★ 面对在"整风运动"中受到迫害的曾志，毛泽东微微一笑，平静地说："很理解你的心情"

1942年初，曾志奉命到党校一部学习。这一次，曾志暗下决心，要好好利用这个机会，系统地学习马列主义，不辜负毛主席对她的殷切期望。

但事与愿违，不久轰轰烈烈的"整风运动"开始了。

自抗战全面爆发后，正确的路线、方针和政策使中国共产党有了极大的发展。但历史上遗留下来的，特别是王明"左"倾错误遗留下来的一些不正确的思想作风在党内严重存在；同时，大批非无产阶级出身的新党员思想上的不稳定性，也从一定程度上助长了这些不良思想作风的蔓延。

据此，1942年春从延安开始逐步开展了全党全军的整风运动。

这次整风运动是有领导、有准备、有计划、有步骤地开展起来的，任务是：反对主观主义以整顿学风，反对宗派主义以整顿党风，反对党八股以整顿文风。

1942年2月，毛泽东先后发表《整顿党的作风》和《反对党八股》的演说，整风运动随之进入普遍阶段。其后，《改造我们的学习》和《论共产党员修养》等著作，也都成为整风运动的重要学习文件。广大党员干部认真学习文件，遵照"惩前毖后，治病救人"的方针，开展批评与自我批评。

随着全党整风运动的普遍开展，全军的整风运动也于1942年夏全面展开。6月16日，中央军委和总政治部发出《关于军队中整风学习与检查工作的指示》。7月1日，《解放日报》发表社论《关于军队中的整顿三风》，强调军队中的整风是为了反对军事领域中的教条主义、经验主义，提高党性，增强团结，提高战斗力。全军的整风运动一直持续到1945年春。

毛泽东发动这场"整风运动"的初衷，是为了整顿党风、学风和文风，但时任中共中央社会部部长的康生却把这场运动，变成了"残酷斗争，无情打击"的审干运动。

一时间，除了没有脱离过红军队伍的干部外，一律要进行审查。凡是在白区工作过的，被捕过的，掉过队或被俘过的，均被列为怀疑对象、审查对象，将他们作为"失足者"进行"抢救"。

像曾志这种长期在白区工作，又一度失掉党的关系的人，自然会被作为重点。于是，曾志被隔离审查，看管了一年零四个月。

曾志回忆道：

> 我又一次蒙冤，但我很镇静，也很坦然，因为我相信党，相信毛主席，也相信我自己。
>
> 一年多的审查批斗中，我没说过一句违心的话，没流过一滴泪。我唯一的武器就是"实事求是，知之说知之，不知说不知"，这也是我能做的对党的最大忠诚。
>
> 我尽量吃好睡好，如果那个晚上停止批斗，我就静静地读书，一

年多下来，我不仅没瘦，反而胖了。

这期间我给主席写了封长信，尽管没收到回音，但我相信主席最后会主持公道的。

果然，主席亲自纠正了这种无故迫害党的忠诚干部的做法。朱老总、陈老总、钱瑛大姐等了解和熟悉我的老同志，也纷纷站出来为我说话。

甄别后，我被补选为七大候补代表。

1943年12月，在延安王家坪的一场舞会上，毛泽东一眼就看到了曾志。毛泽东非常高兴地走上前去，邀请曾志跳舞。

跳舞时，曾志乘机小心翼翼地问：

"主席，收到我的信没有？"

毛泽东微微一笑，平静地回答：

"收到了，很理解你的心情。"

曾志的双眼一下子模糊了，一年多来所受的委屈仿佛全都消失了，在心里暗暗想到：

"这样我还能说什么呢？领袖的信任足以消融我一切的幽怨和委屈。"

★ "我支持你去敌后！"

1945年4月23日，具有划时代意义的中国共产党第七次全国代表大会在延安杨家岭中央大礼堂隆重开幕。

这次大会是在德、意、日法西斯面临彻底覆灭和中国抗日战争日益接近最后胜利的前夜举行的。

会上，毛泽东作了《论联合政府》的政治报告，朱德作了《论解放区战场》的军事报告，刘少奇作了《关于修改党章的报告》，周恩来作了《论统一战线》的重要发言。任弼时、陈云、彭德怀、张闻天、陈毅、叶剑英等也作了发言。这些报告和发言从各个方面论述党的政治路线、军事路线、组织路线的基本精神，总结党的历史经验，并对各条战线的任务和政策提出了具体意见。同时，中央向被错整的干部赔礼道歉。

七大是中国共产党建党以后民主革命时期最后的，也是最重要的一次大会。它总结了中国民主革命20多年曲折发展的历史经验，制定了正确的路线和策略，克服了党内的错误思想，从而使全党在马克思列宁主义、毛泽东思想的基础上达到了空前的团结。同时，军队工作中的军阀主义和教条主义偏向得到了克服，加强了党对军队的绝对领导，增进了官兵团结和军民团结，大大提高了部队的战斗力。

早在七大开幕前，中央决定大会后要派一批干部并调一支军队到两湖、两广，深入日军占领区去加强武装斗争，并在敌后更大区域内开展党的群众工作。

陶铸要求到湘粤桂沦陷区去开展敌后游击战争，中央同意了。由于敌后斗争异常艰苦凶险，中央决定此次深入敌后一律不调女同志，也不准带家属。

可曾志却下定决心：一定要去！

许多年后，曾志是这样描述当时的想法的：

> 但我想去敌占区。我长期以来被迫背着"逃离闽东"的沉重思想包袱，由于战争环境里一时难以进行调查核实，因此要证明自己不是贪生怕死之徒，只有主动到最危险的敌后战场去。我要用事实来洗刷别人泼到我身上的污水，用鲜血，甚至生命来证明我政治的坚定和对党的忠诚。

于是在另一次舞会上，曾志找到了毛泽东，开口就说：

"我要随陶铸去，死也要死在前线，我要用自己的鲜血来证明自己的忠诚与清白！"

毛泽东有些为难地说：

"中央已做出决定，任何女同志都不许去，何以单让你去呢？"

曾志倔强地争辩：

"不可能一律不准去，个别情况个别对待，我做过那么长的地下工作，怎么就不能去敌后呢？你们不要看不起女同志！"

毛泽东见拗不过曾志，同时也被曾志的决心所感动，便宽厚地一笑，挥着手，爽朗地说：

"好好！我支持你去敌后！回去我同少奇同志讲讲。"

毛泽东是个言必行、行必果的人。

不久，中央特批了曾志一个女同志随陶铸南下，到沦陷区去打游击。但当陶铸、曾志他们走到半路时，日本帝国主义宣布无条件投降。

艰苦卓绝的抗日战争终于取得了胜利。曾志与亿万中国人民一样，沉浸在无比的欢乐中。

就在这时，中共中央指示陶铸等南下的同志们日夜兼程赶赴东北。

1945 年 9 月中旬的一天，曾志又随陶铸风尘仆仆地赶到东北重镇——沈阳。此后，曾志纵横驰骋于白山黑水间，经过四年的浴血奋战，终于迎来了中国革命的胜利。

1949 年初春，曾志在北平又见到了毛泽东。

★ 在西苑机场的欢迎队伍中，曾志随着人群拼命高呼："毛主席！毛主席！"

1949 年 3 月，曾志奉命到北平参加第一次妇女代表大会。

几天后，曾志听到了一个天大的喜讯：中共中央将从西柏坡迁到北平。毛泽东、周恩来、朱德、刘少奇、任弼时等中央领导人将于 3 月 25 日在西苑机场检阅中国人民解放军。

"我又能够见到毛主席了！"曾志兴奋得几乎一夜都没合上眼。

3 月 25 日一大早，曾志就兴冲冲地赶到了西苑机场。

初春的北平阳光明媚，乍暖还寒。在西苑机场，等候迎接毛泽东主席的所有人的脸上无不洋溢着灿烂的笑容。

只见各民主党派领导人、爱国民主人士和北平各界代表组成了声势浩大的欢迎队伍，翘首以待一睹领袖的风采。受阅部队全副武装，威武雄壮地排列着。各种武器和车辆也整齐地排列着，沿机场围了一个大圈，静静等候着新中国领导人的检阅。

曾志不是随集体去的，活动比较自由，便爬到了一辆吉普车顶上，以便在毛主席检阅时看得更清楚。

激动人心的时刻终于到了。几辆吉普车从远处缓缓驶来，人群突然变得鸦雀无声，人人屏息而望，神情凝重。瞬间过后，大家几乎不约而同地呼喊起来：

"毛主席来了！"

每个人的脸上都洋溢着一种抑制不住的兴奋神情。

吉普车渐渐驶近，曾志仔细一看，朱德总司令乘坐在前头的车上，毛泽东主席身着崭新的军装，精神焕发地站在第二辆车上，向欢迎的人群频频招手。

盛大的阅兵仪式开始了。

在嘹亮的军乐声中，毛泽东主席、朱德总司令乘车检阅部队。机场上顿时爆发出响彻云霄的欢呼声：

毛主席万岁！

朱总司令万岁！

中国共产党万岁！

此情此景，令曾志怦然心动，回想前尘往事，不禁感慨万千。

几十年后，当曾志回想起这段往事时，仍是激动不已。

当主席乘坐的敞篷吉普车开过来时，群众沸腾了，欢呼声震耳欲聋。我也是激动得不能自已，二十多年的浴血奋斗，牺牲了多少好同志啊！

我眼前浮过了夏明震，浮过了蔡协民，浮过了陈佑魁、王海平、柯成贵、毛大嫂、伍若兰……我周围的亲人、战友们一个个地倒了下去，而我却活了下来。无论死去了的还是活下来的，不都是盼着这一天的到来吗！

我的双眼湿润了，我随着人群拼命地喊叫："毛主席！毛主席！"

我多么希望主席能够看到我啊！但车缓缓开过去了，车上的巨人终究还是没有看到我。

1949 年 10 月 1 日，古老的北京城阳光灿烂，秋风送爽，披上了节日的盛装。

人们从四面八方涌向天安门广场，在东西长安街和天安门前汇集成人的海洋。30 万翻身的劳苦大众欢聚在天安门广场上，隆重地庆祝自己亲手创建的中华人民共和国的诞生，歌唱自己的翻身解放。

曾志站在庄严巍峨的天安门观礼台上，目睹开国大典，不禁心潮澎湃，这是一个近代史上备受屈辱的民族扬眉吐气的时刻，是华夏大地新的历史开端……

15 时整，中央人民政府秘书长林伯渠宣布庆祝典礼开始。

天安门城楼上，毛泽东以洪亮的声音向全世界宣告：

"中华人民共和国中央人民政府今天成立了！"

随着毛泽东按动按钮，天安门广场上第一面鲜艳夺目的五星红旗冉冉升起，迎风飘扬。

此情此景，心潮激荡的曾志眼睛再一次湿润了。

盛大的阅兵仪式开始了。中国人民解放军总司令朱德任检阅司令员。华北军区司令员兼京津卫戍区司令员聂荣臻任阅兵总指挥。受阅部队成分列式经天安门前，由东向西阔步前进。受阅部队以海军两个排为前导，接着是一个步兵师、炮兵师、战车师和骑兵师相继跟进。

曾志深情地回忆道：

我被胜利的喜悦激荡得兴奋无比，我体验到了一种从未有过的轻松和幸福，哪里能想到，以后还会有那样多的风风雨雨啊！

几天后，毛泽东特意派了一辆车接曾志到中南海。照惯例，毛泽东又留曾志吃了晚饭。

★ 毛泽东不满地看了曾志一眼：“你都不懂，这是艺术欣赏，现在正是艺术上的最高潮！”

1954年底，时任广州市委工业书记的曾志到北京参加第一次人代会。借此机会，曾志前往中南海看望毛泽东。

没坐一会儿，一位工作人员走过来，请毛主席去怀仁堂观看袁雪芬、傅全香演出的“梁山伯与祝英台”。

兴趣颇高的毛泽东，便邀请曾志一同去看戏。

毛泽东看得很专注，很入神，显然他非常喜欢这出戏。可曾志却一直是漫不经心的。

当戏演到梁祝诀别时，曾志看到他们那种痛苦的样子大不以为意，因为十几岁就参加革命、人称“红姑娘”的她，生平最受不了的就是这种缠绵的男女之情。于是，曾志竟不由自主地笑了起来。

已经全身心投入剧情的毛泽东，显然受到了笑声的干扰，于是侧过头来，不满地看了曾志一眼：

“你都不懂，这是艺术欣赏，现在正是艺术上的最高潮！”

曾志脸上一阵发热，急忙止住了笑声，同时也为自己的浅薄感到不好意思。

毛泽东非常尊崇艺术家，他和周恩来总理都欣赏红线女，称赞她是真嗓子。

有一次，毛泽东到广东视察，曾志就带着红线女去见毛泽东。

毛泽东刚好游完泳，坐在游艇上休息，见红线女来了，很是高兴，并请曾志和红线女一起吃饭。

在饭桌上，毛泽东对红线女谈了一些对艺术的评论，有批评也有赞赏。

这时，曾志发现红线女只是认真地聆听着毛泽东的讲话，几乎不怎么吃东西。于是，曾志误以为红线女在毛泽东面前拘束，就一个劲儿地给她夹菜。

曾志的“殷勤”举动被毛泽东发现了，便笑着对她说：

"你都不懂，她晚上要演出，演出前是不能多吃的。"

一句话，全桌的人都笑了起来，曾志一下子脸涨得红红的。

饭后，曾志拿了个芒果，剥了皮递给毛泽东。

不料，毛泽东没有接芒果，反问道：

"剥了皮怎么个吃法呢？"

曾志一时不知所措，心想：

"芒果不剥皮怎么吃？这些年我都是这么吃的！"

见曾志不说话，毛泽东就笑着说：

"应该是这个样子的！"

说完，只见毛泽东拿起一个芒果，用刀从两边剖开，然后画几条小格子，再翻过来吃。

直到这时，曾志才第一次知道了吃芒果的方法。

新中国成立后，毛泽东依然过着简朴的生活。他睡的是木板搭的床，枕的是谷糠或荞麦皮做的枕头。这床他只用一半，另一半堆放着各种各样的书，有精装的、平装的、线装的；还有报纸和杂志。而他的办公桌、书架、窗台就更是堆得像一座座小山了。他喜欢躺在床上，靠着枕头看书，只要有一点闲空就用来看书。

一次，曾志好奇地问：

"这么多的书，一天要看多少？"

"每天送来的报刊就有 200 多种，我一个人是看不完的。我有几个秘书，他们分门别类地先看，觉得比较重要的，就给我画上。必须要有选择性地看，看书也是要讲方法的。"

"看那么多的书，不觉得累吗？一天看到晚，能看得进去吗？"

"看书也是种休息嘛！"

"我不明白看书怎么个休息法，我认为看书是最累人的事。"

毛泽东笑着解释道：

"看一种书疲倦了，就换另一本书，调剂脑筋，也就得到了休息，交替看书，也是一种好的休息方法。"

一说起书，毛泽东就会滔滔不绝，他又想起了当年的一些事情，似有无限感慨地说：

"我没有吃过洋面包，过去也没有去过苏联，更没有去西方留学，我是土生土长的中国农民儿子。我根据中国的国情、革命的实际，提出建立井冈山根据地，建立罗霄山脉中段的红色割据，提出游击战术十六字诀和迂回打圈的战略战术。"

毛泽东点燃了一支烟，深深地吸了一口，透过浓浓的烟雾，仿佛又回到了几十年前那段战火纷飞的年代。

"但是那些个吃洋面包的人，就是不信任我，看不起我，认为山沟子里面出不了马克思主义。从 1932 年起，实际上就把我摆到了一边，同志们不大愿意同我接近，连贺子珍也不愿理我了。我说组织上决定我服从，但观点要坚持，不是说山沟里出不了马克思主义吗？"

毛泽东停顿了一下，接着说：

"我不相信有这样的事情，我就是要狠狠地读书，在漳州搞了许多书，又向同志们借一点子，扎扎实实地读书，硬是读了两年的马列主义，后来写的《矛盾论》和《实践论》就是这两年的读书心得。我这个人呀，就是不怕杀头，不怕坐牢，不怕处分，不怕开除党籍，不怕老婆离婚，有了这'五不怕'，敢将皇帝老子拉下马！"

毛泽东在穿着上很不讲究，只在接见外宾时才换上皮鞋，一般只穿布鞋旧衣。

有一次，曾志去看望毛泽东，意外地发现都 6 月份了，毛泽东还穿着条破旧得有几个洞洞的毛裤。

曾志有些惊讶地问：

"天这么热还穿毛裤，是不是腿有毛病？"

"腿没毛病，只是块头大，买不到现成的线裤。"毛泽东非常平静地回答。

"那江青不会给你定做吗？"

"我生活上的事她从不关心。"

"那我在广州针织厂帮你定做两套好吗？"

"好呀，那就麻烦你了，我有稿费，我自己出钱。"毛泽东高兴地说。

于是，曾志给毛泽东定做了两套绒衣线裤。

在家里，毛泽东总爱穿毛巾睡衣，那件睡衣不知穿了多少年，磨得又旧又薄了，还打了许多补丁。可毛泽东就是舍不得扔掉，一直穿到他去世。

毛泽东在吃饭上也是很节俭的，虽然他是亿万中国人民的领袖，满可以吃好一点，但除了偶尔有肉、鱼外，他的餐桌上从没有山珍海味。每次留客人吃饭，他会嘱咐大师傅加菜，但从未有超过四五个汤菜的时候。一国领袖，生活上这样俭朴，如果不是亲眼所见，谁又会相信呢？

江青在生活上很忽视毛泽东，但毛泽东对江青却是关怀备至。江青患子宫原位癌，在苏联做了放射治疗，毛泽东念她有病，处处照顾她，让着她。在广州，毛泽东总是将自己的一号楼让给江青住，而自己到较小较差的三号楼去住，并将自己身边最喜爱的四个警卫人员派去照顾江青。他还特意交代陶铸要关心照料江青，并严肃地说：

"在生活上江青同我合不来，但是在政治上还是对我有帮助的。她政治上很敏锐。"

所以，江青虽然只是个秘书职务，但无论到哪里，看文件都必须按政治局委员待遇。

有一次，毛泽东对曾志说：

"江青跟我这么多年没有一块好表，她向我要块表，你在外面给她买一块，我出钱。"

不久，曾志托人到香港买了一块金壳劳力士坤表，送给了江青。

★ 毛泽东严肃地对曾志说："读书读得太多了没有用，有人书读得越多越蠢"

20世纪50年代末，广州市民吃菜非常困难，"三鸟"（鸡、鸭、鹅）的收购就更是困难。市里领导同志想划几个县归广州市直管，以解决广州市民的吃菜问题，但又顾虑各地委不同意。

有一次，毛泽东到广州视察工作。时任广州市委工业书记的曾志趁机将这一难题当面向毛泽东做了汇报。

曾志说：

"广州职工及全市居民的蔬菜、猪肉、鸡蛋等副食品供应困难，市委领导希望省委划两个县归广州市直接管理，以解决蔬菜副食品的困难。"

"好嘛，这个想法不错。有这个必要！"毛泽东听了，大加赞赏，连连点头称是。

然后，毛泽东又对陶铸说：

"这个办法可以考虑，把几个县划给广州，广州可以解决肉蛋蔬菜问题，而反过来广州又可以帮助县里发展工业。你们省里研究一下，我是赞同的。"

没过多久，省委果真把靠近广州比较穷困的花县、增城两个县划给广州，后来又增划了几个县。广州市帮助那些直辖县发展工业生产，改善了直辖县穷困面貌。而那些县则帮助广州市解决蔬菜副食品和某些轻工原料生产问题，解决了广州市的"菜篮子"供应难题。

1960年春，广州市委工业生产会议根据上级指示和全国各地经验，提出了"机械化、半机械化、消灭笨重劳动，为节约百分之十的劳动力而奋斗"的口号。

一天，曾志向正在广州视察工作的毛泽东汇报技术革新、技术革命"六革一改"和机械化、半机械化、自动化的情况，以及举办半机械化、小型自动化现场表演的热闹情景等。

毛泽东听了，也很高兴，善意地笑着问：

"广州都能实现自动化吗？应该加上一个半自动化，自动化有多种形式，广州不可能一步达到自动化！"

曾志感到毛主席讲得非常实事求是，便把毛主席的指示向市委作了汇报，随后将"三化一改"改为"四化一改"（加了个半自动化）。

自1963年后，毛泽东就再也没到广州去。

有一次，曾志问毛泽东：

"为何不去广州了？"

"广州蚊子太多了。"毛泽东笑着回答。

这时，毛泽东话锋一转，严肃地对曾志说：

"读书读得太多了没有用，有人书读得越多越蠢，读书像你这样多就够了。"

曾志不假思索地说：

"我不行，我的文化太低。"

毛泽东的眼睛盯着曾志，语气严肃地说：

"你不行！"

然后沉下脸来不做声了。

曾志见毛泽东显得不高兴，而且身体似乎也不太好，于是就告退了。

事后，曾志心里非常纳闷：

"三十年来主席一直谆谆教导我：要多读些书，马列主义理论，要读个三年才行，要看一百遍，可今天为什么来个大反个呢？"

这个问号只是一闪念，因为那时曾志认为不管毛主席说什么，都是有原因的，都是正确的。

但令曾志万万没有想到的是：这句话在"文化大革命"中，却被一些别有用心的人拿去作为迫害知识分子、摧残中国的教育、贻误一代青年的法咒了。

★ "曾志是一个善良的同志，善马任人骑，善人受人欺呀！"

1956 年至 1959 年期间，曾志在中央党校学习，有时去中南海看望毛主席。

在谈到一线、二线问题时，毛泽东说：

"我要从一线退下来，不再担任国家主席了，改由别的同志来担任，自己要集中精力研究下理论问题。"

接着，毛泽东还提出：在大学里的教学和行政事务由校长治校。国家行政部门设党组，党组对行政部门领导起党的核心作用，做思想政治工作。

后来，毛泽东的这些想法，拿到中央党校高干研究班去让大家讨论，征求意见。

一次，曾志对毛泽东说：

"开始大家不通，不同意主席下来，但后来经过几次讨论，大家慢慢也就通了。认为理论工作也很重要，中国革命的前途和世界革命的前途，都需要理论去指引，再说，退下来后可以减少一些外事活动，这样有益于主席的健康。"

毛泽东高兴地笑了，说："你们都想通了。"

于是，在1959年第二届全国人大会议上，刘少奇正式接替毛泽东担任了国家主席。

在审定人大常委会常务委员名单时，毛泽东突然说：

"常委里怎么没有曾志呀？曾志工作得不错嘛！她可以参加人大常委会。"

于是，毛泽东大笔一挥，将曾志的名字加了上去。

写完后，毛泽东意味深长地说：

"曾志是一个善良的同志，善马任人骑，善人受人欺呀！"

时任中南局第一书记的陶铸参加了名单的审定会议。散会后，陶铸颇感意外地对曾志说：

"主席推荐了你当常委，还说什么'善马任人骑，善人受人欺'，这话是什么意思呀？"

曾志当即说：

"我怎么知道！"

其实，曾志心里已经猜到了是怎么一回事。这里面还有一段小插曲。

早在1954年筹备第一届人大时，广州市委书记何伟悄悄地告诉曾志：

"广州市委推荐你担任人大代表。名单到了陶铸那里，他一笔勾掉了你的名字，换上另一位女同志。"

曾志经询问陶铸才得知事情的原委：原来，不久前，中央认为中南局的一位负责同志不适合工作而将他调走。为了照顾这位同志的情绪，顾全大局，陶铸决定让他的爱人顶替曾志来担任人大代表。

曾志听了生气地说：

"你这是毫无原则！我是组织上推荐的，你为了你自己与其他同志的关系，就否定了我的代表资格，我想不通！我有意见！"

但陶铸还是没有接受曾志的意见。

这件事使曾志感到委屈苦恼，但又不能同别人去讲，怕别人误以为她是在争名夺利。

在这种无处申诉的情况下，曾志只好给毛泽东写了封信，倾诉自己的满腹委屈。

毛泽东看了曾志的信，于是提议曾志当常委。而毛泽东所说的"善马任人骑，善人受人欺"那句话，自然就是批评陶铸的。

看到陶铸那副丈二和尚摸不着头脑的傻呵呵的样子，曾志不由得心中暗自笑起来！

1966年6月，陶铸调到北京任中宣部部长。曾志因患"甲亢"，向广东省委请了长假，也来到北京养病。但无论陶铸还是曾志，当时都不会意识到：一场史无前例的灾难即将来临。

同年夏，由毛泽东亲自发起和领导的"无产阶级文化大革命"以北京为中心，迅速波及全国。中国进入了一个特殊的时期。

"文化大革命"是一场由毛泽东错误发动，被反革命集团利用，给党和国家及人民带来严重灾难的内乱。它的危害之大、破坏之深是毛泽东始料不及的。陶铸、曾志同样也没有足够的心理准备。

8月18日，毛泽东在天安门第一次接见红卫兵。第二天，北京的红卫兵就头戴绿军帽，身穿绿军装，腰扎武装带，响应"破四旧"的号召，纷纷走出校园，到处进行打砸抢。一时间，北京城里风声鹤唳，人人自危，寝食不安。

同年底，陶铸就由中共中央政治局常委而沦为中国第三号"黑线人物"。曾志伴随陶铸迎接了最初的冷酷打击，共同度过了三年灰暗的监禁生活；又目睹了病痛对他的无情摧残，最后眼睁睁地看着他走向死亡。

在痛苦和磨难中，曾志步入了老年。这期间，曾志当然不可能再见到毛泽东，但她却比许多人都幸运。因为在最危难的时候，曾志得到了毛泽东的关照与保护。

1967年元月，陶铸被打倒后，曾志就写信给毛泽东：

> 我怎么办呀？我是请假来养病的，组织关系、工资和供给关系都在广东，现在陶铸倒了，我若回广州，像我这样的身体，体重才67斤，能经得起革命造反派的审查批斗吗？但我在这里，什么关系也没有？中南海的造反组织要赶我走又怎么办呢？

毛泽东在曾志的信上批示：

> 曾志同志，你是来养病的，就住在北京，帮助陶铸同志做检查。你的党组织关系，去找东兴同志（中直党委书记）。

转眼到了第二年4月，曾志又给毛泽东写了封信，信中写道：

> 我若再不回去，人家会以为我逃避审查批斗，但回去又怕身体吃不消，特请示主席，我是不是可以回去了！

但这次毛泽东没有回复。后来，曾志听汪东兴讲：毛主席看了曾志的信后，就与周总理商量，感到广州那边的情况不好，还是不让曾志回去算了。

正是由于毛泽东主席的庇护，曾志在"文化大革命"中才免受皮肉之苦和人身的摧残。

1969年10月18日，身患癌症、已是奄奄一息的陶铸被疏散到合肥。43天后，陶铸含冤去世。而曾志则隐姓埋名，被遣送到粤北山区一个叫邱屋的贫困山村里，当了三年贫苦的农民。

1972年初春，在周恩来总理的亲切关怀下，曾志结束了在邱屋的艰辛生活，来到了陕西临潼干休所。不久，女儿陶斯亮也调到临潼，与曾志团聚了。

曾志是这样回忆那段往事的：

> 我是自觉参加革命的，从一开始就不是为当官、为名利地位的。没有机会工作，当普通的老百姓仍是共产党员，也是革命者，也能做贡献，并无其他索求。相比起来，党和人民给予我的荣誉和待遇已经很多，这一辈子够了。

曾志在临潼干休所生活了一段时间后，感到组织、工资、医疗和供给关系要由地方解决，十分不方便，不能长此以往，应该尽快把这些关系一律转归干休所管理，但前提是必须把自己转为军人。

于是在1973年，曾志又给毛主席和周总理分别写了信，汇报她在临潼的情况。信中写道：

> 临潼干休所是军队的，都是不在职的军人，不完全按照在职的军人待遇，他们每年只发一套军装，没有领章。我是最早的红军战士，有红军就有我这个红军战士，"文化大革命"中有的女同志原来做地下工作，也转为军人，穿上了军装。我也请求转归军队，每年发一套军装。

不久，时任陕西省委第一书记李瑞山便把曾志找到西安谈话。

李瑞山告诉曾志："你的信，主席和总理都做了批示，同意你回北京。你若想继续工作的话就在西安，由陕西省委分配工作，回北京就不好再做什么工作了，你自己选择吧！"

曾志最终选择了回北京。

1973年3月18日，曾志携女儿、小外孙和小外孙女回到了北京。

回到熟悉的北京，曾志是多么渴望再见到敬爱的毛主席啊，向他老人家倾诉这些年来蒙受的不白之冤！

但不幸的是，曾志的这个愿望没有实现。在1976年这个多事之秋，周恩来总理、朱德委员长和毛泽东主席相继去世，党和国家陷入了极度异常状态。

1976 年 10 月，曾志满含悲痛地向毛泽东的遗体做了最后的告别。

粉碎"四人帮"后，党和国家又恢复了正常，陶铸同志的冤案终于得以平反。

1978 年 12 月 24 日，中共中央在人民大会堂西大厅为彭德怀、陶铸同志举行隆重的追悼大会。曾志也重新恢复了工作。

女儿陶斯亮曾不止一次地问曾志：

"爸爸死得那么惨，你在'文化大革命'中受了那么大的罪，你怨不怨毛主席？"

曾志认真地回答：

"这是个很肤浅的问题，我跟随主席半个世纪，并不是靠个人感情和恩怨，而是出于信仰。我对我选择的信仰至死不渝，我对我走过的路无怨无悔，那么我对我的指路人当然会永存敬意！"

第五章 "当一个有无产阶级作风的医务人员"

——毛泽东与朱仲丽

她，生长于美丽的湘江边，与毛泽东同为湖南老乡，她的父亲更是与毛泽东结为忘年之交；

她，与毛泽东是世交，早在五岁时便与毛泽东相识，毛泽东亲昵地称她为"八妹子"；

她，在抗日战争期间奔赴延安，投身革命，长期担任毛泽东等中央领导人的保健医生，毛泽东当过她的红娘；

她，在新中国成立伊始，以首任驻苏大使夫人的身份，目睹了毛泽东在莫斯科度过的一个个不眠之夜；

她，长期生活在中南海，与毛泽东为邻。

这一切都赋予她更加神秘的色彩。她就是朱仲丽。

朱仲丽，笔名珠珊。1915年，生于湖南长沙。1932年，考入上海同德医学院，后因掩护亲属做党的地下工作，被逮捕入狱。后被营救释放。出狱后转入上海东南医学院。1936年，毕业获医学硕士学位。曾在南京中央医院工作。抗日战争全面爆发后，于1938年奔赴延安，任陕甘宁边区医院外科医生；同年加入中国共产党。1946年，任哈尔滨市立医院院长。1949年，随丈夫王稼祥赴苏联，为驻苏大使夫人，并在莫斯科医科大学进修班进修。1951年，参加北京中苏友谊医院（后改为友谊医院）的筹建工作，任中方院长。后任中华医学会副秘书长。"文化大革命"期间，遭受"林彪、江青反革命集团"的迫害。是第五届全国政协委员。中国作家协会会员。1979年后从事写作。先后发表《爱与仇》《江青野史》，自传体三部曲《春霞润我》《艳阳照我》《彩霞伴我》《我知道的毛主席》《黎明与晚霞》《皎洁的月亮》《难以忘却的昨天》《毛泽东王稼祥在我的生活中》等。

★ 躺在延安窑洞土炕上，朱仲丽夜不能寐，第一次见到毛泽东时的情景又浮现在眼前……

1937 年 7 月 7 日，是每个炎黄子孙都不可忘却的日子。就在这一天深夜，震惊世界的"七七事变"爆发了，日本帝国主义发动了全面侵华战争。

卢沟桥畔隆隆的炮声，惊醒了中国人民；日本法西斯的种种暴行，更激起了四万万同胞的民族义愤。中华儿女在行动，炎黄子孙在奋起抗争！

国难当头，中国共产党以民族为重，决定组成最广泛的抗日民族统一战线，通电全国，号召人民众志成城，共同抵抗外侮。

正当抗日的烽火燃烧在神州大地之时，22 岁的朱仲丽从上海东南医学院学成毕业，获得医学硕士学位。

朱仲丽是中国近代著名教育家、爱国主义者和革命家朱剑凡的小女儿。

朱剑凡（1883—1932），早年同杨开慧的父亲杨昌济一起到日本留学，回国后"毁家兴学"，用全部积蓄，创办了一所近代女子学校——周氏家塾。辛亥革命后，改名为周南女校，朱剑凡任校长。向警予、杨开慧、蔡畅、丁玲等人，都曾是该校的学生。朱剑凡积极投身革命，从五四运动到大革命期间，与毛泽东、蔡和森、何叔衡、徐特立、谢觉哉、李维汉等人一起从事革命工作。1920 年，毛泽东曾应朱剑凡之邀，寄宿于周南女校，两人遂结为忘年之交。轰轰烈烈的大革命失败后，朱剑凡受到国民党反动派的通缉，举家逃到上海。在上海，朱剑凡开设了一家小酒店，作为地下联络站，继续从事革命工作。1932 年，因病去世。

朱剑凡有八个儿女，都先后参加革命。朱仲丽是家中最小的一个，聪明伶俐，活泼异常。五岁时，朱仲丽就与毛泽东相识，亲切地称他为"毛叔叔"，而毛泽东则亲昵地称她"八妹子"。朱仲丽自小就受到革命教育，心中充满了对革命的热忱和强烈的向往。

医科大学毕业后，朱仲丽目睹了腐败的国民党政府在日本侵略者疯狂进犯华北、狂妄叫嚣要在三个月内灭亡中国的民族危难之际，采取不抵抗政策，致使日军一路长驱直入，烧杀抢掠，无恶不作。于是，在八路军驻长沙办事处的安排下，朱仲丽告别了母亲，奔赴革命圣地——延安。

1937年底，朱仲丽从繁华的大都市来到了荒凉的黄土高原。尽管一路上黄沙漫天，寒风凛冽，但即将投入革命熔炉里的朱仲丽却沉浸在无比的兴奋和幸福之中。

许多年后，她深情地回忆道：

> 当我坐的汽车进入边区时，我的心跳动得越来越厉害，两只眼睛也好像不够用了。一道道山峦，一道道水，尽管这山水和进边区前没有两样，我却感到它们是那么美好和圣洁！在季节上，当时正处于冬春之交，山岭的阴面还盖有稀疏的白雪，而阳面的草儿已萌生了嫩芽。牧羊人头上扎着白毛巾，唱着"信天游"，赶着雪白的羊群，在山坡上游动。山坳里，是一排排窑洞，升腾着袅袅炊烟。窑洞前挂着一串串红辣椒、一穗穗金黄的老玉米。墙上是醒目的大标语。啊！这里到处充满着生机，洋溢着朝气！
>
> ......
>
> 傍晚，我暂住在一间窑洞里，一支蜡烛发出小小光亮，我这才意识到延安没有电。我看了一下整个窑洞，一张三屉桌，一张木板床，一盆炭火，便是这孔窑洞的全部财产了。
>
> 我躺在床上，思绪飞扬。我终于来到昼思夜想的圣地，这里虽然生活比较艰苦。但却是充满革命朝气的地方。作为中国革命的大本营，它像一盏明灯在中国大地上闪烁。我将在这儿锻炼成长，成为一名光荣的共产党员，为中国革命献身。想到这些，我浑身充满了力量，从床上一跃而起，穿起刚刚发给我的一套八路军军服，把卷曲的长发扎成两只小辫子。
>
> 我，从现在开始，要做延安的普通一兵！，

在延安城的东面，有一座山。山顶是巍巍的宝塔，山脚是流淌不息的延河。陕甘宁边区医院便坐落在这座山上。

医院由三排错落有致的窑洞组成，上边一排是院长等人的办公室和宿

舍,中间和下边的窑洞是工作人员宿舍及伙房、仓库。整个住院部可安置100多张病床。医院装备有手术室、X光机和化验室等。

朱仲丽被分配到这所医院,担任外科医生。在她看来,这里的医疗条件和设备十分简陋,而且全院才有四名科班出身的正规医生,工作任务却相当繁重,经常是从早忙到晚,一刻也不停歇。但每个人都热情高涨,身上似乎有使不完的劲。

来到延安后的这些日子里,朱仲丽一直处于高度的亢奋中:

延安不愧是中国革命的圣地,是那样的安详、紧张而又有序,抗日的号角从这里传向神州大地,八路军健儿们从这里奔赴抗日前线,进步青年在这里接受马克思主义的教导……延安,这座光照四方的革命灯塔,为中国革命的夜海航船指引着航向,也把朱仲丽,这个医科大学的毕业生,从十里洋场的大上海,召唤和吸引到陕北来了,从此开始了全新的生活。想到此,朱仲丽内心里充满了自豪之情。

晚上,躺在延安窑洞的土炕上,朱仲丽翻来覆去睡不着觉。她想起临行前,妈妈交给她一包家乡腊味——火焙鲫鱼和油茄子,再三叮嘱她一定要带好,到延安亲手送给毛泽东。

毛泽东,多么熟悉而又陌生的名字。朱仲丽不禁回想起10多年前,第一次见到毛泽东的一幕:

那是1920年夏,湖南长沙。

一天,一位身穿灰布夹袍、头发长长但双目炯炯有神的青年走进了湖南教育界名流、周南女校校长朱剑凡的家里。

"是润之来了。"朱剑凡高兴地向来人打着招呼。

这个年轻人就是毛泽东。

当时,毛泽东与何叔衡正在筹划创办一个用新思想、新文化启发和提高群众觉悟的书社。朱剑凡是这个书社主要的投资和赞助人。于是,毛泽东经常找朱剑凡畅谈书社的事。

正当毛泽东与朱剑凡谈得兴高采烈时,一个穿着红衣花裤、头上用五彩花线扎着小辫的小女孩,憨态可掬地出现在客厅门口。

"来,八妹子,进来!"朱剑凡向女孩招手喊道。

这个小女孩就是朱仲丽。

小仲丽欢快地跑到爸爸膝前，用害羞的眼光，看着坐在爸爸对面的陌生客人。

"叫毛叔叔！"

"毛叔叔！"

毛泽东笑着应了一声，问道："几岁了？"

"她是我的满女儿，才五岁，已经进周南的小学一年级了，天资倒还聪明，是一个伶俐活泼的女孩。"

"什么？五岁就进小学了？"毛泽东十分惊异。

"她三岁就进了周南女校的幼稚园。说到幼稚园，我们教育界应该大力提倡。入学前的儿童既能受到教育，又锻炼了身体，更重要的是从小培养集体生活的习惯，解决父母带孩子的困难。目前，这种幼稚园太少太少了。我把我的大女儿佛根送到周南的幼稚园当老师了。"朱剑凡一边慈爱地抚摸着小仲丽的头，一边有些得意地说道。

"难怪她这样大方活泼。别人家的女孩子，连见人都怕。"毛泽东赞不绝口。

这是朱仲丽第一次见到毛泽东。后来，她在回忆录中写道：

> 至今我还清清楚楚地记得当时他那种神态。当时，使我产生了对"毛叔叔"的一种愉快感和亲昵感。五岁的我，怎能想到，十几年之后，我到了延安，大家亲切地称为"毛主席"的就是眼前这位身穿灰布长衫、头发蓬松、目光锐利的二十几岁的年轻人呢！那时，我已从一个身着红衣花裤的小女孩成为一个科班毕业的医生，直接工作在他的身边。儿时的记忆是不可泯灭的，至今，每当我回忆起这一幕珍贵的图景，仍激动不已。
>
> ……
>
> 此后，我常看到毛泽东。有时我见他在我家庭院中散步，不时停下来，凝目四望，若有所思。有一次，他笑着问我：
>
> "你爸爸喜爱你，说你聪明活泼。你五岁就是堂堂的小学生了，

真了不起！"

我天真地回答："毛叔叔，爸爸也喜欢你咧！他说你先进，爱听工友农友的话。毛叔叔，那是些什么话？是不是叫你吃饭时，好好吃，不要把饭粒掉在地上？是不是叫你当泥木匠去？"

毛泽东听了大笑起来。他轻轻地摸着我的脸，说："好孩子，难怪你爸爸喜欢你。你要好好读书。很多道理，你慢慢会明白的。"

"毛叔叔，我门门课考得很好！"

"好，那就好！"毛泽东高兴地看着我。

我两眼瞪着，又问："毛叔叔，你为什么要取一个怪名字，叫二十八画生呢，真不好听。"

毛泽东笑道："我是喜欢来新花样，用数目字代替名字，节约呀，省事呀……"

我插嘴："是不是还有保密呢？"

毛叔叔说："你真聪明……"

得到毛叔叔的表扬，我很高兴，蹦蹦跳跳又玩去了。

此时，望着妈妈的礼品，朱仲丽的耳边又回响着父亲说过的话：

"毛润之可是一个了不起的人。"

18年弹指一挥间，儿时的"毛叔叔"究竟变成了什么样子呢？朱仲丽是多么渴望立即就能见"毛叔叔"啊！可是，她知道如今的"毛叔叔"已是领导中国革命的领袖，日理万机，不知什么时候才能抽出时间来见她？

那晚，朱仲丽失眠了……

★ 毛泽东风趣地说："你是想当个卖狗皮膏药的医生，还是想当个'蒙古大夫'呢？"

大大出乎朱仲丽的意料，几天后的一个清晨，刚吃过早饭的朱仲丽接到通知：毛泽东主席要见她。

早春二月的延安是美丽的，虽然大地还未回春，但晴空一碧万顷，阳光明媚地照在树梢上，令人心驰神往。

朱仲丽穿着一身干净整齐的军装，手里拎着那包妈妈亲手做的腊味，迈着轻快的步伐从山上快步走下来，后面跟随着毛泽东的警卫员小王。只见她脸色白中透红，军帽的前檐露出一缕儿流海，有点俏皮的鸭蛋形脸上一双眼睛又大又亮。

此时，朱仲丽心里既高兴又紧张，在脑海里不停地想：

"见到毛主席应该怎么称呼呢？是叫毛叔叔，还是称毛主席，或者叫毛泽东同志？见到毛主席是握手还是鞠躬，或者敬礼？还有，毛主席会向我提出些什么问题？我回答不上怎么办？"

正当朱仲丽还在胡思乱想时，小王带着她进了一个围着几间窑洞的土围子里。

这是一个安静而整齐的小院落。挺拔坚实的红枣树、苍劲多姿的大槐树和几丛山枣点缀成景。一位挎着钢枪的年轻英俊的战士，威武地站在门前的岗位上。这里就是毛泽东居住和办公的地方。

小王走前一步，揭开窑洞门帘，轻声报告：

"主席，朱仲丽医生来了！"

"好，请进！"一个洪亮而又带着浓重湖南乡音的声音从窑洞里传了出来。

朱仲丽走进了窑洞，只见正中央放着一张四方桌子和几条木凳，一盆炭火烧得正旺，使得窑洞里温暖如春；里头有一张木板硬床，床上铺着一条灰色的军毯，军毯下是条很薄的棉褥；靠近窑洞窗口的一张办公桌，两端摆满了文件，中间放着一个盛满墨汁的大砚池；毛泽东身穿一件灰色棉军装，脚穿棉布鞋，头发又黑又浓，正坐在一张藤椅上，手握毛笔伏案批阅文件。

这时，毛泽东放下手中的毛笔，合拢了文件，站起来转过身子，指着身边椅子，微笑着说：

"请坐。"

见到中国革命的领袖、10多年一直盼望相见的亲人，朱仲丽激动万

分,早就把在路上想好要说的话忘了个一干二净,一句长沙土话脱口而出:

"毛叔叔,你健旺!"

随即,朱仲丽左手拿着腊味,右手则忙不迭地举到帽檐上,两腿不熟练地并在一起,又喊了一声:

"毛主席,敬礼!"

看着朱仲丽这笨拙又狼狈的动作,毛泽东不禁笑了起来。

"来,坐在这儿!"

朱仲丽坐下来,仍是略显的拘谨。

毛泽东似乎察觉到了,便操着浓重的湘潭家乡话,幽默地说:

"时间过得真快呀!你长大了。我在长沙看见你的时候,你刚学会讲几句话,走几步路,今天倒学会向我敬礼了!"

这句话把朱仲丽也逗乐了,刚才还紧张的心情一下子放松了许多。

毛泽东顺手拿起一支烟,划燃火柴,点着了,吸了一口,怀旧地望着眼前已出落得亭亭玉立的朱仲丽,陷入了对往事的回忆。他想起了当年"指点江山,激扬文字"的峥嵘岁月,想起了"八妹子"、朱剑凡校长、杨昌济先生,还有娇妻杨开慧……

朱仲丽一时也不知该说什么好,只是傻笑,目不转睛地望着毛泽东。是啊,时间过得真快!那位身穿灰色长衫、头发蓬松、目光锐利、才20岁出头的"毛叔叔",如今已成为肩负着抗日民族大业的中国共产党领袖。

"噢,是个医生了!读了几年?"

毛泽东吸了口烟,恢复了平静,谈家常一样地轻松问道。

朱仲丽恭敬地回答:

"读了五年,实习两年,才算毕业。先是在上海同德医学院,后来又到东南医学院。毕业后到南京中央医院。"

毛泽东笑眯眯地说:

"不错嘛!一共七年,是医学硕士、医学博士喽。牌子响当当的。"

朱仲丽一下子害羞起来,不知道该怎样回答,好半天才从喉咙里挤出一句话:

"我的经验不多。"

毛泽东深深地吸了一口烟，似乎在想什么，接着突然问道：

"你是想当个卖狗皮膏药的医生，还是想当一个'蒙古大夫'呢？"

这两个词，朱仲丽以前听说过，知道是贬义的，但又说不准它们的确切含义，只好说：

"我不当卖狗皮膏药的医生，因为狗皮膏药百病都治，又百病治不好，也不当'蒙古大夫'，他只是走马观花地看看病人，敷衍了事。当然，我也不愿意当像交易行里做买卖的医生哩！"

"咦？倒看不出你很会讲话哩，我也受到了你这个医生的启发啦！"

说完，毛泽东开怀大笑起来。

从毛泽东的表情里，朱仲丽看出他觉得自己很天真，于是又紧张起来，唯恐说错了话，连忙说：

"哪里，请主席指示！"

"你说的那种医生，是专为老爷太太们服务的。你来边区工作，是为无产阶级革命事业服务的，要准备当一个人民的女医生，当一个有无产阶级作风的医务人员。"

毛泽东把烟头放在烟灰缸里，接着说：

"当医生的人，要有一颗救死扶伤的心，还要以马列主义理论武装头脑。缺乏这个基础，就容易成为自私自利的医生了。"

朱仲丽认真地听着毛泽东的每句话，不断地点头称是。

"现在，你是个大医生了，要记住，到共产党队伍中来，大医生也好，小医生也好，都不能自高自傲，因为你是来为人民服务的。"

"是的。毛主席，我记住了。我一定不骄傲。当年我爸爸有学问又有钱，为了革命，也没有骄傲过。"

在不知不觉中，朱仲丽已把"毛叔叔"改称为"毛主席"。因为她想：现在自己是革命队伍中的一员，而不是当年那个不懂事的小姑娘了。

听朱仲丽提起朱剑凡，毛泽东深深地吐了一口气，沉默片刻后说：

"他何时去世的？"

朱仲丽表情低沉，难过地说：

"我爸爸逃难到上海，开了一个地下酒店，忧国忧民，痛恨蒋介石，向往苏区，忧出胃病来，1932年竟然不治而去。"

毛泽东沉痛地说：

"你爸爸是个好人，是一个难得的教育革命家！我年轻时，在长沙闹革命，曾住在你爸爸办的周南女校内，吃饭住宿都不叫我付钱。他过早地去世了，很可惜！"

说完，毛泽东又长叹一声。

"你到延安的革命行列里来，是继承父志喽！"

"是的，毛主席。跟随共产党干革命，是爸爸的遗愿！"

这时，朱仲丽猛然发现：那包腊味还搁在双膝上。于是连忙说：

"毛主席，妈妈问候你，叫我带来一包火焙鲫鱼，虽然只有这么一点儿，却都是家乡味儿。"

说着，朱仲丽顺手把这包"礼物"放在毛泽东的办公桌上。

"带来了腊鱼？好啊，快打开看看。"

朱仲丽赶忙把包打开，拣出一条三寸长的香喷喷的火焙鲫鱼托在掌心，一边送给毛泽东看，一边说：

"听妈妈讲，爸爸请你到家中吃饭，你最喜欢吃我家做的腊鱼和腊肉。不晓得你今天还爱吃不爱吃？"

"湖南人，当然爱吃湖南的腊味。来，快把火焙鲫鱼给我尝尝！"

毛泽东放下手中的香烟，笑着从朱仲丽手掌心拿起鱼，直接送到嘴里咬了一口，然后就高兴地嚼了起来。

见毛泽东嚼得如此香，朱仲丽不禁失声笑了，再也没有一点儿拘束感，问道：

"好吃吗？"

毛泽东边嚼边连声说：

"好吃！好吃！我好久没有吃到了。"

朱仲丽满面笑容地看着毛泽东把那条火焙鲫鱼吃完，然后小声说：

"主席，有句话不知该不该讲？"

"什么话不能讲？只要是心里话都能讲嘛。"

毛泽东边说边拿起一支烟。

"主席，刚才我的心好紧张哟，现在我好放松哟！我觉得你既是普通人，却又和普通人大不相同，你吸引人，又使人生畏。看，你的目光好深邃哩！"

毛泽东哈哈大笑起来，把烟点着了。

"这就是你所说的该讲不该讲的话吗？有意思！"

朱仲丽反倒不好意思起来。

"看你还有话要说，只管说，说吧！"

毛泽东又笑着鼓励道。

"你还记得，你年轻时候，住在长沙周南女校，把一只痰盂失手打烂之后，急得要赔钱给我爸爸的事吗？"

说起往事，朱仲丽在"毛叔叔"面前又恢复了少女的顽皮。

"没错，确实有这回事……可是你父亲无论如何不肯要我赔钱。"

窑洞里再次响起毛泽东那爽朗的笑声。

"那当然不会要你赔了。别说只是一个小小的痰盂，就是更值钱的东西，也不会收你的赔偿费的。"

朱仲丽认真地说。

"为什么？"

毛泽东饶有兴趣地问道。

"因为，你是父亲的熟人……"

显然，朱仲丽没有想到毛泽东会这么问，歪着头想了一下，认真地说。

毛泽东摆了摆手，说：

"你把这件事情看得太简单了。你想，如果不是你爸爸，而是一个老地主的话，不仅要赔，说不定我还要挨打咧！"

"是的，主席。我父亲讲平等，你是革命青年……"

朱仲丽红着脸，用微小的声音说。

"那个时候，没钱的人挨了打，也是没有钱赔的哟！"

毛泽东边说边向朱仲丽投去了长辈般慈祥的目光。

朱仲丽顿感无比的温暖。

这时，毛泽东吸了口烟，突然问：

"我们是要来个穷人翻身的大革命，你愿意干吗？"

"我愿意跟着党干！"

"未必。你讲得好，做起来会怎么样，我看，不见得吧？"

朱仲丽一时不知该如何回答，只好呆呆地望着毛泽东。

"有的人讲得蛮好，干得不好；有的人讲得好，干得也好；有的人不讲，干得倒很好。你是哪种人呢？"毛泽东又问。

"我呀，我是个讲到做到的人。"

朱仲丽鼓起勇气回答。

"哦，你是言必行、行必果喽！要是你言之过左，我言之过右了呢？"毛泽东追问道。

"我要干错，就改过来嘛！"

朱仲丽的回答十分爽快。

"你讲得蛮好。"毛泽东对朱仲丽的回答十分满意，谈话的兴趣也越来越浓。

"不过，你不知道，有一种人很容易承认自己的错误，痛哭流涕，就是在实际行动中不改，屡屡如此；还有一种人明明干错了，硬说自己没有错，百分之百的布尔什维克。一种是两面派，一种是狡赖的人，你说拿他们怎么办？"

毛泽东指的自然就是张国焘、王明那样的人。

可那时的朱仲丽并不了解党内斗争的历史和现状，好奇地问：

"对这种人……能教育过来吗？"

"帮助教育是一个方面，主观因素才是起决定作用的……"

听着毛泽东的讲话，朱仲丽不断地点头称是，同时也感到自己的理论水平太低了。

"我还要问你，如果有这样两个人，一个对你笑嘻嘻，手里拿着糖请你吃；一个没有笑容，还要批评你的缺点，你喜欢哪一个？"

毛泽东再次笑着问道。

朱仲丽刚要回答，不料毛泽东却抢先笑着说：

"一定是喜欢拿糖给你吃的人喽，嗯？"

"我想不会……"

朱仲丽急忙争辩道。

"看人要看他行为的目的如何，只有善于分析人们的思想、心理，才能有区别地正确对待每一个人。对敌人要狠，对自己的同志要亲。批评你的不见得是坏人，拿糖给你吃的也不见得是好人。你说，我讲得对吗？"

毛泽东的这番话含义深刻，朱仲丽连连点头。

"你爸爸在敌我问题上就分得很清。大革命失败时，宁愿丢掉家产和官职，也要跟着共产党走。他从长沙逃到武汉时，我们还见了面……"

毛泽东深深吸了一口烟，似乎又回忆起当年的往事。

屋里又陷入了短暂的沉寂。

"今日看见你长大了，当医生了，很高兴。延安缺少好的医生，你将来定会成为革命的医生，从今天以后，我有病，就请你来看，愿意吗？"

毛泽东打破了沉默。

"我愿意，我愿意，但我的临床经验不多呀，怕难以胜任呀！"

"你知道自己的不足，这很好，人就是不能逞强，永远学习，以提高自己的认识能力。我看你不错，是你父亲教育出来的好女儿……谢谢你，今日你给了我很多好处……"

"主席，什么好处？"

朱仲丽睁大眼睛，纳闷地问。

"和你这个当大医生的小姑娘谈了这么多的有趣的话，等于换了个脑筋，休息了片刻，这当然是你给我的好处喽！要谢谢你啊！"

朱仲丽赶忙说：

"哦，那太好了！只是主席，我对你也有几个请求，咱俩立个君子协定吧！"

"什么请求还要先来个君子协定呀？"

毛泽东颇感意外。

"我的请求你务必要遵守。"

朱仲丽大胆认真地说。

"啊哟！这么厉害呀？"

第五章 "当一个有无产阶级作风的医务人员" —— 毛泽东与朱仲丽

毛泽东故意有些夸张地说。

朱仲丽不慌不忙地扳着手指说：

"第一个，我请求你多散步；第二个，我请你少吸烟，最好戒掉；第三个，增加睡眠的时间……"

毛泽东默不作声，看着朱仲丽大方、直率，从心底里感到高兴，突然插话：

"你大概还有第四个要求。如果我告诉你，我是今天早晨4点钟起床的，到现在只喝了杯茶，还没有吃早饭的话……"

"这正是我的第四个请求，请你马上休息，立即吃早饭，我告辞了。"

说完，朱仲丽起身告辞。因为她知道在这儿多停留一分钟，都是浪费毛泽东的宝贵时间。

"好吧，我不留你了，写信问候你妈妈。"

毛泽东站起来，和朱仲丽握手告别。

走出窑洞后，朱仲丽感到全身有一种前所未有的兴奋与激动。是啊，毛主席在紧张的工作中接见她，谈得这么多，谈得这么深，又谈得这么广，使她受益终身。

★ 毛泽东不无幽默地说："你们女同志就是爱漂亮，连脚上都有新的发明创造"

时间过得真快呀，转眼间已是夏天。

傍晚时分，出完门诊的朱仲丽正从城里返回医院。天刚刚下过雨，空气里透着泥土的芳香。一轮红日正冉冉下落，晚霞把大地涂上了一层彩釉。

迎着习习凉爽的晚风，头戴草帽、身穿军装的朱仲丽一边哼着刚学会的抗战歌曲，一边轻快地走着，不时低头看一眼穿在脚上的一双带着花色绒球的"草鞋"。

在延安住过的人都知道，如果不下雨，走路时会尘土飞扬，一双脚便挂满了黄尘，人们笑称为"黄泥脚"。要是遇到雨天就更麻烦了，一双脚沾满了泥巴，俗称"烂泥脚"。这时，皮鞋、布鞋统统不适用了，还是换上红军传统的草鞋，既轻便又节俭。当然，延安的"草鞋"并不是真正意义上的草鞋，朱仲丽脚上的这双新草鞋就是医院勤务兵小张用废布条打的。

原来，小张见朱仲丽每天出门诊在外，十分辛苦。而每次回到医院不是两脚烂稀泥，就是满鞋尘土和黄沙。于是他决定为朱医生打一双草鞋。

"如果有旧布和旧毛线，我会给你打一双非常漂亮的草鞋。"一天，小张神秘地闪动着一双又黑又亮的大眼睛，对朱仲丽说。

"那太好了！有了草鞋，脚底下就不会沾烂泥了，鞋里也不会灌泥沙了。我早就羡慕别人穿草鞋，可惜我不会打。"

于是，朱仲丽找出一些五颜六色的旧布、旧毛线送给小张。

没过几天，小张兴冲冲地跑进窑洞，手里拿着一双新草鞋。

"朱医生，你看好吗？"

这是一双与众不同的草鞋，简直就是一件艺术品。鞋的前面还系着两朵用那些短毛线扎成的漂亮的绒球呢！

有了这双草鞋，朱仲丽走起路来格外敏捷，脚下进了沙子，只要把脚像跳芭蕾那样竖一下，沙子就倒了出来，上山下山更方便了。

这时迎面走来了一群人，有步行的、牵马的，警卫员腰上挎着亮闪闪的匣子枪。不用说，这是一位首长带着警卫员出来散步。待走近一些，朱仲丽一眼就看到人群中的毛泽东。

朱仲丽欢快地迎了上去，举手敬礼，说：

"主席，你好哇！"

"真巧啊，在这里碰见了你，小朱医生。"毛泽东高兴地说。

"这是到哪里去呀？"

毛泽东和蔼地问道。

"我刚下了门诊，回宝塔山医院去。"

"好，还好。听说你的工作做得起劲儿，医道不错，病人满意。"

得到毛主席的表扬，朱仲丽心里高兴极了，却又有点不好意思，下意识地低下头。

"延安添了你这位好医生，人们不愁生病没医生了……"

毛泽东继续说着，突然看到了朱仲丽脚上那双红红绿绿的毛绒球草鞋，不禁哈哈大笑起来。

朱仲丽不知毛泽东为何而笑，手足无措地站在原地傻笑着。

"你们这些女同志哟，就是爱漂亮，连脚上都有新的发明创造。红的、绿的、毛线的，把古人胸前和头上佩戴的花绒球放到脚背上来了，名堂可真多，哈哈……"

毛泽东一番幽默的话，立即引起全场的哄笑。

朱仲丽这时才恍然大悟，随即又有点儿慌了，心想：毛主席是在批评我吧？到延安参加革命，应该学会艰苦朴素的作风，脚上这双带绒球的鞋，的确太花哨了。

想到这里，朱仲丽的脸上有点儿发热，恨不得立马把一双脚藏起来，可又无处可藏。

毛泽东看出了朱仲丽的窘态，便收住了笑声，安慰道：

"好嘛，事物是发展的。我们红军上井冈山的时候，是穿破了的鞋，后来连破鞋也没有，就只好打赤脚了。后来向农民学会打草鞋，用的是干稻草搓成草绳子，那样的草鞋穿起来，哪有你们现在的舒服，更没有这样漂亮喽！"

众人都安静下来，津津有味地聆听着毛泽东讲话。

"草鞋的发展归功于我们红军，而草鞋的发明权是农民。红军从农民那里学会打草鞋，脚上有了草鞋，就不至于磨破脚了。现在知识分子穿上了草鞋，从穿皮鞋到穿草鞋，可是一个大的变化。你穿上这双漂亮的草鞋，走起路来更神气哩。"

朱仲丽听出毛泽东是在表扬她穿草鞋是知识分子在思想上的进步，于是心情就放松起来，插话说：

"是的，主席，我看人家穿草鞋心里真的羡慕。"

毛泽东满意地点点头，点着一支烟，吸了一口，接着说：

"自古以来，从大脚婆到三寸金莲，这是一个变化。那时候，皇帝爱三寸金莲。史书上说，南朝一个女子，把脚裹成三寸，踩在金属制的荷花形工艺品上跳舞，为皇帝取乐。以后就有了缠足，妇女深受其苦。从缠足到放足，穿平底鞋，这又是一大变化。现在延安这小地方，草鞋上加上一个大花绒球，又美观，又来劲，好哇！"

说完，毛泽东又放声大笑起来。

朱仲丽知道毛泽东是个精通中国历史的人，不仅喜爱读古书，肚子里装满了古人的经典，就连平时说话也喜欢引经据典，只是没想到他说话如此幽默诙谐，便笑着说：

"在大城市里，女人都穿高跟鞋呢。"

"那高跟鞋，都说是外来品，实际中国人在这方面也有自己的发明。你们看戏台上小旦、老旦、花旦，穿的不都是高底鞋吗？还有旗人，清朝皇帝的皇后娘娘、妃子、贵妃，不早已穿了高底鞋，这是中国的一个大发明咧！"

众人听得越发起劲了。

毛泽东吸了口烟，风趣地说：

"农民穿的草鞋也好，红军穿的草鞋也好，都是空前绝后的，前边露出脚指头，是空前；后头看见脚后跟，是绝后。"

这时，毛泽东看了一眼身旁的警卫员们，指着朱仲丽笑着说：

"你们看，朱医生的鞋除了空前绝后，脚背上还多了一朵大绣球，完全可以和城里摩登女郎的皮鞋相媲美呢！"

最后，毛泽东深有感慨地说：

"任何时候都不要忘了我们革命的道路，从井冈山起，就是用草鞋走出来的，这在历史上也是空前绝后的。我们是穿草鞋闯出一条中国革命的路啊！"

在回去的路上，朱仲丽耳边久久地回响着毛泽东最后的话语：是啊，任何时候都不能忘记红军穿草鞋的历史。红军就是穿着草鞋进行了艰苦卓绝的伟大长征，推动中国革命从一个胜利走向又一个胜利的。

★ 毛泽东把朱仲丽介绍给王稼祥，成就了一段美好的姻缘

1938 年 9 月 29 日，中共六届六中全会在延安召开。

这次会议是中共六大以来到会人数最多、会议时间最长、讨论的问题最重要的一次全会，是在中国人民抗日战争由防御阶段转入相持阶段的重要历史关头召开的，主要任务是总结抗战以来的经验教训，使全党和全国人民认清抗战的形势和前途，明确党在抗战中的领导责任，以争取抗战的胜利。毛泽东、朱德、周恩来、彭德怀、刘少奇、陈云等名中央政治局委员和绝大多数中央委员都参加了会议。刚从苏联回国不久的王稼祥也出席了会议，并担任会议的秘书长。

王稼祥（1906—1974），原名王嘉祥。安徽泾县人。1925 年，加入中国共产主义青年团。同年 11 月赴苏联，先后在莫斯科中山大学和红色教授学院学习。1928 年，转入中国共产党。1930 年 3 月，回国后任中共中央党报委员会秘书长，中央机关报《红旗》《实话》总编辑。1931 年 4 月，到中央苏区，相继担任中共苏区中央局委员、中国工农红军总政治部主任、中华苏维埃共和国中央执行委员、中央革命军事委员会副主席等职，参与指挥中央苏区第二次、第三次反"围剿"斗争。1932 年 10 月，在宁都会议上，坚决反对中共苏区中央局对毛泽东的指责和解除其军事指挥权的错误做法。1934 年，参加长征。1935 年 1 月，在遵义会议上，支持毛泽东的主张，对确立毛泽东在中央和红军中的领导地位起了重要作用；同年 3 月，与毛泽东、周恩来组成三人军事小组，负责指挥红军的行动。1937 年 6 月，赴苏联，任中共驻共产国际代表。1938 年 8 月，回到延安。

那一年，王稼祥刚满 32 岁，仍是独身一人。战友们不免关心起他的终身大事来。当时大批爱国青年男女奔赴延安，献身抗战和革命事业，不仅给革命队伍增加了新鲜血液，给边区古城带来了青春朝气，也给一些同志的恋爱婚姻提供了一定的条件。当时战友们为王稼祥介绍了几个对象，他或者因为工作繁忙、无暇顾及，或者因为不合心意而作罢。

一次，毛泽东十分严肃地对王稼祥说：

"稼祥，你的身体已经很健康了，以后总得有个伴侣，听说不少同志

为你做媒，你为何没有中意的呀？是不是要下决心当一辈子和尚？要知道革命者不是苦行僧！"

王稼祥笑笑说："是没有见到合意的。"

"这么多外来的女同志，你都瞧不上眼？"毛泽东有些生气。

王稼祥没有正面回答毛泽东的问话，只是平静地说："谢谢主席的关心。"

还有一次，毛泽东对王稼祥说：

"你今年才三十岁出头，古人曰'三十而立'，你是仿古；但古人又说，'不孝有三，无后为大'，你还是没有仿古。"

这次，王稼祥没有吭声，但心中很感激毛泽东的关心。同时，他也不得不对自己的终身大事开始有所考虑。

11月6日，中共六届六中全会胜利闭幕。

当晚，在延安山沟内的一间长形小厅里举行了会餐。一共摆了20桌饭菜，每桌坐8位代表，六菜一汤，这在当时算是十分丰盛的了。大家坐在长条凳子上高高兴兴地用粗碗、粗碟吃饭。

当时，朱仲丽已调到中央机关所在地杨家岭、枣园以及中央军委总部王家坪等地医务所任所长兼医生，又兼任毛泽东等中央领导人的保健医生，这使她有机会经常接触到许多中央领导人。所以朱仲丽虽不是代表，但也荣幸地参加了这次会餐。

朱仲丽做梦也没有想到：在这次会餐上，她意外地结识了自己的终身伴侣——王稼祥。

几十年后，朱仲丽仍能清楚地回忆起那个晚上所发生的一切：

> 我坐的位置离中央首长并不太远。由于餐厅里女同志极少，我格外引人注目。开始我感到很拘束，既很少吃菜，也不敢喝酒。
>
> "来，朱医生，干一杯！"一位代表来和我碰杯。
>
> 我举着杯子，红着脸站起来。我看人家一口干完，我也只好把一杯酒喝干。这是我到延安后第一次喝酒，我自己也不清楚，竟然对这杯酒没什么反应。这惹起别的代表来找我对饮，我也不知道客气，竟

一个劲儿地大口喝着。这下子更引人注目了。

这时候，我向首长席看了一眼，见毛泽东正和其他中央首长谈笑风生。我突然感到，作为一个来延安不久的二十三岁的青年医生，在众多党的高级干部中间，和很多人碰杯和豪饮，是不是有点太不检点了，会不会让人感到是在出风头。想到这些，脸上有些发热，便趁大家不注意之机，溜出了餐厅。

夜空，闪着点点繁星。我站在结实的黄土地上，沐浴着凉爽的晚风。不一会儿，一阵笑声从身后飘过来。

"这是毛主席的笑声！"

我回头一看，走在前边的是身材魁伟的毛泽东，紧随着他的是朱总司令、周恩来副主席以及张闻天、王稼祥、陈云、李富春等五六位首长。不等我躲开，就被毛主席发现了。

"啊，朱医生，是你呀。这段时间你够辛苦了，今晚吃得好吗？"

毛主席神情兴奋，像是刚刚打完胜仗似的那样高兴。

"毛主席，你好！首长们好！"

我忙举起手向毛主席和其他首长敬礼，并跑过去和毛主席握手。

"王稼祥同志，来，你们认识一下。"

毛泽东接着指着我说：

"这是我的小老乡朱仲丽同志，她是我们的保健医生，还兼着边区中央医院的外科大夫，我们这些人都归她管，你以后也要同她打交道的。"

王稼祥听了毛主席的介绍，笑盈盈地向我伸出手来，我忙上前握住，同时说："首长，您好！"

王稼祥亲切地说："我叫王稼祥，认识你很高兴，小朱同志。"

这是朱仲丽和王稼祥的第一次相识。

见到朱仲丽，毛泽东立刻兴致勃勃地朝王稼祥等人笑着说：

"唉，我有一个主意，我们刚才说的那个牛皮公司，就请这位小朱同志来当经理吧。她也是个活跃分子呢！"

众人都笑了，纷纷插言。

"好嘛！"

"同意。"

"这倒不错！哈哈，只怕会难为了她。"

毛泽东转过头来，一本正经地问朱仲丽：

"小朱大夫，你同不同意呢？当一个有名的牛皮公司经理，嗯？"

朱仲丽一时摸不着头脑，马上涨红了脸，不知如何是好。朱德、周恩来等人也都停住脚步，看着她将怎样回答。

毛泽东接着说：

"你不要瞧不起这个经理，开办牛皮公司也需要些大本事啊！"

只见毛泽东张开右手掌，用左手食指点着右手的指头，说：

"第一，因为是牛皮公司，这经理就要有厚脸皮。"

见朱仲丽满脸通红，王稼祥笑着补充道：

"不单是要脸皮厚，还不能脸红！"

众人又是一阵大笑。

朱仲丽微带几分埋怨地望了王稼祥一眼，心想：这位戴着眼镜、长得文文静静的首长可真会捉弄人。

正当朱仲丽羞涩得说不出话时，毛泽东继续扳着手指头说：

"第二，当牛皮公司经理要会夸夸其谈，阿谀奉承。第三，必须培养一帮人手，替他出力。第四，还要全面广告，会编小册子宣传。"

在众人的笑声中，毛泽东语调严肃地说：

"在我们党内，还存在着那种自以为是，不肯承认错误的人，他们爱吹牛，不老实，还说自己一贯正确。"

直到这时，朱仲丽才明白毛泽东所指的是王明等人，于是郑重地说：

"主席，我明白了，我可不当这种牛皮公司的经理……"

毛泽东看似无意实是有意将朱仲丽介绍给王稼祥之后，王稼祥对这位白皙秀丽、仪态文静的姑娘，从心底涌起多年未曾涌动过的春潮。

此后，朱仲丽经常去为中央领导同志看病，做医疗保健工作，和王稼祥的接触也渐渐多了。王稼祥从间接的渠道了解到朱仲丽的家庭身世、革命意志、学识素养后，对朱仲丽的印象更加深刻。

事也凑巧，朱仲丽的姐夫萧劲光时任八路军后方留守兵团司令员。在中央苏区时期，萧劲光因没能执行"左"倾军事路线而被共产国际派来的军事顾问李德等人判处死刑。正是毛泽东、王稼祥坚决抵制，才保护了萧劲光。从此萧劲光和王稼祥之间的个人感情更加深厚。当萧劲光察觉到王稼祥的心思后，就积极地撮合这对有情人。

一天，萧劲光突然收到王稼祥的一张便条。

萧劲光同志：

请你在后方留守兵团的部队里，找三匹小蒙古马给我。谢谢。此外，如果可以的话，请带你的姨妹子来我处一玩。

王稼祥即日

萧劲光看完字条，自然心中有数，便把朱仲丽找来，试探地问：

"姨妹子，总政治部的王主任，你知道吗？"

"我们早认识了。"

朱仲丽不知道萧劲光突然间把她找来问这句话，究竟是什么意思，便淡淡地回答。

"他请你到他那儿去玩，你可以去吗？"

"好哇，都是革命同志，去玩玩有什么不可以。"朱仲丽爽快地答应了。

延安的秋天是很美的，成熟的庄稼遍布田野，灿烂的野花点缀着山山岭岭，王家坪山脚下的一片柿子树，早已是硕果累累，压弯了枝头。

朱仲丽在姐姐的陪同下来到军委所在地王家坪王稼祥的办公室。

王稼祥马上放下手中的书，笑盈盈地请朱仲丽姐妹俩坐下。哪知她们刚坐下，就不断有人来汇报情况，请示工作。三个人只是趁着短暂的时机，相互问候了几句，未及多说便被来人或电话打断了。

朱仲丽见王稼祥工作太忙，只得起身告辞。王稼祥十分抱歉地和她们握手告别。

这次和王稼祥见面，给朱仲丽留下了极深刻的印象。她感到王稼祥是一位值得尊敬的人，那么有风度和修养，不失学者兼革命家的风采。

以后，朱仲丽常去军委总部，为王稼祥等中央领导同志检查身体。每次出诊，她都要和王稼祥聊上几句，谈谈工作和生活。渐渐地，他俩的感情越来越清晰、浓厚。

有一次，王稼祥又提起毛主席要朱仲丽当"牛皮公司经理"的事。这引得朱仲丽一下子笑了出来，心想他真是位有心人，初见时的玩笑话，他竟一直记在心上。同时也感到，从那一刻起毛泽东已为他们俩拉上红线了。

从此，延安窑洞里、宝塔山下就留下了他们的身影……

1939年3月5日，这天正好是元宵节，又是星期天，阳光明媚，王稼祥请厨师准备了两桌饭菜——四菜一汤，在自己的住所举行非常简朴的结婚仪式，在延安的中央领导人都来向他们贺喜。

毛泽东也赶来祝贺。他格外地高兴，因为新郎王稼祥是他的战友，新娘朱仲丽是他的小老乡。当然更为重要的是，这一对新人的结合也有他毛泽东的一份功劳。

在简朴的婚礼上，毛泽东高兴地对朱仲丽说：

"当年在长沙，第一次见你，还是小娃娃呀！真快，现在当新娘子了呀！"

★ 毛泽东假装生气地说："你们当医生的总喜欢吓唬人！"

1942年春，从延安开始逐步开展了全党全军的整风运动。

这次整风运动的任务是：反对主观主义以整顿学风，反对宗派主义以整顿党风，反对党八股以整顿文风。

在整风运动期间，毛泽东的右肩头时时作痛。朱仲丽回忆道：

> 在延安时，毛主席很少生病。如果说他有时生病的话，那就是神经衰弱失眠症，经常要吃些安眠药。
>
> 有段时间，毛主席的右肩发痛，时而痛得不能入睡。医生们要给他会诊，但他却怕多花大家的时间，只是叫我去看看。

经过认真细致的检查后，朱仲丽向毛泽东提出建议：

"主席，您的病是应该认真治疗的，免得将来抬不起肩膀。"

毛泽东故意开玩笑地说：

"我又不是从事体力劳动，怕什么抬不起肩膀，能用脑子就行。"

说完，就哈哈大笑起来。

"不彻底治好，将来右手活动也会受阻碍的！"朱仲丽十分认真地说。

"看，你们当医生的总喜欢吓唬人！医生的话只能听七八分，其中一二分是言过其实。你说是不是？"毛泽东假装生气地说。

"主席，我真不是骗你。假如不及时治疗，以后写字、拿筷子、睡觉、咳嗽，连握手都会痛！"

见毛泽东一点也不在意的样子，朱仲丽故意把病情说得很严重。

"哎呀，你想要吓死人呀！照你说的，饭摆在桌上不能吃，文件不能批，想写文章不能握笔，瞌睡时不能躺下睡，感冒了不能咳嗽。听不得，听不得！病人要是听你们的，会急得神经衰弱了！"

毛泽东依旧开着玩笑。

"我说的话都是真的！"

朱仲丽见毛泽东还是不相信，有些着急。

"就像你说的那样，抬不起手来怕什么，只要手能写文章，能拿筷子吃饭。好，我来问你，这叫作什么病呢？是什么原因造成的？"

"这在医学上叫作肩肿关节周围肌腱炎，人到50岁左右就容易患这种病。"朱仲丽十分认真地说。

"看样子，你又想要我上你的当了。这么说，人到了50岁，就要来一个不能吃，不能写，不能睡，还不能咳嗽的大灾大难喽！"

毛泽东笑着看了朱仲丽一眼，接着又风趣地说：

"握手是洋人的礼节，不能握手倒不要紧，可以来一个中国式的点点头、拱拱手。"

朱仲丽再也忍不住，扑哧一声笑了，然后又故作严肃地说：

"主席，拱手也会痛的。"

"你还是没有说清楚，这病究竟是什么原因造成的？"毛泽东又在刨根问底。

这一问倒真的把朱仲丽难住了。她想了一想，自言自语道：

"是不是睡觉时没有盖好被子？或者是被哪里来的冷风吹着了？"

朱仲丽边说边环顾窑洞。当时已是初秋时节，窑洞里还没生火，有些冷。

"受凉，我坐在窑洞里，哪里会受凉？"毛泽东有些纳闷地问。

"对了，对了！就是从这个防空洞口吹进来的过堂风害人。"突然，朱仲丽兴奋得用手指着叫了起来。

毛泽东顺着朱仲丽手指的方向看去。原来，在窑洞朝阳的一面有个小窗开着，朝北的那一面依着山，有一个约两米高、一米宽的防空洞。

"好，这个原因找着了。看起来不正之风是可以使人生病的哇！今天我从你这里学到了学问。我看，凡是从防空洞里吹出来的风，总是逆风和歪风，那就非堵住它不可。要不然，真会像你讲的那样，害死人的！"

毛泽东显得十分高兴，点上一支烟，吸了一口，然后若有所思地说：

"主观主义、宗派主义、党八股……不过是一股逆风，一股歪风，一股阴风，是从防空洞里跑出来的。我们党内还有这样的一种风，是不好的。我们要争取中国革命的最后胜利，一定得提防从防空洞里钻出来的歪风，不能有半点大意啊！"

毛泽东越说越兴奋，似乎早已忘记了病痛。

"朱医生，我们全党在整风运动中，都要来做这个塞洞的工作，免得大家都害病。"

"主席，你在党校做的报告，名叫整顿党的作风，已经作为整风文件发给大家学习，其中指的党风、学风、文风的不正……"

显然，朱仲丽听懂了毛泽东话中的含义。

这时，毛泽东幽默地插话：

"朱医生，对待思想上的毛病和政治上的毛病，绝不能用鲁莽的态度，就像医生不给病人乱开刀，必须采用治病救人的态度，才是正确有效的方法，你说我讲的对不对？"

朱仲丽如获至宝，兴奋地连声说：

"主席，谢谢你给我的教育，我明白了，明白了！"

正在这时，一名工作人员走进来送开水。

毛泽东便指着防空洞说：

"你告诉秘书，做一个棉帘子，把这个防空洞盖住。"

随后，毛泽东望着朱仲丽，笑着补充说：

"是这位高明的医生说的。"

尽管如此，朱仲丽还是把这次诊断情况向组织上做了详细汇报。为了慎重起见，医院又组织一批经验丰富的医生给毛泽东做了会诊。

检查结果是：毛泽东患了慢性肩关节炎，必须每天热敷、按摩。

于是，朱仲丽接受了一项新任务：每天为毛泽东的肩膀和手臂按摩几十分钟。

一天，朱仲丽照例按时到毛泽东那里去给他治疗。

毛泽东正在埋头写文章，见到朱仲丽走进来，便幽默地说：

"朱医生来了，替我消灾消难来了，我正在求菩萨保佑哩！"

"主席，我马上替你按摩。"

"你不远千里而来，总得喝口水再罚你做苦工吧，请坐下歇歇。"

"主席，请坐在这把椅子上吧，我不休息了！"

毛泽东顺从地放下了笔，坐到另一把椅子上。

朱仲丽拿出一块白粗布，搭盖在毛泽东的肩上，两手使劲按摩。

"每次按摩之后，就缓解得多。昨天忙，没有按摩，今天就痛死我了，倒叫我奈何不得……啊！是舒服些，这证明是要服从你这个年轻医生的命令。"

毛泽东上身跟着摇动着，脸上痛苦的表情逐渐消失了，似乎感到轻松多了。接着，他又像往常一样开起了玩笑。

"真要感谢你，治病救人，消灾除难，阿弥陀佛！我这里的防空洞已加上帘子，堵住歪风了。"

"这很好。不过，还有事呢。"

"还有什么事？"

"千万不要忘记，主席，按摩只是别人帮助你使肌肉活动，更重要的还是要靠你自己加强锻炼，促进肌体功能的恢复。我要请你自己一天活动两次，把发痛的右手抬高，从右边头顶上绕过去，摸左边的耳朵根。"

说着，朱仲丽走到毛泽东面前，慢慢地把动作示范了一遍。她一边做动作，一边又说：

"记住，要绕这种大圈子。天天练，就会好得快。"

"又出新名堂了！治关节病要一天摸两次耳朵根子，只怕又是你的新花样。"

毛泽东显得有些不耐烦。

"您的右手什么时候能自如地从头顶上弯过去，摸到了左耳朵根，就达到理想的治疗效果了！"

朱仲丽耐心地解释。

"本人的耳朵根子，自己早已摸过，是很硬的，那些花言巧语、阿谀奉承、口蜜腹剑、流言蜚语、哗众取宠等这一类的话，我一概听不进，就是因为我的耳朵根子硬！"

毛泽东说完后，爽朗地笑了起来。

朱仲丽听懂了毛泽东这句话的含义，便由衷地说：

"主席，您的话使我受到很大启发。早几天，您说的从防空洞里吹出来的歪风、逆风，是指资产阶级的坏风气，使我们革命队伍里的一些人思想上产生了毛病；方才您说的耳朵根子硬，是叫我遇事要有冷静的头脑，多作客观分析，并且懂得兼听则明的道理。"

"好嘛，看来，你的耳朵根子也不软呢。"毛泽东称赞朱仲丽。

几十分钟的按摩结束了。

毛泽东站起身来，两个臂膊在空中试舞了几下，高兴地说：

"好，没有那么疼了。谢谢你！"

朱仲丽收拾好白布，礼貌地向毛泽东敬礼告辞。

这时，毛泽东突然想起了几天前和朱仲丽关于整风运动的谈话，便话题重提，表情严肃地对朱仲丽说：

"记着，整风要思想批判从严，组织处理从宽……从团结出发，经过批评达到新的团结为目的。"

"是，主席，从团结出发，经过批评达到新的团结为目的，要批判从严，组织处理从宽……"

"告诉你，把马克思列宁主义书本上的某些个别字句，看作现成的，像你们医生用的灵丹圣药，这是反科学的，反马克思列宁主义的，是主观主义的方法。"

朱仲丽认真地聆听着。

"给中国革命造成极大危害的王明的教条主义，其实是共产党的大敌，是人民的大敌，还是民族的大敌……你想，这不就是党性不纯的一种表现吗？大敌当前，有没有打倒它的必要呀？"毛泽东兴奋地问朱仲丽。

朱仲丽正听得兴起，一时不知该如何回答是好。

毛泽东拿起一支烟点燃后，吸了一口，兴趣盎然地说：

"当然要打倒嘛！只有打倒了主观主义，那么，马克思列宁主义的真理才会抬头，党性才会巩固，革命才会胜利，是不是？"

"是的。"

朱仲丽连忙点头，说：

"主席给我的宝贵的教导，我会牢记心头的。"

★ "你这个人真勤快，当了医生还兼任舞蹈老师呀！"

抗战期间，延安的物质生活相当艰苦，但文化生活却丰富多彩。

为了毛泽东和中央其他领导同志的健康，朱仲丽他们常在一起研究怎样使首长们的生活多样化，搞一些有益于身体健康的活动。除了劝他们散步、打打乒乓球和麻将之外，还动员毛泽东学习跳交际舞。

朱仲丽深情地回忆道：

> 那时候延安的生活极其艰苦，没有电影，舞台演出又很简单，没有像样的乐队，也没有较大的礼堂。在紧张的工作之余，大家很想松弛一下脑神经。于是，有关的领导同志就利用既作食堂又作小会议室

的平房，每星期六的晚上组织一次跳舞晚会。当初会跳舞的同志很少，后来经过一段互教互学，跳舞的人逐渐多了起来。

为了请毛泽东学跳舞，我们不知费了多少口舌。起初毛泽东对跳舞毫无兴趣，我们就以锻炼身体为理由请他参加。后来他又说没有时间，我就想方设法找机会约他跳舞。

……

毛主席学跳舞时，也不忘国内和世界大局，估计一时是学不好的，我只希望能够给他一些娱乐，调剂调剂脑子。但没想到，毛主席却真的把跳舞学到了手。当杨家岭礼堂盖起来之后，每星期举行一次跳舞晚会，毛主席的狐步舞已学好，开始学跳华尔兹了。那时候，杨家岭礼堂高悬煤气灯，有两三位鲁迅艺术学院学员拉手风琴和其他乐器，组织娱乐的同志约了一些会跳舞的青年来参加。朱德、叶剑英、任弼时、邓发、张闻天、萧三和夫人、马海德和夫人等都来参加，给延安增添了不少乐趣。

……

全国解放以后，我也和毛泽东跳过舞。这时候，他已经会跳好几种舞，舞步纯熟，能很好地掌握节律，就连典雅的探戈也跳得很有水平了。

在中南海的春藕斋、怀仁堂、勤政殿的大会议室内，组织过许多次跳舞晚会，有时有很好的大型乐队伴奏，还有舞蹈、清唱、相声等演出，毛泽东偶尔也来活动一会儿。他曾经和我说过，跳舞这个运动不错，能休息脑子，使人两腿有力，还是一个联系群众、与群众交谈的好场所，补了游泳之不足，在水里就不能和别人谈话了。

一天傍晚，微风拂面，金色的余晖斜射在窑洞前。

毛泽东坐在窑洞门前的一张藤椅上，微闭双目，右手打着拍子，小声跟着留声机哼唱京戏。留声机是前方缴获的。

"仲丽，快来！"远处传来江青的喊声。

"马上就来！"朱仲丽边答应，边走出窑洞。

只见江青站在窑洞前两把椅子的旁边，指着椅子上的留声机和几张旧唱片，兴奋地说：

"都准备好了，就只等主席学跳舞。"

见朱仲丽来了，毛泽东从藤椅上站起身来，打趣地说：

"听江青讲，你情愿教我跳舞，你真勤快，当了医生还兼任舞蹈老师呀！"

"主席，我愿意当好你的舞伴。你在百忙中，应该抽点儿时间休息一下，锻炼一下身体呀！"朱仲丽高兴地说。

"请问朱医生，跳舞有什么好处？"

"跳舞的好处是活动下肢，尤其是腿根子，又可以作为社会交际活动的一种方式。"朱仲丽笑着解释道。

留声机改放了舞曲。

"主席，你的右手围住我的腰，左手握住我的右手……"

"是这样的吗？"

"是的，一点不错。一、二、三、四……你的脚，要灵活些，别像士兵操练似的，要把脚尖抬一点点，擦着地板跳，就好看。"

朱仲丽不厌其烦地教着毛泽东。

毛泽东生疏地踩着音乐节拍，一步一步地认真学着。

"主席，你还要学会转圈子，朝左朝右。"

朱仲丽带着毛泽东做各种舞步。

"啊，跳舞还有这么多的道理。"

毛泽东饶有兴趣地说。

"是的，主席，这是跳交际舞的规律。"

音乐停了。

毛泽东走回椅子坐下，点上一支烟，幽默地说：

"你的权力真大，叫我朝前我就得朝前，叫我后退就得后退，成为我头上的指挥官了。"

这番风趣的话，逗得朱仲丽笑了起来，连忙摇着手说：

"我可不敢呀！"

"主席，你累了吧？"朱仲丽接着问。

"有点儿。"毛泽东点点头。

"下次再找时间练练，今日就收场了。"

江青叫勤务员把留声机取走，自己端杯清茶也坐了下来。

毛泽东又陷入了深思中，望着天边的晚霞大声对朱仲丽说：

"国民党，不如叫它'刮民党'，破坏抗日民族统一战线，用假名假义来欺骗全世界人民。那班玩火的人，如果还怙恶不悛，继续不守协议，全中国人民就会把他们抛到茅坑里去！"

朱仲丽连忙坐过来，认真地听着。

毛泽东吸了口烟，继续说：

"蒋介石专横独裁，对日献媚，却把枪口对准我们共产党的部队。你们知道不知道，蒋介石在中国的西北部署了 50 万大军，虎视眈眈地对着八路军，封锁我们抗日根据地。幸好，我们警惕性高，根据地还在继续发展。"

"现在国际上的形势，很紧张，但也很乐观，希特勒企图用闪击战来征服强大的社会主义苏联，你知道，希特勒集结了百万以上大军，猛攻苏联的高加索和莫斯科……看吧，有好戏看喽！"

说完，毛泽东那深邃的目光投向了远方，似乎看到了远在万里之外的俄罗斯大地上的殊死拼杀……

★ "稼祥即将付出大量的劳动，希望你朱仲丽医生批准！"

1943 年春，延安。

一天傍晚，王稼祥和朱仲丽在枣园的树林里散步。突然，王稼祥深有感触地说：

"我们党的 22 周年生日和全面抗战 6 周年纪念日，就要到了。从当初几十个人的共产主义小组，发展到今天这样一个成熟的伟大的党，不仅有了强大的军队，还有了大片的根据地，这个发展变化太大了！真是星星之火，可以燎原。中国革命之火，正在燎原！"

朱仲丽也兴奋地说：

"真是不容易，全面抗战六年，敌人非但没有整垮我们，我们反而越打越强，看来抗战胜利的日子，已经为期不远了！"

"是的。但这个胜利是来之不易的，如果我们党没有一个正确的指导思想，也就是毛泽东同志的思想和理论，这一切都是不可能的……"

朱仲丽轻声问：

"你是不是要写什么文章？"

"是的，但考虑尚不成熟，要好好思考思考。"

这日下午，阳光照射着大地，枣树绿叶婆娑，新结的青枣密密麻麻地点缀在枝头。毛泽东和江青容光满面地出现在王稼祥的窑洞门前。

王稼祥和朱仲丽连忙迎了出来。

"请主席和江青同志到里面坐吧！"

"我们就在这儿坐坐吧，比窑洞里的空气好些。"毛泽东指着窑外的小石凳和小石桌说。

毛泽东和王稼祥便坐在窑洞前的石凳上，警卫员张志送来茶水和香烟。江青和朱仲丽也坐在一旁陪着。

毛泽东笑着对朱仲丽说：

"你的麻将牌打得好呀，可惜赢得少，总是输，将来衣裳输进当铺里怕赎不回来哟！"

毛泽东这句风趣的话，逗得大家哄笑起来。

"是的，我欠你的'债'大约有几千万了。"

朱仲丽一边笑着回答，一边又想起了陪毛泽东打麻将的趣事。

原来，由于毛泽东整日在窑洞里写文章，批阅文件，坐的时间过长，致使肩关节炎由急性变为慢性，很长时间没有治好。延安中央总卫生处处长傅连暲亲自率专家进行会诊，认为这主要是因为毛泽东的手臂活动太少，影响了功能的恢复。为此，他们动了不少脑筋，出了不少的主意，最后一致认为打麻将牌、跳舞，或者打乒乓球，是积极的治疗办法。

于是，请毛泽东打麻将，这个光荣而又艰巨的任务再次落到朱仲丽身上。

其实，朱仲丽并不喜欢打牌。生性好动的她觉得打牌没劲头，还浪费时间。可是转念一想，这是为了使毛泽东在百忙中得到一点休息，也是一种革命工作，便愉快地接受了任务。

一天，朱仲丽怀着忐忑不安的心情来到毛泽东的办公室。

"我猜猜看，你是来陪我打麻将的吧？"

毛泽东似乎已经知道了朱仲丽的来意。

糟了，肯定是早已有人动员过毛主席了，不知他是什么态度。朱仲丽一面心中暗自叫苦，一面悄悄观察毛泽东的表情。

见毛泽东面带微笑，不像是生气的样子，朱仲丽就大着胆子说：

"是呀，这是为了使您活动活动肩臂关节。"

"又来做好事了。不过，打麻将牌是很浪费时间的呢！"

毛泽东很不情愿地说。

但经不住朱仲丽苦苦劝说，毛泽东只好同意了。

"唉，你们的嘴就是厉害，好嘛，医院开来的处方一个，打麻将四圈，目的是帮助肩关节的功能恢复。"

毛泽东一边无可奈何地摇着头，一边放下手中的笔，站起身来，伸了个懒腰，说道：

"麻将牌是打过的，那是在青年时代。十几年没有搬这些砖块了。好，难得今日有缘。"

窑洞里，顿时响起了哗啦啦洗麻将牌的声音。

毛泽东、叶子龙、朱仲丽等人围坐在一张小方桌的四周，有说有笑，笑声中夹着"中""发""白"和噼里啪啦的出牌声，在紧张的战斗生活中，平添了不少情趣。

为了让毛泽东保持好心情，朱仲丽常常故意出一张好牌给他。

果然，毛泽东一连"和"了好几盘，面前的筹码棍子，红红绿绿的摆了一大堆。

"如果是开赌场，只要朱仲丽坐在我的上家，我敢下赌万万元，必成大富翁。你这位同志是不是在收买我，给我金钱炮弹，叫我当资本家呀？"

毛泽东风趣地说笑着。

"不，我不善于打麻将，所以不会扣下家的牌。"朱仲丽说道。

"你要是在赌场里打牌，恐怕连裤子也要送进当铺！"

全屋子的人哄然大笑……

"党成立22周年纪念日快到了，我们应该写篇理论性的文章，以总结经验教训为中心内容……是不是请你抽空儿写一下？"

毛泽东边吸烟边用商量的口吻问王稼祥。

"是，我完全可以写一篇。"

王稼祥与毛泽东不谋而合，立即兴奋地说：

"纪念党成立22周年，又正值全面抗战进入第六个年头，我们在各方面都取得了巨大的成绩，这不是轻而易举取得的，是马列主义的普遍真理与中国具体情况相结合的结果。"

毛泽东点了点头，郑重地说：

"我看从总结经验教训这个方面作为文章的中心内容。党的历史，是一部不平坦的斗争历史，针对世界局势和全中国的局势，可以抓住几个问题来谈，你看如何？"

"好的，主席，我可以马上动笔，然后请你审稿。"王稼祥信心十足。

见王稼祥如此痛快地接受了任务，毛泽东非常高兴，转头对朱仲丽说：

"听说你很会照顾稼祥呀！他的身体每天能够负担这么繁重的工作，全靠你的照顾，功劳不小。"

"不，是党和同志们的关怀。"朱仲丽谦虚地说。

谈话在愉快的气氛中继续进行着。

临别时，毛泽东又风趣地说：

"稼祥即将付出大量的劳动，希望你朱仲丽医生批准！"

"我会照顾好他的。"朱仲丽点着头说。

送走毛泽东夫妇，王稼祥就在窑洞外倒背双手，来回踱着步。熟悉丈夫心思的朱仲丽知道，王稼祥又在构思文章了。

夜已是很深了，昏暗的油灯下，王稼祥正奋笔疾书。

是啊，一艘巨轮在历史的大海上乘风破浪，时而在惊涛骇浪中颠簸，时而在风平浪静中行驶，有阳光普照，也有风暴和暗礁，行驶了22年，在向胜利的彼岸进发了！一个严肃而核心的问题提出来了，那就是，胜利的取得靠什么？是啊，没有马克思列宁主义和中国的具体实践相结合，搞陈独秀、王明那一套，必定断送中国革命……

五六天后，这篇七八千字、饱含王稼祥心血的文章脱稿了。

文章是这样写的：

中国民族解放整个过程中——过去、现在与未来——的正确道路就是毛泽东同志的思想，就是毛泽东同志在其著作中与实践中所指出的道路。毛泽东思想就是中国的马克思列宁主义，中国的布尔什维克主义，中国的共产主义。

中国共产党从诞生后便积极参加中国民族解放战争，二十二年如一日，其中参加了1925年至1927年的大革命、苏维埃运动与抗日战争。党便在这些反帝反封建的斗争中壮大起来。毛泽东思想也是在这三大革命斗争中生长和成熟起来的。

毛泽东思想与中国共产党的民族解放的正确道路，是在与国外国内敌人的斗争中，同时又与共产党内部错误思想的斗争中生长、发展与成熟起来的。

以毛泽东思想为代表的中国共产主义，是以马克思列宁主义的理论为基础，研究了中国的现实，积蓄了中共二十二年的实际经验，经过了党内党外的曲折斗争而形成起来的。……毛泽东思想与党内存在过和存在着的教条主义与机械搬运的公式主义，曾进行过不调和的斗争，同时又反对了那些脱离马克思列宁主义基础的错误观点。

毛泽东思想是创造性的马克思列宁主义，是马克思列宁主义与中国革命运动实际经验相结合的结果。……由于中国革命运动正在不断向前发展，毛泽东思想这个理论也正在继续发展中。这是引导中国民族解放与中国共产主义胜利前进的保证。

初稿写好后，王稼祥又把这篇呕心沥血写成的文章，逐句逐字地反复修改、润色了几遍，直到自己感到满意了才将它装进大信封。

在大信封上，王稼祥郑重地写下"呈主席亲阅"五个大字，并附上一张短笺：

主席：

关于纪念党的二十二周年和抗日战争六周年的文章，已拟好了初稿，请审阅、修改。

布礼

王稼祥

一九四三年六月二十六日

对这篇文章，毛泽东看后没有多加修改，非常高兴地打来电话：

"文章看过了，写得很好，准备交给《解放日报》发表。"

1943 年 7 月 8 日，这篇文章发表在《解放日报》第一版上，大标题是《中国共产党与中国民族解放的道路》。

朱仲丽深情地回忆道：

当这张报纸送到我们的眼前时，我们两人相对而视，心里甜甜的。

稼祥当时握笔写这篇文章，是非常严肃认真的。我不敢和他说话，连走路都是轻手轻脚的。夜深了，我没有催他上床休息。吃饭了，我只轻轻喊他一声，生怕打断他的思路。

我当时读后的体会是，这篇文章中他提出的"毛泽东思想"这一概念，是我党在理论与宣传中第一次提出的。这是稼祥在革命斗争的实践中，对毛主席集中全党智慧为中国革命制定的路线和一系列方针政策的概括。他是对中国革命的经验和教训，进行了深刻的考察和细致的分析之后，运用马克思列宁主义的思想、观点和方法，根据自己的理论与认识水平，而提出"毛泽东思想"这一概念的。

★ "主席，我劝你不要去重庆！"

公元1945年8月15日，一个令亿万中国人民难以忘怀的时刻——日本帝国主义宣布无条件投降。

"日本投降了，我们胜利了！"

胜利的喜讯如闪电划破夜空。整个重庆沸腾了。山城的男女老少涌上街头，人们沉浸在一片节日的欢腾之中。广播里，一遍遍地播放着蒋介石的胜利演说，人们一次次互相祝贺，端起酒杯，干了一杯又一杯……

延安也沸腾了。在宝塔山下、延河水畔，人们欢呼着、歌唱着，与锣鼓、唢呐、鞭炮，汇成了欢乐的海洋。欢快的舞姿，雄壮的旋律，在延河两岸通宵达旦，人们唱呀、跳呀、拥抱呀，人人的笑脸上都映着火光，个个的心坎里都似烈火在燃烧。毛泽东、朱德也来到了狂欢的人群中，他们的谈笑风生和延安军民的大秧歌融为一体……

抗日战争终于取得了胜利，但亿万中国人民的苦难日子是否将一去不复返了？今后的中国又将走向何方？国共两党的领袖不约而同地陷入了沉思。

"卧榻之侧，岂容他人鼾睡！"在蒋介石看来，日益壮大的中国共产党和人民革命武装是他的眼中钉、肉中刺，必须不惜一切代价、不择一切手段加以消灭。

然而摆在蒋介石面前的困难确实不少：在国内，要求和平、重建家园的呼声日益高涨；国际上，美、英、苏等国各有各的如意算盘，不主张此时在中国发生大规模的内战；更为重要的一条是，国民党军精锐主力仍远在西南大后方，调往剿共前线再快也需要几个月的时间。

美国总统杜鲁门在回忆录中曾这样描述当时的情形：

> 蒋介石的权力只及于西南一隅，华南和华东仍被日军占领着，长江以北则连任何一种中央政府的影子也没有……事实上，蒋介石甚至连占领华南都有极大的困难。要拿到华北，他就必须同共产党人达成协议。

于是，老谋深算的蒋介石玩弄起反革命的伎俩，宣称要与共产党"和平谈判"，表面上装出一副"和平建国"的模样，暗地里积极备战。

8月14日、20日，蒋介石连发两封电报邀请毛泽东。第一封电报称：

"倭寇投降，世界永久和平局面，可期实现，举凡国际国内各种重要问题，亟待解决，特请先生克日惠临陪都，共同商讨，事关国家大计，幸勿吝驾，临电不胜迫切悬盼之至。"

很显然，这是蒋介石的"一箭三雕"之计：其一，如果毛泽东拒绝到重庆，就给共产党扣上拒绝谈判、蓄意内战的罪名，借机发动内战，把战争的责任推到共产党身上；其二，如果毛泽东到重庆来，就给共产党几个内阁职位，迫使共产党交出解放区、交出军队；其三，蒋介石可以用谈判来取得调兵遣将、准备全面内战的时间。

见毛泽东没有丝毫要到重庆来的迹象，蒋介石就更来劲了，一面发动所有的宣传工具大肆鼓吹要与中共和谈，进行"和平建国"，一面又于8月23日发出了第三封邀请电，并把与周恩来等中共领导人交好的、国民党军事委员会政治部部长张治中找来，准备派他去延安接毛泽东到重庆来谈判。

蒋介石未免高兴得太早了。

中共中央早就识破了这一阴谋诡计。在研究是否去重庆谈判的日子里，枣园窑洞里灯火整夜不息。毛泽东、朱德、周恩来、刘少奇等中央领导对去重庆谈判的问题进行反复研究后，终于作出了历史性的决定。

8月23日，也就是蒋介石发出第三封邀请电的当天，毛泽东在中共中央政治局扩大会议上一针见血地指出：

"蒋介石想消灭共产党的方针没有改变也不会改变。……这是蒋介石迫于国内国际形势，迫不得已做出的'假和平、真备战'的缓兵之计。"

面对蒋介石在重庆摆下的"鸿门宴"，毛泽东大手一挥，"可以去，必须去""这样可以取得全部主动权"。

王稼祥也参加了中央政治局扩大会议。会上，他赞成毛泽东亲自到重庆参加和平谈判，但同时也非常担心毛泽东的安全。

"毛主席亲自去重庆谈判，我真有些不放心，蒋介石这个流氓什么事都干得出来的。但是，也只有他亲自去应对才行。毛主席这次去，我不能跟随，很是遗憾。"

回到家里，王稼祥心情沉重地对朱仲丽说。

"我也很不放心，我看还是不去为好。"朱仲丽心里十分不安。

"毛主席为了党和民族的利益，置个人安危于不顾，他是无私的。"

王稼祥衷心地赞叹着，接着又安慰朱仲丽：

"你放心吧！我已向毛主席提出，千万要小心防范蒋介石下毒手，身边要带好保卫人员，要保证在重庆的绝对安全。"

眼见毛泽东要深入虎狼之窝，朱仲丽哪能放心，便背着王稼祥去找毛泽东。

"主席，我劝你不要到重庆去。那个地方怎么能去呢？那是一个老虎洞呀！"一见面，朱仲丽就当起了说客。

"你懂得什么呀，我是党中央主席，人家指名叫我了，我不去，你说叫谁去？"毛泽东笑着说。

朱仲丽一下子被问住了，不知该如何回答是好。

"这样大的事情，关系到国家和民族的前途。你说是考虑我个人的安全，还是争取党和人民的胜利呢？"

见朱仲丽回答不上来，毛泽东又反问道。

"可我总是不放心。"朱仲丽撅着嘴说。

"你就为这个问题来找我，想说服我？"

毛泽东笑了，望着急得满脸通红的朱仲丽，随手点上一支烟，故意板起面孔，严肃地说：

"这叫作扰乱军心！我赠送你一句话，你带回去想想，叫作'不入虎穴，焉得虎子'，你想不通再来问我。"

朱仲丽只得怏怏而归。

王稼祥知道后，也笑了起来，连声批评朱仲丽是小孩子气。

"毛主席已经决定了的事情，考虑周全，你怎么能扭转得过来。"

直到此时，朱仲丽才后悔自己真不该去毛泽东那里说那些没用的话，便喃喃自语：

"那只好求马克思在天之灵，保佑他平安无事了。"

8月28日上午，毛泽东登机飞赴重庆。这是毛泽东第一次坐飞机，也是大革命失败以来毛泽东第一次以公开身份到中国的大城市去。

是日，阳光明媚，整个延安城万人空巷，机场上人山人海，党政军民学各界人士，都纷纷拥向机场为他们敬爱的领袖送行。

毛泽东敏捷地登上舷梯，站在舱门口，挥动着手中的帽子，向送行军民致意。那顶灰白色的有边沿的西式帽，紧紧地抓住了每一位送行者的心。

在一片欢呼声中，满载着亿万中国人民祈盼和平的美好心愿的飞机腾空而起，径直向重庆飞去，去进行一场新的形势下的新的政治斗争。

朱仲丽站在送别的队伍中，眼里充满了担心和忧虑，也充满了期待和希望，心中在不断地祈祷：

"祝愿谈判胜利，祝主席身体健康，平安回家……"

重庆谈判历时43天，是一场复杂而艰苦的斗争。在国共两党的历史上可谓惊心动魄的43天。

毛泽东履险如夷，把重庆当作展现其雄才大略和人格魅力的舞台，一面同蒋介石进行紧张的谈判，展开针锋相对的斗争；一面抓紧时间会见在渝的各民主党派和无党派人士，出席各种座谈会和宴会，向世人展现了他善于捕捉国际国内政治风云变幻，把军事斗争与谈判斗争完美结合起来的高超斗争艺术。

谈判桌上的斗争，是与战场上的斗争相配合的。正当国共双方代表团在谈判桌前进行唇枪舌剑的斗争时，国共两军则在华北战场上真刀真枪地大打出手了。

原来，蒋介石见在谈判桌上没有让中共屈服，便想在战场上占得先机，并以此向中共大施淫威。

9月17日，蒋介石密令重新印发了他在十年内战时期手订的《剿匪手本》，同时密令各部要在"剿灭共匪"的作战中"切实遵行"。此时，国民党第二战区司令长官阎锡山所部集中了13个师的兵力，大举进犯晋东南的上党地区。

面对蒋介石杀气腾腾的攻势，毛泽东胸有成竹，对蒋介石的这招棋早有准备。萧劲光曾回忆道：

毛泽东在离开延安前，"对我们这些即将奔赴前线的同志说，同志们担心我去谈判的安全。蒋介石这个人我们是了解的。你们在前线打得好，我就安全一些，打得不好，我就危险一些。你们打了胜仗，我谈判就容易些，否则就困难一些"。

晋冀鲁豫军区司令员刘伯承、政治委员邓小平自然心领神会，率部发起上党战役，一举歼灭入侵解放区的国民党军3.5万余人，击毙第7集团军副总司令彭毓斌，俘虏第19军军长史泽波。

果然不出毛泽东所料，在战场上屡遭重击的蒋介石，不得不收敛起嚣张的气焰，乖乖地回到了谈判桌前。

经过43天的商谈，1945年10月10日，国共双方终于达成了一个协议——《政府与中共代表会谈纪要》，也就是通常所说的《双十协定》。

10月11日，毛泽东胜利返回延安。

当天，朱仲丽兴奋地跑去见毛泽东。

"主席，你平安回来了，祝贺谈判取得胜利！我向你检讨，当初，我不该说那些话。"

"你看，我不是好好地回来了吗？像你这样感情用事的人不止一个，没什么错。我一到重庆，就去拜访许多名人和老熟人，阐明我党的政策，宣传了我党的政治主张，争取了中间派，扩大了革命的统一战线。"

重庆谈判取得胜利，毛泽东的心情也格外好。

当朱仲丽对他去重庆时戴的盔式帽赞不绝口时，毛泽东高兴地说：

"好是好看，就像一个戴了钢盔的大硕士，像文又像武。"

屋里响起了毛泽东那爽朗的笑声。然后，他又诙谐地说：

"其实不好看，只是那顶帽子能够改变我的头型，高额和长发可以遮盖，变了个样，免得特务发现我，绑我的架。"

所有在场的人都禁不住笑弯了腰……

★ "你要少抽烟，多睡觉，中国人民需要你来领导，身体要紧啊！"

全国人民对和平建国抱着很大的希望。但是，蒋介石只是把和谈当作争取时间以调集兵力的手段。

1945 年 10 月 13 日，也就是《双十协定》签订后的第三天和公布后的第一天，蒋介石向国民党各战区司令长官发出了一份杀气腾腾的密令：

"此次剿共为人民幸福之所系，务本以往抗战之精神，遵照中正所订《剿匪手本》，督励所属，努力进剿，迅速完成任务。其功于国家者必得膺赐，其迟滞贻误者当必执法以罪。希转饬所属剿共部队官兵一体悉遵为要！"

所以，停战协定签订以后，内战的烽火不但没有停息，反而越燃越大。

为贯彻国共双方停止冲突、恢复交通和整军方案，美国总统杜鲁门发表了对华政策声明，并专门派出特使马歇尔将军前来中国，"调处"内战。

1946 年 1 月 10 日，国共双方代表签署了停止内战的协定。根据停战协定，中共代表周恩来、国民党代表张治中和美国政府代表马歇尔组成最高军事三人小组，并在北平设立三方代表组成的北平军调处执行部。

由于王稼祥长期主持军委工作，同时对国民党军事历史情况及目前状况很熟悉，毛泽东知人善任，亲自提议任命王稼祥为"三人小组"的中共顾问。

"你是一个军事家，党内的军事状况你很熟悉，你以顾问的身份到北平做'三人小组'的我方顾问正适合，你的身体也可趁此在北平的大医院做检查和治疗。"

办公室里，毛泽东诚恳地对王稼祥说。

"主席，我坚决完成党交给的任务。"王稼祥欣然接受。

"把仲丽也带去吧，一方面可以照顾你，另一方面还可为别的同志看看病。看来时局不妙，可能全面进入战争，你们夫妻最好在一块。"

毛泽东考虑得非常周全。

"谢谢主席总是照顾我们。仲丽听了一定会感激你的关心，希望主席多注意休息。"

能与爱妻一同奔赴新的工作岗位，王稼祥心里自然十分高兴。

"主席，我好想你！"

听到消息后，朱仲丽马上跑到毛泽东的办公室里，做临行前的道别。

"是真的好想我？"毛泽东放下手中的笔，抬起头来笑着说。

"稼祥的肠胃伤口发病了，已经有七年没有发过病，我好着急。'七大'他没有选上中央委员，我倒不在乎。你的一篇讲话，我听说了，对稼祥一生有全面的看法，使我十分感动。"

朱仲丽话中所提的王稼祥"七大"落选一事是这样的。

1945 年 4 月 23 日，中国共产党第七次全国代表大会在延安杨家岭中央大礼堂隆重开幕。这次大会是在德、意、日法西斯面临彻底覆灭和中国抗日战争日益接近最后胜利的前夜举行的。

大会选举产生了新的中央委员会。出乎毛泽东的意料，时任中共中央军委副主席、总政治部主任的王稼祥竟然落选。原来，王稼祥因在中央苏区时执行了王明、博古领导的党中央的教条主义错误路线，而受到少数与会代表的不满和攻击，致使大多数代表对王稼祥产生了误解。

第二天，毛泽东在大会上发言，指出：王稼祥虽然以前犯过路线错误，但他是建有功劳的，并当场列举了他的三大功劳。

最后，毛泽东诚恳地说：

"昨天选举正式中央委员，王稼祥没有当选，所以主席团把他作为候补中央委员的第一名候选人，希望大家选他。"

经毛泽东一番开诚布公的讲话，代表们对王稼祥有了充分的了解。王稼祥顺利地以全票当选候补中央委员。

听了朱仲丽的话，毛泽东考虑了一下，认真地说：

"他是一个好同志嘛！在工作上坚持原则，难免有同志心胸狭窄，对他有意见。"

"主席！我很快就要和稼祥动身到蒋管区北平军调处去工作了，不知何时能见面啦！"

毛泽东点上一支烟，深深地吸了一口，然后有些忧心地说：

"军调处的谈判，也不过是做做样子的，国民党要消灭我们的心不死，我们趁此机会也想喘口气，调动部队应付他们的进攻，全中国必须解放！"

见毛泽东不停地吸烟，桌上烟灰缸里早已堆满了烟蒂，朱仲丽便劝道：

"毛主席！你要少抽烟，多睡觉，中国人民需要你来领导，身体要紧啊！"

"仗是会打赢的，因为我们有群众的支持和战斗力旺盛的部队。烟是不会戒的，因为不抽烟就不会有灵活的脑细胞……"

毛泽东一边说笑着，一边又抽了一口烟。

"主席！你错了，你忘了我是一个大学毕业出来的医生。烟，只会使脑细胞迟钝的……"

朱仲丽十分严肃地说。

"你这个医生又来给我做思想工作了，我就是一根也不减少。"

朱仲丽知道一时半会儿也劝不动毛泽东，便笑道：

"等将来再说吧！主席，我们就要飞北平了，请您保重！"

朱仲丽恋恋不舍地与毛泽东道别，陪同王稼祥离开了延安，奔赴新的革命工作岗位。

1946年春，朱仲丽随王稼祥到达北平军调处。其间，王稼祥到当时的"中和医院"检查身体。

谁知，医生极不负责任，在给王稼祥做X光透视时，射线用量过多，烧伤了王稼祥后肠胃脊的皮肤。不几天，皮肤就溃烂如铜币大，王稼祥被折磨得疼痛难忍。

毛泽东知道后，电令北平军事调处执行部的中共代表叶剑英，立即送王稼祥到张家口陆军医院治疗，那里当时还是解放区，在聂荣臻司令员的领导下。随后，毛泽东放心不下王稼祥的病情，专门派著名外科医生周泽昭从延安赶赴张家口为王稼祥诊治。

远在千里之外的毛泽东如此无微不至的关怀，实在令王稼祥、朱仲丽夫妇感激万分。

然而，王稼祥的病情仍旧不见好转。他的情绪也一天一天地消沉下去，时常对朱仲丽痛心地说：

"我是一个病躯，不能为党工作，反而给党增加负担……"

朱仲丽认为就这样拖下去也不是个办法，思来想去，只好请求毛泽东和党中央同意送王稼祥去医疗条件更好的苏联治病。

于是，朱仲丽背着王稼祥拟了一个电稿交给聂荣臻司令员，请他用密码发至延安党中央、毛主席。

电报内容如下：

毛主席：

　　稼祥的烧伤治不好，他疼痛难忍，十分消沉。我在他身边责任甚大，特报告党中央，是否有其他办法医治。

朱仲丽

没过多久，聂荣臻就收到了毛泽东的复电。他立即高兴地给王稼祥和朱仲丽看。

电报全文如下：

聂并转稼祥同志：

　　关于派机接稼祥赴苏治病，自我方交涉后，彼方考虑已久，初则顾虑国际环境，要稼祥夫妇去外蒙登机，但现在已无此种顾虑，决定派机直飞张家口。因此现在只有一个稼祥身体能否坐飞机的问题，请稼祥自己决定告我，即可告远方派机来接。我意只要身体勉强可以乘机，以去苏医治为上策。

毛泽东
五月十九日

王稼祥看完电文后，连声说：

"感谢毛主席的关心，既决定我到莫斯科治病，我愿意去。"

★ 朱仲丽动情地说："一定要把她们母女接回去。她到底是毛主席的前妻啊！"

1946 年 8 月，王稼祥和朱仲丽飞抵苏联莫斯科。几天后，王稼祥住进了克里姆林宫医院。在苏联医务人员的治疗下，王稼祥很快痊愈出院，住进了位于莫斯科市区繁华的高尔基街"柳克斯"旅馆内。

在此期间，当时在莫斯科读书的许多中国留学生经常来看望王稼祥。其中有毛泽东与杨开慧烈士的儿子毛岸青、张太雷烈士的儿子张大保、蔡和森烈士的儿子蔡博和女儿蔡转转、刘少奇的儿子刘允彬和女儿刘爱琴、朱德的女儿朱敏、李富春与蔡畅的女儿李特特、林伯渠的女儿林莉莉等。

这些红色后代是大革命时期和抗日战争时期，先后由国内辗转来到苏联学习的。10 多年过去了，他们对国内情况已经很不了解，有的甚至只懂俄文，不识中文，连中国话都说不利落了。如今，他们都已经陆续长大成人，迫切地需要了解祖国的情况。对于王稼祥、朱仲丽这些来自祖国的亲人，他们感到格外亲切。

王稼祥、朱仲丽也像对待自己的孩子一样地喜爱他们，并帮助他们解决一些生活困难，适当改善其伙食，鼓励他们努力学习文化和专业知识，以便将来回国后为新中国的建设事业贡献力量。

在谈话中，王稼祥、朱仲丽意外得知了一个惊人的消息：毛泽东的前妻贺子珍以及他们的女儿娇娇（李敏）正在苏联，而且贺子珍被关在莫斯科郊外的精神病院里，陷入了精神上无比痛苦、生活上极端困难的境地。

贺子珍是一位老革命家，早在井冈山时期与毛泽东结为战斗伴侣，共同度过了最艰苦的战争岁月。长征途中她为掩护战友身负重伤，体内留下了 10 多块敌人的弹片。1937 年，她怀着孕离开毛泽东到苏联治病。在苏联，贺子珍生下一个男孩，但不久这个孩子却不幸因肺炎死去……这一连串不幸事件和沉重的打击，大大加重了贺子珍的伤病，也使其精神受到极大的刺激。在治病期间，贺子珍因语言不通，与苏方人员产生了种种误解，结果被苏联医生错误地诊断为精神分裂症，强迫她住进了精神病院。

王稼祥和朱仲丽都认为让贺子珍这样一位老同志长期孤身寄居国外，

甚至被关在疯人院里，是很不合适的。两人经认真商议，王稼祥通过苏方联络人员向有关方面提出请求，让贺子珍到莫斯科诊治，如果没有精神病症状，就应该送她回国。

谁知一周后，苏方又通过联络员给了王稼祥、朱仲丽一个完全是外交辞令的否定答复：

经过上级考虑，贺子珍同志患的是精神分裂症，不便来莫斯科。你们的请求没有获得预期结果，很抱歉。

王稼祥随即与苏方磋商，提出朱仲丽以医生身份，需要查看一下贺子珍的病情，并且要看望娇娇，为方便起见，还是请苏方将贺子珍母女送到莫斯科。

然而10天后，苏联的联络员依旧带来一个毫无结果的答复。

王稼祥一下子收起了往日的谦和笑容，非常严肃地用流利的俄语直接对联络员说：

"请你们以我们的名义，再次向有关领导提出，我们有权利代表我们的党，看望自己的老同志贺子珍。如果她确实病情严重，我们将请示国内，是否将她继续留在苏联治疗，或是将她接回祖国，我们已经解放了哈尔滨等大中城市，那里有较好的医疗条件，完全可以让她得到较好的治疗。如果她病情不重甚至没病，你们就更没有理由把她长期关在疯人院内！请你们的上级重新考虑我们的郑重要求。"

朱仲丽也以医生的身份，坚持提出要看望贺子珍母女的要求。

最后，苏方不得不派人将贺子珍母女送到莫斯科。

许多年后，朱仲丽满怀深情地回忆在莫斯科见到贺子珍母女时的那令她终生难忘的一幕：

贺大姐与王稼祥是老战友、老相识，我对大姐也久已闻名，一见如故。这次会见使我们大家都激动万分。

我们细心地打量着站在面前的贺子珍。她身材消瘦，戴着一顶法国式的圆形无边帽，遮盖着那被剃光了的头部（苏联的精神病院有一条规定，所有患者不分男女都要剃光头）。上身穿着黑灰色薄呢子西装短衣，下面穿着一条黑裙子，一双半高跟的圆头皮鞋。令我们稍感安慰的是，贺子珍虽然经历了如此巨大的悲痛，受到如此严重的磨难，但她的容貌依然如初，神态安详沉着。见到我们后，她有着说不出的喜悦和高兴，稍事停顿，便激动地说："你们好！我几年没怎么说话了，中国话更是没机会说，现在说起话来，口齿都不顺。"

我们发现，贺子珍是一个神智非常清醒的正常人，根本没有什么"精神分裂症"，只是由于情绪上的苦闷不堪而形成一种忧郁症状，加之苏联有关人员的简单粗暴，不分青红皂白地将她送进精神病院，一关就是七八年，直到苏德战争结束，一直无人过问，使她受尽了精神折磨，失去了人身自由。这次突然脱出牢笼，又见到亲人似的战友，真是如入梦境，百感交集。

在她的情绪得到安定之后，才慢慢地向我们诉说了几年来的伤心事，我们也尽力抚慰她。随后我又仔细地查看了她的病情，完全否定了原来对她作的"精神分裂"的错误诊断。我们征询贺子珍今后打算怎么办，她毫不迟疑地回答说："回国去！"情况摸清后，王稼祥向苏方正式提出：贺子珍不宜再回精神病院，应该暂时留在莫斯科，等待国内指示，决定她的去留问题。她的女儿当然地要留在自己母亲身边，并随同母亲去留。

在把贺子珍母女安顿好后，王稼祥对朱仲丽说：

"我们必须把贺大姐带回祖国，无论是出于一个革命战友的阶级感情，还是考虑到她和孩子的境遇，必然关联到毛泽东同志，我们有责任为中央处理好这件事！"

朱仲丽当即表示完全理解丈夫的做法，坚定地说：

"是不能再让她这么受苦了，一定要把她们母女接回去。她到底是毛主席的前妻啊！"

为了稳妥起见，王稼祥当即致电毛泽东，把贺子珍母女的情况详细地进行了报告，并请示是否将她们母女带回国内。

不久，毛泽东亲自复电：同意回国。

遵照毛泽东的指示，1946年秋，王稼祥、朱仲丽夫妇陪同贺子珍、毛岸青和娇娇，由东北入境，到达哈尔滨。

贺子珍母女终于又回到了阔别已久、一直思恋的祖国，结束了那段不堪回首的、在国外的流浪生活。

到达哈尔滨后，王稼祥即通过东北局向中央报告：我已恢复健康返回祖国，并等待下一步行动的指示。

中央复电指示王稼祥留在哈尔滨，并任命他为东北局委员、城市工作部部长，后又兼任东北局宣传部代部长。

就这样，王稼祥、朱仲丽又投入新的工作中，再也没有回到延安去。

★ 西柏坡，朱仲丽又见到毛泽东，提起了贺子珍母女

1949年初，中国人民解放战争进入了战略决战的最后阶段。

随着辽沈、淮海、平津三大战役的相继胜利，人民解放军已基本解放了长江以北地区。渡过长江解放全中国，已成为中共中央的工作重点。国民党军精锐损失殆尽，穷途末路的蒋家王朝如风中残烛，摇摇欲坠。1月21日，内外交困的蒋介石在写下"冬日饮寒水，雪夜渡断桥"的诗句后，黯然神伤地宣布下野，副总统李宗仁任代总统。

初春的一天，王稼祥接到中央指示：立即前往河北省平山县西柏坡村，参加党的七届二中全会。

接到命令后，王稼祥用商量的口吻对朱仲丽说：

"这一次党中央会议，是全国胜利前夕的重要会议，将有许多具体问题要研究，许多方针政策、人事问题，都必须做出适当的安排。到西柏坡之后，我的工作很可能重新安排，回东北局工作的可能性不大，你还是辞去这里的工作，和我一块儿上路。"

当时，朱仲丽刚刚由哈尔滨调到沈阳市卫生部工作，因患感冒还没有正式上班。听王稼祥说得有理，朱仲丽便辞去了沈阳的工作，与王稼祥等人一起坐上火车到天津，然后换车到石家庄，又从石家庄乘汽车到

西柏坡。

3月初的一天，西柏坡。

时隔三年后，朱仲丽再次见到了毛泽东，一时激动得不知话从何出口。

毛泽东微笑着上下打量着王稼祥说：

"看你这个外表，比三年前在延安时，脸色红润……"

"谢谢主席，我相信自己的身体不会再垮下去了。"

"那就好。你在东北局管理城市工作有成绩。"毛泽东吸了口烟，满意地望着王稼祥。

朱仲丽在回忆录中写道：

> 后来，在中央机关举行的一次晚会上，毛泽东对我说，东北局的同志已经向他反映了王稼祥在哈尔滨城市工作中的主张和做法。他认为王稼祥所实行的哈尔滨市的建设和管理方针，是符合中央的政策的，无论在方向路线还是在方式方法上，都是与二中全会提出的精神相一致的。

老战友重逢自然有说不完的话。

王稼祥向毛泽东谈了他对目前形势的分析，最后由衷地说：

"三年的解放战争，是运用了主席的战略战术，才如此神速，获得这样伟大的胜利……主席，辛苦了。"

毛泽东高兴地说：

"这一次蒋介石当了大笨蛋，真是反动到底，总以为有美国作后台老板，可以为所欲为，最后落得个单人匹马跑到浙江老家……当初，我们提出成立联合政府，反对打内战，他不接受。"

王稼祥点点头，说：

"主席，是的，我党尽了最大的力量来避免打内战，你亲自到重庆谈判。可蒋介石太反动，硬要打。他要打，我们也不能不还手，这一次一定要追击到底，叫他一兵一卒不留，以免后患。"

毛泽东举起右手，用力地一挥，坚定地说：

"中央也看到这一点，各个战场不能姑息，要彻底打倒反动派，取得全国胜利。"

朱仲丽坐在一旁认真地听两位老战友兴致勃勃地交谈，这时也笑着插话道：

"主席，三年不见你了，你越发健壮了。"

"是呀！这肚皮像鼓一样，越打胜仗越高兴。"

毛泽东用手夸张地拍了一下肚子，接着满怀深情地说：

"如果你爸爸还健在，就是新中国第一任教育部部长了。"

正在这时，江青走了进来。她礼貌地与客人互相道好后，就笑着说：

"听说仲丽在哈尔滨当了医院的院长，还到了一趟苏联？"

"是的。"

毛泽东突然问王稼祥：

"我们定都何处？你有什么意见？历代皇朝定都于西安、南京、北平，我们呢？"

王稼祥沉思片刻，说：

"依我看，是不是定在北平？"

"说说你的理由？"毛泽东一下子来了兴趣。

"我认为北平离社会主义苏联和蒙古人民共和国近些，国界长而无战争之忧，南京太靠东南，西安似乎又偏西了一点儿。"

"嗯，言之有理。"毛泽东笑着点点头。

见天色不早，王稼祥起身告辞。

"主席，请休息。"

朱仲丽也跟着站起来。这时，她突然又想起件事，忙说：

"主席，我在莫斯科见到了岸青，而且常在一块儿吃饭。"

毛泽东略感吃惊，关切地问：

"啊！他长得怎样了？读书好吗？"

"长得真像你啊！又高又大。学习也不错。……还有，我在莫斯科见到了贺子珍同志和娇娇。她们已回到东北哈尔滨了。"

"她的身体怎么样了？"

"身体还不错，没有发疯。娇娇长得很可爱，真像你，只是满口俄语，不会讲中国话。"

"嗯！嗯！"毛泽东频频点头。

江青一直注意地听着，这时插话道：

"将来，我也可以带娇娇。放在她妈妈身边，只怕教养不好。不过……仲丽，这已经是过去的事了，何必今天又重提？"

朱仲丽心里清楚，江青对她非常不满意，只是碍于毛主席在跟前才没有过多表露出来。想到这里，朱仲丽为自己的失言有些后悔，便赶紧告辞。

事后，朱仲丽十分懊悔地对王稼祥说：

"唉，我真不应该当着江青的面提贺子珍的事。"

1949 年 3 月 5 日至 13 日，中共七届二中全会在西柏坡召开。会议讨论和确定了夺取全国胜利和胜利以后党的各项基本政策。毛泽东向全会作了重要报告，提出将党的工作重心由农村转移到城市，并且以生产建设为中心任务。

3 月 23 日，毛泽东、朱德、刘少奇、周恩来、任弼时等中共中央领导人一起乘车离开了西柏坡，向北平进发。

朱仲丽也随王稼祥一起乘车前往北平。这不是一次普通的迁移，它标志着中国共产党从举行南昌起义以来，经过 28 年的武装斗争，已经取得了伟大的胜利，现在开始从农村转入城市，向着北平——未来的新中国的首都前进了。

出发前，毛泽东兴奋地对周恩来说：

"今天是进京'赶考'嘛。"

周恩来笑着说：

"我们应当都能考试及格，不要退回来。"

毛泽东坚定地说：

"退回来就失败了。我们决不当李自成，我们都希望考个好成绩。"

整齐的车队迎着朝霞，在大路上浩浩荡荡地奔驰。一望无际的田野，到处洋溢着春意。车上的每一个人，脸上都充满着胜利的喜悦。

25 日晨，毛泽东一行从涿县改乘火车继续向北平进发。

火车厢里，毛泽东坐在桌旁批阅文件。

朱仲丽轻轻地走了进来，关切地说：

"主席，在火车上阅读太多，对眼睛有害呀！"

"你这个医生呀，又说不能抽烟，又说火车上不能多看文件……看来，我是永远不会听从你的……我的工作是越来越多，做不完的事，倒希望生两个脑袋，交换使用，可惜只有一个喽！"

说完，毛泽东诙谐地用手指着自己的头。

"那你就先休息十分钟后再用脑子。"

"你倒真善于答辩，将来当起驻苏大使夫人来，会在国际舞台上轰动一时的。稼祥有了你这位夫人，在外交上只会打胜仗的。"毛泽东不无感慨地说。

"什么夫人？"朱仲丽感到莫名其妙。

"稼祥即将当驻苏大使，不称你夫人怎么行？难道到了莫斯科还称呼你为同志嫂吗？"

毛泽东风趣的话又把朱仲丽逗乐了。

"贺子珍身体如何？你们带她母女回国是对的，也是经过我同意的。"

毛泽东点燃一支烟，话题一转，向朱仲丽问道。

"她嘛，长时间没有接触亲友，精神上比较低沉，精神也有些忧郁……"提起贺子珍，朱仲丽心里就充满了忧虑。

毛泽东陷入了深思，望着车外的山山水水轻声叹了一口气。

火车徐徐驶进了北平清华园火车站。随后毛泽东一行来到颐和园稍作休息，午饭后即乘车前往西苑机场。

初春的北平阳光明媚，乍暖还寒。

西苑机场上，各民主党派领导人、爱国民主人士和北平各界代表组成了声势浩大的欢迎队伍，正翘首以待目睹领袖们的风采。受阅部队全副武装，威武雄壮地排列着。各种武器和车辆也整齐地排列着，沿机场围了一个大圈，静静等候着新中国领导人的检阅。所有人的脸上无不洋溢着灿烂的笑容。

车队驶进西苑机场。毛泽东身着崭新的军装，精神焕发地走下车来，向欢迎队伍走去。

随后举行盛大的阅兵仪式。在嘹亮的军乐声中，毛泽东主席、朱德总司令等乘车检阅部队。机场上顿时爆发出响彻云霄的欢呼声：

毛主席万岁！

朱总司令万岁！

中国共产党万岁！

★ 毛泽东请朱仲丽到长沙看望杨开慧的母亲

在香山的东南半山坡上、金代皇帝行宫——金山寺脚下，坐落着一处幽静别致的庭院。院的北隅有两眼清泉，清乾隆帝在泉旁石崖上题刻：双清。1917 年，河北督办熊希龄在此修建了一座漂亮的别墅。双清别墅由此得名。

1949 年 3 月 23 日，中共中央迁到北平后，毛泽东便住在此处。

毛泽东无暇欣赏香山的秀美景色，整日忙于批阅电文和各地送来的函件，或者和中央领导同志研究筹建新中国的许多重大问题。房间里的灯光总是彻夜不熄。

"毛主席，该休息了，我们都已经吃过早饭，您还在办公？"

4 月的一天，朱仲丽走进了毛泽东的办公室，诚恳地劝他注意保重身体。

"噢，朱医生，请坐！"毛泽东放下手中的文件，抬起头来，风趣地说，"这是反动派不叫我睡觉嘛！"

"主席的健康如何？我是来看看您的。"朱仲丽坐下来，随口又说，"战争已接近尾声了，全国就要解放了。"

毛泽东当即严肃地说：

"这只是万里长征才走完第一步嘛。是起点，不是尾声。建设社会主义新中国，巩固人民政权，也像打仗一样，是一场斗争啊！"

听到毛泽东的批评，朱仲丽像个做了错事的孩子，脸涨得通红，连忙解释道：

"主席，我讲错了。不过，我认为您应该歇口气才好。我的意思是要您休息一下。"

见朱仲丽十分窘迫的样子，毛泽东脸色缓和下来，轻松地说：

"医生主动上门寻找病人，世界上的病人就都是轻病了。将来的新中国医生能做到这一点吗？"

"能做到这一步，是病人的福音，只怕医务人员太少。"

毛泽东点燃了一支烟，微笑着说：

"你知不知道，22 号，我们解放军已经顺利渡过长江了？就要打到南京去了。"

"知道了！大家都很高兴！"

"好，趁你来了，给我量量血压、听听心脏吧！"说完，毛泽东把袖子高高卷起，坐到沙发上。

朱仲丽很快给他量了血压，听了心脏，说：

"报告主席，血压和心脏都正常。"

"血压多少？"

"70 至 100。"

"心脏每分钟跳多少次？"

"80 次。略微快了一点点，可能是在兴奋的日子里……"

"我今年 56 岁，过了半辈子戎马生活，还存留一副好血压和好心脏呀！"毛泽东对自己的身体状态比较满意。

"主席健康又长寿，这是人民的幸福。"朱仲丽接口说道。

时间过得真快，转眼已是秋天。

此时，中国人民解放军势如破竹，相继解放了浙江、湖北、湖南等地，随即向华南、西南实施大进军，追击国民党在大陆的最后一点残兵败将。毛泽东已由双清别墅搬到中南海，积极筹备新政协会议的召开。王稼祥和朱仲丽也搬进了中南海。

9 月底的一天，朱仲丽正在屋里收拾行李，准备回长沙探亲。

叶子龙突然走进来，轻声问：

"听说你要马上回家探亲？"

"是的。"

"毛主席叫你代他去探望杨开慧的母亲杨老太太，可不可以？"

"当然可以的。有什么叫我做的，我一定办到。"

"叫你带封信，还买点儿东西，亲自给杨老太太和开慧的哥嫂杨开智夫妇。"叶子龙悄声说。

杨开慧的母亲杨老太太和哥哥杨开智、嫂子李崇德当时都住在长沙。

朱仲丽明白，毛泽东叫她当这个"特使"是再合适不过了。因为朱仲丽的父亲朱剑凡与杨开慧的父亲杨昌济先生既是同学又是挚友，还是杨开慧和她的嫂嫂李崇德的老师。朱家与杨家有着非同一般关系，当年毛泽东还在朱仲丽家住过，非常尊敬朱剑凡。

于是，朱仲丽痛快地说：

"你告诉主席，我乐意当这个特使，保证万无一失。"

"好极了。"叶子龙高兴地走了。

几天后，叶子龙手里拿着一个小包袱走了进来。

朱仲丽连忙起身，说：

"叶子龙同志，你来了。"

叶子龙笑了笑，把那个小包袱和一封信交给朱仲丽，信封上是毛泽东的亲笔字"杨老太太启"，然后又交给朱仲丽一沓钞票。

"信是主席亲笔写的，要交给杨老太太。这包东西是一件皮大衣，这200块钱也是他过去存下来的稿费，请你买点儿什么礼物送给杨老太太一家人。"

"叫我去买？买什么才好呢？"朱仲丽感到十分为难。

"毛主席说交给你去办，没说买什么礼物。"叶子龙边说边向朱仲丽做了一个手势。

朱仲丽立即会意，毛主席叫她带信、带东西，拜会和慰问杨老太太一家人，没有和江青商量，怕江青知道了惹麻烦。

回到长沙的第二天，朱仲丽就带上毛主席的嘱托，来到杨老太太家。

"这是毛主席叫我带给你老人家的信。"朱仲丽边说边把毛主席的亲笔信，端端正正地放在杨老太太的手中，然后又把礼物送上。

杨老太太打开信。杨开智和李崇德也凑过来看。

信是这样写的：

杨老太太，开智夫妇：

　　你们好吧？现在托朱小姐之便，前来看望你们。皮衣料一套，送给老太太。另衣料二套，送给开智夫妇。

毛泽东
九月十一日

他们反复看着信，低头拭泪，默默无语。

杨老太太当时已年近八旬，穿一件粗布浅蓝色单上衣，一条黑色布裤，举止文雅，声音柔细。杨昌济先生去世后，特别是杨开慧牺牲后，她坚强不屈，终于盼来了革命的胜利。

"这几年，你老人家身体可好？毛主席叫我亲自来看望你老人家，向你老人家问候。"

"多谢朱小姐，我们身体都好，只是这几年国民党威胁恐吓我们，使我们安生不得，但没有把我这条老命送掉。……近年，全国局势喜人，我高兴，唯有挂念润之的身体健康……今天看到了他的亲笔信，心里畅快多了……润之是我家姑爷，也是人民的领袖，我祝福他……"杨老太太激动地说着往事。

"润之在学生时代经常到我家来讨论社会问题，探求救国之道。他特别喜欢这个大书柜。"杨开智指着那个褐色倚墙而立的书柜，深情地回忆着：

"家父藏书很多，润之有时候一读就是很长时间，忘记坐下来，忘记喝茶水，一直站着低头看。家父不敢打扰他，让他看个饱。有时我进来，家父做个手势，挤挤眉眼，我便赶紧走开。每次他读后，这书柜上的书和报纸刊物，便参差不齐了，有时书掉在地上他也没有发现。"

"当时他有多大？"听到毛泽东的这些往事，朱仲丽十分感兴趣。

"当时润之有二十四五岁,又瘦又高,那双眼睛总是雪亮的。开慧也只有十六七岁。"

李崇德接着回忆道:

"记得一次正值暑假,润之穿着草鞋,拿把雨伞,褂子被汗水湿透一大块,他是走了120里路到我们家的,那时我们住在板仓……"

往事重提,杨老太太又开始不断地擦着眼泪。

"你该天天高兴啊!我想不久你们也会到北京去见毛主席的。"朱仲丽怕杨老太太过于伤心,连忙安慰道。

"我们当然盼望这天到来!"

屋里的气氛顿时活跃起来。

告辞时,杨老太太抓住朱仲丽的手,似乎有什么话梗塞在咽喉。但是,她没有讲出来,只是请朱仲丽带给毛主席一封回信。

不久,朱仲丽回到北京,放下行李就急匆匆走进了中南海菊香书屋。

"主席,你叫我办的事,已经办好了。"

"好,好。"毛泽东十分高兴。

"我见到了杨老太太、杨开智夫妇。信和礼物亲手交给了他们。全家一遍一遍地看着你的亲笔信,又喜又悲,也非常想念你,让我转达对你的问候。他们一切都好,要你不要挂念。"

说完,朱仲丽把杨老太太的回信递给了毛泽东。

看过信,毛泽东陷入了沉思,似乎又回到了当年,一时思绪难平。

"这次,在杨老太太身边,得到了一些书本上学不到的知识。他们和我说了很多往事,介绍了许多你当年从事革命的活动。"朱仲丽打破了沉默。

"噢,都给你讲了?"毛泽东微笑着问。

"虽不是全部,也令我深受教育。"

"我把开慧和孩子们送到板仓那年,正是蒋介石叛变革命、屠杀共产党员和爱国人士之时,我在八七会议上,提出了枪杆子里面出政权的观点和主张……随即着手组织了秋收起义,没有料到和开慧生离死别……"毛泽东深情地回忆着。

看得出，毛泽东对杨开慧仍是十分眷恋。果然不久，毛泽东又打发岸英和岸青兄弟回长沙看望外婆和舅舅、舅母。

★ 毛泽东一语双关，对朱仲丽说："你这个人，真是闺房里的小姐，三催四请、千呼万唤不肯走出绣楼"

1949 年 12 月 16 日，毛泽东出访苏联。这是毛泽东平生第一次走出国门。

在天寒地冻、银装素裹的莫斯科，朱仲丽作为中华人民共和国驻苏联的第一任大使夫人，随王稼祥把毛泽东接进了位于莫斯科南郊的斯大林孔策沃别墅里。

新中国成立伊始，毛泽东就访问苏联，其中的含义颇深。其一，这年12 月 21 日是斯大林的 70 岁寿辰，当时苏联是世界共产主义运动的领导核心，每一个国家的共产党都把苏联看作他们的榜样，苏联领袖斯大林过生日当然都要去庆祝。其二，中华人民共和国刚刚在炮火中诞生，百废待兴，新中国的领导人面临着太多而又纷繁复杂的形势需要妥善处理，自然需要向苏联老大哥寻求帮助。

然而，当时中苏两国、两党之间却处于一个非常微妙的关系中。

长征之后，中国共产党在实际革命斗争中形成了自己的领袖，中国共产党在自己的领袖领导下，根据中国的实际进行革命斗争，不那么听苏共的话了。抗日战争结束后，斯大林由于过高地估计美国和国民党的力量，过低地估计中国共产党和中国人民的力量，惧怕中国发生内战，惧怕爆发新的世界战争，片面地强调各国人民同国内外反动派实行妥协，不敢同美帝国主义和各国反动派进行坚决斗争。苏联在同国民党政府签订的《中苏友好同盟条约》中，还明确表示支持中国在蒋介石领导下的统一。中国共产党希望和平，但并不怕蒋介石打内战，经过三年的浴血奋战，将在长江以北的国民党军全线击溃。这时斯大林派米高扬到西柏坡，劝阻中国共产党就此止步，不要打过长江，实行南北分治。实际上，斯大林是怕美国干涉，爆发新的世界战争。毛泽东和中国共产党当然不会听这一套，提出了"将革命进行到底"的口号，终于取得了全国的胜利。但，包括斯大林在内的苏联主要领导人对新中国、对中国共产党、对毛泽东仍是存有疑虑的。

果然不出所料，中苏之间的谈判很快就陷入了僵局，斯大林，把毛泽东冷落在郊外的别墅里。

一天，王稼祥表情严肃地对朱仲丽说：

"谈判进展的情况你是知道的。斯大林好久没有动静，……处在这种情况下，我们使馆的同志更要关心毛主席。你是医生，责任更大。主席在苏期间，你每天到别墅去照料他。苏方虽有医生，但可靠的医生还是你，一定要保护毛主席的健康……懂吗？"

"这是一项党的任务，我当然乐于干，但不知苏方派了大医生为毛主席检查身体，结果如何？"

"检查结果说，各器官正常，就是疲劳些，要禁烟、禁酒、禁肥肉，还要多活动，防止肥胖。医生们为毛主席整天喝浓茶而羡慕。"

朱仲丽感到十分惊讶，因为她知道毛泽东每天都要喝浓浓的龙井茶，而且有时连茶叶也嚼烂吞下。

"他们把龙井拿去化验。"

"化验？"朱仲丽不解地问。

"结果使这些教授转为羡慕。"

"羡慕？"

"说化验的结果是绿茶叶内含有大量的维生素 C 以及其他人体需要的元素，是长寿的好饮料。苏联只生产红茶，没有绿茶。所以，他们非常羡慕中国人有好茶喝。"

"可以送些给斯大林。"

"斯大林不随便吃外国人送他的食品。"

"为什么？"

"为了他的安全。你知道，饮食中是可以放毒的……"

第二天一大早，朱仲丽就乘车来到了斯大林孔策沃别墅。

"给你准备好了一间休息房子，就在楼上。希望你时常下楼来陪陪主席。"叶子龙高兴地对朱仲丽说。

过了一会儿，毛泽东起来了。朱仲丽忙找了一个小小的玻璃杯，放进饭后服用的四粒维生素C，在工作人员的房间里等待。

不到五分钟，一辆小轿车开到餐厅门前停下，下来的是苏联外交部远东司司长费德林。

费德林，是一个高个子的年轻人，一头黑发，黑色的眉毛，无论是眼睛还是皮肤，都像东方人，而且中国话讲得很标准，又深知中国的历史。斯大林很器重他，称他是"中国通"。毛泽东访苏期间，他作为斯大林的翻译每天来别墅陪伴毛泽东。

朱仲丽见毛泽东和费德林一起到餐厅进餐，便拿着小玻璃杯，走到毛泽东身边，轻声说：

"主席，这是药，请你吃完饭就服用。"然后，朱仲丽礼貌地向费德林问好。

"这是我们的大使夫人，又是我们的医生。"毛泽东向费德林介绍。

"我早就认识夫人了。"

"请坐下来，和我们一起进餐。"毛泽东笑着说。

招待员马上又摆上一份餐具。

"不，主席，我已经吃过了。"说完，朱仲丽就走开了。

费德林目瞪口呆地望着朱仲丽，又偷眼观察毛泽东的神态。大概他认为，一位大使夫人，竟敢不听国家元首的命令，可能要吃苦头吧。

"请朱大夫来和我们一起再吃一点儿。"毛泽东向身边站着的工作人员说。

"主席请你去吃早饭。"工作人员来传话了。

"不，我已经吃过了，不陪了！"朱仲丽仍是这样说。

不一会儿，工作人员又返回来了。

"朱大夫，主席第三次叫你了！快去吧！"

朱仲丽勉强地走了过去，对毛泽东说：

"主席，我已经吃饱了。"

毛泽东用不寻常的眼光看着，风趣地说：

"你这个人，真是闺房里的小姐，三催四请、千呼万唤不肯走出绣楼。"

这番话引得费德林一阵大笑，连忙恭维地说：

"毛主席，你真是出口成章，宽宏大量。"

朱仲丽腼腆地笑了笑。

"我就是宽宏大量，大量又宽宏，宰相肚里能撑船嘛。"

毛泽东示意朱仲丽坐下，并亲自为朱仲丽夹了一块火腿，又挑了一点儿黑鱼子，放在她面前的一块面包上，然后意味深长地看着朱仲丽，用诙谐的口吻说：

"今天桌子上增加了你朱大夫，就热闹多了。"

朱仲丽吃了一口，心里一下子明白了。

> 毛主席明在说我，实际上醉翁之意不在酒。毛主席到莫斯科后，除了一些参观活动、检查身体，再就是费德林陪着吃饭。中苏两党两国会谈陷入僵局，斯大林干脆不露面，把毛主席冷落在这里。毛主席心中焦急，但表面上不露声色，这正是他所说的"宽宏大量"，而斯大林则是"三催四请，千呼万唤，不肯走出克里姆林宫"。费德林是聪明的，他看着我们的表情，大概心中也明白了。

当中苏双方处于僵持的尴尬局面时，王稼祥向毛泽东进言，和苏方协商，先发一则新闻公告，谈三点双方一致同意的内容。经毛泽东同意，公报发出了，缓解了僵持状态，搞活了关系，打开了局面。然后王稼祥建议毛泽东不要在莫斯科等待，可以出访列宁格勒，请周恩来总理来莫斯科进行谈判，研究缔结中苏友好互助同盟条约和各项协定的有关事宜。

1950年1月，周恩来率领中国政府代表团抵达莫斯科。几天后，斯大林在克里姆林宫接见了周恩来。自此，双方的谈判重新回到了正轨。

2月11日，中苏友好条约和有关协定的签字仪式在克里姆林宫举行。毛泽东和斯大林出席了签字仪式，周恩来和维辛斯基作为双方政府的全权代表，在条约文本上签了字。同日，中苏双方发表了《中苏两国关于中华人民共和国与苏维埃社会主义共和国联盟之间缔结条约与协定的公告》。

当晚，中国驻苏大使馆在莫斯科的"大都会"饭店举行盛大鸡尾酒会，招待苏联党政领导人和各界人士。为办好这个酒会，早在前两天，大使馆就忙得不可开交，草拟名单，印发请柬，安排菜谱，布置接待人员。王稼祥觉得这次酒会很重要，希望斯大林能参加。如果斯大林能出席这个酒会，则标志着中华人民共和国国际地位的提高，同时也是为祖国争得荣誉，但斯大林过去从来不出席外国大使馆举行的招待会。

王稼祥对毛泽东说：

"这次酒会，斯大林同志应该参加，我们已送了请柬。"

"当然，就看他来不来了。"

"那么，我设法争取。"

于是，王稼祥亲自到克里姆林宫拜会了莫洛托夫，并代表毛泽东主席送上请柬，诚恳地说：

"莫洛托夫同志，我代表毛主席，代表五亿中国人民（当时称五亿人口），请您将请柬亲自转交给尊敬的斯大林同志。今天晚上大使馆举行的盛大鸡尾酒会，务必请斯大林同志莅临。因为这是我们中苏两国人民的心愿，也是世界工人阶级所盼望的，我个人也希望斯大林同志在百忙之中赴宴。谢谢莫洛托夫同志，请您一定将请柬亲自转交给斯大林同志。"

酒会前，王稼祥又一次嘱咐朱仲丽：

"今晚的酒会很重要。我俩是主人，而且女主人在这种场合更引人注意。你要注意装饰与礼节，一定要中国民族式的。"

"放心，我今天穿旗袍，一切都是民族式的。"

朱仲丽回忆道：

当晚参加鸡尾酒会的共有五百余人，除了苏联党政军机关最高领导人，还有各部门负责人，与我国建交的各国外交使节，苏联社会各界和文学艺术界知名人士，如著名作家和诗人法捷耶夫、西蒙诺夫、爱伦堡、米哈尔科夫、特瓦尔多夫斯基，以及歌唱家、舞蹈家、艺术家、科学家、汉学家等。

我和稼祥率领使馆人员在宴会厅的门口迎接来宾。按礼节，女主人要首先向来宾说："您好！"然后握手，要庄重，不卑不亢，面带微笑，显示出热情。当时，我的情绪控制得很好，没有出现纰漏。

毛主席和周总理早在八点钟就到了，苏联各方面人士也陆续到齐。离酒会正式开始还有五分钟，这时，苏联的最高领导人接踵而来，但不见斯大林。只有两分钟了，突然，宴会厅门前一阵骚动，掌声骤然响起，我和稼祥心里一块石头落了地。当时斯大林就站在我面前，我和他握了手。斯大林和稼祥握完手，迅速走进宴会厅。毛主席迎上来，和斯大林握手拥抱。

这时，整个宴会厅响起了掌声和欢呼声。

⋯⋯⋯

席间，毛主席首先举杯祝斯大林健康，斯大林也几次举杯祝毛主席和周总理健康。

这次盛大鸡尾酒会是非常成功的，一直持续到午夜方散。

五天后，也就是毛泽东动身回国的前一天，斯大林在克里姆林宫举行盛大宴会，为毛泽东和周恩来送行。

朱仲丽身穿晚礼服，挽着王稼祥紧紧跟在毛泽东和周恩来的后面，步入宴会厅。

宴会开始了。坐在朱仲丽左边的是赫鲁晓夫，右边的是米高扬，两人当时都是苏共中央政治局委员。

"你是知识分子，是大学生吧？"米高扬问朱仲丽。

"是，而且是医生。"朱仲丽面带微笑地回答。

"噢，道克特（医生的英语译音）！你多大了？"

"已经34岁了。"

"我以为你只20多岁呢！"米高扬十分惊讶。

"为什么你这样窈窕？30多岁的人应该发胖了。"坐在旁边的赫鲁晓夫插话道。

朱仲丽听不懂俄语"窈窕"两个字，只好耸着肩表示不懂。

米高扬用两手比划着画了一个"S"形，说："就是这样。"

"你们中国女人是不是只有地主婆才是胖子？"赫鲁晓夫好奇地问。

"吃得好，睡得好，自然要胖。现在农民解放了，地主倒睡不安了，地主婆也就不胖了。"

朱仲丽大方而又不失幽默的话，令全桌人都笑了起来。

这时，毛泽东悄悄地问王稼祥：

"能不能早点告辞，只因喝了酒引起头昏。"

"你不舒服，当然可以在主人没有宣布散席之前，提前告辞。"

一回到住处，毛泽东就躺在卧室长榻上休息。

朱仲丽走进卧室，见毛泽东脸面通红，气喘吁吁，着实吓了一跳，便躬身轻声问：

"主席，哪里不舒服？"

毛泽东微闭双目，没有回答。

"可以量血压吗？"

不等毛泽东回话，朱仲丽就开始摸他的脉搏。

"主席，脉搏正常，血压也正常，和往常一样。"朱仲丽这下放心了，高兴地说。

毛泽东睁开眼，笑了笑，说：

"可能是刚才多喝了一杯。"

"主席，请你闭眼休息一会儿，有事请按电铃。"朱仲丽轻手轻脚走出了屋。

客厅里，李富春焦急地问：

"怎么样？主席没事了吧？"

朱仲丽说：

"一切都正常。诊断是疲劳，又多喝了点酒，也许有什么心事吧？"

李富春没有说什么。

这时，王稼祥走了进来，也没说什么，和李富春会心地望了一眼，笑了。

★ 毛泽东对尤金夫妇说:"这是仲丽同志的妈妈送给我吃的湖南家乡菜"

1951 年夏,朱仲丽随王稼祥离任,由莫斯科回到北京。没过多久,朱仲丽的母亲因患乳腺癌来北京治疗。

朱仲丽在回忆录中写道:

> 妈妈来北京了,这使我非常欢喜。在欢喜之余又使我担心,她的乳部癌变已形成了小溃疡。半年前,我曾收到真哥从广州来的信,告诉我妈妈左侧乳房已经做过病理切片检查,证明有癌细胞,希望到北京治疗。我当即复信,让他们赶快送妈妈到北京做手术。半年中,我数次去信催促,今天终于来了。

> ……

> 我把妈妈送到北京医院门诊部检查,医生说,虽然她年龄已是六十九岁,做左侧乳房切除还是毫无问题的。但妈妈却犹豫起来。

> 到北京后,妈妈一直想看看毛主席。二十年代初,年轻的毛润之曾住在我们家,爸爸妈妈都非常喜欢和敬佩他。他喜欢吃妈妈亲手为他做的腊肠、火焙鲫鱼和油茄子。我去延安时,她亲手做了火焙鲫鱼,让我送给毛主席。

> "毛主席住在北京,吃不到湖南人做的传统口味。我做好后,你替我送给他,顺便代我问候他。"妈妈亲下厨房烤鲫鱼、晒茄子。

> "八妹子,你告诉毛主席,说这是我亲手做的。你问他,我想见他一面可不可以?我已经几十年未见到他了。"

> "好!我一定亲自送去,把你的话也带去。"

> 妈妈重复说:"八妹子,我想见到他,可不可以?"

> 我为难地回道:"这要他有空儿。毛主席太忙了,我们尽量不要干扰他,不过,我一定设法。"

> 我打了一个电话给毛主席办公室,定在第二天十一点把东西送去。

> 我下班回家把消息告诉了妈妈和稼祥。

我用雪白的纸和干净的纸绳，把鱼一个个整整齐齐地包扎好，又把茄子从坛子里拿出来，一块块合在一起包好，并找来大红纸包在外面，就像我们湖南年节时的礼包。

　　"妈妈，这是你对毛主席的一片革命情谊呀！"我说。

　　"只有你能体察我的心。"妈妈得意地笑着。

　　第二天，朱仲丽如约走进了中南海毛泽东的办公室。

　　"主席，我妈妈来北京了，这是她亲手做的，不单干干净净，而且绝对保证安全。火焙鲫鱼要放水煮一下，油茄子要……"朱仲丽恭恭敬敬地捧上两包礼物，认真地说着。

　　"哪里来的这些规矩？我就不怕人家放毒害我。"

　　说完，毛泽东伸手拆开包，拖出一根油茄子就塞进了嘴里，一边吃还一边高兴地说：

　　"做得真好，谢谢你妈妈。"

　　"主席，你得让厨师烧肉吃呀！"见毛泽东这样迫不及待的吃相，朱仲丽又是好笑又是着急。

　　"用不着，这样也很好吃嘛。噢，你妈妈身体怎么样？"毛泽东问道。

　　"主席，妈妈病了。"

　　"病了？"

　　"是的，是乳腺癌，不肯开刀……"

　　"劝她开刀。"

　　"她不听。"

　　"多讲科学知识嘛！"

　　……

　　毛泽东吃完了油茄子，连声称赞：

　　"真好吃，年轻时吃过的。过几天，我请苏联大使尤金博士吃饭，这油茄子、火焙鲫鱼都上席。谢谢你妈妈。祝她的病快快治好。"

　　回到家里，朱仲丽对妈妈说：

　　"你做的菜我亲手交给毛主席了，他很高兴。他问候你，希望你快快把病治好。只是他现在太忙了。以后你一定能见到他。"

几天后，毛泽东在中南海颐年堂宴请尤金博士。刘少奇、周恩来、朱德、陈云、王稼祥等人出席了宴会，朱仲丽也以外交部副部长夫人的身份作陪。

朱仲丽回忆道：

> 我和稼祥的座位都在毛主席这一桌。当那碗油茄子蒸肉上来之后，毛主席对尤金夫妇说："这是仲丽同志的妈妈送给我吃的湖南家乡菜，请吃！"
>
> 尤金大使夫妇手握筷子指向我，又指向那碗热气腾腾、色香味俱全的油茄子，费了很大劲儿，终于把油茄子送入嘴中，惹得全桌人大笑起来。
>
> 妈妈做的油茄子，今日在宴席上为中苏之间的友谊尽了一份力量。
>
> 我回到家，把这事儿绘声绘色地告诉妈妈。
>
> 妈妈开心极了："我做的小菜，毛主席这般器重。唉，他平时吃不着家乡菜啊。"

★ 北戴河，毛泽东教导朱仲丽："凡事不冒险就不能成功！"

1954年夏，北戴河。

一天，海面上狂风大作，平静的大海瞬间咆哮起来，碧波变成了黄泥色的浪涛。毛泽东来到岸边，立即要下海游泳。

工作人员纷纷劝阻：

"主席，今天风大浪大，不要去游了。"

"风浪越大越好，可以锻炼人的意志。"

说完，毛泽东身穿游泳裤，径直往那滔天的白浪里走去。

此时，朱仲丽正站在更衣室的平台上，听着汹涌的波涛呼啸，不禁捏了一把汗，生怕毛主席发生意外。

只见毛泽东迎着恶浪，推着波涛，向大海深处游去。猛然间，一个巨浪打来，毛泽东消失在浪花里，朱仲丽的心一下子提到了嗓子眼。但转瞬间，毛泽东又安然躺在海面上，时而仰游，时而侧游。

就这样，毛泽东在狂风巨浪中搏斗了一个多小时后，脸不变色、嘴不发紫、毫无倦容地上岸了。

朱仲丽急忙迎上前去，关切地说：

"主席，风浪太大了，以后最好不要冒险。刚才我在平台上看着好担心。"

"你怕什么冒险？凡事不冒险就不能成功，许多成就是经过冒险才得来的。"

他穿着一件半旧的白色毛巾浴衣，脚踩在金黄色的沙滩上，边向休息室走，边说：

"要有勇气，不是盲目冒险。"

几天后，朱仲丽陪毛泽东坐在岸边的伞形凉布棚下。

那天是个艳阳高照的好日子，太阳把沙滩照耀得金光闪闪，浪涛有节奏地拍打着岸边，掀起一簇簇雪白的浪花。

毛泽东忽然问朱仲丽：

"你说，中国人算不算洋人？"

"外国人才叫洋人，中国人不算洋人。"朱仲丽不假思索地答道。

"错了。我们把外国人叫洋人，在外国人眼里，我们不也是他们的洋人吗？"

毛泽东面露微笑地望着朱仲丽，接着说：

"不要看不起自己，迷信别人。我们中国被帝国主义压迫了100多年，帝国主义宣传要服从洋人，封建主义又宣传要服从孔夫子，搞得老百姓自惭形秽，妄自菲薄……"

朱仲丽频频点头。

"我看，你也迷信外国人，把自己看得很渺小吧？我们有革命的实践，可以从实践中总结出很多理论。没有楼梯可以造升降机嘛！"

说完，毛泽东站起来，在工作人员的陪同下，到波涛滚滚的海里去游泳。

几天后，那首气势磅礴的诗词——《浪淘沙·北戴河》就问世了。

> 大雨落幽燕，白浪滔天，秦皇岛外打鱼船。一片汪洋都不见，知向谁边？　往事越千年，魏武挥鞭，东临碣石有遗篇。萧瑟秋风今又是，换了人间。

1956年，毛泽东第一次畅游长江。回到北京后，他风趣地对朱仲丽说：

"人不可逞能啊！我这次在长江游的时间太长了，已经感到全身疲乏，还要逞能，继续游，要不是叶子龙叫我上船，我只怕淹死了！"

"我不相信，您很会游泳。"

"你不相信，群众也不会相信，这种心情我理解，所以，我就越游越起劲喽！"

毛泽东笑了。

"人们争着看你的勇敢和毅力哩！"

"就这一下子坏事了。我被娇宠了，自己也以为'老子天下第一'会游泳，几乎呜呼哀哉，差一点今日见不到你这位仁慈的医生，你开救护车来救我，也赶不赢了。"

毛泽东风趣地说。

"呀！真的好险！到底上年纪了。"朱仲丽感到十分吃惊。

"世界上的事情，就是不能有这种唯我独能的思想。这次好险，幸亏有人下命令，也亏得我服从了命令。"

毛泽东说得十分认真而又诚恳。

★　几十年过去了，朱仲丽仍清楚地回忆起和毛主席在一起的那一段段往事……

1951年，朱仲丽随王稼祥从苏联归国后，便居住在中南海里，直到"文化大革命"中被迫搬出。在中南海居住的十几年间，朱仲丽经常与毛泽东见面，聆听他的教诲。几十年后，朱仲丽仍能清楚地回忆起那一段段往事……

（一）猜谜

20世纪50年代初的一天，中南海春藕斋，优美的音乐从大厅里传出来，舞会开始了。

大厅里，毛泽东坐在沙发上，两边都有文工团的演员挨着他讲话，不时爆发出阵阵笑声。

这时，朱仲丽走过来，兴奋地喊道："毛主席！"

"朱医生，跳一曲吧？"毛泽东示意要和朱仲丽跳舞。

朱仲丽立即恭敬地抬高两手，她的头刚好露在毛泽东的右肩。两人随着音乐声，翩翩起舞。

毛泽东轻声说：

"现在农村正在轰轰烈烈进行民主革命，明年土改就会全部完成，你应该下去体验土改生活，否则，以后想看也看不到了。"

"接妈妈来信，亲戚中有血债的，挨了斗，但还留下一间房给他们住。平时对农民态度好的分了房子，分了田，也就自食其力去了，有一小部分逃到台湾、香港去了。"

"他们不逃走，也会分配一点体力劳动的……不能饿死这些人，主要的目的，是解放受苦的农民，私人的产业除留下一部分之外，归国家享有，大家劳动，大家有饭吃……"

一曲终了，朱仲丽陪毛泽东坐下休息。

毛泽东指着旁边一个文工团的女孩子，问朱仲丽：

"你猜，她姓什么？她的耳朵起火了！"

这个谜语一时难住了朱仲丽，侧头冥思苦想。毛泽东面带微笑地望着她。

"她姓耿！"朱仲丽脑子里灵光一闪，兴奋地说。

毛泽东也笑了。

"我说你是聪明人嘛！但人家耳朵并没有起火，好好的。她这个人，不是耿耿于怀,而是忠心耿耿。耿直的人最好。有的人逢人只说半句话,不肯全抛一片心,这不好。要讲真心话,以诚相见,有高尚的风格。"

朱仲丽静静地听着,不禁又想起了关于她名字的一桩故事。

那是还在抗日战争时期的延安。一次,毛泽东对朱仲丽开玩笑说,"你是人群中最美丽的喽!"

"哪里!主席说笑了。"朱仲丽不知毛泽东的意思,只是连忙摆手。

"哪里?就在你的名字上啊!仲丽嘛,自称人中丽人呀!"说完,毛泽东就哈哈大笑起来。

"啊!不是有意这样叫的。我原来叫朱慧,来延安后,随便起个名字代替我原来的名字。"朱仲丽不好意思地笑了。

"朱慧,很好嘛,人是智慧的。"毛泽东略微沉吟,接着又说:

"仲丽,不如重理。"

"那就改了吧。"朱仲丽说。

"不,不要改了。我是和你说着玩的。"

(二)拜佛

一曲终了,一曲又起。毛泽东与朱仲丽又跳了一支舞后,便坐下休息。

朱仲丽担心毛泽东再叫她猜谜语,就说:

"呀,我心里像有个吊桶,七上八下的!"

"为什么要心跳得那么厉害呀,自找苦头吃。有的人心跳,无非是工作中犯了一点错误,就得了神经性的心脏病。犯了错误找原因,认识了就改,改了就好嘛!"

毛泽东说到这儿,又点燃一支烟,幽默地问:

"你这个医生,能不能医治这种心里有个吊桶的病呢?"

朱仲丽摇摇头说:

"这是精神境界的疾病,非医者所能治疗。"

"精神和肉体,灵魂和躯壳,前者主宰后者。我看只有马列主义的人生观可以医治它。"

随即,毛泽东陷入了沉思。过了一会儿,他突然问:

"你以前烧香拜佛吗？你如果没有拜过菩萨，进过庙，我劝你趁早去看一次，再隔一个时期，只怕就不会有和尚了，和尚得做工作，不能光念佛的……"

"拜过，而且是每走十步，朝拜一次。"

朱仲丽直爽地回答，同时心想毛主席一定会批评她迷信。

"啊！你也拜过佛，什么时候？"

"我那时才十来岁，是妈妈带我去的，是湖南衡山南岳庙。我和妈妈坐着简单的轿子到山脚下，点上香火，诚心诚意，十步一跪，还要磕头。到菩萨面前，三跪九叩首，然后抽签算八字，求神水和香灰治病。现在想起来真好笑，向木偶鞠躬，花钱买香烧倒不要紧，可腰部都快累断了。我不理解，妈妈是一个进步妇女，为什么还带我去这些地方？"

朱仲丽像讲故事一样回忆起当时的情景。

"那有什么不好？增长知识，开眼界嘛。现在的孩子们是描绘不出这种情景的。"

毛泽东的话大大出乎朱仲丽的意料。

"过几十年，牛鬼蛇神都看不见了，还说菩萨呢。凡是反面的事物，都应该去认识它，那才有鉴别力，有鉴别才能明确是非好坏嘛。"

毛泽东喝了一口茶，继续兴致勃勃地谈下去：

"我并不是提倡迷信，或者赞成把牛鬼蛇神都搬上舞台。这些东西暂时保留也是可以的。这是几百年、几千年前就有的嘛，中国人民也没有都被毒死。总要有对立面，才能找出真理。"

（三）入党

北京苏联红十字医院（后改名为北京友谊医院）是 20 世纪 50 年代初由苏联援建的一所综合性医院，朱仲丽从 1951 年建院伊始就担任中方院长、党委委员。

1954 年，毛泽东亲自嘱托朱仲丽办一件事，这是一个他盼望能实现的愿望。但这个愿望却因朱仲丽的疏忽始终没有得到解决，至今仍令她感到内疚。

朱仲丽回忆道：

　　记得那天在中南海，毛泽东坐在沙发上对我说："我叫叶子龙介绍一位戴医生到你们医院工作，你见到她了吗？"

　　我忙答复见到了，并告诉已将她分配到了妇产科。

　　毛泽东继续对我说，戴医生的丈夫是早年参加革命的同志，她本人早年也拥护共产党的主张。接着，毛泽东向我介绍了戴大夫的为人、品德和历史情况，觉得这样的同志可以在友谊医院入党。

　　回院后，我将情况告诉了妇产科支部书记，希望这个支部能发展戴医生为共产党员，当然首先要看她本人有无入党的申请。

　　半年，一年，两年，一直到1960年，我快调离友谊医院的时候，戴医生的入党问题仍然没有得到解决，我也把这件事情忘了。

　　一天，毛泽东看见我时又问道："你们医院的戴医生，已经入党了吗？"

　　我摇摇头回答："妇产科支部没有通过她的入党申请。"

　　毛泽东问："为什么？"

　　我仍说："支部没有通过。"

　　毛泽东默默无言。

　　回到医院，我又问妇产科支部书记，为什么戴医生没有被批准入党？

　　支书给我的答复是群众没有同意。

　　我焦急地说，你们最好能尽快地培养戴医生入党，她是一个忠实于党的事业的人。

　　至此，我心中虽然着急，却忘记了自己应负的责任。我没有亲自去找戴医生谈谈心，没有深入到支部去寻找原因。作为党委成员的我，在发展党员的问题上有着漠不关心同志的缺点，对毛泽东的心愿等闲视之，这是一件终生难以自谅的事情。后来毛泽东没有批评我，也没有指示下级党组织做些什么，但我觉得自己是十分有愧的。

（四）敬酒

1958 年 11 月 28 日至 12 月 10 日，党的八届六中全会在武昌召开。

会议结束的一天，华灯初上，武昌洪山宾馆宴会厅里热闹非凡。

当毛泽东、刘少奇、周恩来、朱德和其他几位中央常委、政治局委员笑容满面地走进宴会大厅时，室内响起了经久不息的掌声。

这个宴会具有特殊的含义。半个月后，也就是 12 月 26 日是毛泽东 65 岁的生日。办公室的工作人员和中央办公厅聚在一起商量决定举行一次宴会，提前为毛主席祝寿。

由于毛泽东一向反对做寿，所以工作人员事先并没有请示他。但没想到，毛泽东还是知道了。不过出乎大家的意料，毛泽东并没有过多地责怪他们，而是再三叮嘱他们把参加会议的同志们都请来，但不要搞得太复杂了。

朱仲丽有幸参加了这次宴会。她同邓颖超、蔡畅、王光美、张洁清等几位女同志坐在紧靠毛泽东的第二桌。

宴会开始后，大家纷纷去给毛泽东敬酒。

"我们应当推选一位代表向毛主席敬酒。"第二桌的女同志们坐不住了。

"赞成。"大家异口同声地说。

"派谁去呢？"

"王光美！"有人提议。

"好极了！"有人随声附和。

"不，我不会喝酒！"王光美连连摆手。

"请仲丽代表我们向主席敬酒。"又有人提议。

"不，我坚决不！"

"就是你了！"王光美不容置疑地对朱仲丽说。

王光美的话音刚落，只见毛泽东举着酒杯走了过来。

大家赶紧全体起立，与此同时一齐往毛泽东的杯子上碰。

原来，毛泽东听到第二桌的女同志们在嚷嚷派代表给他敬酒，难分难解，就主动前来凑热闹。

"叮，叮！"

作为女同志的代表，朱仲丽举起手中酒杯迎了上去，与毛泽东碰杯。

"主席，祝您健康长寿！请干这一杯！"朱仲丽热情地说。

毛泽东高兴地一昂头将酒喝干。

（五）辣椒

三年自然灾害期间，有一天，朱仲丽在中南海见到了毛泽东。

"毛主席，你消瘦了呀！"朱仲丽十分惊讶地说。

"我今天还没有吃早饭呢。"

"现在已是晚上10点了，你还没有吃东西，那可不好！"朱仲丽大为吃惊。

"那你陪我去吃一顿饭吧！"

不一会儿，朱仲丽陪毛泽东走进了中南海菊香书屋的小饭厅，卫士们高兴地摆上碗筷。

毛泽东对卫士说：

"朱大夫在这儿吃饭，多加一个人的饭菜。"

说完，毛泽东回头端详着朱仲丽：

"唉！我看你也消瘦了。稼祥呢，不要饿了他。"

朱仲丽心情激动地回答：

"主席，你要保重！稼祥本来就瘦，吃不多，谢谢你的关心！"

"你工作还好吗？"毛泽东问道。

"最近，我们医院里来了许多怪病人，两腿浮肿，有的浮肿至全身，检查不出什么病源来……"

这时，毛泽东插话说：

"哦，我知道了，这是一种营养不良，缺少蛋白质的浮肿病，有东西吃就能治好……唉！"

朱仲丽在心里直后悔自己说漏了嘴，引起毛泽东难过。

饭菜送来了。一小碟豆腐，里面放有许多红色的辣椒，外加两碗粗米饭，一碗无油的菜叶子汤。

看到这简单得不能再简单的饭菜时，朱仲丽想起前些天听到毛泽东身边的工作人员说：毛主席天天只吃菠菜，已经大半年不吃肉了，说要与人民同甘苦共患难，咬牙渡难关。想到这里，朱仲丽鼻子一酸，眼泪差点掉了下来。

朱仲丽知道毛泽东吃饭没有好菜是可以的，但是如果缺少了辣椒，就吃不了多少饭。但在红军时期，吃辣椒却成了一个大问题，甚至拿到会议上专门讨论过。

那是在土地革命战争时期，中央苏区的伙房里烧的菜都有辣味，爱吃辣椒的同志感到非常满意，说它能开胃进饭，但不吃辣椒的同志被辣椒刺激得又是咳嗽又是流泪，便极力反对。

菜里是不是应该放辣椒？吃辣椒有没有益处？大家就此争论起来。

红军领导认为这个问题直接关系到群众生活利益，就委托卫生部门组织专题讨论。尽管处在紧张的战斗中，卫生部门仍抽时间专门研究了这个问题。参与讨论的同志谈了许多关于吃辣椒的好处和缺点，把讨论结果报告了总政治部，大意是：辣椒含有丰富的维生素，能刺激胃肠分泌，有助于消化和营养；但辣椒不宜多吃，患有慢性病的人则不宜吃。因为辣椒对人有利又有弊，最后决定：各人自愿取食。后来，吃辣椒的人逐渐增多，其中数毛泽东吃得最厉害。

朱仲丽在回忆录中写道：

> 我曾多次看见毛泽东独自吃饭，他的菜里总是少不了辣椒，豆腐汤红得像血水一样，他用汤匙一匙一匙地送进嘴里。
>
> 有一次，我好奇地问："主席，辣椒都染红了您的牙齿，您不感到辣吗？咽喉难受不难受？"
>
> 毛泽东打趣地说："连碗里的辣味都害怕，还敢打敌人吗？"说完，哈哈大笑。
>
> 我是怕辣的，对毛泽东吃辣椒这样厉害，感到惊异。然而，毛泽东开玩笑的话，却又使我感到自己太娇气了，心想，参加革命应该不怕任何艰苦，难道还怕一点辣味？没有菜吃时，怎么办？

为什么在红军时代，居然把吃不吃辣椒的问题，提到议事日程上来研究和讨论呢？因为，当时生活艰难，没有什么菜吃，每餐只有一样菜，能加上些辣椒，就成为下饭的上等佳品了。这样，可以大口大口地把饭吃下去，肚子能吃饱，打仗就有劲。吃辣椒的问题，在红军中成为生活的大事，不是没有缘由的。

朱仲丽含着眼泪，陪毛泽东吃完了这顿饭。

告辞时，毛泽东又一次提醒朱仲丽：

"那些患浮肿病的人，必须由机关适当地发给营养补助费，度过今年，明年就会好转的。"

"是，毛主席。请您多保重！"

在回家的路上，朱仲丽满口是辣味，满心是辛酸，更放心不下毛主席的健康。

（六）右派

在反右派斗争中，北京友谊医院也不可避免地出现了扩大化的倾向。当时，全医院一共内定13名右派分子，提交院党委讨论。

时任院长的朱仲丽认为，医院是救死扶伤的场所，要一心一意为病人服务，要把主要精力放在提高医疗水平上。于是，当她拿到这13名右派分子的材料后，便仔细地审查，认为起码有3名不应当划为右派分子。

一名医生因说过"尽管向党提意见，初生牛犊不畏虎"的话便被内定为右派；另一名年轻女翻译因为出身大地主家庭，有时对现实发点牢骚，加上平时不问政治，就被认为是瞧不起共产党，被定为右派；还有一名是总务科苏联专家的翻译，平时工作踏实，在这次整风中讲了一些并无恶意的话，竟也被定为右派。

在院党委会上，朱仲丽据理力争，坚决不同意将这3人划定为右派分子。她语重心长地说：

"毛主席总是要我们团结绝大多数人，医院又是旧知识分子比较集中的单位，要改造他们，需要一个过程，不能因为他们向党提意见而且有些是正确的意见，就把他们一棍子打死，否则，医院以后还怎么办？医疗水平怎么提高呢？"

但大多数人不同意朱仲丽的意见，院党委会只得暂时中止，内定右派分子一时没能通过。

过了两天，朱仲丽在中南海遇见了毛泽东。

"你们医院抓了几个右派？"毛泽东问道。

"13 名。"

"医院总共有多少工作人员？"

"大约 1200 人。"

"起码要砍掉一半。"毛泽东挥挥手，斩钉截铁地说。

"现在连 3 个都减不下来，已经僵持在那儿。"

"那你应该说服你们的党委书记。"毛泽东给朱仲丽出了个主意。

朱仲丽没有吱声，心想：要说服党委书记，几乎是不可能的。

果不出所料，当医院再次召开党委会研究确定右派分子的时候，虽然朱仲丽提出反对意见，坚决要求把右派分子人数砍掉一半，但由于没有毛泽东的正式批示，党委会对她的意见不予采纳。

★ 王稼祥去世后，悲痛欲绝的朱仲丽提笔给毛泽东写了一封信，却如石沉大海

1964 年 8 月底的一天，中南海春藕斋，朱仲丽在晚会上又一次见到了毛泽东。

那天，毛泽东的兴致很高，一连跳了好几首曲子才坐下来休息。

毛泽东轻声地对朱仲丽说：

"现在还没有到秋天，还可以去北戴河下海玩玩。你如果不去，就没有机会了。"

"你去吗？"朱仲丽不假思索地问。

"我是不去的了。"

"那我也不想去了。"

"这是一个机会咧。"毛泽东又重复了一遍。

朱仲丽对毛泽东的话没有过多的在意,因为年年都有机会到北戴河避暑的,为什么说今年不去就没有机会了呢?

然而,令朱仲丽万万没有想到的是,这次竟然是她与毛泽东的最后一次见面。

一年后,史无前例的"文化大革命"开始了。

这是一场由毛泽东错误发动,被反革命集团利用,给党和国家及人民带来严重灾难的内乱。中国进入了一个特殊的时期。在那段国难深重的特殊岁月里,一些开国元勋惨遭迫害,王稼祥自然也未能幸免于难。

朱仲丽在回忆录中写道:

> 1974年对我来讲,过的是一年悲寂忧郁的日子。王稼祥受"文化大革命"的迫害以至于永别人间,使我悲痛欲绝。不久又听到毛主席的健康每况愈下。我的思绪,更加忧心忡忡。
>
> 我怎么办?我是个医生,却不能在医院里工作,孤寂、飘零袭击着我。然而,我是个共产党员,怎能如此沉沦,如此萎靡不振?终于,我走到桌边,提起笔来写了一封信给毛主席。

> 敬爱的毛主席:
>
> 稼祥突然与世长辞,已经又是半年了,我每天都在思念他。记得你曾经对我说过:"你们是一对模范夫妻,你能把他因战争期间受伤的瘦弱身体,照顾得如此健康,他能为党做很多工作,这有你的一半功劳。"
>
> 我不会忘记你又一次对我说过:"稼祥是一个很能思考问题、满腹才华的人。"
>
> 我更不会忘记你的话:"稼祥这个同志能知错不居功。"
>
> 亲爱的毛主席!你的这些话不断地在我耳中回旋,使我引以为最大的安慰。
>
> 然而,最近,我又听说你病了,高血压缠着你,白内障侵袭你,

你的心脏也受到了突然的灾难，……这是全国人民不愿意听到的事情，何况我这个从小就喊你毛叔叔的忠于党的事业、跟着你指导的方向前进的人呢！

毛主席！我想我是一个医务人员，我懂得如何护理病人，我愿意加入你的医疗小组，在你的床前照护你。我决定以实际行动付出我的微薄力量，我会日日夜夜守护着你，直至你的身体恢复健康。如果你能批准，我将立即去接受这个光荣的任务。

毛主席！我等着你的回音！

朱仲丽

1974 年秋

信送出后，我每天都在盼望着回音。自己在痛苦中挣扎，心中多么想实现这一愈益迫切的愿望啊！

可是，我一天天翘望，一日日垂头，没有收到批示，没有接到任何消息。这使我猜疑起来，这封信是否已经送上去，是否转给毛主席了，是否毛主席在病中不能看信，还是毛主席看了信之后，难于处理这个问题。

……

这段日子真难熬啊！

到了 1976 年，毛泽东的病情日益加重。我知道这个消息后，天天向人打听他老人家的病情。在北京医院工作的熟人，都对我摇头说，他们不知道详情。我几次想到中南海去看望毛主席，但总没有如愿。作为一个医生，我能想象得到毛泽东此时肉体和精神上的痛苦，过去从其他途径得悉毛泽东患过心肌梗死、高血压等多种疾病。所以，我的心情无时无刻不处在忧虑之中。

……

1976 年 9 月 9 日这一天，病魔终于夺去了毛泽东的生命。全国人民和世界人民都为他的逝世悲痛万分。这哭声震撼了高山峻岭，这泪水流成了长江大河。五星红旗垂头降下，收音机在悲声报哀……

我全身瘫痪在沙发上。哭呀！止不住，泪还流。毛主席啊！人不在，影还在。这是中国人民和世界人民的最大不幸。我总在想，毛泽东为什么不能活到 90 岁以上呢？以他强健的体质，加上现代化的医疗保健条件，难道不能多活几年吗？我的思维陷在深处而不能自拔。

一个月后，"四人帮"被粉碎了，十年浩劫终于结束了。

朱仲丽获得平反，重新恢复了工作。一天，朱仲丽接到胡耀邦（时任中共中央组织部部长）的秘书打来的电话，说：胡耀邦邀请她去毛主席纪念堂。

当时，毛主席纪念堂刚刚落成，尚未对外开放瞻仰，只是先组织中央领导同志和有关负责同志参观。

朱仲丽怀着深切怀念的心情，和胡耀邦并肩入内。她首先在大厅向毛主席的雕像行了三鞠躬礼，然后肃穆地走到他的遗容前默默哀思。

望着静静躺在水晶棺中的毛泽东，朱仲丽的眼前不禁浮现了与这位为中国人民的解放事业历尽艰难险阻、为中华民族的繁荣昌盛奋斗终生的一代伟人，相识、相交的一幕幕感人画面，泪水潸潸直下……

第六章 "谢谢你教育了思齐这个好孩子"

——毛泽东与张文秋

她，一生坎坷，曾两次坐过国民党的监牢，两任丈夫先后为革命流尽最后一滴血；

她，在大革命时就与毛泽东相识；

她，一生共养育了三个女儿，其中两个女儿嫁给了毛泽东的两个儿子，与毛泽东成为"双重亲家"；

她，就是张文秋。

张文秋，原名张国兰，号文秋，曾化名李丽娟、张双喜、陈孟君、张一平、羡飞等。1903年，生于湖北京山。1918年，考入湖北省立女子师范学校。次年积极参加五四运动。1922年，参加湖北女师学潮，任女师学校联合会副主任兼武汉工团联合分会副主任。1924年3月，加入中国社会主义青年团，1926年1月转入中国共产党。后受党组织委派到京山县委，开展党团工作，领导当地的农民运动。曾任中共京山县委妇女部部长、组织部部长、县总工会秘书、县委副书记。大革命失败后，历任鄂豫边区宣传部部长、暴动分队长及党支部书记，湖北汉川县委宣传部部长兼妇女部部长，少共湖北省委机要秘书，上海浦东、沪西区组织部部长，山东省委妇女部部长，苏维埃准备委员会办公厅副主任，全国第五次劳动代表大会办公厅主任等职。1929年8月，被捕入狱，同年底获救。1937年初，到延安，在边区人民法院工作，后任抗日军人家属学校总务主任兼文化教员，八路军第115师留守处政治处民运股股长兼《生活星期刊》主编，八路军荣誉军人学校后方留守处主任、党总支书记等职。1939年，陪丈夫陈振亚前往苏联治病，途经新疆迪化（今乌鲁木齐）时被军阀盛世才扣留，再次入狱。1946年6月，获救后重返延安。历任延安联防军政治部后方学校校长兼党总支书记，华北人民政府司法部组织科、干部科科长兼党支部书记等职。中华人民共和国成立后，历任中国银行人事室副主任、中国盲人福利会总干事等职。2002 年 7 月 11 日，在北京病逝。

★ 武昌农讲所，毛泽东热情地问张文秋："京山县的农民运动搞得怎样？"

1927 年 4 月 4 日下午 1 点半，武昌中华路红巷 13 号。国民党中央农民运动讲习所开学典礼隆重举行。

参加开学典礼的有国民党中央党部、国民政府及国际工人代表等各团体代表百余人。邓演达、毛泽东、陈克文任农讲所常务委员，毛泽东负实际主持之责。

开学典礼由邓演达主持，农讲所行政秘书长周以栗报告农讲所成立经过，毛泽东也做了演说。

时任中共京山县委副书记的张文秋和未婚夫刘谦初也参加了这次典礼，第一次见到了仰慕已久的毛泽东。

张文秋和刘谦初是在暴风骤雨般的大革命时代相识、相恋、相结合的。刘谦初，1897 年生于山东平度。早年在山东齐鲁大学、北京燕京大学读书，后投笔从戎，参加北伐，任国民革命军第 11 军政治部宣传科社会股股长，并在北伐途中加入了中国共产党。1926 年，刘谦初随北伐军到武汉，应恽代英之邀，到武汉中央军事学校讲"十月革命"和《社会主义进化史》。

1927 年 2 月，张文秋受京山县委委托到武汉为农民自卫队买枪。其间，经恽代英介绍，刘谦初与张文秋相识。在革命的大熔炉里，两人相爱了。

对毛泽东，这位大名鼎鼎的农民运动家，张文秋是久闻其名，如雷贯耳，可惜一直未见过面。

就在一个月前的一天，刘谦初兴奋地跑来，递给张文秋一张报纸，上气不接下气地说：

"文秋，快看，这上面登了毛泽东写的一篇文章，是关于农民运动的。写得太好了。"

张文秋接过一看，原来是3月5日的中共湖南区委机关报《战士》周刊，上面刊登了毛泽东撰写的《湖南农民运动考察报告》。

毛泽东撰写这篇文章，是有着深刻的历史背景。1926年底至1927年春，随着北伐战争的节节胜利，农民运动在神州大地掀起了高潮。

当时，粤、湘、鄂、赣等省区开展了轰轰烈烈的农民运动，还成立了农民协会。全国有组织的农民多达800余万人。面对农民运动的大好形势，被瞿秋白称为"农民运动的王"的毛泽东自然喜上眉梢。

如急风骤雨般兴起的农民运动，自然也带来了一些前所未有的问题。如何看待这些问题，一时成了社会各界瞩目的焦点。"农民在乡里造反，搅动了绅士们的酣梦。乡里消息传到城里来，城里的绅士们立刻大哗。"同地主豪绅有千丝万缕联系的国民党右派，包括北伐军中的一些军官，便坐不住了。他们恶毒地攻击农民运动"破坏了社会秩序"，是"痞子运动"，是"扰乱了北伐后方"。一些中间派也开始动摇了，说农民运动已经"越轨"了，应该加以限制，防人利用。

为了回答这些问题，更好地指导农民运动，从1927年1月4日起，毛泽东身着蓝布长衫，脚穿草鞋，手拿雨伞，离开长沙，先后考察了湘潭、湘乡、衡山、醴陵、长沙等五个县的农民运动。

2月12日，毛泽东率全家由长沙迁到武昌，住在都府堤41号。在杨开慧的协助下，毛泽东夜以继日地对农运调查材料进行分类、选择、综合，很快就写出了洋洋洒洒2万多字的《湖南农民运动考察报告》。

在这篇著名的报告中，毛泽东叙述了湖南农民所做的14件大事，高度赞扬了农民运动，称："孙中山先生致力国民革命凡四十年，所要做而没有做到的事，农民在几个月内做到了。这是四十年乃至几千年未曾成就过的奇勋。这是好得很。"

3月5日，《湖南农民运动考察报告》首次发表在《战士》周刊上。12日，《向导》周刊发表了部分章节。随后，长江书店以《湖南农民革命（一）》为书名出版了全文的单行本。

瞿秋白为该书写了热情洋溢的序言："中国革命家都要代表三万万九千万农民说话做事，到前线去奋斗，毛泽东不过开始罢了。中国的革命者个个都应该读一读毛泽东这本书……"

"真是一篇好文章。"张文秋细细读完全文，兴奋之情溢于言表。她和刘谦初一样，对毛泽东在文中把中国农村各阶级的分析之深刻，对农民运动描述之生动、阐述之精辟，赞不绝口，非常佩服。同时，更为毛泽东的大无畏的革命精神，用大量的无可辩驳的事实高度赞扬了农民运动的伟大意义，有力地回击了来自各方面的对农民运动的诬蔑和歪曲，心中备受鼓舞，大快淋漓。张文秋恨不得马上就能见到这位农民运动的领袖，当面聆听他讲述革命道理。

机会很快就来了。当张文秋听说毛泽东要出席农民运动讲习所开学典礼，便与刘谦初一起兴冲冲地赶到会场。

在典礼上，张文秋一睹毛泽东的风采。只见正在主席台上演讲的毛泽东，穿灰色长衫，留着中分式黑色长发，双目炯炯有神，身材高大伟岸，举止潇洒自信，讲起话来头头是道，妙语连珠，全身上下透出一种不同凡响的气质。张文秋暗自称奇：毛泽东果然与众不同。

典礼结束后，张文秋便与刘谦初一起，迫不及待地向毛泽东走去。刘谦初与毛泽东见过面，两人高兴地打招呼。在谈完自己的感受和体会后，刘谦初把张文秋介绍给毛泽东。

"润之兄，这是我的朋友张文秋，在京山县委工作。"

"好哇！京山县的农民运动搞得怎么样？"

毛泽东热情地握着张文秋的手，笑着问。这天，毛泽东的兴致非常好，他刚得知妻子杨开慧为他生了第三个孩子，是个男孩。

"农会成立了，给土豪劣绅戴上高帽子，审判斗争了一些恶霸，农民的情绪高涨。不过，骂农民运动'糟得很'的人也不少，说那是'痞子运动''惰民运动'。"

毛泽东点点头，便以他在湘潭、湘乡、衡山、醴陵、长沙五县调查过程中的所见所闻开导张文秋：

农民闹革命，打垮了几千年来封建地主政权，土豪劣绅威风扫地，所有与他们息息相关的上层人物说农民运动"糟得很"，是不足为怪的。在农村尚未建立联合战线之前的革命暴动时期，农民一切向封建地主阶级的行动都是对的，过分一点也是对的，不过正不能矫枉。所谓"过分"的事其实都是土豪劣绅、不法地主逼出来的，革命不是请客吃饭，要推翻在农村中根深蒂固的封建势力，不采取一些激烈的手段是难以办到的。因此，我们要"抓香掘臭"，站稳立场。我们闹革命，就要抓住"好得很"这股香，摒除"糟得很"那股臭……

刘谦初、张文秋全神贯注地听着，不住地点头称是。

★ "要是你生了个女儿，我们就结亲家"

1927 年 4 月 12 日，也就是张文秋与毛泽东见面后的第八天，蒋介石公然背叛革命，在上海发动了"四一二"反革命政变，举起了屠刀，大肆捕杀共产党人和革命群众。

中国革命面临着重大的转折。许多人被反革命的狠毒吓破了胆，迷惘了，动摇了，甚至还背叛了革命。但敌人的凶残吓不倒意志坚定的共产党员，他们掩埋好战友的遗体，擦干身上的鲜血，义无反顾地踏上新的革命征途。

蒋介石倒行逆施的反动行径，激起了全国人民的愤慨，各地各界进步人士纷纷通电，声讨蒋介石。当时，武汉还掌握在革命者手中，全城人民已是沸沸扬扬，群情激愤。19 日，武汉国民政府举行了第二期北伐誓师典礼，向盘踞河南的奉系军队进攻。

宁汉分庭抗礼，再加上北京的张作霖奉系军阀政府，中国一时出现了三足鼎立的局面。如何在危急关头拯救革命，如何对付武汉政权以外的敌人，如何看待这个政权内很不可靠的同盟者，如何把革命继续深入下去……这一切尖锐的问题摆在了共产党人的面前。

这一天，刘谦初、张文秋带着许多问题，登门拜访毛泽东，毛泽东热情地接待了他们。

当时，毛泽东和杨开慧住在武昌都府堤 41 号。家中有杨开慧的母亲向振熙、保姆孙嫂（陈玉英）和岸英、岸青兄弟，加上新出生的岸龙，已是一个六口之家。

短短半个月的时间，毛泽东明显地消瘦了，两道剑眉紧蹙，明亮的双眸里充满了忧虑之情。是的，革命正处在危急关头，毛泽东已预感到风云将要突变，一场劫难很快就要来临。

当得知刘谦初和张文秋的来意后，毛泽东非常坦诚地谈了自己对时局的看法。针对党内存在的混乱，毛泽东认为当前最为紧要的是"回到原来的岗位，恢复工作，拿起武器，山区的上山，滨湖的上船，坚决与敌人作斗争，武装保卫革命"。并鼓励这两个年轻人要坚定革命信念。

在谈到农民运动时，毛泽东神情严肃地表示：革命需要一个农村的大变动，"使农村政权从土豪劣绅、不法地主及一切反革命派手中，转移到农民的手中"，"农民应有自卫的武装组织"。

听完毛泽东的一番话，刘谦初和张文秋茅塞顿开，高兴得连连点头。就在这次谈话中，张文秋见到了毛泽东的两个儿子——毛岸英和毛岸青。

张文秋回忆道：

在我们谈话中间，杨开慧从房里走出来，给我们倒了茶，端来了花生和瓜子。岸英和岸青紧紧跟在她的身后，一个大约四五岁，一个大约两三岁，都是很逗人喜欢的机灵模样。

我给他们一人抓了一把花生。岸英很有礼貌地说："谢谢！"岸青也跟着说："谢谢！"

为了不影响我们的谈话，保姆把两个孩子领了出去。临出门时，兄弟俩回过头来，对我招招手，说："再见！"

……

谈话期间，我还向毛泽东问起农民运动讲习所的成立经过。毛泽东风趣地说："农讲所是从斗争中诞生出来的。"

……

我听得十分振奋，还想再提问题，因有人登门拜访，谦初和我便起身告辞。毛泽东同志亲自送我们走出大门。他还盛情地邀请谦初以后到农讲所来作一次演讲，给学员们讲讲北伐的经过，谦初爽快地应诺了。杨开慧还一再邀我们常来玩。

在回去的路上，谦初很有感慨地说："与毛泽东谈一席话，真是胜读十年书啊！"

此后，张文秋便经常到毛泽东的家中做客，请教问题。谈话之余，她很喜欢岸英、岸青，常以花生、黄豆、糖块逗着兄弟俩玩耍。岸英、岸青自然也很喜欢这个年轻漂亮的阿姨。

当时，张文秋与刘谦初还未正式结婚。她做梦也没有想到：在她身边穿来穿去的这两个活泼可爱的小男孩，日后会成为她的两个女婿。

4月26日，张文秋和刘谦初就在风云激荡的武汉结了婚。

第二天一大早，张文秋匆匆赶往武昌中华路高师附小礼堂，作为京山县唯一的党代表，参加中国共产党第五次全国代表大会。

在会场上，毛泽东见到张文秋，关切地问：

"谦初同志怎么样了？听说他就要随北伐军出征了。噢，对了，你们俩的恋爱进展得怎么样了？"

"昨天我们已正式结婚了。"张文秋兴奋地告诉毛泽东。

"哟，新娘子，恭喜！恭喜！"

毛泽东听了喜出望外，然后双手抱拳，风趣地说：

"你们不够朋友嘛，连喜酒都不请我们喝一杯。等你们生了孩子我可要来吃红蛋哟！"

张文秋大大方方地说：

"到那时当然来请你。"

毛泽东又笑着说：

"你们不是很喜欢我的儿子嘛，将来要是你生了个女儿，我们就结亲家，把你的女儿做我的儿媳妇！"

张文秋笑了，红着脸回敬说：

"你真会讲笑话。"

毛泽东、张文秋都没有想到，这句玩笑话竟真的变成了现实，他们不仅成了亲家，而且是双重亲家。

22年后的1949年10月，张文秋的大女儿刘思齐与毛泽东的大儿子毛岸英结成了革命伴侣；又过了11年，1960年，张文秋的次女邵华（张少华）与毛泽东的次子毛岸青喜结良缘。

★ 在抗大女生大队成立典礼上，毛泽东再次见到了张文秋，高兴地问："你好啊！什么时候到延安的？"

光阴似箭，岁月无情。转眼间10多年过去了。

1937年，张文秋来到延安，在边区最高人民法院工作。不久，一部分红四方面军战士也来到延安，其中的女子团有五六百人。党中央为培养这批女同志，决定成立抗日军人家属学校。张文秋任该校总务主任兼文化教员。

1938年春，抗日军人家属学校全体学员转入"中国人民抗日军事政治大学"（简称"抗大"），编为第八大队（女生大队）。在举行成立典礼那天，毛泽东、贺龙、徐特立、谢觉哉等出席了大会，毛泽东作了讲话。

武昌一别，整整十年过去了。张文秋再次见到毛泽东，真是悲喜交集。散会之后，她随着人群挤到毛泽东身边。

毛泽东一下子认出了这位老朋友，高兴地打招呼：

"张国兰同志，你好啊！什么时候到延安的？"

张文秋高声回答：

"报告主席，我现在叫张一平，来延安已经快一年了。"

"噢，是吗？改了名字，就不来看老相识了？你不够朋友啊！"

毛泽东依旧是那么幽默风趣。

"主席，我一定去看望您。"

没过多久，一天晚上，毛泽东、朱德、任弼时等中央领导同志在延安中央党校礼堂观看了话剧《弃儿》。

《弃儿》描写的是一对在白区从事地下工作的夫妻，与敌人进行艰苦的斗争，不幸被捕入狱，留下一个孤苦伶仃的只有五六岁的女儿无人照管。当小女孩在大街上撕心裂肺地哭喊着"妈妈！妈妈！"时剧情进入了高潮，台下一片哭泣声。

毛泽东也深深地被剧情打动了，被小演员的演技打动了心。因为他的三个孩子：岸英、岸青、岸龙，在母亲杨开慧牺牲后一度流浪上海，无人照料，沦为"弃儿"。

当得知这个演女儿的小演员，便是刘谦初的女儿刘思齐时，毛泽东仿佛想起了牺牲的战友，感慨万千，对张文秋说：

"这是烈士的后代，我们有责任好好教育她。"

就在这天晚上，毛泽东认刘思齐做了干女儿。

延安再相会，张文秋激动不已。是啊，武昌一别，便是十载。其间，狂风迭起，各人都经历了痛苦的磨炼。杨开慧壮烈牺牲了，刘谦初也壮烈牺牲了。开慧留下了三个儿子，谦初留下了一个连他自己都不曾见过一面的女儿。张文秋多想立即去看望毛主席，就如同当年在武昌时一样向他请教，倾诉这十年间自己的悲欢离合。但想到毛主席日理万机，自己不好去打扰。就这样一直拖到当年深秋的一天，她终于下决心来到杨家岭，看望毛泽东。

这是一个安静而整齐的小院落。挺拔坚实的红枣树、苍劲多姿的大槐树和几丛山枣点缀成景。一位挎着钢枪的年轻英俊的战士，威武地站在门前的岗位上。这里就是毛泽东居住和办公的地方。

警卫员走进窑洞，轻声报告：

"主席，张一平同志来了！"

"好，请进！"一个洪亮而又带着浓重湖南乡音的声音从窑洞里传了出来。

张文秋走进了窑洞，只见正中央放着一张四方桌子和几条木凳；里头有一张木板硬床，床上铺着一条灰色的军毯，军毯下是条很薄的棉褥；靠近窑洞窗口的一张办公桌，两端摆满了文件，中间放着一个盛满墨汁的大砚池；毛泽东身穿一件灰色军装，脚穿布鞋，坐在一张藤椅上，正和一位面容清瘦、鼻梁高高的人亲切交谈。

见张文秋走进来，毛泽东就笑着站起身介绍说：

"这是刘少奇同志，这是张一平同志，前山东省委书记刘谦初的爱人。谦初同志在济南不幸牺牲了，她现在在'抗大'工作。"

刘少奇也站起来，热情地跟张文秋握手。

"刘谦初同志，我听说过。他是个很坚强的同志，牺牲时很英勇。他为革命事业献出了自己的生命。我们活着的人，更应当加倍奋斗。"

三人坐了一会儿，刘少奇因有事先告辞了。窑洞里，毛泽东关切地问起张文秋这些年的生活情况。

张文秋眼圈一红，泪水扑簌簌地滚落下来，陷入了那段痛苦往事的回忆……

1927年4月29日，刘谦初随北伐军开赴前线了。不久，张文秋也告别毛泽东，离开"山雨欲来风满楼"的武汉，回到了京山县，继续开展农民运动。

正如毛泽东所料，此后的革命形势急转直下。

5月21日，反动军阀许克祥率所部国民革命军第35军独立第33团在长沙制造了震惊中外的反革命叛乱——"马日事变"，疯狂屠杀共产党人和革命群众。6月6日，朱培德在江西以"礼送出境"的名义逐走大批共产党员和国民党左派人士。7月15日，汪精卫在武汉公开宣布"分共"。轰轰烈烈的大革命就此失败了。

7月底，中共京山县委接到省委通知，命令县委掩埋枪支、分散隐蔽。

这时，京山县城已被反动军队紧紧包围。几天后，反动军队冲进了县城，开始大肆搜捕、屠杀共产党员和革命群众：凡参加过工会、农会的要砍头；剪成短发的妇女要枪毙……一时间，白色恐怖笼罩着京山县。

张文秋自然成了敌人要抓的要犯，抓捕她的通缉令贴满了京山县城。在暗室夹壁里躺了三天两夜的张文秋急中生智装成死人，躺在棺材里，被抬出城外，巧妙地脱了险。

是年秋，省委指示京山县委响应中央"八七会议"的号召，去驻马店发动起义，打土豪，分田地。张文秋担任暴动总指挥部的宣传部部长。

1928年春，张文秋调到湖北省委任秘书。是年底，由于叛徒出卖，省委遭到破坏。张文秋只身前往上海向党中央汇报。此后，她便被中央留在上海工作了。

再说刘谦初，大革命失败后，受党组织委派前往江西参加南昌起义。因为在九江受阻，只好撤回武汉，又转赴上海。1928年初，出任中共福建省委书记，年底调任山东省委书记。

这对新婚三天就分离的患难夫妻天各一方，互无音信。直到1929年春，一个偶然的机会，刘谦初才与张文秋联系上。不久，中央调张文秋到济南，担任省执行委员兼妇女部部长。夫妻终于重逢了。刘谦初化名黄伯襄，假称齐鲁大学助教，张文秋化名陈孟君，扮成家庭妇女。

然而，仅仅过了两三个月，刘谦初、张文秋先后被捕入狱。

在狱中，刘谦初、张文秋受到严刑拷打，坐"老虎凳"，灌辣椒水，被敌人折磨得遍体鳞伤，但他们始终不吐露自己的真实身份。不幸的是，由于叛徒的出卖，刘谦初的真实身份暴露了，张文秋则继续咬定自己不是共产党。

是年冬，在中共山东省委的多方营救下，张文秋获释出狱。此时，她已有六七个月的身孕。

在男牢铁栅栏前，张文秋心里清楚这将是他们夫妻的生死诀别，就眼含热泪，请丈夫给未出世的孩子取名字。

"不管是男是女，就叫'牢生'吧。"刘谦初的苍白脸上露出一丝笑容。

"这是乳名，还是再取个大号。"张文秋强忍心中的悲痛，轻声对丈夫说。

"不管你们流落到哪里，要思念齐鲁，思念故土，就取个'思齐'吧！"

张文秋与刘谦初诀别后，从山东回到上海，找到了党组织。1930年3月2日，一个女孩呱呱坠地。她就是刘思齐。

1931年4月5日，刘谦初在济南英勇就义，牺牲时连尚在襁褓中的小思齐都没有见上一面。

不久，地下党组织转来刘谦初写给张文秋的遗书：

丽娟：

　　我在临死之际，向我最亲爱的母亲和亲爱的兄弟告别，并向你紧握告别之手，希望你不要悲伤。你要紧紧记住我的话，无论在任何条件下，都要孝敬母亲，爱护母亲，听母亲的话！你要保重身体，好好抚养孩子，重建幸福家庭。你的幸福就是我的幸福，你的快乐，就是我的快乐。

　　刘谦初在信中所写的丽娟是张文秋搞地下工作时曾用过的化名，"母亲"是指党，"兄弟"则是指同志们。

　　1937年，张文秋带着小思齐辗转来到延安，在边区最高人民法院工作。

　　这时，刘谦初已经牺牲近七年了，张文秋还是独身一人带着小思齐生活。在同志们的关心和帮助下，张文秋与陈振亚相识了。

　　陈振亚，湖南石门人，出身贫苦。1926年，参加北伐军，任连长，并加入了中国共产党。1928年7月，参加平江起义。同年底，跟随彭德怀上了井冈山。他作战勇敢，参加了三次攻打长沙、五次反"围剿"等战斗，立下赫赫战功。在一次战斗中，陈振亚的左腿被炸烂，被国民党军捕获。但他任凭敌人严刑毒打，也没有暴露自己的身份，只承认是抬担架的民夫。敌人便把他放了。陈振亚重新找到党组织，来到延安，任八路军第115师荣军学校政治处主任。这时，陈振亚已经37岁了，拖着一条残疾的腿，一直没有成家。

　　经过一段时间的相互了解，1937年冬，张文秋和陈振亚结婚了。

　　1938年秋，张文秋又生下一个女儿，随母姓，取名少华，乳名"安安"。她就是后来与毛岸青结婚的邵华。

★ 西柏坡，毛泽东亲自征求张文秋对毛岸英与刘思齐婚事的意见

1939年春，陈振亚左腿伤口又发炎了，军委决定送他去苏联治疗，由张文秋带着思齐和少华两个孩子陪同前往。不料，他们一家人路经新疆迪化时，被军阀盛世才扣留。

陈振亚不幸遭到敌人的毒手，英勇牺牲。不久，张文秋生下第三个女儿张少林。从此，她没有再结婚。这位革命的母亲，含辛茹苦地拉扯着三个女儿。

1943年，盛世才撕下了革命的假面具，大肆捕捉、屠杀在新疆工作的共产党人，掀起了反共高潮。张文秋带着三个年幼的女儿被关入监狱，直到1946年6月，在党组织的多方营救下，母女四人才结束了那段暗无天日的生活。

7月11日，张文秋带着刘思齐、张少华、张少林从新疆回到了延安。

第二天，毛泽东在中央党校大礼堂看望从新疆归来的100多位同志。他和每个人，无论是大人还是小孩，都一一握手，连声说：

"同志们，辛苦了！"

在熙熙攘攘的人群中，毛泽东一眼就认出了张文秋，便停住脚步，激动地说：

"你回来了，好不容易呀！思齐呢？怎么没见到她？"

张文秋忙把站在身后的刘思齐拉到跟前。

毛泽东高兴地上下打量着思齐，兴奋地说：

"七八年不见面，都长大成人了，我真认不出来啦！你是我的干女儿，还记得吗？"

"记得，记得。我和妈妈常提起您呢。"思齐点点头。

"很好，明天到我家里来玩！"毛泽东向思齐发出了邀请。

此时，刘思齐已出落成一个亭亭玉立的大姑娘。在毛泽东的家里，刘思齐见到了刚从苏联回国的毛岸英。两个年轻人非常谈得来，相互诉说着以往的经历和对生活的看法，渐渐地萌生了爱慕之情。

毛泽东对岸英与思齐谈恋爱，是非常满意的。思齐是烈士后代，又是他的干女儿，人品、相貌都蛮好。经邓颖超和康克清帮忙，毛泽东同意他俩确定了恋爱关系。

1948年9月中旬，河北省平山县王子村。

一天清晨，刘少奇派警卫员给时任华北人民政府司法部组织科科长的张文秋送去一封信，要她到他那里谈谈工作情况。

当时，中共中央驻在西柏坡。

西柏坡，位于河北石家庄西北90多公里，太行山东麓柏坡岭下，是一个僻静的小山村。村前滹沱河水淙淙流过，两岸高山峻岭，松柏叠翠。远远望去，炊烟袅袅，犬吠声声，三三两两的农夫荷锄挑担走在阡陌田埂间，好一幅温馨惬意的北方乡村山水画。这里既没有名胜古迹，也没有奇山异石，却蜚声中外，为世人所瞩目。因为在解放战争的最后两年里，中共中央和解放军总部便在此办公。

王子村距西柏坡不远。当天，张文秋就赶到西柏坡，住进了中组部招待所。第二天一大早，张文秋来到刘少奇的办公室。

刘少奇非常热情地招呼张文秋坐下，亲切地攀谈起来。当得知张文秋还没有吃早饭，刘少奇就请她吃了早点。

饭后，刘少奇又询问了张文秋一些工作方面的情况，突然微笑着说："我带你去看看毛主席，好不好？"

张文秋一点儿思想准备都没有，顿时愣住了，随即连声说：

"好！我老早就想去拜望毛主席了。"

这是一户用土墙围成的普通农家小院。院内有两三间坐北朝南的平房，分别是会客厅、卧室和书房。谁也不曾想到这里竟是指挥百万解放大军的最高统帅部，毛泽东便住在这里。

在刘少奇的引领下，张文秋走进了毛泽东的会客厅。只见屋里陈设十分简单，甚至有些寒酸：两个单人沙发，一个帆布套座椅，左边摆放着一张桌子和两把木椅子，桌上铺着洁白的桌布。

毛泽东身穿深灰色的夹衣，脚穿一双黑布鞋，脸色红润，神采奕奕地同刘少奇、张文秋握手问候。

三人交谈了一会儿，刘少奇便起身告辞：

"我把张文秋同志约来看望主席，主席可以和她多谈谈，我先走了。"

屋里只剩下了毛泽东和张文秋两人。

毛泽东笑着问：

"好久没有看见你了。你现在住在什么地方，在何处工作？"

"我住在平山县王子村，在华北人民政府司法部工作。我好久未见到主席，很想念主席。"

"你在司法部干什么工作？工作情况怎么样？"毛泽东接着问道。

张文秋详细地汇报了工作情况，并说：

"因为我没有学过法律，所以感到工作吃力。"

毛泽东微微一笑，鼓励道：

"你的工作做得很有成绩，做得很好嘛！"

接着，毛泽东话题一转，问起张文秋的家世和家庭情况。

张文秋回忆道：

我就从祖父母到父母，从求学到参加革命，把自己的家世和经历讲给他（毛泽东）听了一遍。他听得很仔细，很入神，有时频频点头，有时还插几句话。

当我讲到我的求学经过时，毛主席说，他自己也有过这样的经历。

毛主席听我讲完全部家庭情况后，很有感慨地说：

"你出来参加革命，真不容易呀！你是同封建社会斗争，同宗法观念斗争，才出来的呀！你幸喜有一个好母亲作后台，支持你求学，求进步。她不支持你，你参加不了革命，也不会有今天。"

是啊，母亲如果知道我的今天，该会感到多么欣慰呀！

毛主席向我介绍了他的身世，说他父亲脾气大，不让他外出求学，也是母亲支持他。当主席讲到开慧牺牲，岸英、岸青、岸龙流浪的情况时，他的眼圈有些发红，看得出他是非常难过的。

毛主席又和我谈起了谦初牺牲的经过和谦初的家庭情况，我详细地一一作了回答。

毛主席听完后，有些难过，说：

"谦初是个好同志，可惜牺牲得太早了。他是一个有才能、对党有贡献的人，是党的忠实儿子。他的牺牲，是党的一大损失啊！"

不知不觉中，两人谈了一个多小时。毛泽东在问清了所有情况后，言归正传，把话题转到了毛岸英和刘思齐谈恋爱的事上来。

"听岸英说，他和你的大女儿思齐很要好，已经通信好久了。他说，他很爱思齐，思齐也很喜欢他。他们两人现在要求订婚，我很同意，现在就看你的意见怎么样，你对这个女婿满不满意！"

见毛泽东主动谈起两个孩子的婚事，张文秋一本正经地说：

"他们两人通了许久的信，我是知道的。现在他们要求订婚，我很赞成。主席既然同意了，我非常高兴。不过，我怕思齐年轻幼稚，不懂事，配不上岸英。"

毛泽东微笑着摆了摆手，说：

"我看思齐比较懂事。她年纪虽轻，但待人接物很有分寸。她是在监狱里长大的，知道艰难困苦。她是烈士的后代，是我的干女儿，我很同情她，也很喜欢她。所以，我赞成他们现在订婚，将来结婚。"

张文秋感到毛泽东对思齐很满意，就高兴地说：

"将来思齐和岸英能结合在一起，做主席的儿媳妇，经常在主席身边受教育，会非常幸福的。我有岸英这样一个女婿，也很满意。"

见张文秋同意这门婚事，毛泽东很有礼节地说：

"今天本应当叫岸英来见你，可是他现在不在家里。明天我叫他到你家去看望你。岸英刚从苏联回来不久，对国内情况不大了解。尤其是对中国革命的情况，不大清楚。他很幼稚，希望你今后多费点心帮助他，教育他。"

张文秋连忙客气地说：

"我听很多人说，岸英很精明强干，能吃苦耐劳。他在苏联学习了马列主义理论，回国后，也表现得非常出色。好多人都夸他是一名大有作为的青年。"

"这都是别人的奉承话，你可不要相信。他实际上是有很多缺点的。"毛泽东非常严肃地说。

张文秋回忆道：

毛主席心情沉重地谈到岸英小时候的遭遇。他说，杨开慧被捕时，岸英只有七八岁，小小年纪就同他母亲一道坐牢；杨开慧牺牲后，岸英三兄弟在上海曾经流浪过。后来，党组织把岸英和岸青送到了苏联，在苏联党的培养教育下，才长大成人。岸英在苏联的东方语言学院毕业后，又参加了保卫莫斯科的战斗。毛主席说：

"岸英1946年才回到我的身边，他真是历尽苦难，很不容易才回到祖国的呀！"

毛主席在谈到杨开慧英勇牺牲和岸英坐牢的情形时，神情严肃，声调也很低沉。直到谈起岸英回国后参加工作，他的脸上才有了一点笑容。我觉得，他这位革命领袖，对孩子充满了慈爱之心。

时间过得真快，不知不觉已到了中午，该吃午饭了，张文秋忙站起来告辞。

毛泽东谈意正浓，就再三挽留，坚持要张文秋留下来一起吃午饭。张文秋只好"恭敬不如从命"。

饭后，谈话又开始了。

毛泽东谈到了他的家庭情况，谈起了他们家为革命牺牲的五位亲人：杨开慧、毛泽民、毛泽覃、毛泽建、毛楚雄，特别是谈到了大弟弟毛泽民在新疆牺牲的情况。

张文秋听得出，毛泽东对那些牺牲的亲人们怀着一种深切的怀念之情。她谈起了陈振亚在新疆被敌人毒死的经过，谈到了他们在新疆第四监狱里同敌人斗争的情况。

就这样，两人你一言我一语，一直谈到日落西山。

我一想，从上午9点，到下午5点，已经整整谈了八个小时，毛主席应该休息了。于是我立即起身向他告辞。

毛主席还要留我吃晚饭。我说：

"主席应该休息了。天快黑了，我也要赶快回家。"

毛主席这才起身，与我握手道别。

……

我回到家里，仔细回想了一天的情况，明白了毛主席详细询问我的身世和革命经历的原因，显然是为了岸英与思齐的婚事。毛主席真会作调查工作。他以谈家常的方式，将我的各方面的情况都调查得一清二楚，连对谦初的家庭都作了深刻的了解。

与此同时，他也把自己的家庭情况和岸英的情况，主动地告诉了我，让我心里有底。毛主席这种细致的工作作风和尊重他人的品格，使我又感动，又佩服。他这样重视孩子的婚事，又使我格外高兴。

★ 不善饮酒的毛泽东抑制不住内心的喜悦，斟上满满一杯酒，走到张文秋面前，说："谢谢你教育了思齐这个好孩子！"

虽然毛泽东和张文秋都同意毛岸英和刘思齐的婚事，但由于当时刘思齐不满十八周岁，不符合解放区《婚姻法》规定的"女子年满十八岁才可结婚"的条件，一向对子女要求严厉的毛泽东没有同意两人立即结婚。

1949年初，随着辽沈、淮海、平津三大战役的胜利结束，国民党军精锐损失殆尽，蒋家王朝穷途末路，丧钟已然敲响。

3月，刘思齐随学校迁到北平继续读书。毛岸英已于一个多月前来到北平，正在中共中央社会部工作。这对恋人在北平团聚了。

这时，刘思齐已年满18周岁了，于是两人决定结婚。

在征得张文秋的同意后，10月初的一天，毛岸英找到父亲。

"我同意，你们准备怎么办婚事呀？"

刚刚主持完开国大典的毛泽东，心情很好，听岸英说明来意后，非常高兴，当即表示赞同。

"我和思齐都已商量好了，越简单越好。我们都有随身的衣服，也有现成的被褥，就不用花钱买东西了。"见父亲高兴，岸英自然喜上眉梢。

毛泽东十分满意地说：

"这是喜上加喜。还是应该艰苦朴素。你们结婚是一辈子的大事呀，我请你们吃顿饭。你们想请谁就请谁。你跟思齐的妈妈说，现在是供给制，她也不要花钱买东西了。她想请谁来都可以，来吃顿饭。"

举行婚礼的前两天，毛岸英找到张文秋，兴冲冲地说：

"妈妈，爸爸让我来告诉您，请您开一张名单给我，将您家的亲戚朋友都请去参加婚礼。要您不必在家招待客人了。"

"那怎么能行呢？我的亲戚朋友，不能让主席费心招待。"

"爸爸说了，您家里就您一个人，没有人帮助您操心，所以让您开个名单给我，我们一起招待。这是爸爸对您的体贴，妈妈您不要辜负了我爸爸的心意。"

张文秋心里热乎乎的，没想到主席如此心细，就没有再说什么，提起笔来写名单。

张文秋心想：毛主席那里不是一般人都可以随便去的，不能随意将亲戚朋友都写上名单。于是，她写下了邓颖超、康克清、蔡畅、董必武、谢觉哉和陈瑾昆等人的名字。

毛岸英好奇地问：

"妈妈，您怎么不写朱伯伯、周叔叔和少奇叔叔他们呢？"

"他们都是中央领导人，不是我的亲戚朋友，我不敢开。他们的夫人，我可以作为女朋友开上去。至于董老、谢老、陈老等人，现在是我的直接领导，所以我敢开。你说对吗？"

"妈妈讲得有道理。"

第二天，毛岸英亲自给张文秋送来大红请柬，并说：

"爸爸看了您开的名单，就问我：'为什么只开了几位女同志，不开男同志。你们请了邓妈妈，还应请恩来；请了蔡妈妈，还应请富春；请了康妈妈，还应请朱老总；请了谢老，还应请王定国；请了陈瑾昆，还应请梁淑华。还有少奇和光美同志也要请。弼时同志有病在玉泉山休息，就不必麻烦他了。'我把您的意思告诉了爸爸。爸爸说：'这话有道理，那我来请吧！'"

10月15日，毛岸英和刘思齐的婚礼在中南海举行。

在中南海菊香书屋的西屋里，毛泽东自己掏钱，办了三桌丰盛而不失简朴的酒席。大家欢聚一堂，笑声不断，都夸岸英和思齐是对好夫妻，说毛主席找到了一个好儿媳，纷纷向他表示祝贺。

望着这对幸福的新人，毛泽东也抑制不住心头的喜悦，似乎又想起了22年前在武昌与张文秋开玩笑要"结亲家"的旧事，便斟上满满一杯红葡萄酒，走到张文秋面前，笑容满面地说：

"文秋同志，谢谢你教育了思齐这个好孩子，成了我的儿媳妇。我敬你一杯酒，祝你健康，请你饮了这杯酒！"

张文秋连忙站起身来，连声说：

"不敢当，主席，也祝你健康。"

两亲家亲热地碰杯，对饮了这杯酒。

张文秋坐下后，心情依旧十分激动，心想应该回敬毛主席一杯酒，但又不知说什么才好。多亏了坐在一旁的周恩来，侧过身子，在张文秋的耳边悄声说：

"文秋同志，你也应当向主席敬一杯酒。你也感谢主席，把主席的话，回敬过去好了。"

一句话提醒了张文秋，她连忙站起来，斟上一杯酒，走到毛泽东身边，激动地说：

"主席！感谢你教育的好儿子，使我的女儿有幸成为你的儿媳妇；思齐年幼无知，今后还望主席多加教育。我感谢你对我们的关心和照顾，敬祝你身体健康，请你干了这一杯酒。"

"谢谢你！谢谢你！"毛泽东笑着站起来，高兴地说。

22年前的一句玩笑，居然变成了现实，毛泽东和张文秋，这两位有20多年交往的"老相识"成了儿女亲家，怎么能不高兴呢？两位革命老人举杯相庆。不善饮酒的毛泽东把这杯饱含深情的美酒一饮而尽。

世上就是有这样巧合的事：又过了 11 年，1960 年春，张文秋的次女邵华与毛泽东的次子毛岸青喜结良缘。这样，毛泽东与张文秋便成了双重的亲家。

张文秋与毛泽东既有革命者与领袖的恩义，也有联姻的亲情。为此，她曾写过一首诗，赞颂毛泽东：

> 领袖恩重垂万代，亲家情深美名留。
>
> 才高八斗中华杰，诗词著作贯千秋。

★ 毛泽东劝导说："盲人是世界最痛苦的人。你既然是为被压迫的人谋解放才出来革命的，为什么对最痛苦的人不去解放他们呢？"

20 世纪 50 年代中期，中央组织部分配张文秋去上海负责接管旧盲民协会，重新成立一个"中国盲人福利会"。

开始，张文秋对这项工作的重要意义认识不够，不愿从事盲人工作。但作为一名老党员，张文秋心里虽不愿意，但还是服从了组织决定，动手做起盲人工作来。

有一次，张文秋见到了毛泽东。在谈话中，她无意间流露出这种想法。

毛泽东郑重其事地劝导说：

"盲人是世界最痛苦的人。你既然是为被压迫的人谋解放才出来革命的，为什么对最痛苦的人不去解放他们呢？"

显然，毛泽东对张文秋的这种想法是不赞同的。

许多年后，张文秋回忆道：

> 我得到毛主席的指示和鼓励，愉快地和同志们一道去开展盲人福利工作。我们改组了全国各地的盲人分会，在北京建起了盲人工厂，整顿盲童小学，开办盲人印刷厂，出版盲人书籍，成立盲人训练班。

为了宣传马列主义、毛泽东思想，让盲人了解党的方针政策，在副主任委员黄乃同志指导筹备下，我们决定出版一种盲人刊物。正在考虑刊物名称时，我有幸又见到了毛主席。我把盲人福利会的发展情况向主席作了简略汇报，并呈上一本盲人书请主席看，请他为我们的创刊号命名。

毛主席说："就叫《盲人月刊》好了。这是很适当的名字了。"

他看到盲文凸点字，很感兴趣，闭上眼睛，用双手触摸凸点字，说："我是第一次见到盲文字，一个字我也不认识。"我向主席简单介绍了六个凸点的变化特点，主席听后高兴地说：

"中国汉字很复杂，用六个凸点就包括了汉字，这个凸点真是变化无穷啊！黄乃同志能把这种凸点字运用到中国来，这真是为盲人带来了福音。你们这些做盲人工作的人，都应当向他学习盲文。"

我把主席的这些话转告了谢觉哉同志。谢老当时任内务部长兼盲人福利会主任委员。他听后非常高兴，立即挥毫题写了"盲人月刊"四个清秀遒劲的大字，为我们创办的这个刊物增添了光彩。

《盲人月刊》很快出版，发行全国各地，送到了盲人手中。

★ 在纪念毛泽东诞辰 100 周年的日子里，年已九旬的张文秋终日伏案，满怀深情地写下了《亲家》一书，寄托心中的无限哀思

张文秋是一位名副其实的革命老人，一位坚强的革命者和伟大的母亲。她一生历经坎坷，历尽人间沧桑，尝遍悲欢离合，曾两次坐过国民党的监牢，先后有三位亲人为革命捐躯。第一任丈夫刘谦初牺牲时才34岁。他们六年夫妻，为了革命分多聚少。她以母亲的宽阔胸怀搂抱着爱女思齐以告慰九泉之下烈士的英灵。第二任丈夫陈振亚在新疆惨遭军阀盛世才的毒手，当时他们结婚只有四年，她又以无比沉痛的心情搂抱着少华、少林再次告慰烈士的英灵。她的爱婿毛岸英结婚仅一年后，就牺牲在朝

鲜战场上。

然而，就是这样一位革命老人，毛泽东的双重亲家，在史无前例的"文化大革命"中也同样受到迫害，被关押近一年，双腿落下了毛病，行动不便，多年来只能靠轮椅活动。

粉碎"四人帮"后，已是古稀之年的张文秋仍然老骥伏枥，多次到过毛泽东的家乡韶山走访。她对韶山的山山水水，韶山人民，对亲家毛泽东都是怀着无限热爱、无限敬仰、无限思念的心情。

1982年春，张文秋参观韶山滴水洞后，写下了一首七言绝句：

> 山外青山楼外楼，韶山风景永存留。
> 暖风吹得亲友醉，主席思想垂千秋。

1995年12月，为纪念毛泽东诞辰102周年暨庆贺韶山毛泽东纪念园开园，她挥笔题词：

> 韶山伟人诞生地，黄洋赤水宝塔兴。
> 天安呼声震寰宇，故园丰碑万古存。

在纪念毛泽东诞辰一百周年的日子里，年已九旬的张文秋几乎每日伏案写作，笔耕不辍，写下了几十万字的回忆录：《踏遍青山》和《亲家》。

在书中，张文秋满怀深情地写道：

> 人生并非一定要拥有多少鲜花和掌声；人生的得意和自豪也并非让人们无休止地歌功颂德。默默无闻，无私奉献，如清泉浇灌着每一片土地，滋润着人们的心田，为自己所处的时代留下令人回味的启示，就会觉得人生是美好的、充实的，无愧于人民的。人生的信念，有的也许很简单，但这正是照亮人生之路的灯塔。毫不讳言，我信仰马列主义、毛泽东思想，信仰社会主义、共产主义。正是这种植根于生命之树的信仰，我奋力拼搏，摆脱封建世家的羁绊，投入革命熔

炉；我冒着杀头的危险，踏上中国革命历史上最艰难的历程；我含着热泪，满腔悲愤送走了同志、爱人、战友，擦干他们身上的血迹，掩埋好他们的尸体，挺起胸膛，握紧枪杆继续战斗；我带着三个幼小孩子，在敌人的监狱里熬过常人难以忍受的两千多个日日夜夜，白日里望太阳，黑夜里盼北斗，和难友们一起与敌人作斗争，取得一次又一次的胜利；我忍受内心巨大的痛苦，去劝慰大女儿思齐，为她分担失去新婚爱人岸英的切肤之痛……

　　历史是公正的。历史写下了我们这一代人为国家的独立富强而进行的可歌可泣的斗争史诗；历史也留下了我们党的光荣传统。了解这些历史，对于增强民族自尊、自信、自强的精神极为重要；对于增强爱国主义、共产主义信念极为重要；对于树立正确的人生观、价值观也极为重要。生命不息，战斗不止……因为我的心还是年轻的……

第七章 "不革命就没有别的路可走"

——毛泽东与毛泽建

她，是毛泽东的堂妹，人称"菊妹子"；

她，个性刚烈，历尽劫难，但不屈从于命运的安排，是毛泽东把她从苦海中救了出来；

她，在毛泽东的教导下，经过艰苦卓绝的抗争，成为赫赫有名的女游击队长；

她，在凶残的敌人面前大义凛然，慷慨就义，成为第一个为中国革命献身的毛家人；

她，就是毛泽建。

毛泽建，又名毛泽剑、毛达湘、毛日曦，乳名"菊妹子"。1905 年 10 月，生于湖南湘潭韶山冲东茅塘，毛泽建烈士是毛泽东的堂妹。小时曾被过继给毛泽东的母亲文七妹做女儿，后嫁到杨林萧家做童养媳。1921 年春，随毛泽东到长沙，先后入"建本""崇实"女子职业学校学习，同年加入中国社会主义青年团。1922 年 9 月，入湖南自修大学附设补习学校学习。1923 年，转入中国共产党。同年秋，考入湖南衡阳省立第三女子师范学校，任党支部书记和湘南学联女生部部长。1926 年夏，受党组织委派，到衡阳县北乡集镇农民讲习所工作。1927 年，调衡山县工作，历任县委妇女委员、工农游击队队长等职。1928 年 6 月，在一次战斗中被捕。在狱中坚贞不屈，严守党的机密。1929 年 8 月 20 日，在衡山县城南门外马庙坪英勇就义，年仅 24 岁。

★ 毛泽东写下了"毛泽建"三个字，语重心长地说："你可要为穷苦人建功立业啊！"

1918 年春，毛泽东的母亲文七妹重病缠身。

文七妹，是一位勤劳、善良、品德高尚的农村妇女。1867 年生于湘乡唐家坨，与韶山一山之隔。1885 年，18 岁的文七妹嫁到韶山，与毛顺生成亲。婚后连生下两个男孩，但都不幸夭折。1893 年 12 月 26 日，文七妹生下第三胎，取名泽东，字润之。此后，文七妹又生下了两个男孩，分别取名毛泽民、毛泽覃，并收养了一个女儿——菊妹子。

菊妹子，也就是毛泽建，是毛泽东的堂叔毛蔚生的女儿。因为她是在金风送爽、菊花飘香的金秋季节里降临人世的，所以父母就给她取了个"菊妹子"的乳名。

菊妹子的父亲毛蔚生是个佃农，年轻时因过度劳累，得了肺病，经常咳血；母亲有眼疾，一家人的生活贫困不堪。1912 年，韶山冲发大水，田里庄稼颗粒无收，母亲只好带着仅有七岁的菊妹子沿街乞讨。

善良的文七妹知道后，在毛泽东的支持下，便把菊妹子接到上屋场，收为养女。毛泽东的父母把菊妹子视作亲生女儿一般疼爱有加，毛泽东兄弟也把这个苦命的堂妹当作亲妹妹一样看待。菊妹子特别敬重毛泽东，亲热地称他"三哥"。

1915 年春节前，毛泽东从长沙第一师范学校放寒假回到韶山。

一天傍晚，毛泽东满面笑容地问菊妹子：

"你认得字吗？"

菊妹子摇摇头，不解地说：

"三哥，大家都讲女人家读书有啥子用。"

"那你取了大名没有？"毛泽东又问。

菊妹子不好意思地摇摇头。

毛泽东思索了一会儿，在桌子上写下"毛泽建"三个字，说：

"菊妹子，今后你就叫'毛泽建'吧！"

菊妹子瞪大眼睛，好奇地望着毛泽东。

"'毛'是我们的姓，'泽'是排辈，'建'是你的名，是设立和建筑的意思。"毛泽东耐心地解释着，然后又语重心长地说：

"你可要为穷苦人建功立业啊！"

"毛泽建，多好听的名字呀！"

菊妹子从心底里感激三哥为她取了正式的名字，但毕竟她还只是一个不到十岁的乡下小姑娘，对毛泽东讲的道理似懂非懂，瞪大眼睛点了点头，然后兴冲冲地跑了出去，口里喊道：

"我有大名了，以后我就叫毛泽建了！"

这天夜里，毛泽建兴奋得在床上翻来覆去睡不着觉，心里一直在念着"毛泽建"三个字，并用手指一遍又一遍地模仿着毛泽东写的这三个字。

第二天一早，毛泽东就笑着问：

"菊妹子，那个名字还记得不？"

"当然记得了，我叫毛泽建。"

"嗯，不错。"毛泽东夸奖道。

"三哥，我还会写了呢！"菊妹子兴奋地说。

"是吗？那你写给我看看！"毛泽东颇感意外。

只见菊妹子拿起一个小木棍，在地上歪歪斜斜地写下了"毛泽建"三个字，居然一字不差。

"菊妹子真有出息，以后我们就叫你毛泽建了！"

毛泽东高兴地笑了。

★ 母亲临终前拉着毛泽东的手，说："菊妹子是个好妹子，你要把她当亲妹妹一样"

毛泽东非常敬重他的母亲文七妹，曾经对许多人讲：母亲的高风懿德给他留下了极深的印象，并对他下决心寻找一条解救贫苦农民的道路产生了积极的作用。

1918年8月13日，毛泽东为组织湖南学生赴法勤工俭学由长沙动身前往北京。临行前，他致信七舅父、八舅父，感谢他们照料患病的母亲，并称：乡中良医少，特请人开来一药方为母治病；如不能愈，到秋收之后，拟接到省城治疗。

1919年春，文七妹患淋巴腺炎，病情日渐沉重。此时，正在北京图书馆工作的毛泽东得知消息后，立即动身返回湖南，把母亲接到长沙医治。毛泽建也一同来到长沙。

尽管毛泽东悉心照料，但文七妹的病终因积重难返，已不是汤药所能回天的了。在长沙住了两个月后，文七妹自知不久于人世，就要求回故乡韶山。

临走前，文七妹心事重重地说：

"润之呀，我的病治不好不要紧，就是一件事放心不下。"

毛泽东急忙问母亲是何事。

文七妹拉着毛泽东的手，嘱托道：

"你父亲兄弟四人，只有泽建一个女儿，你要把她当亲妹妹看，带她读点书，日后好在外面找点事做。我不行了，只希望你们好。"

毛泽东眼含热泪，连连点头说：

"母亲，你放心，我一定把泽建当亲妹妹看。"

就这样，毛泽建与三哥恋恋不舍地分手，陪母亲回到了韶山。

此时文七妹已病入膏肓，毛泽建虽然日日夜夜守候在侧，也无济于事。

1919年10月初，正当毛泽东为领导"驱张"运动（驱逐湖南军阀张敬尧）奔走呼号之际，一个噩耗传来了。他收到了大弟泽民从韶山寄来的家信，信上说母亲病危。毛泽东心急如焚，急忙带着在长沙读书的小弟泽覃，星夜赶回韶山。

然而，毛泽东还是来晚了，两天前，也就是10月5日，文七妹病逝。毛泽东跪在母亲的灵前，心如刀绞，泪如泉涌。当晚，他满怀深情地写下了一篇感天动地的《祭母文》：

　　　　吾母高风，首推博爱。远近亲疏，一皆覆载。恺恻慈祥，感动庶汇。爱力所及，原本真诚。不作诳言，不存欺心。整饬成性，一丝不诡。手泽所经，皆有条理。头脑精密，劈理分情。事无遗算，物无遁形。洁净之风，传遍戚里。不染一尘，身心表里……

料理完母亲的后事后，毛泽东赶回长沙，继续他的革命活动。

一年后，父亲毛顺生也撒手人寰。14岁的毛泽建不得不又回到东茅塘自己的家中。然而因生活所迫，毛泽建不久就"嫁"到宁乡县杨林萧家，做了童养媳。

在萧家，毛泽建可谓度日如年。每天繁重的家务活，一家大小，里里外外，粗粗细细的事情，全数压在她那还稚嫩的肩头。尽管做牛做马，毛泽建却不能得到一丝温情，经常被家人责骂，甚至连饭也吃不饱。

毛泽建无比怀念在上屋场那段生活，时常想起母亲文七妹病重时嘱托三哥毛泽东的那番话。她常常跑回上屋场打听三哥的消息。

毛泽建盼星星、盼月亮，终于把毛泽东盼回来了。

1920年冬，毛泽东回到韶山冲。

毛泽东没有忘记母亲的嘱托。一回到家，就四处找毛泽建。当他得知毛泽建已"嫁"到杨林萧家时，就急匆匆地把毛泽建找来。

见到三哥，毛泽建早已是泣不成声。

毛泽东安慰道：

"你莫哭，那是没有办法的事，这就接你回去，到长沙去读书，好吗？"

于是，毛泽建就跟着毛泽东高高兴兴地离开了家乡，来到了长沙，开始了她的新生活。

解放后，毛泽建的胞弟毛泽连老人曾回忆道：

> 由于家里生活困难，毛泽建六七岁时就开始到外面讨米，后来过继给毛泽东的母亲做女儿。
>
> 1919年到1920年，主席父母先后去世，泽建就没人抚养了。那时她已十四五岁，只好仍旧去讨饭。
>
> 我老表萧南庭见了，便对我母亲（蔚生六阿婆）讲："这么大的妹子出去讨米太丑了。何不找个人嫁出去算了。"并说："我可以帮这

个忙，给她作个介绍。"同时问我母亲放不放心？

我母亲说："有你老表帮忙，我哪有不放心的！"

泽建找的是他的本家，杨林一个姓萧的。萧家母亲去世早，只有一个父亲，还有几亩田，经老表牵线，讲成功了。

……

没几个月，主席回来了。没见到泽建，便来我家问我"怎么不见泽建。"

我母亲说："你母亲死了，你叔叔也死了，没人抚养她，便把她嫁出去了。"

主席听了说："我要把她接回来。"

后来，主席让一个叫毛希乔的农民去送信，叫泽建回来见他。泽建立即赶到上屋场。见了三哥，她非常高兴。

主席说："别做童养媳了，跟我去长沙读书。"

泽建听了更是高兴，忙说："哥哥到哪，我就到哪去。"

主席让她把丈夫叫来，对他说："我要带泽建去读书，你也一起去吧。"

萧说要回去和父亲商量，他走后几天都没回来。主席等不及了，就带着泽建走了。

后来，萧家到我家来要人，说是没活人就要死尸。还问我们要了主席的地址，写信去要人。

主席回信说："泽建不会回来了，让萧家再找一个媳妇。"

就这样，泽建从那时出去后，就再也没回来了。

★ 毛泽东高兴地对杨开慧说："泽建这颗钉子，是打进洞了！"

来到长沙，毛泽建如出笼的小鸟一样，在这个既广阔又陌生的新天地里无比欢畅。

虽说毛泽建在上屋场靠自学认识了不少字，但毕竟还没进学堂系统地学习过。

1921年春，在毛泽东和杨开慧的鼓励与帮助下，毛泽建考取了设在长沙城内小吴门西的伍家井崇实女子职业学校。

能够跨进学堂门对于别人或许不算什么，可对基本上没有什么基础的毛泽建来说，实在是个难得的机会。毛泽建是个心性很高、不甘人后的女子，她十分珍惜这个来之不易的学习机会，发愤读书，时常学习到深夜。

有道是：梅花香自苦寒来，宝剑锋从磨砺出。毛泽建勤奋好学，进步神速，成绩在班里总是名列前茅，尤其是刺绣课更为突出。

1921年10月，时任长沙第一师范附属小学主事（校长）的毛泽东，租下长沙小吴门外一栋青砖青瓦的平房——清水塘22号。

清水塘地处城郊，碧绿的菜畦里有两口水塘，因下塘水质清净见底而得名。塘边有几株垂柳，柳丝迎风飘荡，环境显得格外的宁静与幽雅。

毛泽建与毛泽东、杨开慧夫妇一起搬到清水塘居住。这样，毛泽建就有了更多更好的学习机会了。

当时，中国共产党湖南支部刚刚成立，毛泽东任支部书记，清水塘22号就自然成为中共湖南支部的秘密机关。毛泽东、杨开慧的革命活动，对毛泽建产生了极大的影响。

毛泽东、杨开慧对这个小妹十分关爱，经常抽空辅导她学习。毛泽建经常阅读毛泽东在报纸上发表的文章。一些重要的章节，她总是一遍一遍认真地看，一遍一遍认真地记。在紧张的学习之余，毛泽东、杨开慧还经常给毛泽建讲解工人、农民为什么受到剥削压迫，过着牛马不如的生活，以及共产党为推翻帝国主义、封建军阀统治而领导人民进行革命的道理。随着时间的推移，在毛泽东夫妇的悉心培养下，毛泽建的学习成绩不断提高，视野更开阔了，思想觉悟也提高了许多。就在这一年，16岁的毛泽建光荣地加入了中国社会主义青年团。

一天，毛泽建阅读了毛泽东写的关于常宁水口山铅锌矿的调查报告。这是一部矿山工人的血泪史。在报告里，毛泽东详细记述了水口山铅锌矿成千上万的工人在资本家的残酷剥削下过着牛马不如的生活。工人们终日在井下拼命地干活，不仅生命安全毫无保障，工资也少得可怜，难以养活一家老小。有一次，工头硬逼着工人在一个岩石松裂的窿内（坑道）打起台子，站在台子上凿岩石。突然，一块巨石轰然从坑顶掉下来，当场把不及躲闪的七名工人活活压死在石块下。工友们悲痛欲绝，从碎石中把死难工友的骨肉一点点拣出来，用草纸包好。遇难工友的家属们手捧亲人的骨肉，呼天喊地；然而狠毒的资本家不但不给抚恤金，反而把他们统统赶出了矿区。一时间，无家可归的孤儿寡母们流落街头，靠乞讨生活……

读过这里，毛泽建再也抑制不住心中的悲痛，失声痛哭起来，泪水沾湿了衣襟。

"哭有什么用呢？眼泪救不了工人，只有团结起来闹革命。不革命就没有别的路可走！"毛泽东不失时机，进行开导。

不革命就没有别的路可走！

毛泽建把三哥的话牢牢记在心里。她开始独立思考，终于懂得了现在学习，就是为了以后干革命，为了投身于解放劳动人民的革命斗争的道理。从此，毛泽建的学习劲头更足了，经常学到深夜。因为她知道现在多学一点，将来的本事就大一点，就能解救更多的劳苦大众。

一天，夜已经很深了，毛泽建还在灯下苦读。也许是连日劳累，她在不知不觉中睡着了。这恰好被五哥毛泽覃看到了。毛泽覃就把她叫醒，开玩笑地说："你真是颗钝钉子呀！快回去睡觉吧，小心受凉。"说完，毛泽覃就走了。

有道是：说者无心，听者有意。

毛泽建再也睡不着了，她反复琢磨五哥的这句话：你真是颗钝钉子。是啊，自己十五六岁才进学堂念书，脑子不钝才怪呢。记得三哥曾给她讲过"铁杵磨成针"的故事。别人学一遍，我学十遍难道还学不会？天长日久，总会有熟能生巧的时候。

1922年9月，湖南自修大学附设补习学校开办不久，毛泽覃、毛泽建相继来到这里学习。

湖南自修大学，设在长沙小吴门正街船山学社内，是毛泽东于1921年8月一手创办起来的，是专为培养改造社会的人才创办的学校。其补习学校由毛泽东任指导主任，湖南共产主义小组创始人之一、中共一大代表何叔衡任主事。

进入自修大学附设补习学校后，毛泽建如鱼得水，一方面在文化知识的海洋里畅游，一方面认真攻读《共产党宣言》《社会主义从空想到科学的发展》等著作，努力提高自己的思想和理论水平。

一天，毛泽东把毛泽建和毛泽覃都叫了去，说要当面考考他们的功课。

"你们俩哪个先来？"毛泽东笑着问。

"先看'钝钉子'的吧！"毛泽覃又开起了玩笑。

"我这颗钝钉子是钝一点，但只要下功夫，也可以打进洞的！"毛泽建不服气地说。

考试结果大大出乎毛泽覃的意料：毛泽建对答如流。

毛泽东满意地笑了，并即兴写了一首称赞毛泽建刻苦学习精神的诗，其中有两句是：绳锯木断，水滴石穿。

毛泽建非常感激三哥对自己的鼓励，她把这两句话书写好，贴在自己住室的墙壁上，又在课本上工工整整地抄写了一句古训：书山有路勤为径，学海无涯苦作舟。

在毛泽东等人的亲切关怀下，毛泽建只用了两年半的时间就学完了五六年的课程。除了积极学习科学文化知识外，她还主动为文化书社递送书籍和报刊，为在清水塘秘密召开的党的会议站岗放哨，帮助工会刻印传单、张贴标语等。

在革命斗争中，毛泽建的思想觉悟不断提高，于1923年转入中国共产党。

看到毛泽建的思想逐渐成熟起来，毛泽东十分欣慰，兴奋地对杨开慧说：

"泽建这颗钉子，是打进洞了！"

★ 在毛泽东的教导下，毛泽建走出了校门，深入农村，成为一名出色的农运女领袖

随着革命斗争的深化，毛泽东成了湖南省省长赵恒惕的眼中钉。

1923 年春，赵恒惕在长沙城遍贴布告，悬赏缉拿"过激派"毛泽东。毛泽东只得依依不舍地告别了爱妻杨开慧和刚刚半岁的儿子岸英，秘密赴上海到中共中央局工作。

临行前，毛泽东特意把毛泽建找来，叮嘱她马上离开长沙到衡阳去，住在夏明翰家里，一面继续学业，一面从事革命工作。

于是，毛泽建来到衡阳，在夏明翰的指导下复习功课。同年秋，毛泽建改名毛达湘，以优异的成绩考入湖南省立第三女子师范学校。

湖南省立第三女子师范学校位于衡阳邹家码头荷花坪，是湖南省三所女子师范学校之一，创建于 1912 年，是辛亥革命的产物。当时，女三师可谓人才荟萃，不仅拥有一批学识渊博、思想进步、品德高尚的教师，而且招收了一批追求进步的热血青年。学校的设备也好，仅图书馆的藏书就有 3 万余册。学生入校除交一点学杂费外，伙食费全由学校包起来，是个理想的学习场所。

五四运动以后，毛泽东、邓中夏、何叔衡、恽代英等人曾多次到这里宣传马列主义和俄国十月革命，进行社会调查，开展建党建团工作，指导和组织学生运动。

毛泽建进入女三师后，一头扎进知识的海洋，如醉如痴。自修室里，她总是最后一个离开；图书馆里，她一坐就是几个钟头，几乎到了废寝忘食的地步。很快，毛泽建就成为一名品学兼优的学生，深受老师的喜欢和同学们的爱戴。

除了紧张的学习外，毛泽建没有忘记三哥的谆谆教导，也没有忘记自己是一名共产党员，积极从事革命活动。她把自己平日里喜欢阅读的进步书刊，如《向导》周刊、《新青年》和《呐喊》等，介绍给同学们，鼓励她们阅读这些书刊。她先后发起组织了"旅衡同学会""旅衡励进会"和"品

学励进会"等进步组织。她还经常组织同学上街宣传，发动妇女剪发、放脚，反对"三从四德"，反对夫权，反对纳妾。在女三师，毛泽建担任学生中党支部书记和湘南学联女生部部长。她教育党员选择思想进步、家境贫苦、勤俭好学的同学做朋友，启发她们仇恨旧社会，激发其革命热情，并及时吸收其入党，以壮大党的组织。

毛泽东十分关心毛泽建的学习、工作和生活。

1923年深秋，毛泽东来到衡阳，听取了夏曦关于湖南省立第三师范学潮情况的汇报，并参加该校的党团员会议。毛泽建参加了这次会议，聆听了毛泽东在会上所作的关于团结多数、深入工农的指示。

兄妹二人在衡阳重逢，自然十分高兴。毛泽东在询问了毛泽建的学习和工作情况后，勉励她要努力学习，团结同学和进步力量，以更高的热情投身到国民革命运动中。

三哥的话对毛泽建启发很大。她反复体会三哥的教诲，深切地感到：学校并不是世外桃源，关起门来埋头读书，是根本无法救国救民于水火。这时，她的耳边仿佛又响起三哥的话：不革命就没有别的路可走。于是，毛泽建发动同学们到工人中做宣传，做调查；到附近菜农家里走访，了解他们的疾苦；她团结进步同学，要在国民革命的大潮中，扬起那涤荡污泥浊水的狂风大浪。

在革命斗争中，毛泽建认识了湖南省立第三中学学生、共产党员陈芬。同年冬，他们结为革命伴侣。

1925年8月底，毛泽东由故乡韶山返回长沙，向中共湘区委员会报告韶山农民运动情况。当时在孙中山先生"联俄、联共、扶助农工"的三大政策指导下，国共两党已开始了第一次合作。

9月上旬，为筹备国民党第二次全国代表大会的召开，毛泽东离开长沙奔赴广州，路经衡阳、资兴、耒阳、郴州、宜章等地，"间道入粤"。沿途，毛泽东一再强调要多派优秀同志到各县农村秘密组织农民协会。

由于时间仓促，毛泽东仅在衡阳蒸湘中学住了一夜，就匆匆南下。这次，毛泽建没能再见到敬爱的三哥。但毛泽东关于开展农民运动的思想，在她的心中深深扎下了根。

第七章 『不革命就没有别的路可走』——毛泽东与毛泽建

1926 年夏，北伐军开进衡阳。毛泽建受党的派遣，离开女三师，以农运特派员的身份，到衡阳县北乡集镇的集兵滩农民讲习所工作。

在集兵滩，毛泽建亲自讲授《共产主义浅说》，辅导学员阅读《新青年》《向导》等革命刊物，发动农民，组织农民协会，建立农民自卫队，斗土豪劣绅。她自豪地说：

"我们共产党人要和太阳一样红轰轰烈烈，光明普照。"

为此，毛泽建还给自己取了一个新名字：毛日曦。

毛泽建成了拯救农民兄弟逃出苦海，谋求解放的农运女领袖。她深入发动农民群众，创办了湖南省"模范农协"之一的神皇山农会；她智擒了劣绅钟云楼，长了农民志气，灭了土豪劣绅的威风；她发动妇女冲破禁锢妇女的族法族规，奔向解放之路。

在毛泽建的领导下，一场轰轰烈烈的农民运动在集兵滩展开了。

★ 毛泽东郑重地说："农民协会一定要有自己的梭标和枪杆子！"

从 1927 年 1 月 4 日起，毛泽东身着蓝布长衫，脚穿草鞋，手拿雨伞，离开长沙，先后考察了湘潭、湘乡、衡山、醴陵、长沙等县的农民运动。临行前，他见到了正在长沙参加湖南省妇代会的毛泽建。

兄妹两人已有一年多未曾见面，好像有说不完的话。看到这个昔日柔弱的"菊妹子"如今经过革命大潮的锻炼，已成长为一名杰出的农运女领袖，毛泽东感到十分欣慰。

交谈中，毛泽东对社会上出现的对农民运动的种种攻击深感忧虑，对镇压农民运动的反革命行径感到无比气愤，郑重地对毛泽建说：

"农民协会一定要有自己的梭标和枪杆子！要敢于推翻地主武装，建立农民武装。"

毛泽建听后深受启发：三哥说得有道理。只有把农民武装扩大，紧紧握住梭标、枪杆子，才是唯一的出路。

但由于当时以陈独秀为首的中共中央执行了"右"倾机会主义的错误路线，毛泽东关于建立发展革命武装的正确主张不仅没有得到认可，反而受到了排挤。

"山雨欲来风满楼"。果然不出毛泽东的所料，革命形势急转直下。

4 月 12 日，国民党新军阀蒋介石在上海发动了"四一二"反革命政变，率先向共产党人举起了屠刀。5 月 21 日，反动军阀许克祥率所部第 35 军独立 33 团在长沙制造了震惊中外的反革命叛乱——"马日事变"，疯狂屠杀共产党人和革命群众。在衡阳，四乡挨户团天天在四处叫嚣，大肆搜捕、屠杀共产党人。一时间，白色恐怖笼罩着神州大地，腥风血雨之中到处风声鹤唳。

面对被敌人残害的革命同志，毛泽建心如刀绞，悲愤交加。危急关头，她想起了半年前毛泽东对自己讲的话。

"三哥说得对，一定要有自己的梭标和枪杆子，要建立农民武装。"

在毛泽建的领导下，一批衡阳的共产党员和农协积极分子，拿起梭标、大刀、鸟铳和枪支，在岣嵝岭、神皇山一带开展武装斗争。不久，在毛泽东领导秋收起义的鼓舞下，衡北游击师成立了，毛泽建任党代表。

在严酷的战斗中，毛泽建和她的游击队逐渐积累着经验，日益成熟，不断壮大。游击队经常神出鬼没，把敌人搅得寝食难安。毛泽建声名大振，成了威震一方的女英雄。

1928 年春，毛泽建奉党组织的命令，来到地处湘粤赣三省交通要冲的耒阳，开展革命斗争。

这时，毛泽建已经怀孕好几个月了，加上艰苦的生活，长期夜以继日地工作，她的身体日渐虚弱。但她不顾同志们的劝说，仍坚持在石滩、新市、东湖、夏塘、遥田一带乡村发动群众，组织游击队，与战友们并肩作战。

来耒阳不久，毛泽建见到了毛泽覃。

毛泽覃时任中共江西遂川县委委员、县游击大队党代表，此次来耒阳，是奉毛泽东之命，带一个特务连，前来迎接朱德、陈毅率领的南昌起义留下的部队和湘南农军上井冈山的。

兄妹俩相见格外亲切。毛泽覃兴奋地向毛泽建介绍了井冈山和毛泽东的情况。毛泽建恨不得马上跟随队伍上井冈山，向三哥汇报自己工作的情况。

可毛泽覃告诉她：

"现在井冈山天天要打仗，三哥要领导党、军队和地方政权建设的工作，很辛苦，很艰险。你们留下来打游击，就是配合井冈山斗争，保卫井冈山呀！"

见毛泽建有些不高兴，毛泽覃安慰道：

"三哥讲，人要有屁股，才有机会坐下来休息，不会因疲劳而倒下。井冈山就是工农革命军的屁股。我们不但要在井冈山扎营，而且要长期占据下去。迟早有一天，你会见到三哥。我们又会战斗在一起的。"

10 月，毛泽建接受新的任务，前往衡山县，任县委妇女委员。

不久，衡山工农游击队成立，毛泽建参加了游击队的领导工作，率队袭击挨户团，打击土豪劣绅，炸县衙门，破坏铁路与通信设备，成了令敌人闻风丧胆的女游击队长。

★ 毛泽建含笑走上刑场，成为第一个为中国革命献身的毛家人

1928 年 10 月，在一次战斗中，毛泽建不幸被捕，落入敌人的魔爪中。

敌人喜出望外，以毛泽建系"毛泽东之妹，马日前后，均负该党重要职责"，对她进行威逼利诱，妄图从她身上捞取党的重要机密。毛泽建坚贞不屈，毫不动摇。

当敌人审问她的名字时，毛泽建昂首回答：

"我叫共产党！"

当敌人逼问她交代党的机密时，毛泽建响亮回答：

"不知道就是不知道，毋庸多言！"

当敌人威胁道：

"毛达湘，女共产党，杀！"

毛泽建横眉冷对：

"要杀就杀，要什么臭威风！共产党是斩不尽、杀不绝的！"

当敌人又利用叛徒来"劝降"时，毛泽建怒斥道：

"怕死不革命，革命不变节！要我投降，除非日从西山出，湘江水倒流。"

凶残的敌人动用了种种酷刑，皮鞭抽，烙铁烫，灌辣椒水，倒压杠子，把竹签刺进她的手指，甚至惨无人道地用铁丝穿过她的乳房。毛泽建被折磨得死去活来，紧咬牙关，一声不吭。

敌人始终一无所获，恼羞成怒。

1929年8月，一个夏夜，星疏月朗，万籁俱寂。

早已被折磨得遍体鳞伤的毛泽建预感到敌人可能会对自己下毒手了，便拿起纸笔，开始写《遗书》：

> 我将毙命，不足为惜。达湘个人方面是很痛快的事。人世间的苦情已受尽了，不堪再增加。遗憾的是不能和同志们一起为推翻旧社会，消灭吃人的魔鬼而冲锋陷阵。现在各处均在反共，这是我们早就料到的。革命轻易地成功，千万不要作这种奢望。但是，人民总归要翻身做主人，共产主义事业终究要胜利。只要革命成功了，就是万死也无憾。到那天，我们还会在九泉之下开欢庆会的。

8月20日，毛泽建带着沉重的脚镣手铐，从容不迫地走向设在衡山县城南门外马庙坪的刑场。

行刑前，敌人假惺惺地问毛泽建还有什么要说的。

毛泽建使出浑身的力气高呼：

"中国共产党万岁！"

敌人惊呆了。

随着一声撕心裂肺的枪响，罪恶的子弹穿透了毛泽建年轻的胸膛。

毛泽东的好妹妹、中国共产党的优秀党员、我国最早的女游击队长毛泽建英勇牺牲，年仅24岁。她成为第一个为中国革命献身的毛家人。

第八章 "你要正确认识行老"

——毛泽东与章含之

　　她，与毛泽东是世交，她的父亲（确切地说应该是养父）一生跨越中国近现代史三个时代，与毛泽东终生保持着特殊的友谊；

　　她，还是一个中学生的时候，就在父亲的带领下走进了中南海，与毛泽东相识；

　　她，有幸参加了毛泽东七十寿辰的家宴，由此成了毛泽东的英语老师；

　　她，正是在毛泽东的谆谆教导下真正认识了父亲，并见证了毛泽东与父亲间真挚的友情；

　　她，也是在毛泽东的一纸调令下走进了外交部的大门，从此中国又多了一位杰出的女外交官；

　　她，还是在毛泽东的鼓励下走出了婚姻生活的阴影，与外交才子乔冠华演绎了一个凄美的爱情故事；

　　她，就是章含之。

　　章含之，上海人。1953年，考入北京外国语学院英语系，后入该系研究生班学习。1960年毕业，留校任教。1971年，调入外交部，历任亚洲司处长、副司长等职；同年9月，作为中国代表团成员出席联合国大会。1973年至1975年，任中国出席联合国大会副代表。20世纪70年代，参加中美建交关系的会谈，参与尼克松访华、上海公报的谈判等一系列重大活动，是当时中国杰出的外交官之一。粉碎"四人帮"后，历任中国人民对外友好协会常务理事、国务院农村发展研究中心国际部主任、国务院发展研究中心国际部主任等职。2008年1月26日，在北京病逝。

★ 在怀仁堂国庆招待会上，章含之第一次见到了毛泽东

1950年国庆节前的一天，时任中央文史研究馆馆长的章士钊收到了一张请柬。

这是在中南海怀仁堂举行国庆招待会的请柬。有意思的是请柬上特意注明每位受邀宾客可以携带一个孩子出席。章士钊便决定带上爱女——时年只有14岁的章含之前往。

章士钊（1881—1973），字行严，人们尊称他为行老。湖南长沙东乡人。1904年，在上海建立华兴会外围组织——爱国协会任副会长。次年，赴日本，与孙中山相识。辛亥革命爆发后，毅然回国参加革命，历任讨袁军秘书长、广州护法军秘书长等职。1919年，任南方军政府议和代表，出席上海"南北议和"会议。后任段祺瑞临时执政府司法总长兼教育总长。因镇压学潮，被迫辞去教育总长职务，改任执政府秘书长。曾积极营救李大钊。"九一八"事变后，赴上海做律师，曾担任陈独秀的辩护律师。抗日战争期间，拒绝加入伪"维新"政府，赴香港避难。1949年，作为南京政府和谈代表到北平参加国共谈判。中华人民共和国成立后，历任全国政协第一届委员，第二、第三届常务委员；全国人大第一、第二届代表，第三届常务委员；中央文史研究馆馆长等职。

毛泽东同章士钊的友谊可以追溯到30年前。杨开慧烈士的父亲杨昌济先生是章士钊早年在湖南长沙时的至交。1919年，经杨昌济先生介绍，章士钊认识了毛泽东。两人一见如故，结成忘年交。

国庆节那天，中南海怀仁堂金碧辉煌。大厅里，宾朋济济，身着盛装的人们脸上无不洋溢着节日的喜悦，互相谈笑着。

章士钊穿一套藏青色中式夹衣，章含之则穿上新做的蓝色海空绒背带裙，头上扎着一朵红格子花蝴蝶结，父女俩都十分精神。

一进大厅，章士钊便看到了几位熟识的老人，互相问候闲聊起来。而章含之却有些不大高兴似的站在一旁，两眼四处张望着。

40多年后，章含之在《忆主席》一文中，回忆道：

那时我随家里人刚从上海迁来北京不久，完全是一个不谙世事的十四岁女孩子。我不记得为什么那个招待会请的客人中不少人带了自己的孩子去，反正父亲对我说要带我去见见毛主席。当时我对于离开生于斯长于斯的上海大都市生活充满眷恋，因而对北京的一切也就充满敌意和那种少年时代极易产生的逆反心理，所以对于后来被人们视为殊荣的去中南海见毛主席并不感到激动，只是为了不违逆父亲的意愿随便去看看热闹而已。

这时，毛泽东微笑着走进了大厅，全场顿时爆发出热烈的掌声。毛泽东一边走，一边不断向来宾致意、问候。

不大一会儿，毛泽东径直朝章士钊走了过来。

"行老，近来可好？"毛泽东满面春风，拱手向章士钊问候。

"托主席的福，还好！"章士钊抱拳致意。

两位老朋友紧紧握手，互致问候。

"这是我的女儿，带来见见毛主席。"章士钊指着章含之说。

章含之只是一个劲儿地笑，眨巴着大眼睛，天真地看着毛泽东，点点头。以往家里人从来都告诉她叫谁"伯伯"叫谁"叔叔"，只有14岁的她自然不懂称呼职务的习惯，因此不知道该叫毛泽东什么。

毛泽东慈祥地用大手轻轻地拍拍章含之的头，微笑着说：

"好嘛！好嘛！有多大了？"

章含之仍是没有说话，那倒并非畏惧，只是不知道该跟这位大人物说什么好。

"她今年14岁了。"章士钊马上代为作答。

"你父亲是大学问家，你要好好向他学哩！"毛泽东一点也没有生气，反而和蔼可亲地对章含之说。

章含之仍是笑了笑，点点头，没有说话。

然后，毛泽东又向其他人走去，互致问候。

章士钊也与许多人握手寒暄起来。章含之感到十分无聊，周围全是大人们在讲话，一点也不好玩。

过了一会儿，毛泽东带着江青走过来，给章士钊介绍。两人是初次见面，彼此都非常客气地打着招呼。

"小孩子和我们在一起没意思吧？"毛泽东一语道破了章含之的心事。

章含之不好意思地点点头。

"我提议，你们都到外面去耍，吃饭再回来。"毛泽东随和地说。

这句话可把章含之高兴坏了，立即就要往外跑。

江青一边笑着拉住章含之，一边又招呼了几个孩子，朝大门外走去。

在大厅门口，10多个跟章含之一样半大不小的孩子早已等得有些不耐烦了。见江青他们出来，立刻高兴地跟在江青后面，在中南海里游玩起来。

就这样，章含之他们痛痛快快地玩了一番，直到吃饭时才回到大厅。

由于当时章含之只是一个不谙世事的小姑娘，与毛泽东的第一次见面并没有给她留下多少深刻的印象：

> 直到晚宴结束我才又见到毛主席。他和客人们握手告别。那时的毛主席在我印象中特别高大魁梧，坚实沉稳，同我后来的感觉有相当的差异。

★ "你来教我读英文，行不行？"

光阴似箭，日月如梭，转眼到了1963年12月26日。章含之时隔13年后第二次见到了毛泽东。

这天是毛泽东的七十寿辰。上午，毛泽东即派秘书田家英给章士钊打电话，邀约晚宴。不过这个邀请有一项很独特的说明：主席说很抱歉不请夫人，但可以带一名子女。

章士钊兴奋不已，又带上爱女章含之赴宴。

这时，章含之已经读完中学、大学、研究生，加入了中国共产党，并成了北京外国语学院英语系的一名青年教师。对于要去谒见党的伟大领袖，章含之自然是十分兴奋、紧张，又夹杂着胆怯。但令章含之始料不及的是这次见到毛泽东，竟导致了她后来整个生活的改变。

轿车开到中南海丰泽园，毛泽东出门笑语相迎。老朋友见面自然十分高兴，握手寒暄后，互相搀扶着走进了客厅。

寿宴只设了两桌饭，丰盛而不奢华，摆满了豆豉炒辣椒、熏鱼等湖南家乡菜。客人除了毛泽东自己的亲属之外，只邀请了程潜、章士钊、叶恭绰和王季范四位老友作陪。

程潜（1882—1968），字颂云。湖南醴陵人。国民党元老，曾在国民党政府担任过湖南省主席，后率部和平起义，时任全国人大常委会副委员长。毛泽东称他为"颂公"，有时还戏称为自己的"父母官"。程潜身材高大，白发苍苍，这次除了带大女儿出席外，还带了一件珍贵的贺礼。程潜虽在青年时代就投笔从戎，但仍爱好诗词并擅长书法。为给毛泽东祝寿，他倾注了大量的心血做诗12首，亲自誊写装帧成册，由章士钊亲制封面，赠给毛泽东作寿礼。

叶恭绰（1881—1968），字玉甫。广东番禺人。曾在国民党政府中任铁道部长、北京国学馆馆长。1950年，从香港回北京后，历任中央文史馆副馆长、全国政协常委。叶恭绰身材短小精悍，在书画方面造诣极深，这次也是带了女儿作陪。

王季范（1885—1972），湖南湘乡人。时任政务院参事。是毛泽东的表兄，又是毛泽东在湖南第一师范学校读书时的教务长，彼此过从甚密。这次是带着孙女王海容来赴宴的。

饭前，毛泽东与四位老人谈笑风生，论古说今。几个年轻人似乎彼此熟悉，在一旁窃窃私语。唯有章含之平日一直住在学校，很少与他们来往，因而感到都很陌生，自然也就带着几分拘谨，一言不发。

席间，宾主大多是湖南人，操湘语，叙湘情，吃的又是湘菜，频频举杯，欢声笑语，气氛颇浓。

听着老一辈和小一辈的高谈阔论，章含之来前的兴奋与激动早已烟消云散，那种被冷落孤立的感觉使她只想早点结束，早点回家。

就这样，章含之好不容易盼到吃完饭，宾主坐在客厅里休息。毛泽东突然注意到了坐得远远的章含之，微笑着问：

"含之同志已经当老师了？"

章含之恭恭敬敬地回答：

"我是1957年本科毕业，下放农村一年，又读了两年研究生，1960年正式开始教书，已经三年了。"

毛泽东一下来了兴趣，接着问：

"那你多大了？"

"28岁。"

"年纪不大，硬是个老师哩。"毛泽东风趣地说。

众人都笑了起来。

"教什么啊？"毛泽东又问。

"低年级的英语口笔语实践课，还准备高年级的英国文学史讲座。"章含之有些不好意思地回答。

"你喜欢文学？"

"很喜欢。"

毛泽东开怀大笑，连声说好。后来毛泽东便常常戏称章含之是"文学派"。

"章老师，你来教我读英文，行不行？"

章含之一点儿心理准备都没有，听毛泽东这样说，立即窘迫起来，连忙摇头说：

"主席，我哪里敢当您的老师！您是我们大家的老师。"

"教英语我就当不了老师了，还要拜你为师啊！"毛泽东极为认真地说。

章含之见毛泽东不像是在开玩笑，就恭恭敬敬地回答：

"我的英语水平低，不敢教主席。"

毛泽东哈哈大笑着说：

"怕什么嘛！我的水平很低。"

章含之脸涨得通红，仍然一个劲儿地说不行。

章士钊见状，立即出来打圆场：

"主席什么时候要含之来，告诉她就是了。"

"那就好。"毛泽东满意地点了点头。

从中南海回来后，章含之以为毛泽东拜师学英语只是高兴了说说而已的，也就没往心里去。

没想到，大约一周后的一天上午，正在学校办公室里准备教案的章含之突然接到毛泽东的外事秘书林克的电话。

"主席吩咐我给你打电话，说他同你讲好了，你教他英语。主席问你是否可以从这个星期天就开始。"电话里，林秘书十分客气地说。

章含之简直不敢相信自己的耳朵，支支吾吾地说：

"我以为主席不过说说而已，没想到是真的。我一点儿准备没有，万一教不好怎么办？"

"你不要紧张，主席很和蔼，他想读点英文也是作为一种休息，你就放心地来吧。走中南海西门，我会关照门口警卫放行的。"林秘书说。

整整一下午，章含之都沉浸在无比的紧张与兴奋之中。

晚上回到家中，章含之立即把这个意外的惊喜告诉父亲，并说自己紧张得要命，害怕教不好。

章士钊很是高兴，安慰章含之：

"你大可不必紧张，主席是很随和的。"

随后，章士钊兴致勃勃地讲起他与毛泽东交往的一些趣事。最后，章士钊要章含之替他给毛泽东带一套线装书——日文版的《智囊》。那是中南海家宴那天，毛泽东向他借的。章士钊一再叮嘱章含之：

"主席爱看，就留在主席那里好了。"

后来，章含之把这套书送去，毛泽东爱不释手，高兴地说：

"就是它，等我看完就还。"

章含之就把父亲的意思说了。

毛泽东连忙摆手说：

"那不行，借书嘛，有借有还，再借不难。"

几周后，毛泽东果然信守诺言，把书还给了章士钊，又换了另一套。

章士钊藏书较多，毛泽东经常向他借书看。章含之自然就成了他们之间的借书、还书交通员。毛泽东每次都是先还清上次借的，然后再借一部。

章含之满怀深情地回忆道：

我在陪同主席学英语的几个月中一直承担了他和父亲之间的通讯员，负责图书交换。

父亲去世后，我把父亲留下的最好的书籍全部送给毛主席。他很高兴，问我父亲其他的大量藏书如何处理？

我说："已决定捐给中央文史馆。"因为父亲生前是中央文史馆馆长。

主席问："拿走没有？"

我说："通知他们两个月了，还未来搬。"当时"文化大革命"，中央文史馆的正常学术活动也受很大影响。

主席说："没拿走很好。你不要去捐给文史馆或其他图书馆，他们放在地下室，结果喂了耗子。你要好好保存起来。书是要让懂书的人看才有价值，你把他们借给真正懂书的人。有借有还，这才是发挥了书的作用。以后可以办一个纪念馆保存起来。"

★ 章含之走进中南海，真的当上了毛泽东的英文老师

1964年元旦过后的第一个星期天，章含之走进了中南海，成了毛泽东的英语老师。

章含之幸福地回忆道：

那时候，我去中南海见主席时，他关照得极细致。

他说："我请你当我老师，不要搞特殊化，你一般骑自行车来，天气不好时，我派车接送。不要用行老的汽车，那是配给他用的。"

我每次都遵照主席的嘱咐骑自行车去他那里。只有一次下大雪，我坐公共汽车去的，毛主席派汽车送我回家。

从这以后每逢星期天，章含之都到中南海教毛泽东学英语。正如林克

秘书所说的，毛泽东学英语确实是一种休息。

他和我讨论英语词汇兴致勃勃，总能暂时从他那日理万机的繁忙国事中超脱出来。他自己选定的教材是当时发表的批判修正主义的"九评"文章的英译本。这些文章当然都曾经过他的审定，因而他对内容十分熟悉，不必解释。他要我做的仅是告诉他那些政治词汇的中英对照，英语发音以及某些句子的语法结构。每次学英语也不过一个多小时。尽管如此，毛主席却对每一个语文现象都十分认真。

毛泽东很喜欢这个聪慧的姑娘，常帮她剖析人生，决断疑难。学习之余，两人也常在院子里散步谈心。许多年后，章含之深情地说：

"同主席在一起的谈话是那么丰富多彩，充满教益，今天回想起来仍栩栩如生，如在眼前。"

（一）单词

一次，毛泽东问英语的组词规律。

于是，章含之讲到英语的词根，前缀和后缀，动词、名词的转换以及肯定与否定词义的变换。

毛泽东听得非常认真，感叹地说：

"这个英语还蛮科学的。修正主义这个词从动词'修正'来的，加上 ist 就变人，修正主义者。这个很好记，比汉语有规律。"

这时，章含之了解到毛泽东早在土地革命战争时期就学过英语。

那还是在 1929 年秋，毛泽东被剥夺了红 4 军的领导权后，与贺子珍、曾志等人一起住在闽西上杭苏家坡。

据曾志回忆：

毛泽东闲来无事，不知道从哪里弄来两本《模范英文读本》，就坐在窗前大声地念英文。可是，毛泽东有很重的湖南口音，读得也不很准，听起来令人发笑。

几十年过去了，毛泽东依旧对学英语感兴趣，发音依旧很认真。

当然，毛泽东浓重的湖南口音仍是不可能标准地读出英语单词，但令章含之感到吃惊的是：

他却能一丝不苟地把"L"和"N"这两个湖南、湖北人一般分不清的辅音分辨得很清楚。

（二）肥肉

陪毛泽东学英语的，除了章含之外，还有护士长吴旭君。

章含之一般都是下午4点到毛泽东那里。读完一个多小时的英文后，就陪他去院子里散步。

当时正值初春，春寒料峭。每次出门前，章含之穿上大衣、围上大围巾。那时的毛泽东还是很健壮的，只披一件呢大衣，不戴围巾，不戴帽子。见章含之全副武装的模样，毛泽东往往笑着要她锻炼不戴围巾。

散步后，毛泽东总是热情地留章含之、吴旭君和他一起吃晚饭。

因为天气寒冷，晚饭总是有个火锅，热气腾腾的。毛泽东胃口很好，又酷爱吃肥肉，把切成大方块的肥肉放在火锅里煮熟，然后蘸上酱油和辣椒粉等佐料，大口大口地、津津有味地吃下去。他一边吃，一边还不时地劝章含之她们也吃。

章含之是在上海长大的女孩子，基本上不吃肥肉。但盛情难却，同时也为了不扫毛泽东的兴，章含之每次都要吞下一两块真正的大肥肉，那感觉就像把半块黄油一口吞下去一般。

三人晚餐时，室外寒风刺骨，室内气氛和谐，其乐融融。章含之觉得，那情景就像是一个和睦的家庭，她和小吴陪着长辈吃饭，边吃边闲谈，既有中南海外边的趣事，也有毛泽东对许多事的点评。

（三）戴高乐

毛泽东对吃饭很不讲究，饭菜极其简单。每次总是由一位工作人员用提盒送来，一般都没有酒或饮料。

一次，毛泽东突然说要请章含之喝一杯黄酒。章含之想一定有什么喜事。

果然，毛泽东兴奋地说中法两国决定建交，第二天正式向全世界公布。因为这是中国同西欧第一个国家建交，毛泽东自然格外地高兴。

"戴高乐是个了不起的人物。他有魄力作为第一个西方国家同中国建交。我希望他有机会来中国访问。"毛泽东颇为感慨。

十分遗憾的是，戴高乐没有能实现他访华的愿望，毛泽东也未能同这位有魄力的法国元首会晤。

后来，法国总统蓬皮杜访华。毛泽东还在会见时，感慨地提到戴高乐将军未能访华的遗憾。

（四）文学与政治

那时，章含之只有20多岁，说话没有顾虑，有一次竟然同毛泽东展开了一场热烈的讨论。讨论的话题是关于外语教学中文学与政治题材的比例问题。

"教学生用什么教材？"毛泽东问。

"大部分是文学性的题材，也有新闻、政论等内容。"章含之答。

"我看应该以政治题材为主。"毛泽东说。

章含之不同意这种观点，反驳道：

"还是应当以文学题材为主。"

为证明这一观点的正确，章含之还举了很多例子。

毛泽东和善地笑了：

"啊呀，你这个'文学派'好顽固啊！"

"主席对中国文学如此渊博，写了那么多好诗词、好文章，外文也一样啊！"章含之毫不示弱。

毛泽东只好连声说：

"好，好，我们妥协。七分政治三分文学，可不可以，我的章老师？"

"主席，我们把三和七倒过来，好吗？七分文学三分政治。"章含之仍然不依不饶。

见章含之那股不达目的誓不罢休的劲儿，毛泽东爽朗地笑起来，说：

"这个章老师好厉害，不让步，还蛮讲策略。我们可以休战，实践一段再看。你可以告诉学校领导，我认为要增加点政治题材，对学生将来工作有好处。你也不能老是钻在你那文学里面，政治还是很重要的。"

章含之回学校后把和毛泽东辩论的事如实向系党总支书记汇报了。当时章含之去毛泽东那里教英文是经党总支领导同意的。

但令章含之做梦也没有想到的是："文化大革命"期间，这些情况不知怎么让红卫兵知道了。于是，铺天盖地的大字报贴满了章含之宿舍外面的墙壁上和学校的大字报栏里，说她"胆大包天""对抗毛主席"。

几年后，当章含之再次见到毛泽东时，就把这件事说了，并告诉他为了这个"文学派"自己挨了多少斗争。

毛泽东听后，便风趣地说：

"啊呀！那是受我牵连了。我来给你平反！那是自由讨论！我毛泽东的意见也不能强加于人嘛！"

★ 毛泽东严肃地说："对一个人要看他全面的一生，更何况对自己的父亲。共产党并不要你盲目地六亲不认啊！你要正确认识行老"

在章含之教毛泽东英语的这段时间里，毛泽东经常与她聊家常，话题自然少不了章含之的父亲、毛泽东的老朋友——章士钊。

但大大出乎毛泽东意料的是：章含之对父亲感情不深，甚至是很淡漠。

原来在章含之尚未懂事的时候，章士钊就只身去了重庆，直到1945年抗战胜利后才回到上海。父女俩之间那种陌生与隔阂似乎与生俱来。到北京后虽然生活在一起，可章含之在感情上同章士钊之间的那座冰山始终未能消融。

章含之在《忆父亲》一文中写道：

> 后来，我在入团、入党过程中，自然是毫不勉强、心甘情愿地就把父亲当成是旧官僚、旧政客的代表，彻底批判；入党后更时时都视

父亲为敌对阶级的代表。

　　记得在外交部工作时，当时一位干部司的领导曾开玩笑说我的档案里如果取掉了我那些批判父亲的材料，几乎就没东西了。在五十年代和六十年代，这是我们这一代非无产阶级家庭出身的青年投向革命的必经之路。如果不是毛主席的一番开导，我和父亲的关系恐怕直到最后也不能化解，我也就会因此而内疚终生，自责终生。

　　那是一天下午，毛泽东学完英语后，情绪很好，点上一根香烟，靠在沙发里，突然问章含之：

　　"你和你的父亲，我的老朋友章行老关系怎么样啊？"

　　"生活上我们是一家人，我平时住在学校，周末回家。不过政治上，我们走的是两条路。他是代表旧的剥削阶级的爱国民主人士。我是共产党员，要同他划清界限，对他既是父亲，更是统战对象。"章含之感到有点突然，但还是坦率地说。

　　毛泽东一下子从沙发里坐直身子，有些惊讶地注视着章含之，大声说：

　　"啊呀！这么严重啊！还要划清界限！"

　　"是的，入党的时候，党组织再三这样教育的。"章含之理直气壮地回答。

　　毛泽东望着章含之，认真地问：

　　"你什么时候加入党的？"

　　"1957 年 1 月。"

　　"哎呀！了不得啊！我的章老师硬是我党的老党员嘛！"毛泽东风趣地笑着说，话中带着明显的夸张。

　　章含之顿时不好意思起来，连忙说：

　　"主席开我玩笑，我这个大学毕业才入党的知识分子党员，哪里敢称是老党员……"

　　毛泽东很严肃地说：

　　"你既然是个党员，你要懂得怎样对待行老。你加入了共产党，我高兴。章行老的女儿1957年就参加了共产党，这是共产党挖了行老墙角，不过这是指的思想，他的后代也跟共产党走了。其实行老也高兴，他知道你跟共产党走有出息，把女儿交给共产党他放心。"

毛泽东吸了一口烟，接着说：

"不过你要知道，我高兴你参加共产党并不是要你去造行老的反，去和他斗争。你要好好了解行老的一生，要代表共产党去照顾他、爱护他、团结他。你是你们家里唯一的共产党员，硬是党代表哩！你如果不正确对待行老，他会对共产党有意见，认为是我们把他的女儿拉走了。"

见章含之一言不发，毛泽东又微笑地问：

"你说要同行老划清界限，可不可以讲给我听听划清什么界限啊？"

章含之不假思索地说：

"他当过北洋军阀段祺瑞的教育总长，反对学生运动，鲁迅先生在很多文章里都骂过他。后来他同蒋介石关系也不错，1949年他是代表国民党来同共产党谈判的……"

然后，章含之又告诉毛泽东：

她在中学上语文课时，老师在台上讲鲁迅的《纪念刘和珍君》《论费厄泼赖应该缓行》时，都点名批判章士钊，同学们偷偷拿讥讽的眼光扫她，这令她坐在课堂里如坐针毡。

毛泽东听着章含之述说父亲的历史，很不以为然地摇了摇头，问道：

"就为这个？你只知道行老做的错事，有些还不见得是错的，譬如他参加国共和谈。我现在考考你，你知道多少行老革命的事迹，知道多少他做过的好事？"

章含之一下子愣住了，睁大着眼睛想了半天才说：

"自然，他是主席的朋友。"

毛泽东显然对这个回答很不满意，收敛了笑容，严肃地说：

"我的朋友也有反动派呢！不过行老不是。对一个人要看他全面的一生，更何况对自己的父亲。共产党并不要你盲目地六亲不认啊！你要正确认识行老。他的一生很不简单。你知不知道他青年时代反对清王朝的历史？他很激进呢！你知不知道《苏报》案？要讲再近一点，你知不知道他对共产党的帮助？"

章含之只得老老实实地摇头，承认自己不知道。此时，章含之才忽然意识到除了鲁迅的文章，自己从未问过、寻过、读过父亲的生平，对父亲的了解竟如一张白纸。

于是，毛泽东语重心长地说：

"你要批判你父亲，可是你连他的历史还没搞清楚，怎么批判呢？行老一生做的好事很多。他当然不是唯物主义者，我在成为共产党之前也不是嘛，我曾经相信达尔文的进化论，以后才相信共产主义。我们谁都不是天生的马列主义者。你父亲历史上做过几件错事，那是很早的事，他当教育总长，不喜欢学生闹事，雇了一批老妈子硬是把罢课学生架出去了。学生有气，砸了他的家。"

说到这里，见章含之惭愧地低头不语，毛泽东点燃了一支烟，笑着说：

"至于和鲁迅打架，你也不要太认真。打架嘛，总会言过其实。行老青年时代是个反对清王朝的激进革命派呢！他一生走过弯路，但大部分是好的。他为《苏报》案坐过牢，流亡日本，和孙中山一起推翻清王朝。这些都是革命的，你作为小辈应该知道。"

然后，毛泽东又耐心地向章含之解释《苏报》案，最后反问道：

"难道那时的行老不是革命派吗？"

章含之一下子蒙了，不知该说什么。

于是，毛泽东又告诉章含之他与章士钊的一段往事。

那是 1945 年 8 月底，毛泽东赴重庆与国民党政府进行和平谈判。

当时形势错综复杂，蒋介石态度暧昧，对谈判缺乏诚意。毛泽东以及其他在重庆的党内领导同志广泛接触各界爱国民主人士，并认真听取了他们对时局的分析。

一次，毛泽东与章士钊叙谈，问他对时局作何分析。章士钊想了片刻，在纸上写下一个"走"字，并说："老蒋对和平不会有诚意，我劝你'三十六计，走为上计'，重庆不可久留。"

接着，章士钊向毛泽东谈了他对当时形势的分析，认为蒋介石正在背后准备内战。毛泽东应乘他尚未准备就绪，迅速离开重庆，防止突变。

这一建议得到了毛泽东的重视。

讲到这里，毛泽东反问章含之：

"这难道还不说明行老是共产党的朋友吗？你参加了共产党就是背叛了你父亲的阶级，但是你要团结他，替共产党照顾好他才对。"

其实，章含之与章士钊感情淡漠还有另外一个重要的原因——章含之的身世之谜。

原来，章含之并不是章士钊的亲生女儿，而是在出生仅仅八个月时被章士钊收养的。

当章含之泪流满面地向毛泽东讲述了自己的身世后，毛泽东说：

"你不要把这种血缘关系看得太重！你的生身母亲虽然生了你，却没有抚养你。你们只不过是血缘关系。她只不过是把你带到这个世界上来了。而行老夫妇不仅抚养你，还培养你成人，使你今天成为对社会有用的人才，这是比血缘重要得多的人和人的关系，你应当把他们真正当作自己的父母才对！"

章含之深情地回忆道：

> 正是毛主席这些孜孜不倦的教导融化了压在我心头的冰山，使我对父亲有了重新的认识，我们父女之间的隔阂从那时起才逐渐冰释，有了父女晚年间温暖信赖的气氛。抚今追昔，我所以能够还不自愧，心底里还总有个曾经存在的家，也是全赖主席当年的一片苦心。

★ "也许行老忘了。这笔债我见到你，想起来了，早该还了！"毛泽东说到做到，这一还就是十年

这年初春，春寒料峭。

一天，毛泽东读完英文后，像往常一样，要章含之陪他在寒风中散步。当时天寒地冻，毛泽东身体健壮，不戴围巾、帽子，伟岸的身躯挺立在寒

风中，一任头发吹得蓬乱；而章含之却是"全副武装"，仍冷得直打哆嗦。

毛泽东在前面快步走着，章含之在后面跟着。就这样，两人一前一后转到湖边。

毛泽东突然停下来，问：

"行老有没有告诉过你，我还欠了他一笔债没有还呢？"

章含之感到十分意外，还以为毛泽东在开玩笑，就顽皮地笑着说：

"主席欠债？从来没有听父亲讲过！要是主席欠债，父亲是必定不会催债的。"

毛泽东却很认真地说：

"也许行老忘了。这笔债我见到你想起来了，早该还了！"

见毛泽东认真的样子，章含之将信将疑起来：

难道毛主席真的欠了父亲的钱了？

于是，毛泽东就把这件 40 多年前的往事告诉了章含之。

那是 1920 年，毛泽东正在为筹备中国共产党的成立、湖南的革命运动以及一部分同志去欧洲勤工俭学而终日奔波。

这时，毛泽东遇到了一个大难题：急需一笔数量较大的钱款。作为一个穷书生，毛泽东到哪里去弄这笔巨款呢？情急之中，毛泽东想到了章士钊。

当时，章士钊声威显赫，担任广州护法军政府秘书长，又被任命为南方军政府议和代表，正在上海出席"南北议和"会议。一年前，毛泽东在长沙经恩师杨昌济先生介绍与章士钊相识，两人一见如故，结为至交。

于是，毛泽东专程赶到上海找到章士钊，自然不会告诉他要成立共产党，只说是为一批有志青年筹款去欧洲勤工俭学，请章先生帮忙。

章士钊二话没说，痛快地答应下来，随后发动了社会各界名流捐款。在章士钊的影响和努力下，很快就筹集了 2 万银圆，全部交给了毛泽东。

讲完这段往事，毛泽东笑着说：

"行老哪里晓得他募捐来的这笔钱帮了共产党的大忙。当时，一部分钱确实供一批同志去欧洲，另一部分我们回湖南用去造反闹革命了！"

章含之好像是听到了一个传奇故事，完全听呆了，直到这时才睁大眼睛说："真有这样的事？"

毛泽东用力点了点头：

"你回去告诉行老，我从现在开始要还他这笔欠了近五十年的债，一年还 2000 元，十年还完 2 万元。"

回家后，章含之立即把这件事告诉了父亲。章士钊颇感意外，随即哈哈大笑，连声说：

"确有其事，主席竟还记得！"

但令章士钊和章含之更感意外的是，仅仅过了几天，毛泽东果真派秘书送上第一个 2000 元，并捎话说今后每年春节送上 2000 元。

这下，章士钊倒是坐立不安了。思前想后，他决定要章含之转告毛泽东：

当时他自己也拿不出这笔巨款，2 万银圆是募集而来，因此不能收此厚赠。

毛泽东听后，微笑着对章含之说：

"你也不懂，我这是用我的稿费给行老一点生活补助啊！他给我们共产党的帮助哪里是我能用人民币偿还得了的呢？你们那位老人家我知道一生无钱，又爱管闲事，散钱去帮助过许多人。他写给我的信多半是替别人解决问题，有的事政府解决不了，他自己掏腰包帮助了。我要是明说给他补助，他这位老先生的脾气我知道，是不会收的。所以我说还债。你就告诉他，我毛泽东说的，欠的账是无论如何要还的。这个钱是从我的稿费中付的。"

章士钊听后，万分激动，只好"恭敬不如从命"，收下毛泽东的这一片诚意。

就这样，以后每年农历正月初二这天，毛泽东必定派秘书或工作人员把 2000 元钱送到章士钊家中，一直到 1972 年，刚好送满 2 万元。

1973 年春节过后不久，章含之到中南海去，毛泽东便问她：

"送给行老的钱收到没有？"

"今年没有送。主席忘了，当初说定十年分期偿还，还足 2 万元。去年已是最后一笔，主席当年借的 2 万元已还清了。"章含之还以为毛泽东记错了，便详细地解释了一番。

没想到，毛泽东反而笑了，认真地说：

"是吗？怪我没讲清，这个钱是给你们那位老人家的补助，哪里能真的十年就停！我告诉他们马上补送。"

"父亲不会收的，当初说好恭敬不如从命，只收十年嘛。"章含之这时才真正搞明白毛泽东的心意，心中充满了感激之情，但还是替父亲挡了驾。

毛泽东自有他的道理，风趣地说：

"你回去告诉行老，从今年开始还利息。五十年的利息要还多少，我也算不清。就这样还下去，行老只要健在，这个利息是要还下去的。"

章含之无以应答。

接着，毛泽东严肃地说：

"这个钱一直送到行老不在为止。他去世了，就停了。你们这一代要靠自己，不要靠父亲的遗产。"

毛泽东是个言必行、行必果的人。第二天，他就派一位秘书给正生病住在北京医院的章士钊送去了 2000 元。

章士钊用颤抖的双手接到了这份弥足珍贵的礼物，激动地对家人说：

"主席想得真周到，他是要在经济上帮助我，怕我钱不够用。主席怕我好面子，不肯收，就故意说还钱、还利。"

★ "在我生活的每个关键时刻，却又都是毛主席他那神奇的大手扭转着我的命运"

1964 年春节即将来临的一天，毛泽东突然对章含之说：

"过了春节，我打算离开北京一段时间。在外面时间更自由，我可以多一点时间学英语。你向学校请个假，同我一道去。不过我不好剥削你，我们交换。你教我英语，我教你读《史记》。你到书店去买一套普通版的《史记》带上。不要用行老的，他的书都是好版本，可惜了。"

章含之兴奋极了，心想：

"毛主席要教我读《史记》，这是多么难得的机会！那是伟大的领袖当我的教师啊！"

接着，毛泽东告诉章含之：过了农历正月初五就启程，坐火车去江苏、浙江等地。

然而，计划赶不上变化快。

正月初三下午，毛泽东打来电话，要章含之去中南海一趟。

在菊香书屋，毛泽东十分遗憾地说：

"我暂时离不开北京了，旅行只好推迟。"

章含之察觉到那天毛泽东的神情不如过去轻松，不知是什么大事使他不能脱身，但也不好细问。

不久，章含之所在的北京外国语学院组织师生去参加北京郊区"小四清"。

当章含之到中南海向毛泽东请示是否向学校请假时，他挥挥手，说：

"不要请假。你去参加'四清'吧，这是很重要的。你要到阶级斗争中去锻炼！"

春末夏初，参加"小四清"回来后的章含之又去过中南海几次，但明显地感到毛泽东越来越忙，情绪也大不如过去那样安逸轻松。章含之意识到可能发生了什么事。

终于有一天，毛泽东面带遗憾地说：

"我的老师啊，有件事要同你商量。我的英语课恐怕要暂停了。党内出了点大事，我最近要处理很多事，很忙，顾不得学英语了。等忙完了再接着学，好不好？"

"主席事情多就不要学了。"章含之连忙安慰着，但那时却丝毫不知道一场大风暴已开始在酝酿。

1966 年夏，"文化大革命"开始了。这是一场由毛泽东错误发动，被反革命集团利用，给党和国家及人民带来严重灾难的内乱。中国进入了一个特殊的时期。

在此后的六年里，章含之再也没有机会见到毛泽东，但正如她所说的：

"在我生活的每个关键时刻，却又都是毛主席他那神奇的大手扭转着我的命运。"

在那段国难深重的特殊岁月里，出于对党、对毛主席的朴素感情，章含之对以党的名义采取的措施深信不疑，但由于缺乏思想准备，还是感到不理解。

随着"文化大革命"的深入，党和国家的正常秩序遭到严重的破坏，许多开国元勋惨遭迫害，章含之对很多现象想不通，就给毛泽东写了一封信要求见他。

毛泽东没有见章含之，而是要秘书打电话传达他的话：

"主席说他现在不便见你。他要你经风雨，见世面。他还说要'今朝有酒今日醉，明日愁来明日愁'。要你多保重，等他空一点再见面。"

在此后两年中，章含之带着惶惑不解的心情挨批判、挨斗争，经了风雨，见了世面。

1966年8月29日夜，厄运终于也降临到章士钊的头上。

大约二三十名戴着"新北大红卫兵"臂章，穿着没有领章帽徽的旧军装的青年男女洪水般冲进章士钊的家里。红卫兵冲进客厅，一眼就认出了章士钊，厉声命令他到院子里去。

在院子里，如狼似虎的红卫兵小将们挥着皮带在章士钊面前大喊大叫，用最粗野的语言凌辱他是鲁迅笔下的落水狗，是老浑蛋，并宣布他的"罪状"，声言他们来造他的反，要他表态支持他们的革命行动。然后又一窝蜂似的拥向客厅，开始了"革命行动"，到处乱窜，翻箱倒柜，把大批珍贵的古籍线装书扔在地上。

就这样，红卫兵们造了大约两个小时的反，带了大批的"战利品"（以书籍、信件为主）心满意足地撤退了。

当夜，章士钊提笔给毛泽东写信，告诉毛泽东北大红卫兵如何来抄了他的家并斗争了他。

第二天一早，信就送进了中南海。大约在傍晚时分，周恩来总理办公室就来了电话，说毛主席当天就把行老的信批转给了总理，要总理落实保护行老的措施。总理已严厉批评了北大红卫兵，命令他们立即送回被抄物品。

果然，遵照周总理的指示，8月31日，两名便衣警卫就到章士钊家里值班，不准任何人闯入。自"文化大革命"开始后，章含之第一次感到痛痛快快地吐了一口气。

更没想到的是，一天后，即9月1日，毛泽东亲笔复函章士钊。信的全文如下：

行严先生：

　　来信收到，甚为系念。已请总理予以布置，勿念为盼！顺祝健康！

毛泽东

九月一日

后来章含之才知道，毛泽东收到章士钊的信后立即批给周恩来总理，并批示：

　　送总理酌处，应当予以保护。

周恩来不仅立即对章士钊的安全采取了十分周密的措施，而且亲自拟定了一批应受保护的民主党派人士及干部名单，其中有宋庆龄、郭沫若、程潜、何香凝、傅作义、张治中、李宗仁、邵力子、蒋光鼐、蔡廷锴、沙千里等人。不久，章士钊就被安全转移到解放军第301医院，在那里住了三个月后才回家。

1968年秋，海军军宣队和工宣队进驻北京外国语学院，章含之的日子就更难过了。她被列为审查对象，搬到学生宿舍接受监督，眼看就会被定性为"二月逆流，里通外国"。

无可奈何之下，章含之与另一位青年教师张幼云共同署名写信给毛泽东，反映外语学院混乱情况及她所受到的不公正批判。

收到信后，毛泽东即派当时的北京市委领导到外语学院了解情况，并作出批示：看来外语学院的问题，北京市解决不了，还需派8341部队进去。

10月，8341警卫部队进驻北京外国语学院。一度混乱的情况顿时改观，而章含之也从近乎阶下囚的处境一夜之间变成了军代表的座上客，因为他们来校之前就知道是章含之向毛主席反映的情况。

章含之回忆道：

> 也许我生活中的真正转折点就在这里。因为，在此之前我从来都是个普普通通的外语教师，我所向往的生活模式是精神淌漾于西方文学的大海，现实生活中却过着风平浪静的小日子。即使给毛主席写信也是为了恢复我往日的平静，我全然没有想到过从那时起，我在政治生活中越卷越深，从此再没有能回到我的象牙塔中。

1970年5月，北京外国语学院离开北京前往湖北沙洋干校。当时，章含之的母亲去世不久，章士钊已年近九旬。周恩来总理考虑到章士钊身边无亲人照料，便请示毛泽东，建议把章含之留在北京。

毛泽东当即批示同意。章含之又向周总理请求不要让她和老弱病残一起留在学校留守处，还是让她到工厂劳动锻炼。

周总理同意了，指定章含之到北京针织总厂，并亲自写信给当时进驻针织总厂的军代表孙毅，请他安排章含之在那里的劳动与生活。

就这样，章含之走进工厂，当了一名普通的纺织女工。然而，毛泽东并没有忘记这个被他戏称为"老师"的晚辈。

有道是"山穷水复疑无路，柳暗花明又一村"。

仅仅一个月后，章含之的生活出现了重大转折。

★ "我派你回外语学院搞教育改革，你愿不愿意去？"

章含之深情地回忆道：

> 几十年中，我见到毛主席的时间其实是很有限的。如今，当我从记忆的深处编织这些往事，化成纪念他的文字时，我却十分惊异地发现，尽管我与毛主席见面时间不多，他却在我生活的每一个关键时刻几乎主宰了我的命运。

日月如梭，岁月无情。

章含之再次见到毛泽东已是 1970 年 6 月，此时距他停止英语学习已有六年之久。这期间，章含之在"文化大革命"的斗争浪潮中沉浮挣扎，幸有毛泽东的一纸批示，才使她免遭灭顶之灾。

6 月 14 日，正是章含之农历三十五岁生日。

一大早，北京针织总厂军代表办公室就派人到车间找正值早班的章含之，告诉她毛主席来电话，要她立即向工厂请假到中南海见他。

对这突如其来的召唤，章含之有些发懵。是啊，六年的风风雨雨早已使章含之心灰意冷，甚至怀疑是否还有机会再见到他老人家。多少次梦中与毛主席在一起谈论英语，倾听他充满智慧的教诲，然而梦醒时分，却是多么的无奈和冷寂。

过了好一会儿，章含之才明白过来，急忙换下工作服，请了假，与六年前一样地骑上自行车，沿着那条熟悉的马路，向中南海急驰……

毛泽东正坐在床上喝茶。

"主席，你好！很多年不见了！"

毛泽东已明显地衰老了许多，但精神还较好，高兴地笑着，拍拍床沿示意章含之坐下。

"哎呀！我的章老师，好多年不见！你好吗？这些年，你经风雨、见世面了没有啊？"

章含之顿时惊呆了，眼泪差一点儿就流了下来。在那场纷乱的"文化大革命"时期，毛泽东日理万机，竟然还记得六年前带给她这个小人物的那个口信。

"主席，没想到你还记得这两句话。这些年，我经了点儿风雨，见了点儿世面，不过很多事还是不明白。"

"不明白不要紧，慢慢地都会明白的。"

毛泽东依旧是和蔼可亲，接着又问起章士钊的近况：

"行老是不可多得的朋友，要把他保护好！总理给我写信要采取保护措施，我很赞成！"

随后，毛泽东从床上起身，披上衣服，说：

"我有事要同你商量，到外面去谈。"

会客室里，毛泽东坐在沙发上，问：

"你那个学校停课多久了？"

"从1966年到现在整整四年了，中间搞过几次'复课闹革命'，但都没搞成。因为学校打派仗，没法复课。"

章含之不明白毛泽东把她叫来，问学校的事干什么，但仍一五一十地回答。

毛泽东望着章含之，严肃地说：

"过去就算了！现在我在考虑学生应当回到课堂里去了，也就是说应当上课了。"

说到这里，毛泽东习惯地从茶几上拿起一支烟，继续说：

"不过不能像过去那样搞教育。教育要改革。外国语也还是要学的，但是也要改革。我找你来是想同你商量外语教学改革的事。你想想怎么办法，反正不能走老路。"

毛泽东把烟放在鼻子上嗅了嗅，然后放回了桌上，显然医生已经告诫他要少抽烟。

"我派你回外语学院搞教育改革，你愿不愿意去？"

章含之又惊又喜，连忙说：

"主席派我去我当然愿意。我只是怕搞不好，辜负了主席的期望。"

毛泽东满意地说：

"不要紧，什么事都要试验。你们外语学院过去有多少外国教师？"

章含之回答：

"总数我说不清，但每个系都有，英语系最多的时候有10多个。"

"这些人现在都在哪里？"

"都不在了。多数因为学校闹革命，停了课，都回国了。也有个别的支持过一派，被抓起来了。"章含之有些遗憾地说。

"噢！要弄清楚再解决。"

不待章含之回答，毛泽东话题一转，问：

"你觉得将来还需不需要请外国人来教书？"

章含之思考了一下，说：

"至少对外语教学是完全需要的。"

接着，章含之详细地陈述了理由。

毛泽东点头说：

"有道理，学校要开始招收新生，也可以有选择地请一点外国人来教书。"

接着，毛泽东便给章含之布置任务，要她向周总理报告这次谈话情况并请总理具体落实，同时要她立即赶赴湖北沙洋与北京外语学院的大部队会合，组织教师在半年内把教改方案搞好，并准备重新招收新生，第二年秋季入学。

毛泽东自然不会忘记章士钊先生已年近九旬，一再叮嘱章含之要安排好行老的生活后再动身。

章含之愉快地接受了任务，向毛泽东保证一定不辜负他老人家的希望，把教改工作做好。

毛泽东非常高兴，话题一转，说：

"教学改革就这样办，你去告诉杨德中同志和周总理，具体事你们去办。我还有一个建议和你商量，你搞完外语教改之后就不要待在学校了。"

章含之一下子愣住了，因为那时她心里唯一的奢望就是能够重新回到心爱的讲台上去。

毛泽东喝了一口茶，不慌不忙地说：

"中国需要女外交家，我看你就可以。你这位女同志蛮不简单，能说还能写。你还很有点勇气，你给我的信我都看了，写得不错，有说服力。我们需要这样的女同志去搞外交。所以搞完教改你就去外交部报到。你要是同意，我告诉外交部。"

章含之万万没有想到毛泽东叫她从事外交工作，更令她没有料到的是这次看似不起眼的谈话竟然改变了她的命运。

一个月后，章含之奔赴湖北沙洋外语学院干校贯彻毛主席改革外语教学的指示。

然而，教改工作进行得并不顺利。教师们终于听到重返教室的号召，十分兴奋，在编写教材中都竭力希望搞出科学性强、语言规律性强的教材，而军宣队却一味强调"突出政治"，认为所编的教材是资产阶级教学路线复辟的产物，甚至怀疑章含之歪曲了毛主席指示。

9月底，章含之不得不回到北京向毛泽东请示。周恩来亲自主持召开了7次会议，听取军宣队和教师们的两方面意见，最后支持了教师们的意见。

11月，章含之重返沙洋。临行前，周总理对章含之说：

"毛主席的意见是要你去一段时间，把指导思想弄清楚后就把工作移交给别人，早日到外交部报到。"

1971年3月的一天，章含之接到北京来的通知：立即结束教改工作，于月底前到外交部报到。

章含之回忆道：

> 我记得军宣队张政委、孙政委在沙洋干校小会议室向我传达北京的指示时说："祝贺你参加外交战线！"
>
> 可我却十分惶恐，十分不安。我从十八岁进入外语学院以后就再没出过外院校门，这里留下了我最美好的青春，最美好的岁月，最美好的追求，最真挚的友谊。如今要跨入一个完全陌生的领域，真不知道等待我的将是什么？但既然是毛主席要我去我还是坚决地服从了。

3月29日，我乘学校的吉普车离开了沙洋干校，从此也永远离开了我曾经生活十八年、奋斗十八年的北京外国语学院。

就这样，1971年3月31日，章含之跨进了外交部的大门，在亚洲司四处工作。

★ 毛泽东认真地说："你的丈夫早已和你没有感情，你为什么还不离婚？"

进入外交部后，章含之见到毛泽东的机会又开始增多，但大部分是在他会见外国元首时，担任翻译工作。

在《忆主席》一文中，章含之回忆道：

> 七十年代毛主席的周围已再也找不到六十年代我去同他一起学英语时的那种坦诚、宁静的环境。我觉得主席的住所内有那么多错综复杂的矛盾，甚至阴谋。我不知道日趋年迈的毛主席是否还能明察秋毫，对身边的人与事心如明镜。我与主席之间再没有过去那样的无拘无束的闲谈。每次去，总有人警告我不可多说乱说，于是我也总是小心谨慎，免招灾祸。
>
> ……
>
> 然而，毛主席把我调进外交部使我增长了一生中最为珍贵的一段见识，得以在近距离内亲眼见到七十年代初期和中期国际政治舞台如何在毛泽东、周恩来这样的中国伟人点拨下发生的巨变。

新中国成立后，由于美国的阻挠，中国在联合国的席位始终被台湾所占据着。1971年，美国国务卿基辛格访华以及美国总统尼克松即将访华的公报发表后，关于恢复中国联合国席位提案的呼声日益高涨。亚非拉的许多国家纷纷脱离美国的控制，独立地考虑联合国的中国席位问题。在提案讨论时，许多国家的代表不愿再听从美国这根指挥棒的指挥了。

历史的潮流不可逆转。

1971 年 10 月 25 日，第 26 届联合国大会通过了第 2758 号决议，宣布恢复中华人民共和国在联合国及其一切机构的合法权利。

消息传来，举国振奋。

当联合国秘书长吴丹致电中国政府，邀请派代表参加本届联大时，外交部的领导踌躇了。因为在"左"倾思潮泛滥，"四人帮"乱打棍子、乱扣帽子的年代，外交部的领导干部大多是刚刚从批斗中"解放"出来，在决定向中央建议派代表去纽约，去那个当时还基本上被美、苏控制的联合国，与他们坐在一起讨论天下大事，这个建议弄得不好是很容易被扣上"右倾投降主义"的帽子。

关键时刻，毛泽东大手一挥，说：

"我们进了联合国，当然要去！这就叫'不入虎穴，焉得虎子'！"

根据毛泽东的指示，外交部立即组成前往纽约参加第 26 届联大的中华人民共和国代表团。

毛泽东亲自点将，指示由乔冠华任中国代表团团长。他还亲自审定了代表团全体成员名单，指派章含之等人为随团翻译。临行前，毛泽东在中南海的会客室里，亲自接见了代表团主要成员。

一年后，中日两国缔结邦交。1972 年 9 月 29 日，日本首相田中角荣圆满结束中国之行，乘专机离开北京。

中日建交是毛泽东外交决策的重大胜利，他自然十分高兴。当晚，毛泽东召集参与中日建交工作的领导与部分工作人员听取汇报，在场的有周恩来、廖承志、姬鹏飞、乔冠华等人。

那天，毛泽东情绪很高，畅谈了与日本的关系，屋里洋溢着轻松的气氛。章含之作为工作人员也参加了这次汇报，就坐在面对毛泽东的一张临时搬来的椅子上。

这时，毛泽东突然对章含之说：

"我今天要批评我的老师。章老师，你这个人没有出息！"

章含之以为毛泽东又在说笑，就很随便地笑着回答：

"我从来就没出息，主席您批评吧！"

不料，毛泽东收起笑容，很认真地说：

"我说你没出息是说你好面子。你丈夫早已和你没有感情，你为什么还不离婚？为什么还怕别人知道？"

当时，章含之的丈夫有了外遇，两人夫妻关系名存实亡，已分居多年，但由于种种顾虑，主要是受传统观念的束缚，怕人议论，章含之一直拖着未办离婚手续。不知怎的，毛泽东知道了此事，就当着这么多人谈起。这令章含之万万没想到，一时不知如何回答。

如同家中的长辈，毛泽东循循善诱地开导章含之：

"婚姻不就是束缚，没有感情了就要解放自己。任何死亡的婚姻对女方是最不利的，如果今后婚姻制度改革，改成男女双方定个契约，一定年限之后或续订或解约，那时间订得太长也对女方不利。"

章含之见毛泽东如此关心自己的个人生活，感动万分，眼眶湿润了。

毛泽东接着说：

"你还年轻嘛，干吗不早点解放自己？我这个老师就是太要面子，怕人家说闲话？怕什么吗？你还怕别人在背后说你是私生子。那也没有什么可怕的。孔夫子也是私生子。私生子聪明呢！"

章含之流着泪说：

"谢谢主席的关怀，您批评得对，我一定照办，一定解放自己。"

不久，章含之办理了离婚手续，彻底摆脱了那段失败的婚姻。

毛泽东知道后，立即派人深夜送来一筐金日成同志送给他的大红苹果，并捎来口信：祝贺章含之同志自己解放自己了。

章含之回忆道：

> 毛主席把我调到外交部，转变了我的事业前程，这一次毛主席又开导我结束死亡的婚姻，使我个人的生活出现了彻底的转机……可以说，一年多后我与冠华的结合正是毛泽东那番谈话播下的种子。

1973 年 12 月，章含之与时任外交部部长的乔冠华结婚了。

当得知乔冠华搬到章士钊的家中去住时，毛泽东连声说好，并风趣地对乔冠华说：

"这一次啊，乔老爷，你可真是上轿了啊！"

★ 章含之深情地写道："我愿长久地把毛主席对我的教诲留在我余生的记忆中！"

1972 年 9 月，章含之准备随中国代表团前往纽约出席第 27 届联合国大会。

临行前，毛泽东亲自赋予了章含之一项特殊任务：看望国民党前外交部长、驻美大使顾维钧先生。

毛泽东说他很敬佩顾维钧的外交才华和为人，嘱咐章含之不要用官方名义去看他，也不必提是毛泽东要她去的，要多向他介绍大陆的情况并且邀请他回大陆来看一看。

最后，毛泽东还特意叮嘱章含之：告诉顾老先生，统一祖国是海峡两岸爱国人士的共同意愿。

显然，毛泽东是想让章含之投石问路，希望顾维钧在祖国和平统一大业方面有所贡献。

当时顾维钧已是八旬高龄，在美国当寓公。因为顾老先生与章士钊是世交，章含之便以晚辈名义去看望他。

11 月 5 日，章含之在纽约拜访了顾维钧老先生，并共进晚餐。

顾维钧虽年事已高，但精神极好，步履矫健。他极有兴趣地询问了大陆许多情况，却回避了访问大陆的邀请。显然在大陆刚刚取代台湾恢复了联合国的合法席位时，顾维钧感到访问大陆的时机尚不成熟。

章含之从纽约飞抵北京的当天就接到通知，要她第二天晚上去毛主席那里汇报与顾维钧会面的情况。这是章含之到外交部工作后唯一一次与毛泽东单独在一起谈话。

毛泽东问得非常仔细，也很谅解顾维钧暂时不便回大陆访问的苦衷。

他说要向这些国民党的元老们做工作，介绍大陆的发展情况。

作为国民党元老的章士钊也常常对章含之谈起他想在有生之年去香港，为台湾的回归做一些力所能及的工作，并感慨地说：

"见不到国共和谈、祖国统一是我一大遗憾。"

1973年春，毛泽东在一次会见时突然对章含之提到了章士钊希望去香港促成国共和谈的事。

"行老还有没有这个念头？"

"有。不过总理和我都觉得他年龄太大，恐怕去不了。"

毛泽东想了一想，说：

"我们如果准备得好一点，是不是可以去呢？譬如说派个专机送去？"

章含之一时不知如何表态，心里很担心年已九旬的老父亲经不起旅途劳顿。但毛泽东很支持章士钊的想法。最后，毛泽东请周恩来总理考虑个周到的计划，是否可在保证行老健康的条件下送他去香港。

章含之把此事告诉了章士钊。章士钊自然很高兴，连声说："主席懂得我的想法。"

当年5月中旬，章士钊在章含之等人的陪同下启程赴香港。

周恩来总理特意安排中国民航派一架专机送章士钊，随机还派了警卫人员、秘书、工作人员和医护人员。

章含之回忆道：

父亲到达香港的情绪并不热烈和兴奋。我觉得他出奇的冷静，甚至很严肃，话语都不多。他似乎意识到他是在履行他在人世间的最后一次伟大使命。他是在一场最后的拼搏中使尽自己的最后一点余力。到香港的第二天，他就急匆匆安排会见各方面的朋友。

一周后，我离港回京。离行前，父亲单独与我谈了一会儿。他要我转告毛主席和周总理，他很好，正在联系各方关系。此时他在台湾的一些老友和于右任老先生等都已经去世。他说他正在接触其他一些朋友。他要我告诉总理他在香港最多停留三个月就要回北京。

最后，章士钊深情地对章含之说：

"告诉周总理我很想北京，事情办好我就回去，叫周总理不要忘记派飞机来接我。"

令章含之万万也想不到的是：这竟是她与父亲的诀别。仅仅过了一个半月，1973 年 7 月 1 日凌晨，章士钊在香港病逝，享年 93 岁。

在《忆主席》一文中，章含之深情地回忆道：

联系到次年 5 月毛主席建议九十三岁高龄的父亲重访香港，与台湾老友恢复联系，共议两岸统一的大计，我深感毛主席在七十年代国际舞台上取得辉煌胜利之后，他已开始运筹帷幄，构思祖国统一的蓝图。那天在主席那里，我又感到一种无须戒备的无拘无束。只是看到主席明显的衰老，想起当年健壮的他，心头有一阵阵辛酸，祈祷着上苍保佑，让这位巨人在这世上停留得长久些，再长久些……

毛主席生前爱读历史，几乎每次见到他，他都要谈及中国久远的历史。他也爱谈帝王将相，从秦始皇到汉高祖，都是他常常提及的。现在，岁月流逝，毛主席自己也已成为历史，而且是中国历史上最近的一位伟人。对于他一生的业绩，我相信后人无论如何评说都不可能否认他给中国带来的巨变。对于我来说，我只愿记得他是个中国革命的伟大导师，我父亲的一位挚友，曾经改变我人生道路的长辈。至于他晚年所说所做的许多事，包括我所亲身耳闻目睹的一部分，我至今困惑，至今不解。但也不想去研究。生活对每个人来说都是匆匆人生几十载。毛泽东主席的一生如此轰轰烈烈，如此波澜壮阔，我有幸能在他身边受到教益，这已是我一生中的大幸，对于我的匆匆人生而言，实为殊荣。我愿长久地把毛主席对我的教诲留在我余生的记忆中！

第九章 "今后你就是我的大女儿"

——毛泽东与刘思齐

她，是毛泽东战友的遗孤，八岁时被毛泽东认作干女儿；

她，与毛岸英一见钟情，成为毛泽东的大儿媳妇，而她同母异父的妹妹嫁给了毛岸青，姐妹变成了妯娌；

她，痛苦地沉浸在丈夫牺牲的悲痛中，是毛泽东把她解救出来，并亲自为她张罗再婚的事；

她，一生蹲过两次监狱，第一次是在新疆军阀盛世才的大牢，第二次是在"文化大革命"期间受江青迫害入狱，毛泽东知道后，气愤地批示道：娃娃们无罪。

这一切，都赋予她神秘的色彩。

她，就是刘思齐。

刘思齐，又名刘松林，乳名牢生。1930年，生于上海。是中共山东省委书记刘谦初烈士的遗孤。1939年，随继父陈振亚、母亲张文秋由延安赴苏联，途中被新疆军阀盛世才扣留，关入监狱。1946年，获救返回延安。先后入北方大学文学院、北京师范大学附属女中学习。1949年10月，与毛岸英结婚。毛岸英在抗美援朝战争中牺牲后，她赴苏联莫斯科大学数学系学习。1957年9月转入北京大学俄罗斯语言文学系学习。1961年，毕业后分配到解放军工程兵科研部门从事翻译工作。在毛泽东的劝说与鼓励下，于1962年2月和空军学院强击机教研室教员杨茂之结婚。"文化大革命"期间，受到"四人帮"迫害，被捕入狱，后在毛泽东的指示下出狱，重获自由，分配到军事科学院工作。

★ 延安,毛泽东对小思齐和蔼地说:"你做我的干女儿好吗?"

刘思齐第一次见到毛泽东是在她八岁那年。

1938 年初春的一天晚上,延安中央党校礼堂。

礼堂里人头攒动,毛泽东、朱德、任弼时等中央领导同志也来了,聚精会神地观看话剧《弃儿》。

《弃儿》描写的是一对在白区从事地下工作的夫妻,与敌人进行艰苦的斗争,不幸被捕入狱。剧中的那对革命夫妇的女儿,一个五六岁的小女孩,衣衫褴褛,在寒风中奔跑在惨淡昏暗的街头,撕心裂肺地哭喊着:

"妈妈! 妈妈!"

这个演女儿的小演员,便是刘思齐。

刘思齐是烈士的遗孤。父亲刘谦初,1897 年生于山东平度。早年在山东齐鲁大学、北京燕京大学读书,后投笔从戎,参加了北伐军,并加入中国共产党,曾任中共山东省委书记。母亲张文秋,后改名张一平,毕业于湖北省立女子师范学校,积极参加五四运动,1926 年加入中国共产党,曾任中共湖北京山县委副书记。1929 年,夫妻两人不幸双双被捕入狱。

在党组织的大力营救下,已有身孕的张文秋逃出了敌人的监狱。

生死诀别之际,张文秋请刘谦初给未出世的孩子取名字。

"不管是男是女,就叫'牢生'吧。"已被敌人折磨得遍体鳞伤的刘谦初仍不失风趣地说。

"这是乳名,还是再取个大号。"张文秋强忍心中的悲痛,轻声对丈夫说。

"不管你们流落到哪里,要思念齐鲁,思念故土,就取个'思齐'吧!"

1931 年 4 月 5 日,刘谦初在济南英勇就义,牺牲时连尚在襁褓中的小思齐都没能见上一面。1937 年,张文秋带着小思齐辗转来到延安,在边区最高人民法院工作。是年底,经林伯渠介绍,张文秋与时任八路军第 115 师荣军学校政治处主任的陈振亚结婚。

在延安,小思齐上了托儿所。由于她活泼可爱,喜欢唱歌跳舞,就被选入《弃儿》剧组,出演那个与她有着相似经历的小姑娘。

剧情真挚感人，催人泪下。台下观众眼泪汪汪。毛泽东也深深地被剧情打动了，被小演员的演技打动了心。因为他的三个孩子：岸英、岸青、岸龙，在母亲杨开慧牺牲后一度流浪上海，无人照料，沦为"弃儿"。

毛泽东心情沉重地说：

"这一幕再演一次！"

于是，小思齐又从后台出来表演了一次。落幕时，全场观众都热泪盈眶地鼓掌。

演出结束后，毛泽东特意让人到后台把刘思齐叫到他身边，抚摸着她的头发，亲切地问道：

"你叫什么名字呀？"

"我叫刘思齐。"小思齐自然不认识眼前这个身材魁梧、面容慈祥、操着浓重湖南口音的伯伯。

"你的爸爸妈妈是谁呀？"

小思齐回头指着人群中的张文秋和陈振亚说：

"那就是我的爸爸妈妈。"

毛泽东顺着她的小手望去，张文秋和陈振亚赶紧走了过来。

早在轰轰烈烈的大革命时期，毛泽东曾与刘谦初在武汉一起共事，可以说是老战友了，自然认得张文秋，便有些惊讶地问：

"这孩子是你们的？"

"这是刘谦初烈士和张文秋同志的孩子，我是思齐的继父。"陈振亚连忙抢先解释道。

"刘谦初同志我是认识的，他是一个好同志，可惜牺牲得太早了。"

听说是刘谦初的女儿，毛泽东又想起了牺牲的战友，感慨万千，然后指着小思齐叮嘱道：

"这是烈士的后代，我们有责任好好教育她。"

陈振亚、张文秋连连点头。

毛泽东弯下腰，笑着问小思齐：

"我做你的爸爸，你做我的干女儿，好不好啊？"

小思齐有些不知所措地向爸爸妈妈投去征求的目光。

陈振亚和张文秋都笑着点了点头。

于是，小思齐睁着水灵灵的大眼睛，歪着头很认真地喊了一声："爸爸。"

毛泽东爽朗地放声大笑，兴致勃勃地说：

"既然是女儿了，你就跟爸爸一道到家里去玩，好不好？"

说完，毛泽东便牵着小思齐的手，走出了中央党校的大礼堂。

第二天，毛泽东又派人把刘思齐接到他家里去。从此，刘思齐就成为毛泽东家中的常客，时常去玩。

刘思齐曾深情地回忆：

我在延安第一次见到了主席，但可惜的是那时我的年龄太小了，只是朦胧的记忆中留下了一个和蔼可亲的伯伯的形象，他轻言细语，笑容可掬。

1939年8月，陈振亚经党组织批准前往苏联治病，张文秋带着孩子同行。小思齐只得恋恋不舍地与"干爸爸"告别。

谁也不曾想到：十多年后，刘思齐竟会成为毛泽东的儿媳妇。

★ 十九岁的刘思齐走进了中南海，成为毛泽东的大儿媳

光阴似箭，日月如梭。转眼间八年过去了。

1946年夏，在延安，毛泽东又见到了这个可爱的干女儿。此时，刘思齐已经是一个"十六岁花季"的妙龄少女了。

7月11日，刘思齐和妹妹张少华、张少林（陈振亚与张文秋的女儿，张少华后改名为邵华）随母亲一同从新疆回到延安。

原来，陈振亚夫妇带着刘思齐前往苏联，途经新疆迪化（今乌鲁木齐）时，被新疆军阀盛世才扣留，陈振亚英勇牺牲，小思齐和母亲、妹妹一起被关入监狱。直到1946年6月，在党组织的多方营救下母女四人才出狱。

刘思齐回到延安的第二天，毛泽东到中央大礼堂看望从新疆归来的同志们。

在熙熙攘攘的人群中，毛泽东一眼就认出了张文秋，激动地说：

"你回来了，好不容易呀！思齐呢？怎么没见到她？"

张文秋忙把站在身后的刘思齐拉到毛泽东跟前。

毛泽东高兴地上下打量着刘思齐：只见她皮肤白净，身材苗条；秀气的脸庞上，两只黑眸子闪闪灼灼；两条黑亮的大辫子，一直垂到腰部，浑身上下没有一点娇柔之气，充满着青春的活力。

毛泽东拉住刘思齐的手，兴奋地说：

"七八年不见面，都长大成人了，我真认不出来啦！你是我的干女儿，还记得吗？"

"记得，记得。我们常提起您呢。"刘思齐点点头。

"很好，明天到我家里来玩！"毛泽东发出了邀请。

第二天，毛泽东派人来接刘思齐到家中去玩。

刘思齐回忆道：

> 这次看望是与阳光、自由、欢乐融合在一起的。四年的狱中生活，使我生疏了阳光，隔绝了自由和欢乐。我像久旱的沙漠突然遇见了甘甜的雨露，贪婪地吸吮着。我忘情地享受着这久别的阳光，难得的自由，对我来说是梦幻般的欢乐。

在毛泽东的窑洞里，刘思齐与毛岸英初次相识了。

毛岸英是毛泽东的长子，生于 1922 年，曾与母亲杨开慧一起被敌人关入监狱。杨开慧牺牲后，毛岸英出狱，带着两个弟弟一度流落上海街头。后来在党组织的关照下，赴苏联留学。此时，毛岸英刚刚从苏联回到延安，正在中宣部工作。

可能是两人有着相似的经历，见面后彼此的印象都不错。刘思齐曾回忆：

　　我是 1946 年从新疆盛世才的监狱里放出后到延安，去毛主席那里玩，碰上岸英。我那时十六岁，岸英二十四岁，我把他当成大哥哥，双方的印象都不错，我对他的第一个印象是很随和，虽然相差八岁，可是能玩到一块儿，他的中国话讲得很好，不像从国外回来的。我们小孩儿的语言他也懂。

　　就这样，刘思齐把毛岸英当成了大哥哥。

　　1948 年 5 月，中央机关迁到西柏坡后，毛岸英与刘思齐被分配到平山县附近的农村搞土改。两个年轻人重逢了。

　　此时的思齐已出落成一个亭亭玉立的大姑娘，更加丰满、标致了；岸英也成长为一个标准的男子汉，更加成熟、英俊了。两个年轻人非常谈得来，相互诉说着以往的经历和对生活的态度、人生的理想，渐渐地萌生了爱慕之情。每当在一起聊天时，岸英就像个讲得很起劲的老师，思齐则像个老老实实的学生，安安静静地听着。随着交往的日益增多，两人心中蕴藏已久的感情便再也抑制不住了，像滔滔江水奔腾澎湃。

　　许多年后，刘思齐深情地回忆起与毛岸英这一段甜蜜的相爱过程：

　　　　1948 年 5 月份，毛主席在平山县西柏坡，我去看主席，第二次碰见他（毛岸英）。我是下午到的，到了以后，在毛主席那里一起吃了一餐饭。他坐到我那里，给我讲马列主义理论，讲的基本上是《实践论》和列宁的《唯物主义和经验批判主义》，从吃饭后，一直讲到十一点多，我越听越糊涂，越糊涂他越是往下讲，他对政治经济很感兴趣，很健谈，很耐心。

　　　　那次，我在那里住了将近一个月，接触比较多，他发现我对理论不感兴趣，便想培养我学习理论的兴趣，我觉得他感情奔放，心地坦白，人也直率。

　　　　以后，关系渐渐改变了。我在山西长治北方大学学习。当时，主席要我从中学读起，岸英也极力劝我从中学读起，要我循序渐进。他希望我起码要把文化学好，在政治、文化上和他一起配合，否则，我们的关系便是空中楼阁。我在主席和岸英的指导下，就从中学课本学起。

……一般说来，男的在女朋友面前都要掩盖自己的缺点，但岸英总是把自己的缺点告诉我，再三要我慎重考虑我们之间的关系……

毛泽东对岸英与思齐谈恋爱，是非常满意的。思齐是烈士后代，又是他的干女儿，人品、相貌都蛮好。经邓颖超和康克清帮忙，毛泽东同意他俩确定了恋爱关系。这年9月，毛泽东在跟张文秋见面时，提起了这桩儿女亲事，张文秋也一口答应下来。

在得到双方父母的同意后，两人决定立即结婚，便兴冲冲地来征求毛泽东的意见。

谁料毛泽东给他们泼了一头冷水。

"你正在学习，还没有毕业，现在结婚不怕影响你的学习吗？"毛泽东问刘思齐。

"我们想结婚后好好安排安排，不会影响学习的。"刘思齐有些羞涩地回答道。

毛泽东又转过脸，盯着岸英说：

"你还小，着什么急呀。"

"爸爸，我已经满了26岁了！"见爸爸不同意，岸英有些着急。

毛泽东依然不让步，和颜悦色地说：

"反正我同意你们结婚，等一等不可以吗？"

思齐连忙偷偷地向岸英摆手示意：要听爸爸的话。

"好，听爸爸的。"

两人离开了毛泽东的住处。不大一会儿，毛岸英又回到了毛泽东的房间。

"你怎么又回来了？"

"我想结婚以后，好好专心致志学习和工作，这样，就不必在这方面花费那么多时间和精力了……"毛岸英好像还想说服毛泽东。

"你的意思，是不是让我同意你们马上结婚呀？"

"是的。"

"思齐还不到结婚年纪，现在不能结婚。"

"思齐18岁了。"

"是周岁，还是虚岁？解放区的《婚姻法》规定：男满20岁，女满18岁才能结婚，这一条，思齐不够条件结婚。"毛泽东认真起来。

"岁数不到就结婚的人多着呢……"毛岸英小声嘟哝着。

"谁叫你是毛泽东的儿子！"毛泽东一下子火了。

见父亲发怒了，毛岸英立刻老实了，转身就走。

几天后，毛岸英向毛泽东作了检讨，承认了自己的错误。

"思齐呢？"毛泽东问。

"她也想通了。我们已经商量好，过年以后再结婚。"

"这才像我的儿子嘛！"毛泽东满意地说。

岸英和思齐果真没有让毛泽东失望，他们放下婚事，精力充沛地投入各自的工作和学习中。刘思齐感到自己的学业断断续续，基础知识掌握得不系统，就根据毛泽东的意见，找了一所比较正规的学校——"联中"，继续读书。

转眼已是1949年初，随着辽沈、淮海、平津三大战役的胜利结束，国民党军精锐损失殆尽，蒋家王朝穷途末路，丧钟已然敲响。

3月，刘思齐随学校转到北平，不久又转入北京师范大学附属女子中学继续读书。毛岸英已于一个多月前来到北平，正在中共中央社会部工作。这对恋人在北平团聚了。

9月，毛岸英和刘思齐决定结婚。这时，刘思齐已满18周岁。随后，他们先征求了张文秋的意见。

婚事初步定下来后，10月初的一天，毛岸英找到父亲。

"我同意，你们准备怎么办婚事呀？"刚刚主持完开国大典的毛泽东，心情很好，听岸英说明来意后，非常高兴，当即表示赞同。

"我和思齐都已商量好了，越简单越好。我们都有随身的衣服，也有现成的被褥，就不用花钱买东西了。"见父亲高兴，岸英自然喜上眉梢。

毛泽东十分满意地说：

"这是喜上加喜。还是应该艰苦朴素。你们结婚是一辈子的大事呀，我请你们吃顿饭。你们想请谁就请谁。你跟思齐的妈妈说，现在是供给制，她也不要花钱买东西了。她想请谁来都可以，来吃顿饭。"

几天后，岸英和思齐就列出了一个参加婚宴的名单送给毛泽东过目。人不多，只有邓颖超、蔡畅、康克清、谢觉哉等。

毛泽东看后，考虑了一下说：

"婚事从简，我完全赞同，就是应该改下旧习嘛！不过，你们请了邓妈妈，还应请恩来；请了蔡妈妈，还应请富春；请了康妈妈，还应请朱老总；请了谢老，还应请王定国；请了陈瑾昆，还应请梁淑华。还有少奇和光美同志也要请。弼时同志有病在玉泉山休息，就不必麻烦他了。"

10月15日，毛岸英和刘思齐的婚礼在中南海举行。

毛岸英穿的是在外宾场合当翻译的工作服，显得干净利落。刘思齐穿的上衣是灯芯绒布的，裤子是半新的，布鞋是新买的，格外朴素大方。

看见自己的干女儿长大成人，并成为自己的儿媳妇，毛泽东十分高兴，一边上下打量着思齐，一边笑着说：

"思齐，你今天是新娘子。从今天起，你就成了大人，不是小孩子了，你知道吧？"

这时，毛泽东像是发现了重大问题，风趣地说：

"咦，你是新娘子，为什么头上不插花呀！"

听毛泽东这么一说，刘思齐顿时满面通红，害羞地低下了头。

刘思齐的妹妹张少华、张少林和李讷，不知从哪里拿出两朵鲜红的小绒花，插在思齐的头上。

"新娘子真美呀！"

大家拍手赞道。

华灯初上时，客人们陆续来到，并带来了小小的贺礼：蔡畅和康克清送的是一对枕头套，王光美送的是一件女式睡衣。礼物简单而实用，毛岸英和刘思齐一直都没舍得用，而是精心保管起来，留作纪念。

在中南海菊香书屋的西屋里，毛泽东自己掏钱，办了三桌丰盛而不失简朴的酒席。桌子中间摆着一个大拼盘，盘里装着湖南的腊肉、腊鱼、腊鸡和香肠。拼盘四周是红烧肉和一些小菜，大部分是湖南家乡菜。

新郎和新娘自然被安排在正中的一桌。他们两边坐着周恩来、邓颖超

第九章 『今后你就是我的大女儿』——毛泽东与刘思齐

305

夫妇和张文秋。毛泽东、朱德、刘少奇等坐在左边的一桌，其他中央领导人坐在右边的一桌。

大家欢聚一堂，笑声不断，齐夸岸英和思齐是对好夫妻，说毛主席找到了一个好儿媳，纷纷向他表示祝贺。

望着这对幸福的新人，毛泽东也掩饰不住心头的喜悦，兴奋地说：

"今天是我家办喜事的一天，也是我有生以来最高兴的一天。看到儿子结婚，我非常高兴，感谢大家来参加婚礼。我的孩子，这些年来，在艰难困苦中，自己渡过来了，今天终于结婚了。这是我最高兴的一天。"

席间，毛泽东一边劝大家吃菜，一边高兴地说：

"孩子长这么大，我没为他操过半点心。今天的这一切，也是在同志们帮助下，岸英自己筹办的。我非常感谢同志们的帮助。岸英自己能办自己的事，我感到无比的快慰。这桌便饭，是岸英自己张罗的，好就表扬，不好就批评他。吃了饭，请你们到孩子们的新屋里看看。"

婚礼结束后，毛岸英和刘思齐向毛泽东鞠躬告辞。

毛泽东叫住他们，说：

"你们慢走一步，等我找点礼物送你们。"

毛泽东到房间，亲手拿出一件墨色旧呢子大衣（这是 1945 年毛泽东去重庆谈判时穿的），递到岸英手里，风趣地笑着说：

"你们结婚了，我很高兴。我没有什么别的礼物送你们，送给你们一件大衣。白天岸英穿着，夜晚盖在被子上，思齐也有份。"

众人都忍不住大笑起来。

婚礼是简朴的，新房也布置得很简单，让人难以相信这竟是共和国主席长子的新房。

那是中央社会部机关宿舍的一个普通房间，屋里的摆设简单朴素：一张木板床、一张小桌子和几把木椅子都是向公家借的，床上只有两条被子，一条是岸英发的，一条是思齐从娘家带来的嫁妆。岸英和思齐把各自的东西搬到一起，又添置了一些必要的生活用具。新房的墙壁上挂着几幅山水画，正面墙中间挂着大红双喜字，一切都是那么朴实无华。

刘思齐从毛泽东的干女儿，变成了长儿媳。

★ "不能因为他是我的儿子，就不应该为中朝两国人民共同事业而牺牲"

婚后的生活是甜蜜温馨的。毛岸英和刘思齐沉浸在无比的幸福中。然而仅仅过了一年，鸭绿江畔熊熊燃烧的战火就无情地击碎了他们甜蜜的梦。

1950年6月，朝鲜战争暴发。以美国为首的联合国把战火烧到了鸭绿江边，妄图以朝鲜为跳板，把新中国扼杀在摇篮里。

危急关头，中共中央毅然做出抗美援朝保家卫国的决策。时任北京机器总厂党总支副书记的毛岸英积极响应党中央的号召，主动递交了要求参加志愿军的申请书。

作为一位伟大的马克思主义者、伟大的无产阶级国际主义者的毛泽东，欣然同意了岸英的请求，让他到朝鲜前线去接受血与火的锻炼。谁让他是毛泽东的儿子呢？

10月14日，毛岸英匆匆来到北京医院，与刚做了阑尾手术的刘思齐告别。因为志愿军入朝是军事机密，同时也怕思齐担心，岸英只是说：

"我明天将要到一个很远很远的地方去出差，所以急急忙忙赶来告诉你。我走了，通信不方便，如果你没有接到信，可别着急呀！"

19日，作为中国人民志愿军总部俄语翻译兼机要秘书的毛岸英随志愿军雄赳赳气昂昂地跨过鸭绿江，开始了伟大的抗美援朝战争。

11月25日，志愿军打响第二次战役的第一天。美机轰炸了志愿军总部，毛岸英不幸牺牲。

噩耗传来，毛泽东坐在办公室里，长时间地默默无语，一连抽了两支烟，才用略带沙哑的声音，发出催人泪下的一声叹息：

"唉，谁叫他是毛泽东的儿子呢……"

老年丧子的巨大悲痛，沉重地震撼了毛泽东的心灵。他是共和国的领袖，同时也是一位感情极丰富的父亲。在很长一段时间里，毛泽东独自承受着悲痛，将这不幸的消息瞒着儿媳刘思齐。

可是，刘思齐每周必到的看望，对毛泽东来说简直是一场感情的折磨。每次来，刘思齐总是少不了要问爸爸收到岸英的信没有？岸英为何几个月不来信？

每当这时，毛泽东的心都在流血。他强忍悲痛，装着若无其事的样子安慰刘思齐：岸英在很远很远的地方正忙于自己的工作，不便给她写信。

刘思齐相信爸爸的话，也信任毛岸英。因此，她依旧在学校里念书，忙于自己的功课。

就这样，一个月过去了，两个月过去了……半年过去了……一年过去了……依旧没有毛岸英的消息。

直1952年，刘思齐意外地看到了一张毛岸英戴着人民军军帽的照片，才知道岸英去了朝鲜前线，在志愿军总部搞翻译工作，但不知道有什么特殊使命。刘思齐是在战争年代长大的，父母又都是做过地下工作的老革命，不该知道的不问，这一点她懂。

但刘思齐有时也暗暗奇怪：从朝鲜战场上归来的老首长、战斗英雄，见到她都特别客气，又相当谨慎。

有一次，在志愿军英模代表大会上，刘思齐遇见了一些战斗英雄，这些英雄像是怕她似的，谈了几句话，就赶快躲开了。

种种迹象使刘思齐的心里越发不安起来。

毛泽东知道这样瞒下去，终究不是个办法，早晚要把真相告诉思齐的。为了使她能承受住这突如其来的巨大打击，毛泽东颇费苦心。

刘思齐回忆道：

1950年11月25日，岸英牺牲在朝鲜战场上，父亲为了使我能承受住这突然而来的巨大打击，他是颇为苦心的。

首先，父亲用牺牲了的五位亲人来对我进行教育，让我真正懂得"干革命就会有牺牲"的深沉而悲壮的涵义。他一次又一次地对我谈起家里已经牺牲了的亲人，开慧、泽民、泽覃、泽建，还有楚雄。父亲用他那独特的、带有浓重的湖南乡音的柔和声音向我叙述着烈士们生前的经历和牺牲时的壮烈情景。他扳着手指头为我一个又一个地数着，烈士们的音容至今仍清晰地浮现在眼前。

可是，当时我连做梦也没有想到：就在这些烈士们的名字后面，还有着一个对我如此亲切的名字——岸英，而父亲却将它留在了自己的心里，独自在那里默默地忍受着老年失子的悲痛。

毛泽东始终没有说出第六位烈士，不忍心亲口将这个噩耗说出来。刘思齐毕竟还是个才20岁的孩子，没能完全领悟到毛泽东话中的深意：干革命就会有牺牲。

1953年，在毛岸英牺牲三年后，毛泽东终于下决心让刘思齐知道这个不幸的消息。

那天，毛泽东又向刘思齐诉说毛家为革命牺牲的烈士：杨开慧、毛泽民、毛泽覃、毛泽建、毛楚雄。

毛泽东面色凝重地说着，刘思齐越听越不对劲。是啊，朝鲜停战协定都签订了，为什么岸英没有寄来只言片语？难道……她不敢想下去了，反而安慰起年迈的公公。

刘思齐又一次来到中南海。这次周恩来总理也在场，毛泽东委婉地告诉思齐：成千上万的志愿军战士，为了抗美援朝保家卫国，献出了自己宝贵的生命，人们是永远不会忘记他们的，岸英也是其中之一。

这不啻一个晴空霹雳，刘思齐一下子惊呆了。虽然这段时间，她内心里总是有种不祥的预感，但无论如何也不曾想到：岸英在三年前就牺牲了。她无法接受这个残酷的现实，痛不欲生地哭呀，哭呀！

毛泽东木然地坐着，脸色苍白，心潮翻滚。周恩来轻声劝解，并让刘思齐躺到沙发上歇一会儿。

这时，周恩来无意间碰到了毛泽东的手，心里一惊，急忙低声对思齐耳语：

"思齐，你要节哀，你爸爸的手都冰凉啦！"

刘思齐一愣，又哭着去安慰毛泽东。

毛泽东长长地叹了口气，安慰儿媳，又像是在安慰自己，缓缓地说：

"革命战争总是要付出代价的。岸英是一位革命战士，为国际共产主义事业、为反抗侵略者，献出了年轻的生命，他尽了一个共产党员应尽的责任。不能因为他是我的儿子，就不应该为中朝两国人民共同事业而牺牲。世上哪有这样的道理呀！"

对当时的情景，刘思齐追忆道：

> 我记得那是夏天的一天，在主席的办公室里，我问他："是怎么回事？"
>
> 主席说："他已经不在了，牺牲了……"
>
> 虽然我有预感，可是这消息真的被证实以后，我的大脑一片空白，什么都没有了。我想不起来谁在我身边说主席的手已经冰凉了，要我克制一点。我伸出手拉了拉主席的手，真像冰一样凉。人只有在非常悲痛的时候，才会出现这种情况呀！
>
> ……
>
> 从那以后，每当我想起父亲对着我叙述自己牺牲了的亲人们，而让岸英的名字留在他自己的心里时，眼泪便会不由自主地涌上我的眼睛，我的心也痛苦得紧缩起来！
>
> 一个人的一生中总会有几件事永远留在记忆里，而这一情景，我感到仿佛是记忆老人用一把凿子深深地刻在了我的心灵深处，任凭什么力量也无法将它从那里抹去。

新婚一年的爱人永远离开了人间，这对刘思齐打击太大了。

为了不引起毛泽东的悲伤，刘思齐只好躲在屋里哭泣。但她那双哭得又红又肿的眼睛如何瞒得了毛泽东。

饭桌上，毛泽东长叹一声，放下筷子，一口饭也没吃就起身慢慢地离开了饭厅。身后又传来刘思齐撕心裂肺般的哭声。

毛岸英牺牲后，遗骨埋在朝鲜平安南道桧仓郡中国人民志愿军烈士陵园里。墓前立着一块三尺高的花岗岩石碑，碑上镌刻着郭沫若题写的"毛岸英烈士之墓"七个大字。

墓碑的背面刻着：

> 毛岸英同志原籍湖南省湘潭县韶山冲，是中国人民领袖毛泽东同

志的长子。一九五〇年他坚决请求参加中国人民志愿军，于一九五〇年十一月二十五日在抗美援朝战争中英勇牺牲。

毛岸英同志的爱国主义和国际主义的精神将永远教育和鼓舞着青年的一代。

毛岸英烈士永垂不朽！

得知丈夫牺牲的消息后，刘思齐曾请求将岸英的遗体迁回国来。

毛泽东却摇摇头，劝慰道：

"青山处处埋忠骨，何必马革裹尸还。不是还有千千万万志愿军烈士安葬在朝鲜吗？"

直到 1959 年，毛岸英牺牲已有九年了，刘思齐也从青春少女步入了而立之年，却依旧孑然一身。毛泽东多次劝她要重新组建家庭，寻找属于自己的幸福，但每一次刘思齐都是流着泪，摇头拒绝。

还是妹妹邵华懂得姐姐的心思。一次，邵华对毛泽东说：

"姐姐是因为还没有给岸英哥哥扫过墓，怎能再谈自己的婚事呢？"

于是，这年深秋，毛泽东亲自安排刘思齐在邵华等人的陪同下，到朝鲜为岸英扫墓、祭奠，以尽夫妻之情。

临行前，毛泽东特意把刘思齐找来，对她千叮咛万嘱咐，要保重身体，并"约法三章"：

一、刘思齐等人来回的路费和开销，从他的稿费中支付，不花国家一分钱；

二、住在中国大使馆，不要麻烦朝鲜政府；

三、扫墓一事不可声张，不要报道。

★ "今后，你就是我的大女儿。"毛泽东视刘思齐为亲生女儿，时刻关心着她的生活

毛岸英牺牲的消息公开后，毛泽东就郑重地对刘思齐说：

"今后，你就是我的大女儿。"

此后，毛泽东格外疼爱她，关心她的思想、学习、工作、健康。在每次通信中，总是称她为"思齐儿""我的大女儿""娃"。

很长一段时间，刘思齐也像毛泽东一样，把悲伤藏在心头，把眼泪往肚里咽。当然，父女俩都深知对方心灵深处的悲伤。

有一次，有人无事生非，造谣污蔑刘思齐。她一时想不通，就给爸爸写了一封信。

几天后，毛泽东复信：

亲爱的大女儿：

信已看过，很高兴。

谣言不足信，可以置之不理，因为不胜其理。你的心要清闲些，把身子养好要紧。

那时，刘思齐因丧夫而悲痛得寝食难安、神经衰弱，日渐憔悴，毛泽东便经常劝慰她。为了换换环境，毛泽东同意她去苏联留学。

1955年8月初，刘思齐在去苏联前，患了重感冒。她在病中给爸爸写了封信。

毛泽东马上回信：

思齐儿：

信收到。患重感冒，好生休养，恢复体力，以利出国，如今日好些，望来此一看，否则不要来。最要紧是争一口气，学成为国效力。

你要的列宁选集两卷，给你送上。

祝好！

父字

一九五五年八月六日

1955年9月至1957年9月，刘思齐在苏联莫斯科大学数学系学习。

其间，刘思齐日日思念远在万里之外的毛泽东，经常给他写信。毛泽东对刘思齐各方面的成长仍然十分关注，化名"德胜"（解放战争时期，毛泽东在陕北曾化名李德胜），给她复信。

> 亲爱的思齐儿：
>
> 　　给我的信都收到了，很高兴。希望你注意身体，不要生病，好好学习。我们都好，勿以为念。国内社会主义高涨，你那里有国内报纸否？应当找到报纸，看些国内消息，不要和国内情况太隔绝了。
>
> 　　祝好！
>
> 德胜
> 一九五六年二月十四日

由于身体欠佳，又独处异国，刘思齐重病缠身。同时因在国内一直学文科，到苏联后突然改学理工科，而且还要用俄语授课，刘思齐感到异常的困难。

1957年暑假，刘思齐回国向毛泽东汇报了自己的情况，要求转学国内。8月4日，毛泽东回信：

> 思齐儿：
>
> 　　信收到。回来了，很高兴。
>
> 　　转学事是好的，自己作主，向组织申请得允即可。如不得允，仍去苏联，改学文科，时间长一点也不要紧，无论怎样，都要自己作主，不要用家长的名义去申请。
>
> 　　祝你进步。
>
> 父字
> 八月四日

信里，毛泽东既提出自己的意见，又鼓励刘思齐处事独立自主，充分体现了一个父亲真正的爱。

几天后，毛泽东又写了一封信，帮助刘思齐克服犹豫不定，促其转学回国。

思齐儿：

　　信收到。我在此间有事，又病，不要来。你应当遵照医生、党支部、大使馆的意见，下决心在国内转学文科。一切浮言讥笑，不要管它。全部精力，应当集中在转学后几年的功课上，学成为国服务。

　　此嘱

父字

八月九日

在毛泽东的支持下，这年 10 月，刘思齐办理了转学手续，进入北京大学俄罗斯语言文学系学习。

刘思齐回国后，进入中南海的特别通行证被没收了。因为江青发话了："刘思齐不是我们家的人！"

自此，刘思齐不能常去看望爸爸了，内心十分痛苦。毛泽东心里一直惦念着这个"女儿"。

1959 年初，新春佳节将近，毛泽东给思齐写信：

思齐：

　　不知你的情况如何，身体有更大的起色没有，极为挂念。要立雄心壮志，注意政治理论。要争一口气，为死者，为父亲，为人民，也为那些轻视、仇视的人们争这一口气。我好，只是念你。

　　祝你

平安

父字

一月十五日

毛泽东对刘思齐的关心是无微不至的，甚至连她闲暇时间读的书籍也要给予指导。

那时，刘思齐对一些年代、朝代老是搞不清，经常把这个年代的事弄错到那个年代。

毛泽东就笑着说：

"你一下子就把历史抹掉几千年。"

历史是毛泽东最精通的学科之一。他以通读二十四史闻名于世。他从思想上要求刘思齐注重对历史的学习，也从方法上进行指导，亲自为她开了学习历史的书目，要求她从《资治通鉴》《前汉书》《后汉书》《三国志》等书开始学起。

毛泽东常说：李白的诗豪放，想象力丰富，读了使人心旷神怡。为此，他曾劝慰思齐，要多读些李白的诗，可以开阔胸襟，以解脱丧夫之痛。

1959年初夏，刘思齐生了一场大病。

当时，中共中央正在庐山召开政治局扩大会议和八届八中全会。会议历时46天，通过了《中国共产党八届八中全会关于以彭德怀同志为首的反党集团的错误的决议》和《为保卫党的总路线，反对右倾机会主义而斗争》的决议。在这场惊心动魄、关系党和国家历史命运的党内大斗争中，对"大跃进"和人民公社运动的错误，敢于凛然直言的彭德怀受到了毛泽东的严厉批判，全党随之掀起了一场声势浩大的"反对右倾机会主义斗争"。

庐山会议期间，党内斗争十分激烈，毛泽东更是日夜操劳。但作为父亲，当得知刘思齐生病后，就怀着一片真挚的爱心，千里迢迢地寄来一封信：

娃：

你身体是不是好些了？妹妹考了学没有？我还算好，比在北京时好些。登高壮观天地间，大江茫茫去不还。黄云万里动风色，白波九道流雪山。这是李白的几句话。你愁闷时可以看点古典文学，读诗句，可起消愁解闷的作用。久不见甚念。

爸爸

八月六日

毛泽东的殷切期望和亲切的关怀在鼓舞着刘思齐。她以顽强的毅力与衰弱多病的身体抗争着，1961年秋，终于完成了北京大学俄罗斯语言文学系的学业。

★ "下决心结婚吧，是时候了"

刘思齐与毛岸英从结婚到永诀只有短短一年的时光。但这段铭心刻骨的爱却让她终生不忘。

毛岸英牺牲时，刘思齐只有20多岁，正值青春年华，本应去追求新的生活。但作为毛泽东的儿媳妇，作为一个生活在特殊家庭中的女性，要迈出这一步是相当艰难的。在很长一段时间里，刘思齐都沉浸在对岸英的追忆和思念之中，绝口不提再嫁之事，不肯也不愿更多地考虑建立新的家庭。当然，毛泽东一直把思齐当作大女儿，思齐也不愿离开这位慈爱的父亲。

毛泽东对此感到非常不安，主张刘思齐重新建立家庭，寻找属于自己的幸福。可劝儿媳改嫁的话又很难说出口。于是，毛泽东便常常趁着刘思齐和其他孩子在一起的时候，故意地说：

"你们可要考虑找对象啰！"

"没人要呀！"

"上哪儿去找啊！"

"我们找不着哇！"

几个孩子便害羞地乱嚷一通。

"那你们主动点嘛！"毛泽东笑了。

"怎么主动呀？"孩子们继续耍着贫嘴。

"那你们闭着眼睛上街抓一个呗！"毛泽东风趣地说。

刘思齐也开玩笑地说：

"那抓个麻子怎么办？"

毛泽东当即就笑着说：

“只要人品好，又有什么不好！”

大家一阵哈哈大笑。

1961 年，毛泽东在给刘思齐的信中写道：

女儿：

　　你好！那有忘记的道理？隔久了，疑心就生了，是不是？脑痛要注意，是学习太多的原因。

　　还有就是要结婚，你为什么老劝不听呢？下决心结婚吧，是时候了。五心不定输得干干净净。高不成低不就，是你们这一类女孩子的通病。是不是呢？信到回一信给我为盼！

　　问好

父亲

六月十三日

　　毛泽东并不只是一般地劝劝，还多方托人，为刘思齐物色对象，先后介绍过两个男朋友，但刘思齐都觉得不合适。

　　是年秋，刘思齐从北京大学毕业，分配到解放军工程兵某部从事技术情报翻译工作。这时她已经三十一岁了，对自己重新组建家庭的事似乎还不着急。但毛泽东却为她操起心来，想让她早点找到称心如意的爱人，好了却既作为公公又作为干爸爸的一桩心事。

　　于是，毛泽东又托了好些人，这些人也向他介绍了不少人，可是毛泽东听了却都不中意。

　　一天，空军副司令兼空军学院院长刘震对毛泽东说：

　　“我们空军学院强击机教研室有位教员，叫杨茂之，是从苏联留学回来的。这个人忠厚正派，我觉得可以，主席是不是……”

　　毛泽东立即请人去作了解。

　　杨茂之，30 岁出头，大高个，健壮结实。父母都是海边上的渔民。他有着中国农民传统的忠厚老实的品格，与刘震介绍的一般无二。毛泽东感到比较合适，就让刘思齐和杨茂之来往，让他们互相了解了解。

其实，刘思齐与杨茂之见过面。那还是刘思齐在莫斯科大学读书时。杨茂之比她早一年到苏联，在红旗空军学院学习指挥。他们在中国留学生的集会上见过面，只是当时连一句话都没有说，更没想到对方会成为自己的终身伴侣。

经过一段时间的相处，刘思齐点头同意了。

1961 年底，刘思齐到中南海把她准备结婚的事告诉了父亲。毛泽东非常高兴，当即抄录了他刚创作的一首词——《卜算子·咏梅》，算作贺礼。

> 风雨送春归，飞雪迎春到。已是悬崖百丈冰，犹有花枝俏。
> 俏也不争春，只把春来报。待到山花烂漫时，她在丛中笑。

毛泽东的这首词，意境非常美，含义深刻。抄送给刘思齐，可谓用心良苦，意在鼓励她要像梅花那样敢于顶风斗雪，谦虚谨慎，保持革命的乐观主义精神。

1962 年 2 月，杨茂之和刘思齐结婚了。

婚礼是在刘思齐家的四合院举行的。院子坐落在北京的南池子，隔墙是罗瑞卿的家。参加婚礼的有刘思齐、杨茂之的亲朋好友，还有一些老同志，如谢觉哉、伍修权、刘震等，前前后后足有上百人，把小院的房子全挤满了。

毛泽东特意派工作人员送去了 300 元钱，并捎话说：

"我又不上街，不知买什么东西好，你们根据需要自己买一件礼物吧。"

婚后不久，刘思齐和杨茂之一起去中南海看毛泽东。毛泽东对这位干女婿似乎颇为满意，与杨茂之谈得很投机。

在毛泽东慈父般的关怀下，刘思齐终于又有了一个幸福的家庭。结婚后，刘思齐改名刘松林。

★ 刘松林夫妇被关进了监狱，罪名是"恶毒攻击敬爱的江青同志"，毛泽东亲自批示：娃娃们无罪

1966 年夏，"文化大革命"开始了。这是一场由毛泽东错误发动，被反革命集团利用，给党和国家及人民带来严重灾难的内乱。中国进入了一个特殊的时期。

在那段特殊岁月里，许多开国元勋惨遭迫害，就连曾是毛泽东干女儿、大儿媳妇的刘松林及家人也未能幸免于难。

时任空军某师副师长的杨茂之，竟成为"不可靠的人"，停止党内外的一切职务，停职检查，从此被无情地剥夺了驾驶战鹰冲上蓝天的权利。

刘松林在北京进不了中南海，处境困难，只得带着孩子前往江苏盐城，和丈夫杨茂之生活在一起。

可是，江青仍不放过他们。

1971 年 10 月，刘松林和杨茂之双双被捕，关入监狱，罪名是："恶毒攻击敬爱的江青同志"。

事情是这样的：

有一天，刘松林和妹妹邵华见到毛泽东，问道：

"听说，江青要接班，是真的吗？"

毛泽东哈哈一笑：

"不会的，她不行！"

回家之后，刘松林兴高采烈地把"最高指示"告诉了杨茂之。杨茂之是个直肠子，当别人吹嘘江青是"接班人"时，实在忍不住了，说出了那句"最高指示"。

在那时，这当然是件大逆不道的事。夫妻俩同时被送到上海，关进了监狱。王洪文曾亲自出马提审，拍桌大骂：

"你敢恶毒攻击敬爱的江青同志，就是诬蔑毛主席，你就是十足的反革命。"

身陷囹圄的刘松林细细寻思，唯一的解救途径就是向毛主席求援！

于是，刘松林便想写信给毛主席。可是，监视人员昼夜盯着她，她怎能悄悄写信？即便写成了，怎么寄出去呢？

左思右想，刘松林忽然心生一计：索性公开提出，要给毛主席写信，并叫王洪文转上去！她料定王洪文不敢扣压这封信。

刘松林提出要给毛泽东写信，而且指名要由王洪文转交。王洪文不得不答应下来。不过，有一个条件：信不能封口。

果不出刘松林的所料，王洪文不敢私自扣押，把信转给了毛泽东。

毛泽东读完信后，才知道发生了什么事，当即作出指示："娃娃们无罪"。

刘松林夫妇这才得以逃离魔窟，重见天日。

1976 年 9 月 9 日，一颗伟大的心脏停止了跳动，毛泽东在北京逝世。

伟人离世，举国恸哭，刘松林更是悲痛欲绝。

1983 年，在毛泽东诞辰 90 周年之际，刘松林深情地写道：

> 尤其是在岸英牺牲后，他关心着我的思想，我的学习，我的工作，我的健康，甚至我闲暇时阅读的书籍。到后来，他像慈母一样关心着我的婚姻……

1993 年 12 月 26 日，是毛泽东诞辰 100 周年纪念日。为缅怀这位伟人，刘松林主编了《东方红》丛书，并撰写了总序——"我心中的话"，表达了对毛泽东的一腔怀念和挚爱：

> 虽然时光已流逝五十五年，但当时在主席身边牙牙学语、依依膝下的情景，至今仍朦胧地留在我的记忆深处。从此以后，我无时无刻不在感受着他老人家对我那颗慈父的爱心。几十年里，尽管历经坎坷，然而我始终对生活充满信心充满希望。
>
> 记得十岁时，在新疆我和母亲一起被反动军阀盛世才投入监狱；在党的大力营救下，四年后我的一家与同狱的其他同志们才得以重返延安……

1959 年的一个夏日，爸爸在他的卧室谈人生时，说道"七十三、八十四"，当时我还不知此典出于孔子活了七十三岁，孟子活了八十四岁，不禁一怔。爸爸笑着说："阎王不叫自己去。死亡是自然规律，没有什么可怕的。"我猛然意识到最关心我的爸爸最终会撒手尘寰离我而去，不禁潸然泪下。

　　在爸爸的关怀下，我读书、留学，以后老人家亲自操心，督促我又成了家。"文化大革命"期间我和丈夫双双下狱，罪名是："反对江青的现行反革命"。爸爸得知后气愤地写下："娃娃们无罪"。我夫妻才得以重见天日。

　　老人家当年曾对我说："我死之后，你要是想念我，就到我的坟上来看看。"十几年来，我多少次徘徊在天安门广场上，望着巍峨的纪念堂，心潮澎湃，感到我的心还在与爸爸对话。几十年来，我作为一个普通劳动妇女，尝尽了人生的苦辣酸甜。……回首一生，聊可告慰爸爸的是，我觉得自己活得还算真实。因为我记住了当年洒泪而别时，爸爸曾抚肩慰我："你永远是我的大女儿。"

第十章 "你要永葆革命的贞节"

——毛泽东与何宝珍

她，在五四运动的浪潮中成长，在毛泽东的引导下投身革命；

她，原名宝珍，取"宝贝、珍贵"之义，毛泽东亲自为她改名葆贞，取"永葆革命贞节"之义；

她，在毛泽东的介绍下与刘少奇相识、相恋，最后成为革命伴侣；

她，面对敌人的屠刀，大义凛然，血染雨花台，无愧"葆贞"之名；

她，就是何宝珍。

何宝珍，曾名何珍、何真，又名何葆贞。1902 年，生于湖南道县。由于家境贫寒，幼年时就给人家当童养媳。后在他人资助下入县国立小学读书。1918 年，考入湖南衡阳省立第三女子师范学校。积极参加五四运动，后因参加反对学校当局的学潮被开除学籍。1922 年，加入中国社会主义青年团。1923 年，转入中国共产党；同年到安源路矿工会所办之工人子弟学校教书，4 月与刘少奇结婚。后跟随刘少奇先后到长沙、上海、广州、武汉、天津、沈阳等地，从事地下党、工会和妇女群众工作。1933 年，在上海被捕。在狱中，坚贞不屈，保持革命的贞节。1934 年秋，在南京雨花台英勇就义。

★ 长沙清水塘，何宝珍找到毛泽东，寻求帮助

1922 年 10 月，长沙清水塘 22 号。

清水塘位于长沙小吴门外，地处城郊，偏僻幽静，所住者多为菜农，菜畦里有两口水塘，因下塘水清见底而得名。满园碧绿的蔬菜围着的三开

间极其普通的青砖青瓦小平房,屋前的池塘边有几株垂柳,柳丝迎风飘荡,环境显得格外的宁静与幽雅。

一年前,毛泽东和杨开慧把家安在了这里。1922 年 5 月,中共湘区委员会成立,毛泽东任书记。清水塘也就自然成了湘区委员会的秘密机关,成了毛泽东领导湖南省工人运动的机关。

一天,一位学生模样的女青年走进了清水塘 22 号。只见她身穿短衣长裙的黄色学生装,齐耳的短发乌黑,中等个儿,身材苗条,鹅蛋形的脸上白里透红,一双水汪汪的大眼睛闪烁着智慧和倔强的光芒。

"噢,是宝珍同志,真是稀客啊!"毛泽东热情地向来人打招呼。来人正是湖南省立第三女子师范学校团支部书记何宝珍。

省立女三师位于湖南衡阳邹家码头荷花坪,创建于 1912 年,是辛亥革命的产物。五四运动以后,毛泽东、邓中夏、何叔衡、恽代英等人曾多次到衡阳宣传马列主义和俄国十月革命,进行社会调查,开展建党建团工作,指导和组织学生运动。何宝珍是女三师学生运动积极分子,非常敬重毛泽东,每次毛泽东到衡阳来她都要去听他的报告。毛泽东也非常喜欢这位热情、泼辣的小老乡。两人由此相识。

毛泽东一边将何宝珍让进屋里坐下,一边给她倒了一杯水。屋里摆设很简陋,除一张书桌、两张茶几和几张木椅子外,别的什么摆设也没有。

"听说你在湘南学联做了很多工作,表现很好哟。"毛泽东和蔼地说。

"润之先生过奖了,我只做了一些小事,还望您多多指教。"听到毛泽东的夸奖,何宝珍顿时不好意思了,涨红着脸羞涩地说。

毛泽东微笑着问:"你来是有事吧?"

何宝珍从身上掏出一封信,递给毛泽东。

原来是中共湖南省立第三男子师范学校的党支部书记、衡阳社会主义青年团团委书记张秋人同志给何宝珍写的组织介绍信。

张秋人(1898—1928),浙江诸暨人。1921 年,在上海参加社会主义青年团,不久转为中共党员。1922 年夏,经毛泽东推荐,由中共中央派到衡阳来领导湘南的革命运动。他以湖南省立第三男子师范学校英语老师的身份为掩护,从事党的地下工作。

张秋人在信上说何宝珍同志因组织学潮而被学校开除了，请中共湘区委员会帮助安排工作。

"被学校开除了？是怎么一回事？"毛泽东问道。

事情是这样的：

1918年秋，何宝珍怀着纯真朴实的理想，考入了湖南省立第三女子师范学校。当时，女三师是湖南省三所女子师范之一，可谓人才荟萃，不仅拥有一批学识渊博、思想进步、品德高尚的教师，而且招收了一批追求进步的热血青年。学校的设备也好，仅图书馆的藏书就有3万余册。学生入校除交一点学杂费外，伙食费全由学校包起来，是个理想的学习场所。

跨进女三师的大门，何宝珍被编入第七班。从道县偏僻的山区来到繁华的衡阳求学，何宝珍眼界大开，感到一切都是新鲜的。最初，何宝珍深感山区教育的落后，特别是女子受教育的困难，决心努力学习，将来成为一位学问渊博、教学有方的好教师，以实现教育救国的梦想。为此，何宝珍起早贪黑，勤奋学习，如饥似渴地汲取新思想，打下了深厚的学识基础。她还常常跑到图书馆阅读《新青年》《星期评论》《湘江评论》以及《女界钟》等刊物。这些刊物里每一篇文章甚至每一句话，都拨动着她的心弦，使她的思想朝着一个新的领域前进。在图书馆里，何宝珍还结识了一批志同道合的朋友，如朱舜华、刘淑媛、萧腾芳、邓金声等。她们虽然来自不同的地方与家庭，但对当时社会的看法观点都比较一致，所以很谈得来，常常在一起学习和讨论问题。

在时代的大浪潮中，何宝珍的思想随着时代的风云，也在发生着重大的变化。

1919年春，巴黎和会传来一个令亿万中国人民无比气愤的消息：作为第一次世界大战战胜国之一的中国，却无法捍卫自己的领土主权，战败国德国在山东攫取的权益被巴黎和会全部交给了日本。

消息传来，群情激奋。5月4日，北京学生率先走上街头，发动了大规模的游行示威，震惊全国。中国人民长期郁积的对帝国主义侵略和政府当局卖国行径的愤怒，像火山一样爆发了。

五四运动犹如春雷，像闪电冲击着中华大地，很快从北京传到了衡阳。

衡阳爱国学生的满腔热情沸腾了！夏明翰、蒋先云等学生领袖积极筹划，准备在衡阳雁峰寺召开大会，声援北京学生的反帝爱国斗争，并在会后举行示威游行。可是，女三师的校长却把这一运动视为洪水猛兽，怕得要命，贴出布告，不准学生参加大会，并紧锁校门，禁止学生出入。

女三师的学生爱国热情受到压抑，大家都很生气。

这时，何宝珍从墙外抛进来的传单中，看到了《湖南省学生联合会罢课宣言》，第一次读到了毛泽东的激扬文字，顿时热血沸腾，决心冲出校门，投身到火热的爱国运动中。

何宝珍立即把学联罢课宣言中的警句，用醒目的大字摘抄在黑板上，组织进步同学共同学习。

"当今之世，已不是校长横行霸道之时，我们绝对不能再沉默了！爱国者，站起来！"何宝珍高声疾呼。

在何宝珍的鼓动下，同学们无不义愤填膺，纷纷剪掉自己的辫子，梳成短发，每人又自制一面三角小旗，上书"取消二十一条""惩办卖国贼""打倒列强""还我青岛"等口号，准备参加反帝反封建的示威游行。开会那天，校门紧锁，何宝珍带着同学们翻过墙，按时赶到雁峰寺会场，参加了爱国大会和示威游行。

接着，女三师的同学们在何宝珍等人的组织下参加了罢课斗争。她们深入城郊、农村，演新戏、贴墙报、发传单、查禁日货，向人民群众揭露日本帝国主义侵略和军阀政府的卖国罪行，抨击封建礼教。

在轰轰烈烈的爱国运动中，何宝珍受到了锻炼，也显露出了她那卓越的组织才能。何宝珍逐渐走出课堂，接触社会。

1920年5月2日，为纪念五四运动一周年，毛泽东再一次来到了衡阳举办报告会。何宝珍带领进步同学参加了报告会，思想进入一个新的境界。

在学生集会上，何宝珍结识了湖南省立第三男子师范学校英语老师张秋人。她非常喜欢这位面容白皙清秀、戴一副近视眼镜、态度谦虚、讲话具有鼓动力的老师。但何宝珍并不知道张秋人是中共男三师的党支部书记、衡阳社会主义青年团团委书记。张秋人积极参加学生活动，从中发现革命苗子，加以引导和培养，发展党团组织，扩大革命力量。他了解到何宝珍出身贫苦，思想进步，在同学中威信很高，便重点培养。在张秋人的培养和教育下，何宝珍进步很快。

1921年底和1922年初，时任中共湘区委员会书记的毛泽东，来到衡阳开展建党建团工作。何宝珍多次听过毛泽东的讲话，深受启发。1922年，她光荣地加入了社会主义青年团，并担任女三师团支部书记，成为湘南学生运动的组织者和领导者之一。

何宝珍和她领导下的衡阳女三师学生运动，震惊了校长欧阳骏。欧阳骏曾留学美国，却是个不折不扣地维护封建礼教的"卫道士"。她依仗湖南省省长赵恒惕做靠山，把学校看成是自己私人的乐土，经常训斥何宝珍等进步学生。而何宝珍等人早就对欧阳骏主持下的学校当局专制腐败，侵吞学生校服、伙食费用，治校无方等不满。于是，她团结进步同学进行了针锋相对的斗争，揭露欧阳骏治校无方和贪污腐化的丑行。

女三师的学生风潮，引起各界的关注与声援，长沙《大公报》连续予以披露。恼羞成怒的欧阳骏对何宝珍等进步学生恨之入骨，进行疯狂报复。她先是与省教育厅勾结，以违反封建礼法的罪名，把何宝珍监禁起来，不准外出、通信和会客。何宝珍在张秋人和进步同学的帮助下，才得以逃出。欧阳骏变本加厉，捏造事实，串通省政府，将何宝珍、萧腾芳、邓金声开除学籍。

何宝珍眼看就要毕业，走向社会，可以自谋生活，想不到突然遭到开除的处分，无家可归，心情非常痛苦。

就在何宝珍走投无路之际，张秋人找她谈话，给她带来鼓励与希望。

"事已至此，你在衡阳是待不下去了，可到长沙去找毛泽东，请他给予帮助。"

听说要去找毛泽东，何宝珍心里非常高兴。她听过毛泽东讲演，读过毛泽东的文章，早就十分敬慕毛泽东。

于是，何宝珍与萧腾芳、邓金声拿着张秋人写的介绍信，乘船顺湘江北上，来到长沙。萧、邓二人因为家长的帮助，都转到别的学校去学习。何宝珍只身来到清水塘找毛泽东了。

★ 毛泽东为何宝珍改名何葆贞，"葆字是保持的意思，贞是贞节的意思，你觉得怎样？"

听完何宝珍的陈述，毛泽东望着面前这位秀丽的女学生，关切地说：

"噢，原来是这样。今后有什么打算，有什么困难，你谈谈吧！"

何宝珍告诉毛泽东：

自己从小就被父母包办许给人家，当童养媳。这些年读书的费用，都是那家人支付的。如果回去，自己肯定会失去行动自由，要想参加革命活动就困难了。但如果不回去，又将到何处安身？

"润之先生，我现在是无家可归了。你说我该怎么办？"何宝珍说出了自己心中的苦闷。

毛泽东安慰道：

"人生到处是青山，只要有人的地方，就是我们革命者的家，这倒用不着发愁。"

毛泽东点燃一支烟，吸了一口，用欣赏的目光望着眼前这个浑身充满革命热情的女青年，继续说：

"我看你很年轻，还是要继续学习。欧阳骏开除你的学籍，不让你读书，你照样可以学习。你可以到我们创办的自修大学读书，在里面学习的既无公子少爷，也没太太小姐，都是些革命青年。你看怎样？"

何宝珍当然非常乐意留在长沙继续学业，但是想到自己在这里举目无亲，连个立足之地都没有，不禁又发起愁来。

毛泽东看出了何宝珍的心思，说道：

"你初到长沙，人生地不熟，就先住在我家里。至于学杂费伙食费嘛，一概免交。你还可以勤工俭学，解决零用钱。"

何宝珍从心底里感谢毛泽东的关怀，脸上的愁云一扫而光。

最后，毛泽东语重心长地说：

"你要到工人、农民中间去，多参加些社会调查，这对于革命青年来说，也是重要的学习。"

这时，一个青年女子走了进来。

何宝珍仔细一看，只见她齐耳的短发，鹅蛋圆的脸，秋水般的大眼睛，仪态端庄，举止大方，一看就是受过良好的教育。

"这是杨开慧同志，我的爱人，这是何宝珍同志。"

毛泽东将她俩介绍认识后，又说道：

"开慧，我就将宝珍同志交给你了。先安排她住下，然后带她到自修大学去报到。"

"好呀，我们自修大学又多了一位女学生。"杨开慧高兴地说。

"噢，你别忘了转告叔衡同志，就说我的意见，宝珍同志的伙食费和学杂费全免了。"毛泽东又补充道。

就这样，何宝珍在清水塘住下了。

湖南自修大学，设在长沙小吴门正街船山学社内，是毛泽东于1921年8月一手创办起来的，是中共湘区委员会培养革命干部的学校。

创办自修大学是毛泽东的夙愿。为此，他亲自起草了自修大学的《组织大纲》和《创立宣言》，称"自修大学为一种平民主义的大学""我们的目的在改造现社会。我们的求学是求实现这个目的的学问"。它的组织形式、办学宗旨、教学内容与传统的旧大学全然不同，学习方法以自学为主，研究各种学术，并注意劳动，"求知识与劳力两阶级之接近"，是"取古代书院的形式，纳入现代学校的内容，而为适合人性便利研究的一种特别组织"。

进入自修大学后，何宝珍如鱼得水，在获取知识的海洋里畅游。当时，湖南共产主义小组创始人之一、中共一大代表、湘区委员会委员何叔衡具体负责学校的工作。他工作非常认真，常常与同学们在一起讨论，帮助同学们解决具体问题，对何宝珍这位出身贫苦、脑子灵活、学习努力的女青年，处处关怀备至。

在紧张的学习之余，毛泽东还经常给何宝珍讲解工人、农民为什么受到剥削压迫，过着牛马不如的生活，以及共产党为推翻帝国主义、封建军阀统治而领导人民进行革命的道理。

何宝珍在自修大学得到组织无微不至的关怀，学习努力，进步也很快。

一天，毛泽东突然问何宝珍："你为什么叫何宝珍呢？"

对于这突如其来的问题，何宝珍毫无思想准备，一时不知如何回答。

毛泽东哈哈大笑起来，说：

"中国人的名字，都是有一定意义的。看起来，你在家里是一位讨父母喜爱的珍珠宝贝。"

何宝珍不好意思起来。

毛泽东深深吸了一口烟，笑着说：

"宝珍，你这个名字声音好听，但字又太俗气了。你现在既然投身革命，我把你的名字改一下，如果你认为不合适，也可以不要。如何？"

"那好啊！"何宝珍十分痛快地同意了。

于是，毛泽东拿起笔，在纸上写了两个字，递给何宝珍。何宝珍接过一看，是"葆贞"二字。

毛泽东兴致勃勃地解释说："取'宝珍'二字谐音，改为'葆贞'。"

毛泽东微笑地看着何宝珍，继续说：

"葆字是保持的意思，贞字是贞节的意思。意义改了，但是声音还是没有改。你觉得怎样？"

"改得真好，我明白了，谢谢润之先生。"何宝珍会意地点点头。

"你要永葆革命的贞节啊！"毛泽东语重心长地说。

何宝珍爽朗地回答："我一定牢记你的话，为中国革命贡献出自己的一切。"

★ 毛泽东介绍刘少奇与何宝珍相识，"今后大家相互学习，取长补短"

来到长沙不久，为了便于学习与生活，何宝珍从清水塘22号搬到湖南自修大学住宿。

杨开慧比何宝珍只大一岁，两人既有师生之谊，同时又有姐妹之情。杨开慧对这位经历坎坷的学生、妹子无比的关怀；何宝珍对这位老师、姐姐无限的崇敬，凡是学习上有不懂的问题，或生活上遇到什么困难，她都来清水塘请教杨开慧。

1922年10月上旬的一个下午，秋高气爽，何宝珍又兴冲冲地来到清水塘向杨开慧请教问题。

穿过中共湘区委员会的办公室，何宝珍见毛泽东正热情地接待一位20多岁的青年。

何宝珍走进杨开慧的住室，好奇地问道：

"开慧姐，跟润之先生谈话的那位年轻人是谁呀？"

"噢，宝珍来了，请坐。"

此时杨开慧已怀孕九个多月，即将临盆，正靠在床头边休息，见何宝珍来了，十分高兴，便向她介绍起来：

"他叫刘少奇，是宁乡花明楼炭子冲人……"

作为中国工人阶级的先锋队，毫无疑问，中国共产党自诞生之日起就把发展工人运动作为自己工作的重点所在。

1921年8月，中国劳动组合书记部在上海成立。两个月后，毛泽东任湖南分部主任，负责领导湖南的工人运动。在毛泽东的率领下，湖南工人运动蓬勃发展，掀起了一个高潮。

1922年夏，刘少奇到长沙清水塘22号拜访毛泽东。

原来中共二大会议在上海刚刚结束，中央执行委员会书记陈独秀就找到在中国劳动组合书记部工作的刘少奇谈话，决定派他返回湖南领导工人运动，并嘱咐他将中共二大通过的有关文件带到长沙，交给毛泽东。

对于毛泽东，刘少奇久闻大名，只是没有见过面。

毛泽东热情地欢迎刘少奇到来，笑着说：

"少奇同志，我们还是'老乡'呢！虽然不归一个县衙门管，但按炭子冲和韶山冲之间的路程算来，相距也不过七八十里路吧。"

"是的。我们还是很有缘分的。当年我去莫斯科东方劳动者共产主义大学学习还是你和我们宁乡籍老师何叔衡发起创办的呢！"刘少奇也笑着说。

随后，两人就中共二大和湖南党团组织、工人运动等情况进行了深入交谈。谈话中，毛泽东了解到刘少奇因不满家庭包办婚姻，毅然离家出走，至今还是独身一人。毛泽东敬佩刘少奇的革命精神、工作热情，同时对他个人生活的不幸十分同情。

就这样，刘少奇被任命为中共湘区执行委员会委员，与李立三等同志负责领导蓬勃兴起的工人运动。刘少奇全身心地投入了革命工作，先后参与领导了长沙土木工人和粤汉铁路（武汉、长沙段）的罢工斗争。清水塘也自然成了他经常出入的地方。

9月10日，刚从安源路矿返回长沙的毛泽东，急忙找到刘少奇，向他介绍了安源路矿工人受粤汉铁路工人罢工的鼓舞，即将举行大罢工的情况，并要他和李立三火速赶到安源，领导这场罢工斗争。

9月14日凌晨，安源路矿13000余名工人举行大罢工。李立三任总指挥，刘少奇任工人俱乐部全权代表。罢工宣言提出了包括改良待遇、增加工资、组织工会等内容的17项政治和经济要求。经过五天针锋相对的斗争，安源路矿工人俱乐部"未伤一人，未败一事，而得到安全胜利"，罢工胜利结束。

"这次，少奇同志是来向润之汇报安源罢工情况的。"

听着杨开慧讲述刘少奇的情况，何宝珍不禁从内心里敬重这位浑身是胆的年轻人。

杨开慧的住室与毛泽东的办公室只有一板之隔，办公室谈话，里面听得清清楚楚。于是杨开慧与何宝珍屏住呼吸，全神贯注地听刘少奇介绍安源路矿工人大罢工。

那可真是一场惊心动魄的斗争啊！

当听到刘少奇面对路矿当局和戒严司令部恐吓，大义凛然地说"如不能达到万余工人的要求，就是把我砍成肉泥仍不能解决问题"时，何宝珍由衷地称赞道：

"这位刘少奇同志，临危不惧，令人敬佩。"

杨开慧笑着说：

"宝珍，那我就给你介绍认识一下少奇同志吧。"说完，就起身带着何宝珍走进了毛泽东的房间。

杨开慧笑着向刘少奇介绍说："这位是何宝珍同志，衡阳第三女子师范的高才生。”

毛泽东插话道：“她是共青团员，还是学生运动的领导人。”

说得何宝珍不好意思地低下了头。

这是刘少奇与何宝珍的第一次见面。只见何宝珍梳着齐耳乌黑的短发，瓜子脸白里透红，一双水汪汪的大眼睛仿佛会说话，中等个儿，身材苗条，穿着短衣长裙的学生装，举止大方。

何宝珍也暗暗打量着刘少奇，只见他身材修长，穿着蓝色竹布长衫，鼻子高，眼睛大，一头西式长发，给人一种英俊、沉着、坚毅的形象。

杨开慧接着说：“宝珍因揭发校长腐化堕落，受到打击报复，被开除了学籍，就来到我们这里，现正在湖南自修大学学习。”

毛泽东似乎特别热心，在刘少奇面前夸起了何宝珍：“她脑子灵活，斗争性强，好好培养，将来一定会成为我党的好干部。”

一向活泼的何宝珍更加不好意思，立即谦虚地说：“润之先生，你过奖了。刘少奇同志有胆有识，举止不凡，值得我向他好好学习，今后希望多多教导我。”

刘少奇忙说：“哪里，我学识短浅，毛先生才是我们学习的好榜样。”

“好了，两位都不必谦虚，今后大家相互学习，取长补短。”室内充满了欢笑。

毛泽东话题一转，对刘少奇说：“现在，安源路矿的斗争形势很好，我想再派一些同志去那里工作。”

然后，毛泽东指着何宝珍，半开玩笑半认真地说：

“怎么样？让何宝珍同志去安源协助你工作吧？”刘少奇立即高兴地说：

“好啊，热烈欢迎。我们准备扩大工人补习学校和子弟学校，正为缺少老师而发愁呢！”

毛泽东笑着说：“何宝珍同志工作有热情，非常合适。不过，她现在还不能随你一块儿回去，等到自修大学最后几门课程学完以后，就到安源去。”

★ "要当群众的先生，必须先当好群众的学生"

在毛泽东、刘少奇等人的关怀和培养下，何宝珍思想进步很快。1923年春，何宝珍怀着无比激动的心情，在党旗下庄严宣誓，光荣地转为中国共产党党员。

1922年11月，湖南省省长赵恒惕以"所倡学说不正，有害治安"的罪名查封了湖南自修大学。此时，何宝珍已经学完了所有的课程，准备接受党组织交给的任务。

12月的一天，毛泽东把何宝珍找来。在清水塘的办公室里，毛泽东非常郑重地说：

"安源路矿从去年9月大罢工胜利以来，工人们都踊跃参加俱乐部，工作非常紧张，那里迫切需要女同志去，经湘区委研究，认为你去是最合适的。你的意见怎样？"

"我愿意到工人中去锻炼，只是没有工作经验，怕辜负了湘区委的重托。"何宝珍愉快地接受了任务，但心中仍有些顾虑。

毛泽东望着坐在面前、朝气蓬勃的何宝珍，从心底感到欣慰，便耐心地开导她：

"不要紧的，在实践中学习吧！你必须记住，要当群众的先生，必须先当好群众的学生。自己虚心一点，与工人打成一片，大家一定会欢迎你的。"

何宝珍连连点头，说："我一定遵照您的教导去做。"

毛泽东深深地吸了一口烟，然后说道：

"很好，那里的工作很紧张，你现在去办好组织手续，准备行李。"

就这样，何宝珍来到安源，见到了工人俱乐部总主任李立三和刘少奇。

这是何宝珍与刘少奇的第二次见面。不知为什么，面对这位中国工人运动的领导，何宝珍的心里怦怦直跳。

何宝珍被安排到工人俱乐部子弟学校当教员，同时兼任工人俱乐部书报科委员，投入新的革命工作中。由于她工作认真，待人热情，很快就得到了安源工人的尊敬和喜爱。

随着工作接触的增多，何宝珍亲眼看到刘少奇生活俭朴、毅力顽强，一幕幕情景闪现在眼前：他和俱乐部其他工作人员一样，每月只领15块银圆的生活费；他经常熬夜加班，吸烟特别厉害；他有时忙于开会、谈话或起草文件，不能按时吃饭，经常是开水泡饭；她还亲耳听到工人群众讲的许多有关刘少奇机智勇敢跟路矿当局英勇斗争的故事……这一切，使她对言语不多但对工作满怀激情的刘少奇非常钦佩。而刘少奇也对何宝珍开朗的性格，干练、热情的工作作风，非常有好感。

渐渐地，在共同的奋斗中，两人相爱了。

1923年4月中旬的一天，刘少奇、何宝珍的婚礼在安源工人俱乐部举行。

婚礼俭朴又热闹，一改旧俗，不办酒席，不收彩礼，不拜天地，只开了个欢快的茶话会。

这一年，刘少奇25岁，何宝珍21岁。

★ 望着新婚燕尔的刘少奇与何宝珍，毛泽东说："你俩志同道合，奋斗的目标一致，结婚以后更要互相鼓励，把革命工作做得更好"

1923年4月下旬的一天，毛泽东来到安源。

原来，随着革命斗争的深化，毛泽东成了湖南省省长赵恒惕的眼中钉。就在几天前，赵恒惕在长沙城遍贴布告，悬赏缉拿"过激派"毛泽东。毛泽东只得依依不舍地告别了爱妻杨开慧和刚刚半岁的儿子岸英，秘密赴上海到中共中央局工作。

在去上海之前，毛泽东特意赶到安源，看望在这里工作的刘少奇、何宝珍等同志。

在安源路矿俱乐部，毛泽东召开了党支部会议，何宝珍也参加了会议。

会上，刘少奇作了工作汇报。毛泽东针对全国工人运动转入低潮和安源路矿的具体情况，做了工作部署，严肃地指出：

"今后必须提高警惕，随时准备应对一切险要情况。要注意团结内部，同时要求与农民加强联合，防止敌人的进攻。"

当毛泽东得知刘少奇与何宝珍新婚不久，非常高兴，便在会后特地来到两人的住室，关心地询问他们俩的工作、生活情况。

"我们一切都好，请您放心吧！"何宝珍感激地说。

"你们俩志同道合，奋斗目标一致，结婚以后更要互相鼓励，把革命工作做得更好。"毛泽东鼓励道。

何宝珍回忆起在清水塘时得到毛泽东夫妇无微不至的关怀，现在毛泽东又特意赶来看望，无限感激地说：

"我一定永记您对我的教导，在革命的道路上奋斗终生。"

毛泽东望着坐在他面前的一对新婚革命伴侣，朝气蓬勃，心里感到极大的欣慰。

1925年至1932年间，何宝珍随同刘少奇先后在上海、长沙、广州、武汉、天津、沈阳、哈尔滨等城市工作，时而南下，时而北上，到处奔波。她当过交通联络员，住过党的机关，守过店铺，与各阶层人物接触，进行各种形式的斗争。

1932年冬，刘少奇从上海到江西中央苏区工作。党组织把何宝珍留在上海担任互济总会营救部部长，化名王芬芳，用教师身份作掩护。何宝珍四处奔走，争取社会力量，利用各种关系，千方百计营救被捕同志。

1933年3月底的一天，何宝珍不幸被捕。

何宝珍机智灵活地与敌人斗争，没有暴露身份。敌人只得判了她15年徒刑，关押在南京"模范监狱"女监。

在狱中，何宝珍与帅孟奇等人一起关押在三号牢房中。她乐观向上，坚持斗争，被难友们亲昵地称作"小大姐"。

1934年秋，由于互济会一个叛徒的出卖，何宝珍的身份暴露了。

审讯室里，敌人恶狠狠地逼问何宝珍："快说，刘少奇在哪里？"

"不知道！"何宝珍斩钉截铁地回答。

敌人用尽了各种毒刑，想逼何宝珍交出地下党名单。但敌人做梦也没有想到，这个貌似柔弱的女共产党员，竟有着钢铁般的意志，始终坚贞不屈。

"你到底是招不招？"

早已被敌人折磨得遍体鳞伤的何宝珍，此时眼前仿佛又出现了毛泽东和蔼可亲的面容，耳边仿佛又响起了他那语重心长的话语："你要永葆革命的贞节啊！"

何宝珍冷笑着回答："要口供，没有；要命，有一条。革命者是杀不尽的。"

敌人恼羞成怒，对何宝珍下毒手了。1934年深秋的一个清晨，何宝珍高呼"中国共产党万岁！"在南京雨花台英勇就义，年仅32岁。

何宝珍没有辜负毛泽东的期望，用自己年轻的生命谱写了一曲"永葆革命的贞节"之歌。

第十一章 "算人间知己吾与汝"

——毛泽东与杨开慧

她，生于世代书香之门，在轰轰烈烈的大革命年代与农民的儿子毛泽东心心相印，结作革命伴侣，成为一代伟人的忠贞爱妻；

她，是一位坚贞不屈的革命家，面对敌人的屠刀，视死如归，以"牺牲小我，成全大我"的勇气，走上刑场，毛泽东痛心疾首地说"开慧之死，百身莫赎"；

她，还是一位伟大的母亲，一生为毛泽东生了三个孩子；

她，就是集中了女性温柔和革命者坚强意志的两种优秀品格于一身的杨开慧。

杨开慧，号霞，字云锦。1901 年 11 月，生于湖南长沙板仓。从小受父亲杨昌济的影响，积极追求进步，学生时代参加反帝反封建活动。1920年，加入中国社会主义青年团，同年冬与毛泽东结婚。1921 年，转入中国共产党。曾在中共湘区委员会担任机要和交通联络工作。1923 年，起随毛泽东在上海、广州、武汉等地从事革命活动。1927 年，大革命失败后，在长沙坚持秘密革命工作。1930 年 10 月，被国民党反动派逮捕，在狱中坚贞不屈；同年 11 月 14 日在长沙浏阳门外识字岭英勇就义，年仅 29 岁。

★ 长沙天鹅塘，意气风发的毛泽东见到了秀外慧中的杨开慧

1913 年春，20 岁的毛泽东怀着寻求强国的梦想，考入了湖南第四师范学校（次年并入湖南第一师范学校）。

当时，中国正处于令人难熬和困惑的沉闷岁月。腐朽的清王朝寿终正

寝，取而代之的中华民国依旧没有使中国获得新生。中华民族所期待的独立、民主与共和不仅没有到来，相反，"二十一条"的签订、袁世凯恢复帝制、张勋复辟、各路军阀混战，这一幕幕丑剧却是愈演愈烈。沉重的失望代替了美好的希望。在残酷的现实面前，觉醒的中华儿女开始探索新的出路。

湖南第一师范学校位于湖南长沙南门外妙高峰下，面对滚滚北上的湘江水，隔江放眼，西岸便是郁郁葱葱的岳麓山。当时，第一师范可谓人才荟萃，不仅拥有一批学识渊博、思想进步、品德高尚的教师，而且招收了一批追求进步的热血青年，在湖南堪称培养新青年的摇篮。

在这里，毛泽东如饥似渴地汲取新思想，不仅打下了深厚的学识基础，而且他的思想随着新旧交替的时代前进，开始形成自己的思想方法和政治见解，获取了社会活动的初步经验。更为重要的是，毛泽东结交了一批志同道合的朋友与老师，教伦理学的杨昌济先生便是其中之一。

杨昌济（1871—1820），字华生，长沙板仓人。自幼立志要改造中国。1903年，留学日本，取名怀中，取意身在异邦，心系中土。1909年，赴英国进修。三年后，先后到德国、瑞士考察，逐步建立了进步向上的伦理观和重视实践的人生观。辛亥革命后回国，谢绝湖南都督谭延闿聘其为教育厅长的邀请，写下了"自避桃源称太古，欲栽大木柱长天"的表达教育救国志向的对联后，甘愿到湖南第一师范学校当教书匠。

"学高为师，德高为范"。杨昌济以渊博的学识和高尚的品德吸引着向上有为的学生。

毛泽东非常喜欢杨昌济的课，经常与蔡和森、萧子升、陈昌、罗学瓒等同学一起去杨宅向老师请教各种问题。在那里，毛泽东结识了杨开慧。

杨开慧是杨昌济的女儿。在父亲怀着救国救民的抱负，远涉重洋留学日本时，杨开慧还不满三岁。在母亲向振熙的抚养下，杨开慧度过了童年。开慧七岁那年，杨昌济从国外来信，嘱咐向振熙要让开慧上学读书。于是，杨开慧进入杨公庙小学学习，开创了板仓女孩子上学读书的先河。杨昌济从国外归来后，便把全家从乡下迁到长沙，住在天鹅塘。这时，杨开慧没有再进入学校，而是在父亲的辅导下自学。

杨昌济打心眼里喜欢这些好学的青年，特别是毛泽东这位农民出身的学生。两代人之间没有任何隔阂，纵论天下大事，讨论国家形势，其乐融融，自由自在，无拘无束，在情感和思想上达到了沟通。

杨昌济对毛泽东非常器重，认为毛泽东和蔡和森是"海内奇才，前程远大"，临终前曾给好友，时任广州军政府秘书长、南方军政府议和代表的章士钊写信说："君不言救国则已，救国必先重二子。"

毛泽东的学问品行，同样也深深地吸引着杨开慧。每当毛泽东等人来家向父亲请教时，杨开慧总是搬一条小凳静静地坐在一边，成为一位沉默而热心的忠实听众。一开始，杨开慧只是默默地听，听他们谈论治学、做人之道，研讨朝代兴衰，探寻救国救民真理，后来逐渐加入了他们的议论。

杨昌济对这个聪明的女儿很是看重，对她的介入也极为赞许，并不时向毛泽东等学生推荐女儿的学问。时间一长，杨开慧自然成了这批学生中的一员，和他们一起议论时事，抨击时政，并互相传阅笔记，交流心得体会，彼此之间都留下了良好的印象。

在这批学生中，毛泽东年龄较大，思想也较为激进、深刻，因此他给杨开慧的印象也最深。杨开慧尤其钦佩毛泽东的伟大抱负和深刻见解。

一次，杨开慧在作文中写道："要救国就要锻炼强健的身体。"这句话正是毛泽东在《新青年》上发表的《体育之研究》所阐述的中心思想。

除了向毛泽东学习一些思想方法外，杨开慧也不断接受他的一些生活方式。如坚持洗冷水浴、行深呼吸、常吃硬食等体育锻炼的方法。

杨开慧秀外慧中，举止温文尔雅，性格坚强，喜沉思，有理想，有追求。通过频繁的接触，毛泽东和杨开慧都情不自禁地萌发了深深的倾心爱慕之情。这时的毛泽东还只是 20 岁的热血青年，而杨开慧还是刚满 12 岁的小妹子。毛泽东像兄长一样照顾比自己小 8 岁的师妹。

客厅里的感情交流逐渐升华，日趋成熟。严肃的杨先生终于发现那种借眉目交流的感情。他没有责难任何一方。他珍爱女儿，也喜欢这位激进、睿智、不修边幅而又抱负非凡的学生。不过，他未提婚嫁之事。毛泽东也不曾提。毛泽东还不具备婚娶的物质条件，这一点他们心里都有数。何况，杨先生深知他学生所富有的强烈的自尊心，在吃饭问题尚未解决好的时候，毛泽东是绝不会谈婚嫁之事的。

1913年初夏的一天，毛泽东又走进了天鹅塘杨宅，向老师求教。客厅里，师生二人开始了热烈的交谈。这时，杨开慧悄悄走进来，默默坐在一角的藤椅里倾听，一双秀丽的大眼睛紧紧盯着毛泽东。

"润之，小女向我推荐了你的一篇文章——《体育之研究》。"杨昌济稍顿一顿，瞟了女儿一眼。顿时，杨开慧脸色微红，垂下眼帘摆弄衣襟。

杨昌济把目光转向毛泽东，慢条斯理地道：

"我看了'非动其主观促其对于体育之自觉不可'，讲得好。促使国家富强的活力蕴藏在每个社会成员身上，只有激励个人的主动性才能迸发出来。"

毛泽东谦逊地笑道："那是去年写的，是受先生的影响，还很幼稚。"

"夫命中致远，外部之事，结果之事也；体力充实，内部之事，原因之事也，从《心之力》发展到这一段论断，这是你个人研究经历的成果。"

杨昌济赞许地点点头，略一沉吟，转而问道：

"不过，你说'夫体育之主旨，武勇也'。这里的意思，开慧，你是怎么看？"

杨开慧沉默了片刻，轻声细语道：

"人家用枪炮打来了，你不用枪炮对付又怎么办？体不坚实，见兵而畏之……我看这个道理不错。"

毛泽东深深望了杨开慧一眼。那一刻，两人的心相通了。

★ **毛泽东两上北京，见到了杨开慧，两颗年轻滚烫的心跳到了一起……**

1918年5月，杨昌济应聘到北京大学，担任伦理学教授。杨开慧也随全家一同北上，来到春意盎然、繁花似锦的北京，住在地安门豆腐池胡同九号。

北京是新文化运动的策源地。十月革命的炮声，震撼了古老的中国，各种社会思潮尤其是社会主义思潮涌入神州大地。杨开慧如饥似渴地阅读新书刊，眼界开阔了，思想也更加深刻了。

8月中下旬，毛泽东为组织湖南学生赴法勤工俭学也来到北京。

对毛泽东的到来，杨昌济一家感到十分快慰，热情地帮助他妥善安排好在京的生活。不久，在杨昌济的推荐下，毛泽东到李大钊主持的北京大学图书馆当了一名助理馆员。那时，毛泽东住在景山东街，与杨家相距不算很远，师生之间来往十分频繁。

这时，杨开慧已出落成一个亭亭玉立的少女，正值豆蔻年华。他乡遇故知，情窦初开。毛泽东经常把进步书报及自己写的日记、学习笔记给她阅读。在这些交往中，他们增进了彼此间的了解。于是，两人一起阅读进步书刊，探讨问题，点评时事。在不知不觉中，这对年轻人双双坠入了爱河。

女儿心中的秘密自然难逃脱父母的视线。杨昌济夫妇开始对杨开慧与毛泽东的交往是赞同的，但是要招毛泽东为婿，也不是没有顾虑的，毕竟毛泽东比杨开慧大8岁。后来见两人爱得越来越深，特别是杨开慧向母亲表白："我是为母而生之外，是为他而生的。"非常开明的杨昌济夫妇也就打消了顾虑，默许了女儿的选择。

这样，毛泽东和杨开慧建立了恋爱关系。他们形影相随，或漫步古都街头，或相约于皇家园林，故宫、北海、香山都留下了他们的身影。秋天的红叶、冬天的腊梅，在这一对年轻人的心目中留下美好的记忆，充分体味着初恋的甜蜜。

1919年3月初，毛泽东的母亲文氏病重。毛泽东是出名的大孝子，尤其敬重他母亲，便于3月12日动身返回湖南。

面对心爱的人分别而去，杨开慧自然有一种难以言传的离别情愁，她亲自去送别了毛泽东，希望他随时来信。

毛泽东回到长沙，就接到了杨开慧的来信，信中的称呼已是一个字"润"，而毛泽东在给杨开慧的回信中，称呼也是一个字"霞"。

毛泽东已把病重的母亲从韶山冲接到长沙，一边亲侍汤药，精心照料，一边继续革命工作，创办了《湘江评论》。

《湘江评论》创刊后在社会引起巨大的反响，北京的《每周评论》专门载文介绍了它。杨开慧得悉毛泽东是该刊的主编和主要撰稿人时，心情十分激动。

这时，杨昌济病倒了。杨开慧日夜服侍汤药于病榻之侧，并为父亲读书读报。《新青年》是必读之物，从这里杨开慧汲取了许多新思想、新道德。

12月18日，毛泽东率领湖南驱张（敬尧）代表团来到北京，住在北长街一个叫福佑寺的喇嘛庙里。这是他的第二次北京之行。

当时，杨昌济由于病情日益加剧，住进了北京德国医院。杨开慧终日守在父亲的病榻前，悉心照顾。

一到北京安顿下来，毛泽东就急匆匆赶到病房看望老师。杨昌济明显地消瘦了许多，但精神还好，见到钟爱的学生，憔悴的脸上露出了笑容。

一对恋人在分别大半年后重逢在北京，其中的情愫难以用语言表达，压抑在两人心头的爱情火花一下子迸发出来。

一天，杨开慧发现毛泽东晒在竹竿上的一件白衬衣破了，便取下来为他缝补。不料被妈妈向振熙看到了，便把此事看作他们"定情"的标志，高兴地告诉杨昌济："开慧帮润之补衬衣了，她还从来没补过衣服呢？"

深受病魔折磨的杨昌济，脸上露出了欣慰的笑容。就这样，毛泽东与杨开慧的婚事在杨家内部定了下来。

杨昌济的病情愈发严重了。毛泽东赶到病房，探望恩师。自知不久于人世的杨昌济示意毛泽东坐到床边，用颤抖的手从身上掏出一块怀表，递给毛泽东。

"润之，这块表跟我多年，送给你作个纪念吧。你和开慧的事我全知道，我就把她托付给你，……开慧年轻幼稚，你要多照顾她……"

"老师、师母，请放心！"毛泽东强忍悲痛，站起身来，向恩师和师母深深地一鞠躬。

★ 杨开慧情深意切地写道："我看见了他的心，他也是完全看见了我的心"

1920 年 1 月 17 日，一代学人杨昌济在北京溘然长逝。

毛泽东以半生半婿的身份与杨开智、杨开慧兄妹一起在法源寺守灵，并发起募捐，抚恤遗属，料理后事。1 月 22 日，毛泽东同蔡元培、章士钊等人联名发布杨昌济病逝的讣告。

2 月，杨开慧和母亲、哥哥扶柩南下，将杨昌济的遗体葬于长沙板仓。随后在父亲生前好友的关照下，杨开慧进入福湘女中读书。

早在 1918 年冬，杨开慧就开始接受了共产主义思想，从一个民主主义者向共产主义者转变。在福湘女中，她积极地向同学们宣传民主与科学。

福湘女中是一所教会学校，要读《圣经》、做祷告、唱赞美诗。校长是洋牧师的夫人，思想守旧。她觉得这个北京来的学生，头发太短，思想太新，就说杨开慧"男不男，女不女"，是"过激派"。

那时中国共产党还没成立，"过激派"往往是对具有初步共产主义思想的知识分子的贬称。

杨开慧轻蔑地笑答："剪短发，是我的自由。"

李淑一的父亲李肖聃是这所教会学校的国文教员，也是杨昌济的生前好友。他便出面保护杨开慧："她父亲是湖南教育界的名流，和我是挚友，杨先生过世了。对他的后代，望教育界诸同人多加照顾。"李肖聃在长沙教育界颇有名望，他出来说话，教会学校也不好发难。

杨开慧依然义无反顾地号召进步学生冲破礼教的樊篱，走进社会。她把《新青年》《湘江评论》送给同学们看，在校刊上发表文章抨击封建礼教和封建道德。她写的《向不平等的根源进攻》，成了师生们议论的焦点。她采取各种办法，带头不参加"礼拜"，并向人们宣传宗教迷信是害人的精神鸦片。

这年 7 月，毛泽东经上海回到长沙。在上海，他见到了陈独秀。这时，陈独秀正和李大钊等早期共产主义知识分子积极筹建中国共产党。陈独秀委托毛泽东回长沙后联络志同道合的人创建长沙共产党的早期组织。

毛泽东回到长沙后，就开始了秘密活动。

一天，刚刚下过一场大雨，空气格外清新。毛泽东身穿薄薄的旧长衫，迈着轻快的步伐来到福湘女中，在选修班的教室旁边，找到了杨开慧。

离别后的重逢使两人格外高兴。毛泽东兴奋地说："我昨天刚回来，在上海，我见到了陈独秀先生，学了不少东西。现在形势发展很快，省学联要你去帮助工作，怎么样？"

在一年前的五四运动中，长沙学生组织了省学生联合会。

杨开慧满口答应："我去，我去。"

这时，湖南学界发动的驱张斗争取得了胜利。利用这个声势，湖南省学联进一步开展活动，提出废督裁兵、建设民治、普及教育等主张。

暑假期间，杨开慧奔走于各学校，组织讲演队走上街头，宣传学联的主张。在毛泽东的启发下，杨开慧开始接触工人群众。她约了一个同学到火柴公司去为女工办识字班，借了一间堂屋做教室，自己编识字课本，自己刻蜡板。参加识字班的女工非常踊跃，很快由十几人发展到几百人，识字班也发展到九个。为杨开慧的热情所鼓舞，前来教课的同学达到几十人。

不久，杨开慧因积极投身革命，被福湘女中开除了。

当时，湖南教育界、学界就妇女教育问题展开热烈讨论，"男女同校"成为讨论中的热门话题。要开风气之先，需有勇敢者带头。杨开慧和毛泽东商量要去男子学校读书，毛泽东自然非常支持。于是，杨开慧串联了福湘、周南两女校的五名女学生，毅然进入岳云男子中学，成为全省男子中学中第一批女学生。这在当时封建顽固势力统治下的湖南，的确需要非凡的魄力和胆识。

共同的理想，共同的斗争，使杨开慧和毛泽东的爱情之火燃烧得越来越炽烈了。

然而，当爱情到来时，两个年轻人的心并不平静。杨开慧在《自传》中写道：

我们彼此都有一个骄傲皮（脾）气，那时我更唯恐他看见了我的心（爱他的心）。他因此怀了鬼胎，以为我是不爱他。但他的骄傲皮

（脾）气使他瞒着我一点都没有表现……

初冬的一个夜晚，毛泽东辗转反侧，夜不能寐。

终于，毛泽东披衣坐起，望着窗外一轮寒月，思念着杨开慧，感情的烈火正炙烤着他的心。于是，毛泽东诗意大发，挥笔疾书，写下了《虞美人》：

> 堆来枕上愁何状，江海翻波浪。夜长天色总难明，寂寞披衣起坐数寒星。　　晓来百念都灰烬，剩有离人影。一钩残月向西流，对此不抛眼泪也无由。

收到这首滚烫的、表明毛泽东爱意的词后，杨开慧再也按捺不住心中早已燃烧着的爱情烈焰，同意与毛泽东结婚了。

杨开慧在一篇随感式的文章中写道：

> 不料我有这样的幸运，得到了一个爱人！……自从听到他许多事，看了他许多文章、日记，我就爱了他。……我看见了他的心，他也是完全看见了我的心。……自从我完全了解他的真意，从此我有一个新意识，我觉得我为母亲所生之外，就是为了他。假若有一天母亲也不在了，他被人捉住了，我要去跟着他同享一个命运。

这段见证毛泽东和杨开慧爱情佳话的文字写于 1929 年 6 月 20 日。杨开慧被捕前将它藏在板仓住所的墙缝里，直到 54 年后，1983 年才被意外发现。

1920 年冬，这对倾心相爱的恋人终于结成秦晋之好。

毛泽东和杨开慧的恋爱是浪漫的，结婚也表现出对世俗、对传统的反叛，用他们两人的话说，就是"不作俗人之举"。他们一不置嫁妆，二不坐花轿，三不布新房，四不办酒席，以同居来表示结婚，没有举行婚礼仪式。过了一段时间，他们请来了几个好友到家中小聚。饭菜同往常一样简单，吃到最后，两人才向客人宣布：我们结婚了。

其实，毛泽东并不是因为没有钱才这样做，相反当时他手握巨款。原来为支持留法勤工俭学，章士钊募捐了2万块银圆，全部交给毛泽东支配，但公私分明的毛泽东不为自己动用一分一毫。不仅如此，就连母亲为女儿办嫁妆的百十块银圆，杨开慧也交给毛泽东用于开展革命活动的经费。

结婚前，毛泽东和杨开慧都住在集体宿舍里。婚后不久，恰逢春节，两人便回到板仓小住十几日，既是看望杨老太太和兄嫂，也算是度蜜月了。其间，杨开慧陪着毛泽东踏遍了板仓的山山水水，探亲访友，实地考察。

在杨开慧短暂的一生中，这十几天，给她留下了终生难忘、不可磨灭的回忆。

★ 清水塘，毛泽东与杨开慧度过了难忘的岁月

毛泽东和杨开慧以其惊世骇俗的结合，在周围人中引起很大的反响，两人的婚姻也被誉为"理想的罗曼蒂克"。

婚后的生活是幸福而又甜蜜的。然而，毛泽东并没有过多地沉溺于卿卿我我的儿女之情中，他的心里牵挂着整个中华民族的复兴。

毛泽东和杨开慧互相帮助，学习马列理论，开展社会活动。杨开慧经常和共产主义小组成员一道，听毛泽东联系中国国情和湖南省情讲述马克思主义基本原理，解答大家提出的疑难问题，深受启迪。

1921年仲夏的一个黎明，毛泽东依依不舍地告别了新婚燕尔的娇妻，与何叔衡去上海参加中国共产党第一次全国代表大会。回到长沙后，毛泽东积极建立党组织，大力开展工人运动。

8月，毛泽东利用"船山学社"的社址创办了湖南自修大学。杨开慧参加了该校的筹建工作，并利用自己担任学联干事的身份，筹集经费。自修大学为早期的中国共产党起到了培养干部的作用。何叔衡、毛泽民、夏明翰等人，当年都曾在这里学习和工作过。

同年冬，杨开慧加入中国共产党，成为湖南省最早的女共产党员之一。

就在这年 10 月，一直没有一个稳定住所的毛泽东与杨开慧，开始有了一个属于自己的"家"。毛泽东当时任长沙第一师范附属小学主事（校长），他便以这个公开的社会身份租下了一栋青砖青瓦的平房——清水塘 22 号。

清水塘位于长沙小吴门外，地处城郊，所住者多为菜农，菜畦里有两口水塘，因下塘水质清净见底而得名。满园碧绿的蔬菜围着的三开间极其普通的小平房，屋前池塘边有几株垂柳，柳丝迎风飘荡，环境显得格外的宁静与幽雅。

在这里，杨开慧做起了家庭主妇。不久，母亲向振熙也搬到了清水塘，帮杨开慧料理家务。

1922 年 5 月，中共湘区委员会成立，毛泽东任书记。清水塘也就自然成了湘区委员会的秘密机关，成了毛泽东领导湖南省工人运动的机关。

当时毛泽东除担任湘区委员会的书记外，还兼任了社会主义青年团长沙地区执行委员会的书记、中国劳动组合书记部湖南分部主任。他深入工厂矿山，发动工人，组织罢工；来往于自修大学、文化书社等地，与骨干接头，派出党的干部，到外地发展党、团组织……由于日夜操劳，毛泽东更加消瘦了。

杨开慧看在眼里，疼在心里。她只有拼命地工作，分担毛泽东肩上的担子。于是她一面照料毛泽东的生活，一面担任区委的机要和交通联络工作，成为毛泽东的得力助手。

每天，从清早起，杨开慧就忙个不停：着一身普通妇女的装束，带着一包书，或一包衣物，将机密文件夹在里面，坦然穿梭于文化书社、船山学社、青年图书馆等秘密联络点之间，传送文件和指示，收集社会动态和各种情报，接待川流不息前来联系的同志；晚上，她或是在室外巡查，为来清水塘秘密开会的同志站岗放哨，或是选阅报刊，查找资料，誊写文稿。

那时，毛泽东经常工作到深夜。杨开慧便每夜留下些饭菜，盖上一层辣椒，半夜起床守着他吃。天冷了，她就在睡前先替他弄好取暖的汤婆子

（盛热水暖脚的一种器皿）；半夜，她会轻轻起来给他加炭添水，或是再往他肩头披件棉衣，像一片轻柔的云，缭绕得陋室里充满温馨。正如所谓：红袖添香夜读书。

由于来往需要接待的革命同志很多，而毛泽东的经济收入有限，杨开慧不得不经常从母亲那里挖点陈年积蓄来贴补家用。

沉重的家务和繁忙的事务并没有压垮杨开慧。相反，她倒觉得很幸福，忙得有意义，累得有价值，因为革命的事业激励着她，毛泽东的信赖鼓舞着她。毕竟她是和自己心爱的丈夫为了同一个理想而并肩奋斗。

1922年1月，在中国共产党的领导下，中国工人运动蓬勃发展，掀起了第一次高潮。

在毛泽东领导下的湖南工人运动在全国罢工浪潮中独树一帜，影响很大。10月初，在领导安源罢工取得胜利后，毛泽东又发动和领导了长沙6000多名泥木工人的罢工斗争。

10月6日，罢工开始。毛泽东奔走呼号，组织泥木工人要求增加工资，争取营业自由。

21日，2000多名泥木工人在教育会坪召开会议，决定23日向长沙县署请愿，不达目的，誓不罢休。

偏偏这时，杨开慧就要临产，家里只有杨老太太一人，急得是团团转。恰好，一位女友来访，见状急忙雇了一辆人力车将杨开慧送进湘雅医院。经检查，杨开慧是难产，可能要动手术，医生坚持要孩子的父亲亲自来签字。

杨开慧强忍疼痛，用微弱的声音说："你们看情况决定就是，何必非要他来不可呢？"

"耽误不了多少时间，只是来签个字。"医生坚持原则。

"不行，他有要紧的事，一分钟也不能耽误。"杨开慧几乎是在哀求。

10月24日晨，杨开慧终于顺利地产下了一个白白胖胖的儿子。

就在同一天，持续了20多天的罢工斗争也取得了胜利。双喜临门的毛泽东喜不自禁，给儿子起了个高雅而又响亮的名字：毛岸英。

★ "算人间知己吾与汝"

随着革命斗争的深化，毛泽东成了湖南军阀赵恒惕的眼中钉。

1923 年 4 月，赵恒惕在长沙城遍贴布告，悬赏缉拿"过激派"毛泽东。毛泽东只得依依不舍地告别了爱妻和幼子，秘密赴上海工作，担任中共中央局秘书。

昔日聚在清水塘小屋里的那些革命青年相继离去，杨开慧也不得不带着小岸英暂住别处。离开丈夫又离开革命集体生活的杨开慧，感到格外孤独与寂寞。

是啊！为革命，为毛泽东，杨开慧牺牲了很多。可是，杨开慧觉得自己有时候并不能得到理解。结婚后，她既要工作，又要照料孩子和家务，一天到晚忙个不停，简直就是应接不暇。而毛泽东又长年在外奔波，回到家里便伏案疾书，两人难得有交流的时间。时间一长，夫妻间难免为生活琐事产生小矛盾。

当毛泽东抛家舍业去上海时，毛岸英刚刚半岁，而杨开慧又怀上了第二胎，生活和工作的负担更加沉重。离别后，杨开慧不禁满腹愁绪，几次写信向毛泽东细诉苦衷，希望和他比翼齐飞，一起到上海去，同时也希望他今后能抽点时间帮她照料家庭。

不料，毛泽东却并不十分理解妻子的心，回信说：

大都市生活费用大，自己经常东奔西走，并不能照顾她们母子，倒不如在长沙亲戚朋友多，熟人熟地来得方便。并劝她要自强，不可太依赖丈夫。还在信中写了一句诗："我自欲为江海客，更不为昵昵儿女语"。

收到信后，杨开慧大失所望，又感到无比的委屈，甚至一度赌气不再给毛泽东写信了。

这年秋天，毛泽东从上海去广州出席中国共产党第三次全国代表大会和中国国民党第一次全国代表大会，特地回长沙看望杨开慧母子。

当时，毛岸青刚刚出生，杨开慧含着眼泪倾诉了自己的委屈，毛泽东震惊了。这些年他为革命整日奔波，很少顾及妻儿老小。妻子承担了繁重的家庭担子，他不仅没有予以重视，反而责怪妻子儿女情长。想到此，毛泽东内心里充满了自责。然而革命任务在身，他却不能在家中久留。

第二天清早，天还没有亮，毛泽东就在清冷的月色下，走出家门，乘火车赶赴广州。这次，杨开慧破例没有送行。

在南驰的列车上，毛泽东回想起婚后的生活，想起那晚开慧流下的清冷的眼泪，离愁别绪一时涌上心头，久久不能平静，便把满腹的离愁别绪凝聚成一首千古绝唱——《贺新郎·别友》：

> 挥手从兹去。更那堪凄然相向，苦情重诉。眼角眉梢都似恨，热泪欲零还住。知误会前番书语。过眼滔滔云共雾，算人间知己吾与汝。人有病，天知否？　今朝霜重东门路，照横塘半天残月，凄清如许。汽笛一声肠已断，从此天涯孤旅。凭割断愁丝恨缕。要似昆仑崩绝壁，又恰像台风扫寰宇。重比翼，和云翥。

收到毛泽东的这首词后，杨开慧一遍又一遍地读着，不禁泪如泉涌。"算人间知己吾与汝"，她知道丈夫已理解了自己的心意，便转悲为喜，破涕而笑，"误会"完全消除了。

果然没过多久，毛泽东与杨开慧又在上海团聚了。此后，毛泽东和杨开慧比翼双飞，妇随夫行，直到1927年大革命失败。

1924年6月初，杨开慧和母亲带着毛岸英和刚刚出生不久的毛岸青从长沙来到上海，住在英租界慕尔鸣路甲秀里（今威海卫路583弄）。毛泽东亲自到码头等候，结束了魂牵梦绕的两地生活，得以"重比翼，和云翥"。

杨开慧的到来，对日夜为建立、巩固和发展国共合作的统一战线而奔忙的毛泽东来说，如同及时雨。杨开慧又像在清水塘时那样，一面照顾毛泽东的生活，一面做党的工作。她整天收集整理文件，摘录资料，誊写文稿。但岸青太小，少不得哭闹，杨开慧经常是手抄文稿，脚踩摇篮，口里还低低地哼着催眠曲，浑身上下充满了青春活力。每当看到这样动人的母子图，毛泽东总是在心里暗暗感激妻子。

同年底，毛泽东因受国民党右派排挤，加之身体不好，离开上海回湖南养病。

1925 年 2 月 6 日，适逢农历新春佳节，毛泽东和杨开慧带着岸英、岸青回到韶山冲。这是杨开慧第一次来到韶山冲。

韶山冲，四面群山环抱，峰峦耸峙，松柏常青。相传在唐虞时代，舜帝带着妃子和大臣南下巡视，在湘江流域的一座山上奏起了韶乐。仙乐飘扬，惊动了许多奇禽异兽，凤凰飞鸣，麒麟欢舞，一起向舜帝朝贺。韶山由此而得名。

毛泽东回到韶山养病，却一刻也闲不住，与杨开慧一起到贫苦农民家里调查、谈心，了解他们的疾苦，启发他们的政治觉悟。在韶山冲，毛泽东利用祠堂、族校开办农民夜校，除教识字、珠算外，还讲三民主义，讲国内外大事。杨开慧是夜校总负责人之一，经常冒着严寒，提着马灯，到各校去讲课。到 7 月间，农民夜校已开办了 20 多所。

从 3 月起，毛泽东秘密组织农民协会，发展会员。没过多久，韶山地区便悄悄地建立了 20 多个秘密农会，大部分会员是上过夜校的农民。在此基础上，毛泽东亲自发展了韶山第一批中共党员。

1925 年 6 月中旬，杨开慧协助毛泽东创建了中国共产党在农村最早也是最坚强的支部之一——中共韶山支部。7 月，公开的群众性革命组织"雪耻会"成立了。从此，韶山一片沸腾。平抑谷价、增加雇农工钱、减租、抵制日货，终日劳作的农民紫红的脸膛把韶山冲映得火亮火亮。

韶山的农民运动搞得红红火火，地主豪绅却如热锅上的蚂蚁，坐立不安。赵恒惕电令湘潭县团防局火速缉拿毛泽东，幸亏得到开明绅士郭麓宾的通报，毛泽东才得以脱险，秘密回到长沙。就在赵恒惕的眼皮底下，毛泽东向中共湘区委报告韶山农民运动的情况。

在长沙，毛泽东漫步湘江岸边、橘子洲头，回想起当年风华正茂的师范生生活，回想起恩师杨昌济的谆谆教导，回想起与爱妻杨开慧一起评论时事的情景，不禁有感而发，写下了著名的《沁园春·长沙》：

独立寒秋，湘江北去，橘子洲头。看万山红遍，层林尽染；漫江碧透，百舸争流。鹰击长空，鱼翔浅底，万类霜天竞自由。怅寥廓，问苍茫大地，谁主沉浮？　　携来百侣曾游。忆往昔峥嵘岁月稠。恰同学少年，风华正茂；书生意气，挥斥方遒。指点江山，激扬文字，粪土当年万户侯。曾记否，到中流击水，浪遏飞舟？

9月，毛泽东来到广州，住在东山庙前西街38号，举办农民运动讲习所。不久，杨开慧带着孩子也来到广州，与毛泽东重新并肩战斗。在广州期间，杨开慧继续担任联络工作，与周恩来、邓中夏、恽代英、林伯渠、李富春等人过从甚密。

1926年9月7日，国民革命军在广州东校场誓师北伐。随着北伐军节节胜利，11月8日，国民党中央政治会议决议将中央党部及国民政府由广州迁往武汉。

在革命形势一片大好的情况下，毛泽东与杨开慧先后于11月上中旬离开广州。毛泽东前往上海，担任中共中央农民运动委员会书记；杨开慧和母亲则带着孩子返回湖南，住在长沙望麓园。

与此同时，农民运动在神州大地掀起了高潮。

当时，粤、湘、鄂、赣等省区开展了轰轰烈烈的农民运动，并成立了农民协会。全国有组织的农民多达800余万人。面对农民运动的大好形势，毛泽东喜上眉梢。

但如急风骤雨般兴起的农民运动，也带来了一些前所未有的问题。如何看待这些问题，一时成了社会各界瞩目的焦点。

"农民在乡里造反，搅动了绅士们的酣梦。乡里消息传到城里来，城里的绅士们立刻大哗。"同地主豪绅有着千丝万缕联系的国民党右派，包括北伐军中的一些军官，便坐不住了。他们恶毒地攻击农民运动"破坏了社会秩序"，是"痞子运动"，是"扰乱了北伐后方"。一些中间派也开始动摇了，说农民运动已经"越轨"了，应该加以限制，防人利用。

为了回答这些问题，更好地指导农民运动，从1927年1月4日起，毛泽东身着蓝布长衫，脚穿草鞋，手拿雨伞，离开长沙，历时32天，行程700多公里，先后考察了湘潭、湘乡、衡山、醴陵、长沙等县的农民运动。农村革命沸腾的生活像磁铁一样吸引了他。

2月12日，毛泽东率全家由长沙迁到武昌，住在都府堤41号。

这时，杨开慧快要分娩，第三次做母亲了。但为了使毛泽东集中精力，杨开慧不顾身体虚弱，身边又有两个孩子需要照顾，夜以继日地对农运调查材料仔细分类、选择、综合，然后用蝇头小楷工整地誊抄在稿纸上。在杨开慧的大力协助下，毛泽东很快就写出了一篇洋洋洒洒2万多字的《湖南农民运动考察报告》。

在这篇著名的报告中，毛泽东记述了湖南农民所做的14件大事，高度赞扬了农民运动，认为都是革命的行动和完成民主革命的措施，称："孙中山先生致力国民革命凡四十年，所要做而没有做到的事，农民在几个月内做到了。这是四十年乃至几千年未曾成就过的奇勋。这是好得很。"他还在报告中提出要"推翻地主武装，建立农民武装"。

3月5日，《湖南农民运动考察报告》的部分章节首次发表在中共湖南区委机关报《战士》周刊上。12日，《向导》周刊也发表了该报告的部分章节。随后，长江书店以《湖南农民革命（一）》为书名出版了全文的单行本。

中共中央、中央局委员瞿秋白为该书写了热情洋溢的序言："中国革命家都要代表三万万九千万农民说话做事，到前线去奋斗，毛泽东不过开始罢了。中国的革命者个个都应该读一读毛泽东这本书，和读彭湃的《海丰农民运动》一样……"并高度称赞毛泽东同彭湃一样是"农民运动的王"。

但有谁知道，这份著名的《湖南农民运动考察报告》中耗费了杨开慧多少个不眠之夜，又凝聚着她多少的心血。

4月4日，毛泽东与杨开慧的第三个孩子在武昌呱呱坠地。近在咫尺，可是毛泽东直到第四天才风尘仆仆地赶到医院，见到了儿子。

那段时间，毛泽东简直太忙了。短短几天里，毛泽东就新添了三个职务。3月30日，毛泽东担任新成立的全国农民协会临时执行委员会常务委员兼组织部部长；4月2日，国民党中央常务委员会第五次扩大会议决定成立土地委员会，毛泽东与邓演达、徐谦、顾孟余、谭平山等四人任委员；两天后，也就是杨开慧生下第三个孩子的同一天，毛泽东出席中央农民运动讲习所开学典礼，与邓演达、陈克文任农讲所常务委员，负实际之责。

"开慧，实在对不起！"医院里，毛泽东一脸的歉意。

杨开慧望着一脸疲惫的毛泽东，眼睛里闪烁着无限爱意，心疼地埋怨道："生小孩你在这里我要生，不在这里我也要生。你工作要紧，但也要注意自己的身体呀！"

毛泽东疼爱地抱着孩子东瞧西看，慈爱之情溢于言表。

"就叫他岸龙吧！"

★ 轰轰烈烈的大革命失败了，毛泽东与娇妻匆匆离别，没想到这竟是永别！

1927年4月12日，也就是毛岸龙出生后第八天，蒋介石在上海发动了"四一二"反革命政变，向共产党人举起了屠刀。

是日，蒋介石命令亲信部队以"调解工人内讧"为借口，开进上海总工会，收缴纠察队的枪械，与流氓打手一起屠杀手无寸铁的工人，逮捕上海工人运动领袖。

13日，工人群众列队向蒋介石嫡系国民革命军第29军请愿，要求释放被捕的工人，交还纠察队的枪械。第29军凶相毕露，拔出刺刀，寒光闪闪地刺向工人的胸膛，并向手无寸铁的工人开枪。顿时宝山路上血流成河，一片凄风惨雨，无数工人和革命群众倒在血泊之中。

16日，蒋介石在南京另立中央，成立国民政府，与武汉政府相对立，形成宁汉两个政权对峙的局面。

中国革命面临着重大的转折。毛泽东与陈独秀、林伯渠、谭平山等共产党人和国民党左派193人的名字被列在"南京国民政府"的第一号通缉令上。产后还未坐完月子的杨开慧，不得不投入紧张的工作中。

27日，中共五大在武昌召开。由于与陈独秀的意见继续相左，毛泽东又一次受到排挤，"赋闲"起来。杨开慧陪同默默无语的丈夫登上了武昌蛇山。

此时此刻，毛泽东已预感到风云将要突变，一场劫难很快就要来临。

而党的五大却仍把希望寄托在汪精卫等人的身上，以陈独秀为首的中共中央又不接受他要求进行土地革命的主张。

在无比的郁闷与惆怅中，毛泽东徘徊在黄鹤楼前。面对烟波浩渺、奔流不息的滚滚长江水，他感慨万千，情不自禁地吟出《菩萨蛮·黄鹤楼》：

> 茫茫九派流中国，沉沉一线穿南北。烟雨莽苍苍，龟蛇锁大江。　黄鹤知何去？剩有游人处。把酒酹滔滔，心潮逐浪高！

有道是："山雨欲来风满楼。"果然不出毛泽东的所料，革命形势急转直下。

5月21日，反动军阀许克祥率所部国民革命军第35军独立第33团在长沙制造了震惊中外的反革命叛乱，疯狂屠杀共产党人和革命群众，史称"马日事变"。6月6日，朱培德在江西以"礼送出境"的名义逐走大批共产党员和国民党左派人士。7月15日，汪精卫在武汉公开宣布"分共"。轰轰烈烈的大革命就此失败了。

8月7日，中共中央在汉口召开了著名的"八七"会议。会后，毛泽东以中央特派员的身份准备回湖南领导湘赣秋收暴动。几天后，毛泽东和杨开慧带着三个孩子一起由武昌回到长沙，住在北门外沈家大屋旁的北角门楼。

8月30日，毛泽东派人送杨开慧和三个孩子回到板仓老家。临别时，两人依依惜别，毛泽东再三叮嘱杨开慧要好好照顾母亲，带好孩子，更要多参加农民运动。

然而当时，毛泽东和杨开慧谁也没有料到：这次分手竟成了两人的永诀。

从1920年冬至1927年8月，毛泽东与杨开慧共同生活了近七年。其间，杨开慧生育了岸英、岸青、岸龙三个孩子，每次毛泽东都因革命工作分不开身而无法在她身边照料。在恶劣的环境里，杨开慧不仅承担了繁重的家务，还要为毛泽东整理材料，做文字工作，无微不至地照顾毛泽东的生活，并协助毛泽东从事工运、学运、农运工作。

杨开慧在党内没有任何职务，始终是毛泽东的眷属。国共合作实现后，毛泽东被选为国民党中央候补执行委员，1921 年中山舰事件后，还担任国民党中央代理宣传部部长，杨开慧和母亲带着孩子伴随，也仍然是家属身份。七年间，杨开慧跟随毛泽东，时而在长沙，时而在上海，时而在广州，时而在武汉，四海为家。为了照顾毛泽东，她作为贤妻良母，默默地奉献了一切。这种无私的奉献，是不能磨灭的。

杨开慧是一位很有个性的女性，从其自述里可以看出，她甚至有些骄傲。因为她已融入毛泽东的生活中，她把毛泽东的生活当作她全部的生活。她的自我，就体现在毛泽东的事业中。

1977 年 10 月 5 日，上海《文汇报》刊登了一篇回忆杨开慧的文章：

> 开慧姐不愧是毛主席的亲爱的夫人和亲密的战友。她在生活上无微不至的关心体贴，使毛主席有更充沛的精力考虑和处理革命大事。那时，毛主席常常通宵达旦写东西，寒冬腊月也是这样。一到晚上八九点钟，开慧姐就把取暖用具给毛主席准备好；深夜一两点钟，常起床取送临睡前热在锅里的"点心"，有时候毛主席没顾上吃，她就等在旁边，待吃完后才去睡。那时候，毛主席夜里经常只睡两三个小时，清早，又出去工作。她就去整理毛主席夜里写的东西。在草稿本上，凡写'定稿'二字的，她就誊写到另一本簿子上去。那时，他们已有了孩子岸英。开慧姐在抄写文件时，常常把岸英的摇篮放在身边，一边抄，一边用脚摇摇篮。

1927 年 9 月 9 日，震惊中外的湘赣边界秋收起义爆发了。但仅仅过了三四天，起义军在国民党正规军优势兵力的反扑下，严重受挫。为保留革命火种，毛泽东在文家市力排众议，率起义军向罗霄山脉的井冈山挺进。

与此同时，杨开慧在严重的白色恐怖下，和母亲带着三个年幼孩子、保姆孙嫂（陈玉英）一起回到了家乡板仓，继续开展可歌可泣的地下斗争。

杨开慧深知时局艰危，生活在如此险恶的环境中，无异于投身虎穴狼窝。但对革命充满信心的她，早就把革命当作自己一生的事业，她要为此尽心尽力。

毛泽东终于来信了，是从江西宁冈县一个中药铺寄来的。

信是用暗语写的，大意是说他出门后，开始生意不好，亏了本，现在生意好了，兴旺起来了，"堪以告慰"。毛泽东还在信中提到了自己的脚伤。

这封信写于1927年10月，毛泽东率秋收起义军，胜利到达井冈山地区的宁冈县，决定在井冈山一带创立第一个农村革命根据地，实行土地革命，建立工农政权，开辟武装夺取政权的崭新道路。这封信经过不少周折，直到1928年初，才辗转到了杨开慧手中。

杨开慧凝视着遒劲的笔迹，体味着含蓄的词句，激动万分，泪水模糊了眼前的信纸。收到这封信后，杨开慧写了回信。但此后毛泽东便杳无音信，杨开慧再也没有收到第二封信。

在板仓坚持地下活动的日子是艰苦的，再加上关山远隔，音讯不通，杨开慧失眠了，辗转反侧，焦虑不安。

1928年10月，杨开慧写了一首思念毛泽东的诗——《偶感》。

> 天阴起朔风，浓寒入肌骨。
> 念兹远行人，平波突起伏。
> 足疾已否痊，寒衣是否备？
> 孤眠谁爱护，是否亦凄苦。
> 书信不可通，欲问无人语。
> 恨无双飞翮，飞去见兹人。
> 兹人不得见，惘怅无已时。

一个革命者，一个女人，一个妻子，对志同道合的战友、丈夫的惦念、思念和爱恋到底有多深，恐怕很难有人说得清楚。除了那首《偶感》诗外，杨开慧还写了一些笔记，记录了她当时的心情。这篇笔记直到20世纪80年代在整修板仓杨开慧故居时，才被人从墙壁夹缝中发现。虽然经历了半个多世纪，但从字里行间，还是可以揣摩杨开慧当时痛苦而复杂的心境。

1930 年 1 月 28 日，杨开慧在《散记》中写道：

> 无论怎样都睡不着，虽然是倒在床上，一连几晚都是这样，合起来还睡不到一晚的时辰。十多天了，半个月了，一个月了，总不见来信，我检（简）直要病了。我设一些假想，脑子像戏台一样，还睡什么觉？人越见枯瘦了。
>
> 太难过了，太寂寞了，太伤心了，这个日子我检（简）直想逃避它。但为着我这个小宝，我终于不能逃避。又是一晚的没有入睡，我不能忍了，我要跑到他那里去。小孩，可怜的小孩，又把我拖住了。我的心挑了一个重担，一头里是他，一头里是小孩，谁也拿不开。我要哭了，我真要哭了。我怎么都不能不爱他，我怎么都不能不爱他！

从杨开慧留下的这些文字里，可以看出她对毛泽东的爱是何等的深！她离开他以后是怎样想念、记挂他！

同志们和乡亲们都很为杨开慧的安全担心，纷纷劝她离开板仓或送她到江西去。但都被杨开慧一一拒绝了，她坚定地说：

"没有润之的指示，我不能擅自离开自己的战斗岗位。"

明知死亡的凶险而不避，这种视死如归的精神，是对共产主义的忠诚，对党的忠诚，对毛泽东的忠诚。

杨开慧早已把个人的生死置之度外，但难以割舍的是三个天真活泼的孩子：岸英八岁、岸青七岁、岸龙三岁。万一自己有个三长两短，孩子可怎么办？他们可是毛泽东的骨肉啊！

1929 年春夏之交，杨开慧给堂弟杨开明写了一封托孤信：

> 一弟：
>
> 我好像已经看见了死神——唉！它那冷酷的面孔！说到死，本来而（于）我并不惧怕，且可以说是我喜欢的事。只有我的母亲和我的小孩呵，我有点可怜他们！而且这个情绪缠扰得我非常厉害——前晚竟使我半睡半醒地闹了一晚。

我决定把他们——我的孩子们托付给你们，经济上只要他们的叔父长存，是不至于不管他们的；且他们的叔父是有很深的爱对于他们的，但是倘若真个失掉一个母亲，或者更加一个父亲，那不是一个叔父的爱可以抵得住的，必须得你们各方面的爱护，方能在温暖的春天里自然生长，而不至受那狂风暴雨的侵袭！

这封饱含母爱的信并没有寄出，而是被杨开慧藏在屋后砖缝里，直到五十多年后才被意外地发现。

毛泽东同样也十分思念、牵挂着开慧和岸英兄弟。

1929年夏，毛泽东被迫离开红4军前委领导岗位，前往闽西搞社会调查工作。

是年秋，毛泽东不幸染上疟疾，大病了一场。正值重阳佳节，黄花遍地，毛泽东登山远望，不禁思绪万千，写下了一首著名的诗篇——《采桑子·重阳》：

> 人生易老天难老，岁岁重阳，今又重阳，战地黄花分外香。一年一度秋风劲，不似春光，胜似春光，寥廓江天万里霜。

几天后，陈毅突然从上海来到闽西上杭苏家坡找毛泽东，传达了中共中央的"九月来信"。

原来，党中央、周恩来向红4军前委发了指示信和口头指示，肯定了毛泽东关于"工农武装割据"的思想和建军思想，并指示立即恢复毛泽东前委书记的职务，要陈毅请毛泽东火速回红4军担任领导。

谈话中，毛泽东得知李立三担任中共中央秘书长，并意外得知毛泽民在上海工作。于是当即给李立三写了一封信。

> 立三兄：
> 多久不和你通讯了。陈毅同志来才知道你的情况。我大病三个月，现虽好了，但精神未全复原。开慧和岸英等我时常念及他们，想

和他们通讯，不知通信处，闻说泽民在上海，请兄替我通知泽民，要他把开慧的通信处告诉我，并要她写信给我。

……

毛泽东

但十分遗憾的是，直到杨开慧牺牲，毛泽东也没有与她联系上。

这一年12月26日是毛泽东36岁的生日，保姆孙嫂做了几个好菜，煮了一锅面。一家人围坐在一起吃面。岸英兄弟别提有多高兴了，但孩子们哪里知道：这是妈妈为远在苏区正同国民党反动派进行革命斗争的爸爸过生日啊！

当晚，杨开慧久久不能入睡，不禁又思念起亲爱的丈夫。她在《散记》中写道：

> 今天是他的生日，我格外的不忘记他。我暗中行事，使家人买了一点菜，晚上又下了几碗面。妈妈也记得这个日子。晚上睡在被里又伤感了一回。听说他病了，并且是积劳的原故，这真不是一个小问题。没有我在旁边，他不会注意的……

★ 面对敌人的屠刀，杨开慧大义凛然地说："让我和毛泽东脱离夫妻关系，除非海枯石烂！"

1930年7月27日午夜，中国工农红军第3军团乘虚攻克长沙城，重创国民党守军何键部。然而在国民党军重兵大举反扑的情况下，红军被迫于8月6日撤出长沙，向平江县转移。

8月20日，朱德、毛泽东率领红1军团在文家市痛歼何键部右路第3纵队戴斗垣部。23日，红1、红3军团会师，组建中国工农红军第一方面军，毛泽东任总政治委员。根据中央的命令，毛泽东、朱德于次日下达了红一方面军分"三路向长沙推进"的命令，第二次进攻长沙。

评说中国现代巾帼英豪

360

驻守长沙的是国民党军第四路军总指挥、湖南省清乡司令何键。此人是一个积极反共的刽子手,早在"马日事变"时就双手沾满了革命人民的鲜血。此时,何键在长沙集结了31个团的重兵,依仗坚固的防御工事固守待援。

鉴于红一方面军围攻长沙16天,两次总攻都未奏效,诱歼敌军的计划也未能实现,毛泽东果断决定撤围长沙,向江西吉安进军。

接连遭到红军重创的何键恼羞成怒,在红一方面军撤围长沙后,便进行疯狂的反扑,大肆搜捕、屠杀共产党人。一时间,报纸上连篇累牍地刊登枪毙共产党要犯的消息,腥风血雨又笼罩着闷热的长沙城,白色恐怖之中到处风声鹤唳。

何键对朱毛红军又恨又怕,一面派人到韶山将毛泽东的祖坟挖掉,一面又把罪恶的魔爪伸向了隐蔽在板仓乡下的杨开慧母子。他悬赏大洋1000元,捉拿"毛泽东的妻子杨氏"。

情况越来越紧张,形势越来越险恶。在群众的掩护下,杨开慧带着三个年幼的孩子东躲西藏,不断地变换住处,机敏地躲过了敌人的几次追捕。

10月初,在毛岸英八岁生日的前夕,杨开慧潜回板仓看望母亲,不幸被国民党密探发现。

24日凌晨,杨开慧在家中被捕。

凶残的敌人连八岁的岸英和保姆孙嫂也没放过,把他们同杨开慧一起押到国民党长沙警备司令部。随即又转入长沙陆军监狱,押签上注明:最严重的政治犯,女共党杨开慧一名,附小孩一名,女工一名。

"毛泽东哪里去了?"敌人恶狠狠地逼问。

"不知道!"杨开慧斩钉截铁地回答。

对眼前这个长得文文静静还像个学生似的柔弱女子,敌人以为只要把刑具往她面前一放,她自然会乖乖地招供了。

然而,敌人做梦也没有想到,这个貌似柔弱的女共产党员,竟有着钢铁般的意志。敌人用尽了各种酷刑,把杨开慧折磨得遍体鳞伤,逼她交出地下党名单,交代和毛泽东联系的方法。可杨开慧始终坚贞不屈。狡猾的敌人见用硬的不行，于是又改变了策略。

一天，他们把杨开慧请到客厅坐下，假惺惺地说："只要你在报上发表和毛泽东脱离夫妻关系的启事，你就可以马上得到自由。"

敌人得到的只是杨开慧的严词拒绝："让我和毛泽东脱离夫妻关系，除非海枯石烂！"

在狱中，敌人软硬兼施，使出了浑身的解数进行威逼利诱，然而这一切都是徒劳。此时中共地下党和杨开慧的亲属们又在紧张地营救，许多知名人士也纷纷出面保释。

杨开慧预感到敌人可能会对自己下毒手了，就对前去探监的亲友叮嘱："我死不足惜，但愿润之革命早日成功！我死后，不要作俗人之举。"

最令杨开慧放心不下的是三个年幼的孩子。在狱中，她含泪亲吻着小岸英，轻声说："孩子，我没有别的话要说。如果你将来见到爸爸，就说我没有做对不起他的事，说我非常想念他……我不能帮助他了，请他多多保重！"

刽子手终于举起了屠刀。

11 月 14 日下午 1 时，长沙浏阳门外识字岭的刑场上，杨开慧倒在血泊中，英勇就义，时年 29 岁。

临刑前，敌人最后一次来劝降。杨开慧义无反顾地回答："牺牲小我，成全大我！"

南岳敛容，湘水含悲。

当地亲友和农民冒着生命危险，连夜把杨开慧烈士的遗体运回板仓，埋葬在青松环绕的棉花坡上。

一个月后，毛泽东在中央苏区率红一方面军浴血奋战，取得第一次反"围剿"的胜利。

这时，毛泽东从缴获的敌人报纸上蓦然看到了杨开慧母子被捕的消息，顿时心如刀绞，他知道杨开慧落入敌人的魔爪必然凶多吉少。

果然，毛泽东不久就从国民党报纸上得知杨开慧遇难的噩耗。悲恸万分的毛泽东失眠了，杨开慧温柔娴静的面容，纯洁善良的微笑，深邃得总是含着期待之情的眼睛，如此清晰地活跃在面前……

根据毛泽东卫士长李银桥的回忆，作家权延赤在《掌上千秋》一书是这样描写的：

> 在那严酷的斗争中，在冷冰冰的世界里，她给予毛泽东脱去甲胄、获得宁静温馨放松身心的机会。她为他生育了三个孩子，却不曾拖累他一丝一毫。她好像生来就为了奉献，不曾提过哪怕是一件小小的要求。没有，毛泽东无论如何想不起她生前向自己提过什么要求，就是怀孕反应最厉害的时候，呕吐得满眼是泪，一旦和毛泽东目光相遇，她便会露出一种羞怯甜美的笑。不曾叫苦，甚至不曾说一句想吃什么的话。在家庭中她是贤妻良母，在革命活动中她是忠诚勇敢的战士。直到1930年牺牲，她不曾有一点动摇，一点委屈，就那么安静、坦然地走上了刑场……

> 一大颗泪珠在毛泽东眼角颤动闪耀，……他为一种负疚之心所折磨，他对自己的过去和家庭怀有负疚之心。特别是当他得知杨开慧一直活到1930年才被何键所杀害的确切消息后，那天他没吃晚饭，并且失眠了。他甚至朝第二个妻子贺子珍发了一通无名之火。因为他为各种流言所惑，不明实情，在两年前已经与贺子珍结婚。而杨开慧却在两年后才牺牲。她的牺牲很大一个原因是由于她是毛泽东的夫人。

★ 几十年后，毛泽东深情地写下了"我失骄杨君失柳"的千古绝唱

毛泽东与杨开慧一起度过了最美好的时光。杨开慧至死眷恋着毛泽东，而毛泽东也终生思念着这位夫人。

杨开慧牺牲后，毛泽东在给妻兄杨开智的信中写道："开慧之死，百身莫赎。"并寄去银圆30元为杨开慧修墓立碑，上刻：毛母杨开慧墓，男岸英、岸青、岸龙刻，民国十九年冬立。

1949年8月5日，湖南和平解放。当天，杨开智致信毛泽东，告诉他

母亲杨老夫人尚且健在，并询问外甥岸英、岸青及女儿杨展的情况。

毛泽东立即复信：

杨开智先生：

来函已悉。老夫人健在，甚慰。敬致祝贺。岸英、岸青均在北平。岸青尚在学习。岸英或可回湘工作，他很想看外祖母。展儿于八年前在华北抗日战争中光荣地为国牺牲，她是数百万牺牲者之一，你们不必悲痛。我身体甚好，告老夫人勿念。兄从事农场生产事业甚好，家中衣食能过得去否，有便望告。此复，敬颂大安。

毛泽东

八月十日

对杨家亲人的生活，杨老太太的饮食起居，毛泽东无时无刻不在牵挂着。由于国事繁忙，毛泽东无法亲自前往湖南探望。于是，他便委托王稼祥的夫人、与杨家有世交的朱仲丽，借回长沙探亲之际，看望了杨老太太，并捎去一封亲笔信和一些衣物。

杨老太太，开智夫妇：

你们好吧？现在托朱小姐之便，前来看望你们。皮衣料一套，送给老太太。另衣料二套，送给开智夫妇。

毛泽东

九月十一日

1950 年春，毛泽东对毛岸英说：

"你现在可以回家一趟了，代我给你母亲扫墓。带些东西，代我为老太太上寿。再到湘潭老家看看，向乡亲们问好。"

毛岸英自然是喜出望外。

接着，毛泽东神情沉重地说：

"你妈妈是个很贤惠的人，又很有气魄，对我帮助很大。他的父亲杨昌济老人是个进步人士，对我资助不少，你外婆也是一个贤德高尚的人，她全力支持我和你妈妈的事业……我很怀念……"

毛泽东的眼睛湿润了，声音有些哽咽。

4月13日，毛泽东分别给杨老太太和杨开智夫妇写了信。

给杨老太太向振熙的信全文如下：

向老太太尊鉴：

欣逢老太太八十大寿，因令小儿岸英回湘致敬，并奉人参、鹿茸、衣料等微物以表祝贺之忱，尚祈笑纳为幸。

敬颂康吉！

毛泽东、江青

一九五〇年四月十三日

给杨开智（字子珍）、李崇德夫妇的信全文如下：

子珍、崇德同志：

来信收到。你们在省府工作，甚好，望积极努力，表现成绩。小儿岸英回湘为老太太上寿，并为他母亲扫墓，同时看望你们，请你们给他以指教为荷。此问

近佳！

毛泽东

一九五〇年四月十三日

5月，带着毛泽东的叮嘱和给外婆、舅舅的亲笔信，毛岸英千里迢迢回到板仓给母亲扫墓。

在杨开慧的墓前，毛岸英放声大哭：

"妈妈！现在解放了。爸爸要我替他回来给您扫墓啦！妈妈！我们想念你啊！"

全国由供给制改为薪金制后，毛泽东按期从工资中给杨老太太寄去生

活费，以尽半子之谊。

1956年，毛泽东到长沙视察工作。百忙之中，他亲自请杨老太太到蓉园吃饭。

1960年4月25日，日理万机的毛泽东没有忘记这一天是杨老太太90大寿，他写信给杨开慧的堂妹杨开英，向老岳母祝寿。

开英同志：

　　杨老太太（岸英的外婆）今年九十寿辰，无以为敬，寄上二百元，烦为转致。或买礼物送去，或直将二百元寄去，由你决定。劳神为谢！顺致

　　问候！

毛泽东

一九六〇年四月二十五日

1962年春，结婚不久的毛岸青和邵华从大连回到北京，在中南海见到了毛泽东。

毛泽东笑着对小两口说：

"新媳妇总该去认认家门，让外婆和亲友们看看嘛！"

当时，毛岸青的组织关系在总参谋部，毛泽东就让他向罗瑞卿请假，带着邵华回湖南探亲。

遵照毛泽东的嘱托，毛岸青和邵华一同回到湖南。他们先到板仓给杨开慧妈妈扫墓，又到韶山看望乡亲们。然后，回到长沙，看望年已九旬的外婆向振熙和舅舅杨开智、舅妈李崇德，并向他们转达了毛泽东的问候。

同年11月杨老太太在长沙病逝后，毛泽东立即给杨开智发去悼念电报：

开智同志：

　　得电惊悉杨老夫人逝世，十分哀痛。望你及你的夫人节哀。寄上五百元，以为悼仪。葬仪，可以与杨开慧同志我的亲爱夫人同穴。我

们两家是一家，是一家，不分彼此。望你节哀顺变。敬祝大安

毛泽东

一九六二年十一月十五日

毛泽东对杨老太太的牵挂和关怀，寄托了他对恩师杨昌济的尊敬，对夫人杨开慧的思念。他曾对杨开英动情地说：

"你霞姐是有小孩在身边英勇牺牲的。很难得！"

在接见当年的保姆孙嫂时，毛泽东详细询问了杨开慧被捕经过和在狱中情况后，深情地说：

"开慧是个好人哩！岸英是个好伢子哩！革命胜利来之不易，我家就牺牲了六个，有的全家都牺牲了。"

1957年2月，长沙第10中学的语文教师李淑一致信毛泽东，随信寄上一首她在1933年所作的怀念丈夫柳直荀的《菩萨蛮》，并索取毛泽东早年送给杨开慧的那首《虞美人》。

柳直荀（1898—1932），湖南长沙人，毛泽东的早年战友，曾任湖南省农民协会秘书长。参加过南昌起义，历任中国工农红军第2军团政治部主任、第3军政治部主任等职。1932年，在"肃反"中被诬陷杀害。

李淑一是杨开慧的同学，在长沙福湘中学时，两人还住在同一寝室，是非常要好的朋友。李淑一与柳直荀就是经杨开慧介绍才相识的。

5月11日，毛泽东回信李淑一：

淑一同志：

惠书收到。过于谦让了。我们是一辈的人，不是前辈后辈关系，你所取的态度不适当，要改。已指出"巫峡"，读者已知所指所处，似不必再出现"三峡"字面。大作读毕，感慨系之。开慧所述那一首不好，不要写了罢。有《游仙》一首为赠。这种游仙，作者自己不在内，别于古之游仙诗。但词里有之，如咏七夕之类。……

暑假或寒假你如有可能，请到板仓代我看一看开慧的墓。此外，你如去看直荀的墓的时候，请为我代致悼意。你如见到柳午亭先生

时，请为我代致问候。午亭先生和你有何困难，请告。

为国珍摄！

毛泽东

一九五七年五月十一日

信中所说的游仙诗便是那首堪称千古绝唱的——《蝶恋花·答李淑一》。

我失骄杨君失柳，杨柳轻飏直上重霄九。问讯吴刚何所有，吴刚捧出桂花酒。　寂寞嫦娥舒广袖，万里长空且为忠魂舞。忽报人间曾伏虎，泪飞顿作倾盆雨。

这是一首现实主义和浪漫主义的结合，一首情与爱的结晶，一曲对恋人的颂歌。

当章士钊请教该词中"骄杨"作何解释时，毛泽东沉痛地说："女子革命而丧其元（头），焉得不骄！"

有一次，毛岸青和邵华请毛泽东为他们写一幅《蝶恋花·答李淑一》，以作纪念。毛泽东欣然提笔，写下了"我失杨花"四字。

岸青、邵华十分不解，以为父亲写错了，便忍不住问道："爸爸，不是'骄杨'吗？"

毛泽东意味深长地说："称'杨花'也很贴切。"

然后，他笔走龙蛇，一挥而就，写完了这首词，十分郑重地交给了岸青夫妇。

是啊！女子革命而捐其春，安不称花？

"骄杨""杨花"，是毛泽东对杨开慧的礼赞和怀念。杨开慧忠魂有知，也当含笑九泉了。

第十二章　"欢迎你来和我们一起
筹建新中国的大业"

——毛泽东与宋庆龄

她，与毛泽东是同龄人，他们伟大的一生是同中国革命事业的艰难历程和辉煌胜利融合在一起的，也是同他们之间的革命情谊联系在一起的；

她，与毛泽东尽管经历不同，但是通过各自的斗争实践，先后找到马克思主义真理，从民主主义者成为共产主义者，走上共产主义道路，志同道合是他们友谊的纽带；

她，贵为国母，是20世纪最伟大的女性之一，被毛泽东视为自己亲密的战友、同志和可敬的无产阶级先锋战士，他们为拯救和发展中国奋斗半个多世纪以来所结下的真挚友谊，至今仍令人感叹不已；

她，就是宋庆龄。

宋庆龄，1893年1月27日生于上海，广东文昌（今属海南）人。是中华人民共和国缔造者之一，中华人民共和国名誉主席，爱国主义、民主主义、共产主义的伟大战士。早年留学美国，后跟随孙中山先生，致力于民主革命事业。1915年，同孙中山结婚，坚决拥护"联俄、联共、扶助农工"的三大政策。1926年，在国民党第二次全国代表大会期间，同毛泽东等共产党人紧密合作，对国民党右派进行了针锋相对的斗争。"四一二"反革命政变后，与国民党左派和中国共产党人一起对蒋介石、汪精卫进行声讨，与毛泽东等22人以国民党中央委员名义发表宣言，揭露蒋介石、汪精卫叛变革命的行为。后赴苏联、法国，参加一系列国际性反帝活动，于1929年当选为世界第二次反帝同盟大会名誉主席。20世纪30年代与鲁迅、蔡元培、杨杏佛等组织"中国民权保障同盟"，同国民党反动派进行斗争，保护和营救了大批中国共产党人和爱国民主人士。"九一八"事变后对中国共产党提出的抗日主张积极响应。抗日战争期间，组织"保卫中国同盟"，支持中国共产党领导的抗日斗争，为推进中国人民抗战事业做出了重大贡献。1945年12月，在上海创建中国福利基金会。解放战争期间，坚决反对内战。中华人民共和国成立后，历任中央人民政府副主席、全国人民代表大会常务委员会副委员长、中华人民共和国副主席等职，长期主持中国救济总会、中国红十字会工作，是中国妇女界的杰出领袖，为实现祖国统一大业做出了巨大贡献。1981年5月15日，经中共中央批准，被接受为中国共产党正式党员，5月16日被授予中华人民共和国名誉主席的荣誉称号。同年5月29日，在北京病逝。

★ 在国民党第二次全国代表大会上，宋庆龄与毛泽东互相支持，共同维护中山先生"联俄、联共、扶助农工"的三大政策

1924年1月20日，广州。

中国国民党第一次全国代表大会在广东高等师范学院礼堂开幕。在孙中山的主持下，国共两党的精英欢聚一堂，第一次国共合作就此拉开了帷幕。

毛泽东以湖南代表的身份出席了大会，并被孙中山指定参加党章审查委员会。会上，毛泽东就国共两党实行合作发表许多重要意见，均被采纳。30日，大会胜利闭幕，毛泽东当选为国民党中央候补执行委员。

作为孙中山的夫人，宋庆龄虽然没有出席大会，但在大会开幕前，她断然拒绝国民党右派企图利用她来动摇孙中山实行联共的决心，支持和帮助孙中山制定了"联俄、联共、扶助农工"的三大政策，提出了包括毛泽东等共产党人在内的中央执行委员和中央候补执行委员名单。

宋庆龄回忆道：

> 在1924年，当国共合作问题正进行讨论时，我问孙中山为什么需要共产党加入国民党。他回答说："国民党正在堕落中死亡，因此要救活它就需要有新血液。"

在国共首次合作伊始，20世纪中国革命的两位伟人，毛泽东和宋庆龄都把对方引为战友，从不同的起点，第一次走到了国民革命的同一战线上。

然而，国共合作并非一帆风顺的。

1925年3月12日上午9时30分，中国民主主义革命的伟大先驱孙中山在北京溘然长逝。

孙中山尸骨未寒，国民党右派便大加阻挠和反对国共合作。8月23日，邹鲁、谢持、林森、张继等一批国民党老右派在北京西山碧云寺孙中山灵堂前召开非法的"国民党一届四中全会"，公然要取消共产党员在国民党的党籍，开除毛泽东等共产党人在国民党中央的执行委员和候补执行委员职务，公开分裂国民党，反对孙中山的三大政策。

西山会议派的活动立即激起了政治斗争的风云。为捍卫中山先生的遗志，1926年1月8日，宋庆龄专程从上海赶到广州，与毛泽东等共产党人一起参加国民党第二次全国代表大会。

作为正式代表，宋庆龄第一次登上了国民党全国代表大会的讲坛，大声疾呼大家要加强团结，不要受右派挑拨：

"如果诸君能大家合作，则先生的主义一定是能够成功的，能够实现的。如其不能合作，则先生的主义决不能成功。所以我竭忱地希望诸位要大家合作。"

时任国民党代理宣传部部长、中央农民运动讲习所所长的毛泽东理直气壮地声明：

共产党员不隐瞒自己的观点，不怕公开自己是共产主义者，但为了国民革命整体利益，在当时保持共产党的秘密组织是完全必要的。

出席此次大会的前国民党政府副总统李宗仁曾在回忆录中写道：毛泽东"时常穿一件蓝布大褂；长得身材高大，……在议会席上发言虽不多，但每逢发言，总是斩钉截铁，有条不紊，给我印象很深，觉得这位共产党很不平凡。"

1月16日，宋庆龄当选国民党中央执行委员，毛泽东当选为候补中央执行委员。他们在大会上互相支持，密切配合，狠狠打击了西山会议派的反动气焰，维护了国共合作。

7月9日，国民革命军在广州誓师北伐。北伐军势如破竹，很快消灭了长江以南的军阀势力，工农群众运动风起云涌，掀起了全国革命的高潮。

1927年1月1日，国民政府正式迁都武汉。

然而就在这时，任北伐军总司令的蒋介石已蜕变成了国民党新军阀，加紧反革命活动。3月，宋庆龄与毛泽东等促成国民党在汉口召开二届三中全会。针对蒋介石的独裁活动，全会决议统一党的领导机关，使一切政治军事外交财政等大权，集中于党，限制了蒋介石的权力，挫败了他的阴谋。

4月12日，蒋介石在上海发动"四一二"反革命政变，大肆搜捕、屠杀共产党人和革命群众，腥风血雨笼罩着大上海，白色恐怖下到处风声鹤唳。16日，蒋介石在南京另立国民政府，与武汉政府相对立，形成宁汉两个政权对峙的局面。

蒋介石反革命政变的消息像一声惊雷传出，举国震惊。面对蒋介石的倒行逆施和反革命的血腥屠杀，宋庆龄无比愤慨，与在武汉的共产党人和国民党左派一起，发起了声势浩大的讨蒋运动。

4月17日，武汉国民党中央执行委员会和国民政府发布命令，宣布开除蒋介石党籍，免除他的一切职务，下令全国将士和革命群众将他捕获归案，按反革命罪惩治。全国各地纷纷发表通电宣言，严斥蒋介石反革命罪行，支持武汉政府的决议。

22日，宋庆龄、毛泽东、吴玉章、林伯渠、何香凝、邓演达、汪精卫、顾孟余、孙科等人以国民党中央执行委员、候补执行委员、国民政府委员会委员、军事委员会委员的名义发表《中央委员联名讨蒋》宣言，历数蒋介石反抗中央，另立中央，以反共口号博取帝国主义欢心，更不惜屠杀民众的种种罪行。通电痛斥蒋介石"已成为新军阀之工具，曲解三民主义、毁弃三大政策"，是"总理之叛徒，本党之败类，民众之蟊贼"，声明：如不打倒蒋介石，"革命群众将无噍类"。

23日，武汉革命群众30余万人在武昌召开大会，掀起声势浩大的群众性反蒋高潮。

但是，由于陈独秀的右倾，国民党左派多数人员的软弱，革命形势开始逆转。帝国主义各国派出大批军队和军舰，云集武汉，使武汉政府陷入四面受敌的危险境地。蒋介石集团加紧对武汉实行军事包围，并策划部队颠覆活动。地主、军阀纷纷发动叛乱，一些在革命高潮中混入革命阵营的投机分子和意志不坚定的人，叛变的叛变，投降的投降，退隐的退隐。伪装成左派的武汉政府主要负责人汪精卫此时也开始暴露其真面目，公然与蒋介石在"反共"问题上遥相呼应，指责两湖地区的农民运动、工人运动"过火"，是"外国的产物"。武汉革命中心处于分崩离析之中。

"山雨欲来风满楼，黑云压城城欲摧。"

在此险恶形势下，宋庆龄显示出自己的特殊风范。她始终坚持孙中山的革命原则，与汪精卫之流诬蔑、反对工农运动的言行进行针锋相对的斗争，痛斥他们违背孙中山遗教的背叛行径，为工农群众大声疾呼：

"我们不能出卖群众。我们已经使他们抱有极大的希望。他们已对于我们寄以极大的信心。我们要永远矢忠于这种信心。"

当时在武汉参与这场斗争的苏联顾问鲍罗廷，不禁称赞宋庆龄是"国民党整个左派中唯一的大丈夫"。

但武汉的革命形势却江河日下。5月21日，反动军阀许克祥率所部国民革命军第35军独立第33团在长沙制造了震惊中外的反革命叛乱，疯狂屠杀共产党人和革命群众，史称"马日事变"。6月6日，朱培德在江西以"礼送出境"的名义逐走大批共产党员和国民党左派人士。

7月14日，汪精卫秘密召开"分共"会议，公开背叛孙中山制定的三大政策。

宋庆龄断然拒绝出席会议。就在这一天，她坐在打字机前，用英文打出了自己向全国人民要讲的话，即著名的"七一四"声明——《为抗议违反孙中山的革命原则和政策的声明》。

在声明中，宋庆龄强烈谴责叛徒们背叛孙中山三民主义的罪行，宣布她决定退出国民党中央执行委员会，与被蒋介石、汪精卫控制的国民党断绝关系，同背叛者们实行彻底决裂。

7月17日，宋庆龄秘密离开武汉乘英国公司轮船返回上海。8月1日，宋庆龄领衔与毛泽东等22名国民党中央委员发表《中央委员宣言》，声讨蒋介石、汪精卫背叛革命，揭露"武汉与南京所谓党部政府，皆已成为新军阀之工具，曲解三民主义，毁弃三大政策，为总理之罪人，国民革命之罪人"，表示"自今以后，惟有领导全国同志，誓遵总理遗志奋斗到底"。

轰轰烈烈的大革命失败后，为了寻求中国革命的胜利道路，宋庆龄不远万里，访问苏联。毛泽东根据中共中央"八七"会议精神，到湘赣边界发动秋收起义。

宋庆龄与毛泽东的心是相通的，他们虽然在不同地方、不同战线，各自在不同岗位，用不同的方式坚持革命斗争，他们的奋斗目标是一致的。在大革命的斗争洗礼中，宋庆龄对以毛泽东为首的中国共产党有了更多的了解，增强了彼此间的信任。毛泽东对中国社会性质及各阶级的分析，特别是对农民问题的分析，深化了宋庆龄对中国革命基本问题的认识。

远在莫斯科的宋庆龄称赞毛泽东等共产党人在国内发动的武装暴动，"表示了一个不可征服的民族的高度决心"，坚信"酿成这种暴动的酵母却遍布国内各地，从遥远的华南到长城内外都将沸腾起来"，并明确表示："假如我回国的话，将参加工农斗争，战胜血腥的反动派。"

1931 年 9 月 18 日，日本关东军蓄意炸毁沈阳北郊柳条湖附近铁路，反诬中国军队所为，并以此为借口，向东北军的北大营进攻，制造了震惊中外的"九一八"事变。

日本帝国主义的侵略铁蹄踏向中华大地，中华民族到了生死攸关的危急时刻。此时，宋庆龄已回到国内，多次要求国民党停止向毛泽东等共产党人领导的苏区进攻，转而武装抵抗日本帝国主义的侵略。

1933 年 9 月，宋庆龄在上海主持召开世界反对帝国主义战争委员会远东会议。会上，她高度评价苏区是中国人民获得解放的"希望、诺言和保证"，热情赞颂它是任何强大的敌人不可战胜的，高声呼吁：

"用我们最大的力量来保卫那已经由帝国主义统治和封建剥削的羁绊中解放出来的中国工人和农民，他们现在正受着国民党军队第五次而且是最大规模的进攻。"

1934 年春，由于国民党反动派对中央苏区进行疯狂的第五次"围剿"，中国共产党和工农红军处境艰难。危急关头，宋庆龄向中国和世界发出保卫中华苏维埃，制止蒋介石反革命"围剿"的正义呐喊，对毛泽东等共产党人的支持是弥足珍贵的。毛泽东以中华苏维埃临时中央政府主席名义致电宋庆龄，表示由衷的感谢。

1935年11月，毛泽东等率领中央红军长征到达陕北以后，宋庆龄极其喜悦，与国际友人一起为长征胜利干杯。

1936年春，她又写信给毛泽东对红军东征表示祝贺。毛泽东则高度评价宋庆龄"拥护党与苏维埃中央的主张"以及给予的"热烈赞助"。

★ 宋庆龄收到了毛泽东从延安写的信："得知先生革命救国的言论行动，引起我们无限的敬爱……"

国家兴亡，匹夫有责。

"九一八"事变的隆隆炮声，惊醒了中国人民；日本法西斯的种种暴行，更激起了四万万同胞的民族义愤。中华儿女在行动，炎黄子孙在奋起抗争！

国难当头，中国共产党以民族为重，多次发表宣言，号召全国民众"以民族革命战争，驱逐日本帝国主义出中国"。在1935年12月的瓦窑堡会议上，中共中央制定了抗日民族统一战线的策略，决定组成最广泛的反日民族统一战线。然而，以蒋介石为首的国民党政府依旧顽固执行"攘外必先安内"的反动政策，继续"剿共"。

蒋介石的倒行逆施，激起全国人民的愤慨。

自发动"四一二"反革命政变后，蒋介石绞尽脑汁清党剿共已经近十年了，但每一次都以失败告终，共产党反而越来越壮大；日本帝国主义又趁火打劫，登堂入室，掠去大半壁河山。内忧外患把蒋介石弄得焦头烂额，众叛亲离。在巨大的压力下，蒋介石施展出新的一手，要与共产党和平谈判，企图用政治手段解决共产党问题。

在上海，时任国民政府财政部长的宋子文把蒋介石的心思告诉了二姐宋庆龄，请她设法与中共联系，把国民党愿意谈判的消息传递给陕北。

宋庆龄深感国难当头，中华民族危机空前严重。形势要求国共两党以全民族利益为重，化干戈为玉帛，团结御侮。在民族大义面前，她不计前嫌，勇敢地担负起历史赋予的使命，毅然决定出面为国共双方斡旋。

1936年1月初，上海。一天黄昏，寒意袭人。一位中年男子走进了莫里哀路29号——宋庆龄的住宅。

此人便是中共地下党员董健吾。董健吾曾在上海圣约翰大学神学系学习，与宋子文、顾维钧等人是同学。当时，他以牧师身份作掩护担任共产党的地下联络工作，与宋庆龄有着密切的往来，是中共中央与宋庆龄特殊的牵线人。这次，他是受宋庆龄的邀请而来的。

因为是熟人，宋庆龄并未过多地寒暄，直接拿出一封用火漆印封的信件交给董健吾，要他立即动身前往陕北瓦窑堡，当面把信交给毛泽东和周恩来。

这封密信，就是宋子文代表国民党中央请宋庆龄协助传达的信息：国民党中央有与中共谈判的意图。

对信的内容，宋庆龄一字未提，只说：此事办成功，将益国匪浅。同时将宋子文签发的财政部西北经济特派专员的委任书交给董健吾作为护身符，并给了他100元路费。

从宋庆龄严肃的神情中，董健吾深深领悟到这封信的重要，当即启程奔赴陕北。

不料在西安，因时值严寒，冰天雪地，道路不通，董健吾整整逗留了40多天。这下可把他急坏了，于是便找到时任国民党西北禁烟督查处处长的大学同窗钟可托，请他设法引见少帅张学良。

董健吾见到张学良后，开门见山地说："少帅，请您送我去陕北。"

得知董健吾的来意后，早就有心联合红军共同抗日的张学良当即用座机送董健吾飞至肤施（即延安），再由骑兵护送至瓦窑堡。

1936年2月底，董健吾来到瓦窑堡，受到了林伯渠、博古（秦邦宪）等人的热情接待，密信随即被转送给山西前线的毛泽东、周恩来。当时，毛泽东、周恩来正随红军东征，在山西石楼指挥作战。

大约10天后，博古将毛泽东、周恩来的复信交给董健吾，同时托他带给宋庆龄一包东西：三枚江西铸造的刻有镰刀斧头的银币和苏区的一套纸币，作为纪念品。

董健吾收下这些珍贵的礼物，藏好毛泽东、周恩来的复函，匆匆返沪，向宋庆龄复命。

毛泽东、周恩来在致宋庆龄的复信中，表示中国共产党愿意与国民党开始具体实际谈判，并提出了与国民党谈判的五项条件：

（一）停止一切内战，全国武装不分红白，一致抗日；

（二）组织国防政府与抗日联军；

（三）允许红军开赴前线抗日；

（四）释放一切政治犯；

（五）实行内政、经济改革。

宋庆龄随即将中共这一重要信息转达国民党中央。就这样，在宋庆龄等人的努力下，国共两党恢复了中断多年的联系。

国难当头，面对共产党的抗日要求，在全国人民的救亡抗日热潮推动下，蒋介石也不得不开始加快国共两党和谈进程。

随着国共之间交往的增多，沟通大大加深了。同时，中国共产党加紧开展对国民党各阶层的统战工作。中共中央发布了《关于逼蒋抗日的指示》，对蒋介石的政策由反蒋抗日改为逼蒋抗日，发生了较大转变。

1936年4月，中共中央与毛泽东派冯雪峰从陕北前往上海恢复党的地下组织，并叮嘱他先拜会宋庆龄，再联系党员。冯雪峰到上海后，即向宋庆龄传达毛泽东关于建立抗日民族统一战线的政策，受到她的赞赏。

同年9月，受中共中央委派，潘汉年带着中央拟定的《关于国共抗日救国协定草案》，前往上海，与国民党代表具体商谈第二次国共合作、建立抗日民族统一战线、实现共同抗日的问题。

潘汉年首先拜会了宋庆龄，面呈毛泽东于9月18日写给宋庆龄的亲笔信和中共致国民党的信。

庆龄先生左右：

　　武汉一别，忽近十年，从报端及外来同志口中得知先生革命救国的言论行动，引起我们无限的敬爱。

一九二七年后，真能继承孙中山先生革命救国救亡精神的，只有先生与我们的同志们。目前停止内战，联合抗日之呼声虽已普及全国，然而统率大兵之蒋氏及国民党中央迄今尚无彻底悔悟之心。这种违反孙中山先生革命的三民主义与三大政策之行为，实为国民党大多数党员所不容许而应立起纠正才是。因此，我想到要唤醒国民党中枢诸负责人员，觉悟于亡国之可怕与民意之不可侮，迅速改变其错误政策，是尚有赖于先生利用国民党中委之资格作具体实际之活动。

兹派潘汉年同志前来面申具体组织统一战线之意见，并与先生商酌公开活动之办法，到时敬请接洽，予以指导。付上我们致国民党中央的信以作参考。同时，请先生介绍与先生比较接近的国民党中枢人员，如吴稚晖、孔祥熙、宋子文、李石曾、蔡元培、孙科诸先生，与汉年同志一谈，不胜感幸。

顺问

近安

毛泽东

"九一八"五周年纪念日

读着毛泽东的亲笔信，宋庆龄深深感到了中共中央对自己的信任，心中的爱国情结使她不顾病后虚弱，又开始了为国共两党合作奔走呼号。她多次与潘汉年商讨开展统一战线工作的问题，并把他引荐给宋子文、宋美龄。宋子文曾一度提供住所让潘汉年居住，使他在同国民党进行谈判时，得到很多便利条件，从而为第二次国共合作的实现做出了重要贡献。

★ 宋庆龄创建"保卫中国同盟"，指出："我们的组织一贯接受中国共产党的领导……是以毛泽东主席统一战线政策为指导"

1936年12月12日，一个永载史册的日子。国民党东北军将领张学良和西北军将领杨虎城在西安发动兵变，拘捕了蒋介石，并通电全国，提出了停止一切内战、实现抗日等八项主张。

"西安事变"发生后，以毛泽东为首的中共中央高瞻远瞩，以国家和民族利益为重，制定和平解决的方针。宋庆龄以她的远见卓识，提出在停止内战、一致对外的条件下释放蒋介石。

16日，中共中央派周恩来、博古、叶剑英组成代表团飞赴西安。在同宋子文谈判时，中共代表团提出了安排宋庆龄参加改组后的国民政府的要求。

由于中共的协助和调解，在各方努力下，蒋介石最终接受了停止内战等六项条件，"西安事变"和平解决。

宋庆龄遵照毛泽东与周恩来的嘱托，努力促成国共再度合作。

1937年2月15日，宋庆龄在中断参加国民党中央的工作近十年后，以国民党中央执行委员资格，毅然参加国民党五届三中全会，与何香凝等人向全会递交《恢复孙中山先生手订联俄、联共、扶助农工三大政策案》，指出：

> 总理于民国十三年改组本党，确立联俄联共与扶助农工三大政策后，革命阵容为之一新，革命进展一日千里。不幸十六年以后，内争突起，阵容分崩，三大政策，摧毁无遗。革命旋归失败，外侮接踵而来。尤其最近五年间，失地几及六省，亡国迫于眉睫……近半年来，迭次接中国共产党致我党中央委员会书函通电，屡次提议国共合作，联合抗日，足证团结御侮已成国人一致之要求。最近西安事变，尤足证实此点。虽与本党向处敌对地位之中国共产党，亦愿拥护统一抗日，我党更应乘机恢复总理三大政策，以救党国于危亡，以竟革命之功业……

18日，宋庆龄时隔十年再一次登上国民党中央全会的讲坛，发表了著名的《实行孙中山的遗嘱》演说。针对国民党顽固派提出的"抗日必先剿共"的谬论，宋庆龄义正词严地斥责道：

令人万分遗憾的是，直到今天，政府中仍有个别人士不了解救国必先结束内战的道理。在今天居然还可以听到"抗日必先剿共"的老调，这是多么荒谬！我们要先打断一只手臂之后再去抗日吗？我们已经有了十年的内战经验。在这期间，国力都耗费在内争上面，日本军阀将我们的土地一块块地割去，使我们的国家受到蹂躏。每一个中国爱国志士现在都庆幸政府在这些痛苦经验之后开始了解，救国必须停止内战。而且必须运用包括共产党在内的全部力量，以保卫中国国家的完整。中国人不应当打中国人，这是不言而喻的。中国的人民都不愿打自己的兄弟，他们知道这是违背民族利益的。一切内争是可以，并且应当和平友好地解决。内战必须不再发生。和平统一必须实现。

全会经过激烈争论，虽然未通过宋庆龄等人提案，但不得不接受她提出的恢复孙中山三大政策、联共抗日的主张，决定同共产党谈判。

国共第二次合作的大门缓缓地打开了。宋庆龄也满腔热忱地准备迎接一个新时代的到来。

1937年7月7日夜，驻北平丰台日军在卢沟桥附近举行挑衅性的军事演习，诡称一名士兵失踪，要求进入中国军队驻地宛平县城搜索。在遭到守军严词拒绝后，日军即炮轰宛平城，向卢沟桥发动进攻。这就是震惊世界的"七七"事变。

日本帝国主义发动了全面侵华战争，妄图速战速决，灭亡中国。在关系到中华民族生死存亡的历史关头，中国共产党迅速作出反应，事变的第二天即通电全国：

平津危急！

华北危急！

中华民族危急！

只有全民族实行抗战才是我们的出路！

宋庆龄积极响应中国共产党的号召，满怀激情地投入抗日救国运动中。

8月初的一天，上海莫里哀路29号宋庆龄住宅。

宋庆龄热情接待了刚刚从庐山与蒋介石进行国共合作谈判的周恩来、

博古和林伯渠，再次表示完全拥护中国共产党和毛泽东提出的共产党为宣布国共合作共同抗日的宣言。

8月13日，日军大举进攻上海。淞沪抗战拉开了帷幕，宋庆龄奋不顾身地投入保卫大上海的战斗中。

中共中央与毛泽东十分关心宋庆龄的安全，电请她撤离上海。11月12日，上海沦陷。宋庆龄尊重中共中央和毛泽东意见，于12月23日在中共地下党的护送下，乘轮船离开上海移居香港。

1938年，中共中央和毛泽东委托邓颖超去香港看望宋庆龄。她约见邓颖超，倾听中共中央和毛泽东的主张。同年6月，宋庆龄在香港九龙嘉林边道的寓所内宣布"保卫中国同盟"（简称"保盟"）正式成立。

随着抗日战争的深入，蒋介石的反共嘴脸再次暴露无遗。眼见毛泽东领导下的中国共产党和抗日人民武装一天天地壮大，蒋介石如坐针毡。在他的指示下，国民党政府对八路军、新四军断绝粮饷，对抗日根据地实行经济封锁，妄图困死、饿死八路军、新四军。

对当时各抗日根据地的极端困境，毛泽东曾这样写道：

"我们曾经弄到几乎没有衣穿，没有油吃，没有纸，没有菜，战士没有鞋袜，工作人员在冬天没有被盖的地步。"

危急关头，毛泽东发出了"自力更生""自己动手，生产自给"的号召，在各抗日根据地展开一场轰轰烈烈的大生产运动。

与此同时，宋庆龄领导的"保盟"也伸出了援助之手，向海内外宣传中国共产党和毛泽东的抗日主张，募集捐款、医药和物资，支援根据地抗战。她曾撰文指出：

"我们的组织一贯接受中国共产党的领导。……它总是以毛泽东主席统一战线政策为指导。"

蒋介石是不甘心失败的。

1939年1月，国民党五届五中全会公然制定了"溶共、限共、防共、反共"的反动方针。紧接着又秘密颁布了《共产党问题处置办法》等多项旨在限制和迫害共产党的政策措施，致使反共乌云四处翻滚，军事摩擦屡有发生。

"风起于青蘋之末"。国民党制造的一系列流血惨案和武装"摩擦"，预示着更大规模的反共逆流即将掀起。

果然，1941年1月，震惊中外的"皖南事变"发生了。

国民党顽固派同室操戈、置民族危亡大局于不顾的反共行径，立即遭到了全国人民的一致反对和国外舆论的普遍谴责。毛泽东在延安发表命令和谈话，领导全国人民展开英勇的反击和斗争。香港，宋庆龄与毛泽东遥相呼应，密切配合，两次致函、致电蒋介石，痛斥他违背孙中山遗教，破坏抗战，实行反共的倒行逆施政策，坚决要求国民党"恪守总理遗训，力行吾党国策，撤销剿共部署，解决联共方案，发展各种抗日实力，保障各种抗日党派"。

1月28日，新四军军部在苏北盐城重新组建。宋庆龄当即指示"保盟"向新四军送去大批物资、医药和资金。

"疾风知劲草，国难显忠臣"。

在全面抗战的八年中，宋庆龄一面从事战时救伤济难工作，一面又根据中国共产党抗日救国的总方针，以她特殊的身份和独特的方式，为国内团结、进步和坚持抗战，同分裂、倒退和投降进行顽强的斗争，无愧于中国共产党的亲密战友和忠诚同志。

★ 山城重庆，两位伟人的手紧紧握在一起，展望新中国的未来

公元1945年8月15日，一个令亿万中国人民难以忘怀的时刻——日本帝国主义宣布无条件投降。

消息传来，举国欢腾。抗日战争终于取得了胜利，但亿万中国人民的苦难日子是否将一去不复返了？今后的中国又将走向何方？国共两党的领袖不约而同地陷入了沉思。

"卧榻之侧，岂容他人鼾睡！"

在蒋介石看来，日益壮大的中国共产党和人民革命武装是他的眼中

钉、肉中刺，必须不惜一切代价、不择一切手段加以消灭。但当时国内外和平的呼声此起彼伏，蒋介石不敢冒天下之大不韪挑起内战；而更为关键的是国民党的精锐部队此刻大都部署在西南，一时难以调往反共前线。于是，老谋深算的蒋介石玩弄起反革命的伎俩，宣称要与共产党"和平谈判"，表面上装出一副"和平建国"的模样，暗地里积极备战。

8月14日、20日，蒋介石连发两封电报邀请中共中央主席毛泽东，第一封电报称：

"倭寇投降，世界永久和平局面，可期实现，举凡国际国内各种重要问题，亟待解决，特请先生克日惠临陪都，共同商讨，事关国家大计，幸勿吝驾。"

蒋介石的如意算盘是：毛泽东一定没有胆量到重庆来谈判。这样一来，破坏和平的罪名就自然落到了共产党头上，那么他也就有冠冕堂皇的理由发动内战了。

见毛泽东没有丝毫要到重庆来的迹象，蒋介石就更来劲了，一面发动所有的宣传工具大肆鼓吹要与中共和谈，进行"和平建国"，一面又于8月23日发出了第三封邀请电，并把与周恩来等中共领导人交好的、时任国民党军事委员会政治部部长的张治中找来，准备派他去延安接毛泽东到重庆来谈判。

蒋介石未免高兴得太早了。中共中央早就识破了这一阴谋诡计。毛泽东一针见血地指出："这是蒋介石迫于国内国际形势，迫不得已做出的'假和平、真备战'的缓兵之计。"无非是企图用"和平谈判"麻痹共产党，欺骗人民群众，同时为他调兵遣将、部署内战争取时间。

绝不能让蒋介石的阴谋得逞。

8月23日，也就是蒋介石发出第三封邀请电的当天，毛泽东在中共中央政治局扩大会议上明确指出：

"蒋介石想消灭共产党的方针没有改变也不会改变。"

面对蒋介石在重庆摆下的"鸿门宴"，毛泽东大手一挥，"可以去，必须去""这样可以取得全部主动权"。

8月28日下午3时37分，重庆九龙坡机场。

灿烂的阳光驱走了重庆茫茫雾海，把古老山城点染得金碧辉煌。毛泽东、周恩来、王若飞在张治中、美国特使赫尔利的陪同下飞抵重庆。

到机场迎接毛泽东的除蒋介石的代表国民党空军司令周至柔外，还有邵力子、张澜、沈钧儒、谭平山、黄炎培、郭沫若、陈铭枢、左舜生、章伯钧、李德全等国民党军政要员、各民主党派人士、社会贤达，以及文化界、新闻界、各国通讯社记者、八路军驻渝办事处及新华日报社的工作人员等数百人。

机舱门打开了，毛泽东容光焕发地出现在门口。大家都想一睹毛泽东的风采，人群像潮水一般涌向停机坪，同时爆发出热烈的掌声与欢呼声。

毛泽东到重庆的消息，如同强劲的春风迅速吹遍山城。各阶层人士、中外友好，都以争先一睹为快，纷纷来到上清寺张治中的公馆——桂园。

桂园，原为国民党财政部四川特派员关吉玉的产业，抗战期间曾是国民党第六战区司令长官陈诚的临时官邸。这是一个由竹篱围成的不大的院子，一幢两层小楼，10多间房子，楼上是卧室，楼下是会客厅、餐厅、副官室、秘书室等。院子的北面和西面各有一排平房，作为警卫员和工作人员的住房。

整个桂园房舍不算大，设备也一般，但在毛泽东看来这要比延安的窑洞不知好上多少倍。最为重要的是桂园紧邻马路，进出方便，距曾家岩（中共代表团机关所在地）、红岩村（八路军驻重庆办事处）均不算远，而且马路对面就是蒋介石的侍从室，周围戒备森严，特务流氓一般是不敢在此放肆的。于是，张治中爽快地把桂园腾出来让给毛泽东，他一家则全搬到复兴关中训练团的一所狭小破旧的平房里暂住。

国民党的达官显贵，上自蒋介石，下至五院院长以及各部委会的负责人、文化学术界人士、新闻界人士、实业界巨子、社会贤达，纷纷来见，宛如众星拱月。一时间，桂园成为当时中国政治漩涡的中心。

毛泽东把重庆当作展现其雄才大略和人格魅力的舞台，一面同蒋介石进行紧张的谈判，展开针锋相对的斗争；一面抓紧时间会见在渝的各民主党派和无党派人士，出席各种座谈会和宴会，向世人展现了他善于捕捉国际国内政治风云变幻，把军事斗争与谈判斗争完美结合起来的高超斗争艺术。

8月30日下午，毛泽东在周恩来等人的陪同下，前往两路口新村3号，拜访了宋庆龄。

自武汉一别，两位老朋友已阔别十八载。十八年间，他们都在为实现孙中山的革命遗愿而战斗，此时在山城相逢，自然格外高兴。两双手紧紧握在一起，互致问候。

由于国共和谈即将开始，毛泽东与宋庆龄来不及深谈，短暂相聚后，就匆匆辞别。临别前，毛泽东邀请宋庆龄为国共合作再出力。宋庆龄愉快地接受了。

9月2日傍晚，细雨绵绵。

毛泽东、周恩来、宋庆龄应邀出席中苏文化协会为庆祝中苏友好同盟条约而举行的鸡尾酒会。出席酒会的还有董必武、孙科、王若飞、冯玉祥、邵力子、王世杰、陈诚、张治中、陈立夫、郭沫若、马寅初、谭平山、王昆仑、李德全、史良、茅盾等各方面人士300余人。

这是毛泽东来重庆后第一次在公众面前露面，宋庆龄来渝虽有数年，但一直深居简出。于是中苏文化协会楼上楼下挤满了人，大家都想一睹这两位伟人的风采，二楼会场更是挤得水泄不通，欢声笑语。

国共两党、各派政治力量的代表聚首一堂，举杯同庆，体现了抗日民族统一战线的累累硕果。毛泽东、周恩来、宋庆龄为这团结、胜利的场面所感染，与大家一一握手、碰杯，共庆胜利，同祝团结。

9月8日下午，毛泽东在桂园招待在重庆各国援华救济团体的负责人。

宋庆龄代表"保盟"、英国驻华大使薛穆及夫人代表英国援华会、艾德敷代表美国联合援华会应邀出席。此外，英国、美国红十字会，世界学生救济委员会，国际救济委员会和公谊救护队的代表也出席了茶话会。

会上洋溢着友好团结的气氛。毛泽东致辞衷心感谢各方人士八年来对边区及解放区的诸多援助，并希望能继续这种援助。

宋庆龄在讲话中表示：

过去的救济多为战时救济，今后进入和平建设时期，在建设方面"保盟"仍将继续做出援助贡献。

次日，宋庆龄又专程来到桂园，拜访毛泽东、周恩来。当宋庆龄乘车到桂园时，毛泽东、周恩来等人已在楼前迎候。毛泽东快步走上前去，紧紧地握住她的手。

客厅里，毛泽东与宋庆龄促膝谈心，推心置腹，畅叙旧情，剖析形势，交换对国事的意见，充满着欢声笑语。

毛泽东对宋庆龄在抗战期间为支援解放区军民所做的大量工作给予高度评价，并对她不计个人安危，忠贞不渝地信守孙中山先生三大政策，表示深深敬意。

宋庆龄对毛泽东也有了新的认识，感到他"不但是一党的领袖，并且是全国人民的导师"，他"思想敏锐，识见远大，令人钦佩"。同时，宋庆龄对当时内战危机四伏的严重局势十分担忧，但坚决支持中国共产党争取民主、和平，反对独裁、反对内战的政策。

会谈结束后，毛泽东一直将宋庆龄送到大门外，目送她乘车离去。

★ 在中国革命即将迎来胜利之时，毛泽东致电宋庆龄："至祈先生命驾北来"

宋庆龄的担忧不是没有道理的，她太了解她的妹夫、那位自称为中山先生继承人的蒋介石了。

1945 年 10 月 13 日，也就是《双十协定》签订后的第三天和公布后的第一天，蒋介石向国民党各战区司令长官发出了一份杀气腾腾的密令：

> 此次剿共为人民幸福之所系，务本以往抗战之精神，遵照中正所订《剿匪手本》，督励所属，努力进剿，迅速完成任务。其功于国家者必得膺赐，其迟滞贻误者当必执法以罪。希转饬所属剿共部队官兵一体悉遵为要！

和平的呼声犹在耳边，协议的墨迹尚未干透，国共之间已风云突起、兵戎相见了。

1946 年 6 月，蒋介石公开撕毁《停战协议》，悍然发动了全面内战。

7 月 20 日，毛泽东号召："全党同志和全解放区军民，必须团结一致，彻底粉碎蒋介石的进攻，建立独立、和平、民主的新中国。"

宋庆龄一直希望中国"走上团结、和平的道路，进而达成天下一家的理想"，然而当内战不可避免地到来时，她义无反顾地投身到反内战的革命中。

7 月 25 日，宋庆龄发表声明指出：国民党反动派"挑起一个无法取得胜利的战争"，因为"农民将拥护共产党"。为了扑灭蒋介石燃起的战火，她"特向中国两大党的领袖们和其他党派的领袖们呼吁，立刻将联合政府组织起来"。

早在 1945 年 12 月，宋庆龄将"保卫中国同盟"改组为"中国福利基金会"，继续为解放区提供医药、物资。

对宋庆龄的鼎力相助，中国共产党、毛泽东是不会忘记的。1946 年 12 月 17 日，周恩来致函宋庆龄，转达毛泽东等延安朋友对她的惦念，感谢她"为解放区人民所做的工作"，称誉她是全国人民的骄傲，"永远为人民服务的领导者"。

随着内战的全面爆发，共产党与国民党，毛泽东与蒋介石，革命与反革命，光明与黑暗，在神州大地展开了生死较量。但蒋介石的将领们很不争气，纵有 400 多万美式装备的大军，却在小米加步枪的"土八路"面前屡战屡败。

1948 年 4 月 30 日，中共中央发布纪念"五一"劳动节口号。《五一劳动节口号》共有 23 条，把中国共产党对时局的分析、判断以及自己的政治主张公告天下。其中第五条是："各民主党派、各人民团体、各社会贤达迅速召开政治协商会议，讨论并实现召集人民代表大会，成立民主联合政府。"

全国各民主党派和爱国人士热烈响应。许多民主党派负责人和爱国人士应中共中央邀请，纷纷从全国各地及海外奔赴解放区。

到是年底，国民党统治区的政治、军事、经济、社会生活面临全面崩溃，蒋介石的统治已是风中残烛，摇摇欲坠。与此形成鲜明对比的是，中国人民解放事业正以不可阻挡之势迎来了收获季节。人民解放军愈战愈强，辽沈战役解放了东北全境，淮海战役解放了华东大部，胜利在即，华北地区除北平、天津几座孤城外均已解放。在神州大地，两种道路、两种命运的决战时刻已然来临。

1949 年初，人民解放战争胜利在即，中国共产党和聚集在解放区的各民主党派、团体及无党派人士，积极筹备召开新的政治协商会议，成立民主联合政府。在这历史的转折时刻，中国共产党如以往一样，从来没有忘记一向支持共产党、始终在政治上与共产党保持一致的宋庆龄。

1 月 19 日，毛泽东、周恩来联名从河北省平山县西柏坡村给宋庆龄发出一封电报，邀请宋庆龄北上参加新政协会议。电报全文如下：

庆龄先生：

中国革命胜利的形势已使反动派濒临死亡的末日，沪上环境如何，至所系念。新的政治协商会议将在华北召开，中国人民革命历尽艰辛，中山先生遗志迄今始告实现，至祈先生命驾北来，参加此一人民历史伟大的事业，并对如何建设新中国予以指导。至于如何由沪北上，已告梦醒与汉年、仲华切商，总期以安全为第一。谨电致意，伫盼回音。

毛泽东　周恩来

子浩

此时的上海，正笼罩在一片白色恐怖之中。国民党反动派面临死亡的末日，更加凶暴残忍，大肆搜捕共产党员和爱国进步人士。大街上警车呼啸，行刑队频繁出没，报纸上连篇累牍地刊登枪毙"共党要犯"的消息。他们还胁迫、劫持一些不愿离开大陆的国民党军政要人到台湾。就连贵为"国母"的宋庆龄也受到了特务的跟踪监视，处境险恶。

中共中央极为关注宋庆龄的安全，对邀请她北上参加新政协采取了极为慎重的态度，作了十分周密的安排。这封电报，就是附在中共中央发给在香港的华南局领导人方方、潘汉年、刘晓的指示电之后，并要他们设法送给宋庆龄的。

周恩来在审发中央指示电时，亲自加上了一段话，特别强调执行这个任务：

"第一必须秘密，而且不能冒失。第二必须孙夫人完全同意，不能稍涉勉强。如有危险，宁可不动。"

经认真研究，华南局领导提出了一个周密方案：先把宋庆龄接到香港，然后同何香凝一起北上。为此他们慎重选定在地下斗争中经验丰富的华克之赴上海执行护送宋庆龄来港的任务。

华克之扮作富商来到上海，找到了宋庆龄的秘书，送上电报，陈述了自己的任务及下一步行动的打算，并再三表示一切听候孙夫人安排。

读罢毛泽东、周恩来的电文，宋庆龄十分感激，心绪久久不能平静。她既为中共中央领导人对自己的尊重和深情所感动，更为中国革命大业终将成功而欣喜。但北上之事，宋庆龄有自己的考虑。

2月20日，宋庆龄用英文写下了《致毛泽东、刘少奇、周恩来、朱德》的亲笔复函：

亲爱的朋友们：

请接受我对你们极友善的来信之深厚的感谢。我非常抱歉，由于有炎症及血压高，正在诊治中，不克即时成行。

但我的精神是永远跟随着你们的事业。我深信，在你们英勇、智慧的领导下，这一章历史——那是早已开始了，不幸于二十三年前被阻——将于最近将来光荣地完成。

谨致
敬礼！

宋庆龄
一九四九年二月二十日

宋庆龄通过秘书向华克之转达她给中共中央和毛泽东的复信及口信：

"接获大礼，敬悉伟大的主席和全党同志对我的关注，至为感谢。经长时间考虑，确认一动不如一静。我将在上海迎接解放，和诸公见面。根据我的预计，蒋介石是无可奈何我的，请勿念。"

随后，宋庆龄在致廖梦醒（国民党左派廖仲恺之女、曾长期担任宋庆龄的秘书）的信中，进一步感谢中共中央和毛泽东主席的盛情邀请，对不能及时北上表示非常遗憾，并特意请何香凝到达解放区后，代她再次向中共中央致意。

宋庆龄虽然因各种情况所限未能及时北上，但她的心与中国共产党是紧紧连在一起的。在中国历史即将翻开新的篇章之际，历尽风雨的宋庆龄抑制不住内心的喜悦，发自肺腑地说：

"我的精神是永远跟随着你们的事业。"

为了给即将诞生的新中国尽可能地多留下一些资金和物资，以尽快恢复和发展经济，宋庆龄不顾个人安危，组织中国福利基金会参加中共领导的上海临时联合救济会，协助地下党同国民党转移、破坏国家资产的阴谋作了卓有成效的斗争。随后，她又争取到大批面粉、大米和奶粉等食品。由于当时局势混乱，她赶紧派人与赵朴初联系，将这批物资抢运出码头，妥善存放在上海各寺庙、庙堂内。后来这批物资对上海新政权克服解放初期供应上的混乱和困难，起了不小的作用。

正如宋庆龄在信中所写的那样，革命形势突飞猛进，势不可挡。

4月21日，毛泽东主席和朱德总司令发出了《向全国进军》的命令。中国人民解放军百万雄师强渡长江，以秋风扫落叶之势迅速摧毁国民党军号称"固若金汤"的千里江防。

4月23日晚，人民解放军攻占了国民党反动政府所在地——南京，宣告蒋家王朝的覆灭。

5月27日，中国第一大城市——上海解放。

中国人民解放军第三野战军司令员陈毅一到上海，就打听宋庆龄的下落，并决定马上把她接到安全地方，专门派出部队负责警卫。接着，陈毅和潘汉年亲自登门拜访宋庆龄，向这位给予解放区大量物质支援、以特殊的方式参加人民解放战争的伟大战士致以崇高的敬意，共同庆贺人民的胜利。

宋庆龄为人民的胜利而欢欣鼓舞，高兴地说：

"解放了就好了。国民党的失败，是我意料之中的，因为它敌视人民、反对人民、压迫人民；共产党取得胜利，是必然的，因为它代表人民，为人民谋福利。"

★ 毛泽东亲到火车站迎接宋庆龄，诚恳地说："欢迎你来和我们一起筹建新中国的大业！"

1949 年 6 月 15 日，新政协筹备会第一次全体会议在北平中南海勤政殿开幕。

出席会议的有中国共产党、中国国民党革命委员会、中国民主同盟及其他民主党派、人民团体、各界民主人士、少数民族和海外华侨代表等 134 人。

毛泽东在讲话中指出：召开新政协的时机已经成熟，这个筹备会的任务就是"完成各项必要的准备工作，迅速召开新的政治协商会议，成立民主联合政府，以便领导全国人民，以最快的速度肃清国民党反动派的残余力量，统一全中国，有系统地和有步骤地在全国范围内进行政治的、经济的、文化的和国防的建设工作"。

鉴于人民政治协商会议即将正式召开，新中国即将成立，中共中央决定派邓颖超专程前往上海迎接宋庆龄北上，参加新中国的筹建工作。为此，毛泽东给宋庆龄亲笔写了一封热情洋溢的邀请信：

庆龄先生：

　　重庆违教，忽近四年。仰望之诚，与日俱积。兹者全国革命胜利在即，建设大计，亟待商筹，特派邓颖超同志趋前致候，专诚欢迎先生北上。敬希命驾莅平，以便就近请教，至祈勿却为盼！幸此。

　　敬颂
大安！

毛泽东

一九四九年六月十九日

周恩来也给宋庆龄写了一封言辞恳切的信：

庆龄先生：

沪滨告别，瞬近三年。每当蒋贼肆虐之际，辄以先生安全为念。今幸解放迅速，先生从此永脱险境，诚人民之大喜，私心亦为之大慰。现全国胜利在即，新中国建设有待于先生指教者正多，敢藉颖超专诚迎迓之便，谨陈渴望先生北上之请。敬希早日命驾，实为至幸。耑上。

敬颂

大安！

周恩来

一九四九年六月二十一日

6月25日，邓颖超携带毛泽东、周恩来给宋庆龄的亲笔信，风尘仆仆地赶到上海。

此前，廖梦醒已奉命先去看望宋庆龄，并向她转告了中共中央再次邀请她北上共商国是之意。

宋庆龄听了廖梦醒的陈述后，陷入了沉思。1925年3月孙中山在北平逝世的极度悲伤，1929年5月从碧云寺"奉移"孙中山灵柩去南京的凄惨情景，又一齐浮上了她的眼前。

宋庆龄抬起头来对廖梦醒说："北平是我最伤心之地，我怕到那里去。"

廖梦醒十分理解她的心情，劝慰道："北平将成为新中国的首都。邓大姐代表毛主席、周副主席特地专程来迎接你。"

邓颖超到达上海的当晚就前往寓所看望宋庆龄。两位知心的老战友在胜利后重逢，喜不自胜。

宋庆龄细细读过毛泽东、周恩来的亲笔信。信的字里行间洋溢着对她的敬佩、信任和期待，给她带来极大的喜悦和鼓舞。

新中国在召唤，战友们在期盼。宋庆龄欣然决定北上。她对邓颖超说：

"个人情感事小，建国大计事大。我决定接受毛主席和周恩来先生的邀请，去北平！"

1949 年 7 月 1 日，是中国共产党诞生 28 周年纪念日。6 月 30 日晚，中共中央华东局统战部举行庆祝大会。宋庆龄在邓颖超、廖梦醒的陪同下出席了大会。

庆祝大会上，陈毅致辞。随后，由邓颖超代因身体不适的宋庆龄，宣读了她亲自写的热情洋溢的祝词：

> 这是中国人民生活中的一个最伟大的时期。我们的完全胜利已在眼前。向人民的胜利致敬！
>
> 这是我们祖国建设和前进的动力，我们的旗帜是"生产"，更多的生产。向人民的力量致敬！
>
> 这是我们祖国的新光明。自由诞生了。它的光辉照耀到反动势力所笼罩的每一个黑暗角落。向人民的自由致敬！
>
> ……
>
> 这一次胜利的战士们的力量增强了。他们的英勇，无匹，他们的心同老百姓的心连在一起。向中国人民解放军致敬！
>
> 欢迎我们的领导者——这诞生在上海、生长在江西的丛山里、在二万五千里长征的艰难困苦中百炼成钢、在农村的泥土里成熟的领导者。向中国共产党致敬！
>
> ……
>
> 这篇激情四射的祝词是一位历史见证人亲手写下的历史纪录，是一位革命斗士发自肺腑的胜利欢呼，火一般的激情，诗一般的语言，打动了每个听众的心。会场上顿时响起雷鸣般的掌声，经久不息……

临行前，宋庆龄请邓颖超转告中央领导不要开欢迎会，也不要到车站迎接。

中共中央为宋庆龄的北上作了各方面周密的安排。在 6 月下旬邓颖超前往上海时就指示上海市委在宋庆龄北上时，要做好护送工作，以保护安全。7 月 1 日，又专门指示上海市委嘱上海铁路管理局，准备头等卧车并附餐车，供宋庆龄北上之用；在其北上时，专列由上海直开南京，然后再由浦口直达北平。中央领导同志还亲自过问在北平为宋庆龄准备住所事宜。8月3日，周恩来亲自到为宋庆龄准备的住所察看，看到住所比较宽敞表示很满意。

8月26日，当听到宋庆龄从上海出发的消息后，毛泽东非常高兴地说："邓颖超同志这次上海之行，出色地完成了党中央交给她的任务。"说完，毛泽东就翻看日历，扳着指头，计算路上的行程和到京的时间，期望之情溢于言表。

28日下午，毛泽东提前起床了。按照习惯，他在院内的树荫下散步，然后就回屋吃饭。匆匆吃过饭，毛泽东就换上一身浅色的衣服和一双平时不大穿的胶底皮鞋，准备去火车站接宋庆龄。

毛泽东亲临车站迎接，这是少有的现象，自然非同寻常。他郑重地告诉工作人员：

宋庆龄是孙中山先生的夫人，是一位了不起的杰出人物，是中国妇女的典型代表，在全国全世界都很闻名。她早年就追随伟大革命先行者孙中山先生，开始了革命生涯。孙中山先生逝世后，她坚决与背叛孙中山先生事业的蒋介石反动派决裂，同中国共产党合作。抗日战争中，她给予了中国共产党和人民军队很大的物质上的帮助。解放战争中，她一直利用她所领导的中国福利基金会继续为各解放区募集了大量物资。

金秋的北平，天高气爽。

北平前门火车站，毛泽东、朱德、周恩来、林伯渠、董必武、李济深、何香凝、沈钧儒、郭沫若、聂荣臻、蔡畅、柳亚子、康克清等人，站在月台上等候宋庆龄的到来。

随着汽笛一声长鸣，一列火车喷吐着白烟，徐徐驶进站台。毛泽东立即扔掉手中还未抽完的香烟，向火车走去。

火车缓缓停下。宋庆龄在邓颖超和廖梦醒的陪同下，面带笑容出现在车厢门口，月台上响起了极为热烈的掌声。只见她精神焕发，步履轻盈，身穿一件黑色的旗袍，颈上围着一条白色的纱巾，乌黑的头发在脑后梳了个发髻，显得非常朴素整洁、端庄大方。

毛泽东立即迎上前去，伸出了双手。

具有历史性意义的一幕出现了。重庆一别后，毛泽东与宋庆龄这两位20世纪中国革命的伟人，时隔四年在古都北平，在人民革命胜利的灿烂阳光下重又聚首了，两双手紧紧握在一起。

毛泽东高兴地说："欢迎你，欢迎你，一路上辛苦了！"

如此隆重的欢迎，实在出乎宋庆龄的预料。最令她想不到的是，毛泽东主席在百忙之中会亲自前来迎接她。

"谢谢你们的邀请，我向你们祝贺。祝贺中国共产党在你的领导下取得的伟大胜利。"

"欢迎你来和我们一起筹建新中国的大业！我们有许多事情要向你请教。"

宋庆龄也抑制不住内心的喜悦，说："你们做得很好，我愿意为建立新中国的伟大事业尽自己的绵薄之力。"

随后，朱德、周恩来等人都和宋庆龄握手，对她的到来表示热烈欢迎。

当晚，毛泽东在中南海设宴为宋庆龄洗尘。朱德、刘少奇、周恩来等党中央领导人都参加了宴会。

宴会上，不善饮酒的毛泽东频频举杯，向宋庆龄敬酒。宾主回顾往昔，展望未来，洋溢着团结友谊的气氛，充满着胜利和喜悦的心情。

毛泽东举杯向宋庆龄敬酒时说：

"欢迎你这位在中国革命中劳苦功高，在与中共合作中作出巨大贡献的中国杰出的女士宋庆龄先生，欢迎你与我们继续合作，共商建国大事，为把中国建设得繁荣富强、屹立于世界东方，使我们的子孙后代都能过上美满幸福的生活而共同努力。"

中国共产党与毛泽东的信任和盛情，使宋庆龄深为感动：

"感谢毛主席、周副主席派邓颖超同志到上海去接我，感谢今天毛主席、周副主席等到车站去迎接我，感谢设宴欢迎我。今后，我要在中国共产党和毛主席的领导下，为建设新中国努力奋斗！"

9月21日，中国人民政治协商会议第一届全体会议在中南海怀仁堂隆重开幕。宋庆龄当选为大会主席团常务委员。她还作为特邀代表在大会上发表了热情洋溢的讲话，歌颂中国共产党与毛泽东的丰功伟绩。

今天，中国是一个巨大的动力，中国的人民在前进，在革命的动力中前进。这是一个历史的跃进，一个建设的巨力，一个新中国的诞生！我们达到今天的历史地位，是由于中国共产党的领导。这是唯一拥有人民大众力量的政党。孙中山的民族、民权、民生三大主义的胜利实现，因此得到了最可靠的保证。

……

让我们现在就着手工作，建立一个独立、民主、和平与富强的新中国，和全世界的人民联合起来，实现世界的持久和平。

会场里响起了雷鸣般的掌声，经久不息。

9月30日，大会选举毛泽东为中央人民政府主席，宋庆龄与朱德、刘少奇、李济深、张澜、高岗当选为副主席。

1949年10月1日，古老的北京城阳光灿烂，秋风送爽，披上节日的盛装。中国的历史又翻开了新的一页。

是日，30万翻身的劳苦大众欢聚在天安门广场上隆重庆祝自己亲手创建的中华人民共和国的诞生，歌唱自己的翻身解放。宋庆龄随着毛泽东、朱德登上了庄严巍峨的天安门城楼。

15时整，中央人民政府秘书长林伯渠宣布庆祝典礼开始。

毛泽东以洪亮的声音向全世界宣告：

"中华人民共和国中央人民政府今天成立了！

随着毛泽东按动按钮，天安门广场上第一面鲜艳夺目的五星红旗冉冉升起，迎风飘扬。

此时此刻，宋庆龄眼睛里闪烁着晶莹的泪花，遥望着天安门广场中央矗立着的孙中山巨幅画像，心中思绪万千，激动不已。孙中山的遗愿，她为之奋斗的理想，在中国共产党与毛泽东的领导下，经过28年艰苦卓绝的斗争，今天终于实现了。

后来，宋庆龄在谈到此时此刻的心情时，是这样说的：

这是一个非常庄严的典礼。但是在我的内心，却有一种难以抑制的欢欣。回忆像潮水般在我心里涌起来，我想起许多同志们牺牲自己的生命换得了今日的光荣。连年的伟大奋斗和艰苦的事迹，又在我眼前出现。但是另一个念头抓住我的心，我知道，这一次不会再回头了，不会再倒退了。这一次，孙中山的努力终于结了果实，而且这果实显得这样美丽。

开国大典使宋庆龄对北京有了一个全新的感受，一个月后，她为上海人民广播电台撰文《华北之行的印象》，写道：

> 我这次到北京时的感觉，与我 1925 年所经历的，真有天壤之别，那时候这历史古城是帝国主义的基地，也是孙中山不幸逝世的地方。现在这个城市变成了人民的讲坛，我们听到了人民声震云霄的洪大呼声，它是新中国的诞生地，北京立刻使人感觉到是一个充满了广阔伟人思想、影响四万万七千两百万人民的城市……

★ 毛泽东在贺年片上写道："亲爱的大姐，你好吗？睡眠尚好吧"

中华人民共和国成立后，宋庆龄担任了中央人民政府副主席、国家副主席、全国人大常委会副委员长及全国政协副主席等国家主要领导职务。她与中国共产党的合作达到了一个新的高度。

在几十年的革命战争中，宋庆龄与毛泽东等中共中央领导人并肩战斗，同甘共苦，结下了深厚友谊。在为新中国建设事业共同操劳中，他们互相支持，互相信赖。毛泽东对宋庆龄非常尊重和信任，经常就国际、国内的重大问题与她交换看法，听取她的意见。宋庆龄也经常就国家建设中的问题，坦陈己见。他们之间在政治上推心置腹，肝胆相照；生活上也互相关怀，经常往来。

（一）请假

1950 年春，宋庆龄因工作劳累旧病复发，不能到北京开会。为表歉意，同时也是表示对毛泽东的尊重，她特意写了一封信。

毛主席：

在京畅聆谠论，深感万分愉快。告别以来，倏忽二旬，想您最近身体健康，甚盼及时珍重，作充分休息。

我返沪后即着手筹备救济总会宣传部工作，因事属创举，不得不周详计划，昕夕从事，刻无暇晷，致最近旧疾复发，正在诊治之中，故本月恐未克来京开会，尚希见谅。

兹附上由美国转来之斯诺先生函一封，即请察收。我对渠最近之思想是否正确一时无法侦知，因久未阅其著作，故不易臆测。如有复函，我可代为转寄。

此致

敬礼！

宋庆龄
一九五〇年六月三日

北京中南海，毛泽东得知宋庆龄身体有恙后，非常挂念，当即叮嘱上海市委的有关负责人，前去探望。

（二）赠书

1952 年，宋庆龄在陈毅等同志的建议下，将 1927 年以来发表的文章、演讲和声明等共计 63 篇选编成册。这本取名为《为新中国奋斗》的书于当年 10 月出版。宋庆龄立即将一本还散发着油墨清香的书赠与毛泽东。

10 月 10 日，毛泽东亲笔复函致谢：

宋副主席：

承赠大著《为新中国奋斗》，极为高兴，谨致谢意。另承赠他物，亦已收到，并此致谢！

　　顺祝

康吉

毛泽东

十月十日

　　新中国成立后，宋庆龄将大量的精力投入培育儿童的事业中去。

　　1953 年 7 月，宋庆龄将《为新中国奋斗》一书的稿酬全部捐赠给中国人民保卫儿童全国委员会，作为儿童福利基金，并语重心长地说：

　　"儿童是我们的未来，是我们的希望，是我们国家最宝贵的财富，我们必须像爱护幼苗一样爱护他们，像栽培小树一样栽培他们。"

　　1953 年 8 月 24 日晚，宋庆龄亲自率领中国福利会儿童剧团到中南海，为毛泽东、朱德、周恩来等中央领导人进行了汇报演出，受到毛泽东等人的好评。随后，应毛泽东的邀请，小演员们又为毛主席请来的小客人在怀仁堂作了多场精彩表演。

（三）地毯与鸭绒枕头

　　毛泽东和宋庆龄都在为党和国家大事日夜操劳，但他们依然保持着诚挚的友谊、亲切的交往。

　　毛泽东时常关注着宋庆龄的健康冷暖。由于工作需要，宋庆龄每年都到上海的寓所——淮海中路 1843 号（今宋庆龄故居）居住一段时间。毛泽东得知她在上海的住所是一个二层小楼，卧室在二楼，客厅在楼下。为了让年事已高的"亲爱的大姐"上下楼梯更安全，1961 年毛泽东到上海视察时，亲自到宋庆龄家里探望，并赠送了一条绣有梅花图案的红地毯，铺在楼梯上。几十年过去了，这条已有些褪色的红地毯依旧铺在宋庆龄故居的楼梯上，向人们讲述着这两位伟人的真挚友谊。

　　宋庆龄同样也非常关心毛泽东的健康，每次出访回到北京，或收到朋友的馈赠，她都要将礼品分赠给毛泽东。当得知毛泽东常因国事繁忙而休息不好时，宋庆龄特意送给他一个鸭绒枕头，希望他能安然入睡。每年元旦来临之际，宋庆龄会准时给毛泽东寄去贺年片，表达问候。

（四）贺年片

1956 年元旦，毛泽东收到了宋庆龄寄来的满含祝福之意的贺年片，十分高兴，提笔给宋庆龄写了一封既生动有趣又热情洋溢的信。

> 亲爱的大姐：
>
> 贺年片早已收到，甚为高兴，深致感谢！江青到外国医疗去了，尚未回来。你好吗？睡眠尚好吧。我仍如旧，七分能吃，十分能睡。最近几年大概还不至于见上帝，然而甚矣吾衰矣。望你好生保养身体。
>
> 毛泽东
>
> 一月二十六日

毛泽东感情丰富而深沉含蓄，他称宋庆龄为"亲爱的大姐"，表达了他半个世纪以来对她的景仰、尊敬和热爱。

宋庆龄对毛泽东的敬仰是发自内心的，曾说：

"毛泽东是一位目光远大，举世无双的领袖和导师，他是伟大的事业的引路人。"

刘少奇的夫人王光美在《永恒的纪念》一文中写道：

> 宋庆龄一向敬佩毛主席。她在北京和上海住所的客厅里，一直悬挂着她亲自选择的孙中山先生和毛泽东同志的像片。毛泽东同志的像片都是生活照，显得十分亲切……

（五）申请入党

从大革命开始，宋庆龄与中国共产党荣辱与共，经历了几十年的考验，无论在胜利还是遇到挫折时，她与共产党的合作始终如一，在心中早已把共产党视为孙中山革命理想和事业最忠诚的继承者和领导者。

1956 年 9 月，应中共中央和毛泽东之邀，宋庆龄列席了中国共产党第八次全国代表大会。她无比激动，这是她"毕生中感到最光荣和最愉快的事"。

在会上，宋庆龄发自肺腑地说：

"没有党的领导，我们的胜利是不可能的。我坚信将来，社会主义和共产主义终于会成为全世界一种通行的社会制度。这种制度，只有在共产党的领导下才能实现，也一定会实现。"

会后，毛主席特意到宋庆龄的寓所看望她，征求她的意见。

1957 年 4 月，宋庆龄在上海寓所会见刘少奇。

刘少奇向她谈起共产党内正在开展整风运动，并言辞恳切地说：

"孙中山先生很有才华和魄力，献身革命几十年如一日之所以没有成功，就因为没有一个好党。"

宋庆龄点头称是，非常赞成这一见解。她向刘少奇倾吐了自己埋在心中的渴望："我希望参加共产党。"

刘少奇听后，非常高兴，但还是慎重地表示：

"这是一件大事情，我将转报党中央和毛主席。"

不久，周恩来和刘少奇在上海宋庆龄寓所向她转达了党中央和毛主席的意见。

刘少奇诚恳地说："党中央认真地讨论了你的入党要求，从现在情况看，你暂时留在党外对革命所起的作用更大些。你虽然没有入党，我们党的一切大事，都随时告诉你，你都可以参与。"

毛泽东是这么说的，也是这么做的。新中国成立后，党内所有重要文件都送给宋庆龄审阅。

（六）头等舱

毛泽东对宋庆龄也是始终保持着特殊的尊重，甚至可以说是表现出对其他任何人都不曾有过的尊重。

1957 年 11 月 17 日，是苏联十月社会主义革命胜利 40 周年。当时苏联是全世界共产党的领导核心，每一个国家的共产党都把苏联看作他们的榜样，苏联的国庆当然都要去庆祝。

我国自然也不例外，派了一个庞大的代表团去庆祝，毛泽东主席亲任代表团团长，宋庆龄副主席任副团长，并出席在莫斯科举行的社会主义国家共产党和工人党代表会议。

宋庆龄以一党外人士的身份参加中共代表团，而名次排列仅次于毛泽东，毫无疑问，共产党是将她作为党员来对待的。

毛泽东郑重地对苏共领导人说："宋庆龄与郭沫若、沈雁冰现在虽然不是党员，但我们把他们当成我们党的同志一样看待。"

在莫斯科，宋庆龄以中苏友好总会会长的身份代表中国代表团做了题为《全人类将选择社会主义》的讲话。在会议通过的《社会主义国家共产党和工人党代表会议宣言》上签字的时候，宋庆龄就坐在毛泽东的旁边。

从莫斯科归国时，毛泽东与宋庆龄同坐一架飞机。毛泽东坚持让宋庆龄坐头等舱，自己坐二等舱。"你是主席，你坐头等舱。"宋庆龄极力推辞。"你是国母，应该你坐。"毛泽东严肃地说。

（七）大白菜

从苏联回国不久，毛泽东收到山东胶县农民送来的三棵特大大白菜，立即选了两棵大个的，分别送给宋庆龄和张治中。

这棵大白菜重二十七八斤，宋庆龄收到后非常高兴，当即提笔给毛泽东写了一封信。

敬爱的毛主席：

　　承惠赠山东大白菜已收领。这样大的白菜是我出生后头一次看到的。十分感谢！

　　您回来后一定很忙，希望您好好休息。

　　致以

敬礼！

宋庆龄

一九五七年十二月一日

★ "文化大革命"中，周恩来遵照毛泽东的批示，起草了一份应予保护的干部名单，宋庆龄列在第一位

宋庆龄与毛泽东数十年如一日，为中国人民民主和社会主义事业的胜利，为共产主义运动的发展，呕心沥血，建立了不朽的功绩。

毛泽东高度评价宋庆龄以及她为共产党和人民所作的重要贡献：

"1927 年后，真能继续孙中山先生革命救国之精神的，只有先生与我们的同志们。"

1966 年夏，"文化大革命"开始了。这是一场由毛泽东错误发动，被反革命集团利用，给党和国家及人民带来严重灾难的内乱。

在那段国难深重的特殊岁月里，中华大地黑风四起，浊浪排空。党和国家的正常秩序遭到严重破坏，无数的开国元勋惨遭迫害。

1966 年 8 月 29 日夜，"新北大红卫兵"冲进民主人士章士钊的家中，造了大约两个小时的反，带了大批的"战利品"（以书籍、信件为主）心满意足地撤退了。

当夜，章士钊提笔给毛泽东写信，告诉毛泽东北大红卫兵如何来抄了他的家并斗争了他。

第二天一早，信就送到了中南海。毛泽东收到章士钊的信后立即批给周恩来总理，并批示：

> 送总理酌处，应当予以保护。

周恩来不仅立即对章士钊的安全采取了十分周密的措施，而且亲自拟定了一批应受保护的民主党派人士及干部名单，其中有宋庆龄、郭沫若、程潜、何香凝、傅作义、张治中、李宗仁、邵力子、蒋光鼐、蔡廷锴、沙千里等人。在这份名单上，第一个人就是宋庆龄。

但是红卫兵小将仍搞得宋宅不得安宁。

9 月 1 日，周恩来对首都红卫兵讲话时，严肃地批评他们要到宋庆龄家贴大字报的错误，郑重指出：

宋庆龄是孙中山的夫人。孙中山的功绩，毛主席在北京解放后写的一篇重要文章《论人民民主专政》中肯定了的。他的功绩也记在人民英雄纪念碑上。南京的同学一定要毁掉孙中山的铜像，我们决不赞成。每年"五一""十一"在天安门对面放孙中山的画像是毛主席决定的。孙中山是资产阶级革命家，他有功绩，也有缺点。他的夫人自从我们合作以后，从来没有向蒋介石低过头。大革命失败后她到了外国，营救过我党地下工作的同志；抗日战争时期与我们合作；解放战争时期也同情我们。她和共产党的长期合作是始终如一的。我们应当尊重她。她年纪很大了。今年还要纪念孙中山诞辰一百周年，她出面写文章，在国际上影响很大。到她家里贴大字报不合适。她兄弟三人姐妹三人就出了她一个革命的，不能因为她妹妹是蒋介石的妻子就要打倒她。她的房子是国家拨给她住的。有人说："我敢说敢闯，就要去。"这是不对的，我们无论如何要劝阻。

为了确保宋宅安全，周恩来特意指定有关领导主管宋宅的工作，指示公安部门包括派出所的同志细心地警卫宋庆龄的住宅。

11月12日，在人民大会堂举行隆重的纪念孙中山诞辰100周年的活动，宋庆龄发表了《孙中山——坚定不移，百折不挠的革命家》的演讲。在演讲中，她大段引用毛主席对孙中山的评价。毫无疑问，这些"最高指示"帮了她很大的忙，省去了许多麻烦。但是还是有一些被人挑动的造反派，企图利用宋宅的围墙作为大批判的阵地。

为了有效地阻止造反派的行为，工作人员想出了一条妙计——在沿街的那面围墙上写上"伟大的领袖毛主席万岁"的标语。这样一来，弄得造反派一筹莫展了。

"十年浩劫，百思不解，千重忧虑，万般无奈"。这便是宋庆龄在"文化大革命"时期的心境。

面对这场突如其来的政治风暴，宋庆龄十分孤独、苦闷和困惑，自恨无力回天，无法挽狂澜于既倒，救生灵于水火。但她与生俱来的正直善良、不畏强暴的本性，使她从未动摇自己对共产党和毛泽东的信念。

1976 年 9 月 9 日，毛泽东逝世。宋庆龄极其悲痛，不顾年事已高，仍然两次吊唁毛泽东，并参加了追悼大会，敬献了花圈。

1978 年，在毛泽东逝世两周年之际，宋庆龄满怀深情地写下了《追念毛主席》一文：

国共谈判时期，我在重庆初次和他会见，就感到他不但是一位党的领袖，并且是全国人民的导师，他思想敏锐，识见远大，令人钦佩。

那年我访问印度尼西亚回国后，毛主席邀我聚餐，我们谈话，这次谈得更为亲切，那时他就谈起了睦邻反霸的意见。

我在上海时，毛主席亦曾访谈，和毛主席的几次见面和谈话给我留下很深刻的印象。回忆起来，他是一位目光远大、举世无双的领袖和导师，他是大事业的引路人，而朱总司令和周总理是伟大事业的得力助手。

参考书目

中国军事百科全书编审委员会:《中国军事百科全书》,军事科学出版社,1997年7月。

中共中央文献研究室:《毛泽东传(1893—1949)》,中央文献出版社,1996年8月。

中共中央文献研究室:《毛泽东年谱(1893—1949)》,中央文献出版社,1996年12月。

中共中央文献研究室:《毛泽东诗词集》,中央文献出版社,1996年9月。

王铁峰、赵春毅:《曾志的故事》,中共党史出版社,1996年。

"毛泽东与我"征文活动组委会:《我与毛泽东的交往》,山西人民出版社,1993年11月。

曾 志:《一个革命的幸存者:曾志回忆录》,广东人民出版社,1999年12月。

中国青年出版社:《难忘的回忆——怀念毛泽东同志》,中国青年出版社,1985年1月。

郭思敏:《我眼中的毛泽东》,河北人民出版社,1990年1月。

刘明银:《带翅膀的摄影机——侯波、徐肖波口述回忆录》,北京大学出版社,1999年1月。

沈 葵:《王稼祥:家世·情感·品格》,济南出版社,2001年9月。

朱仲丽:《我知道的毛泽东》,中国青年出版社,1998年4月。

朱仲丽:《毛泽东、王稼祥在我的生活中》,中共中央党校出版社,1995年2月。

朱仲丽：《疾风知草劲：毛泽东与王稼祥》，中共中央党校出版社，1999年1月。

施昌旺：《王稼祥传》，安徽人民出版社，2003年4月。

贾思楠：《毛泽东人际交往实录》，江苏文艺出版社，1989年6月。

刘　英：《我和张闻天命运与共的历程》，中共党史出版社，1997年8月。

王朝祥、王建亭：《刘英的故事》，中共党史出版社，1996年。

王林育：《张闻天与刘英》，中央文献出版社，2000年9月。

胡正耀：《女杰何宝珍烈士》，中国妇女出版社，1998年10月。

张　绛：《刘少奇一家》，河南大学出版社，2001年6月。

潘相陈：《中国高干夫人档案》，北方妇女儿童出版社，1998年10月。

宗　诚：《丁玲》，中国华侨出版社，1999年10月。

周良沛：《丁玲传》，北京十月文艺出版社，1993年2月。

王中杰、邵华：《情系骄杨》，海南出版社，1993年11月。

何鹄志、刘仁荣：《满门英烈》，海南出版社，1993年11月。

赵志超：《毛泽东一家人》，中央文献出版社，2000年4月。

宋一秀、杨梅叶：《毛泽东的人际世界》，中央文献出版社，2000年10月。

丁　玲：《魍魉世界风雪人间：丁玲的回忆》，人民文学出版社，1997年12月。

陈冠任：《宋庆龄大传》，团结出版社，2003年1月。

邹项毅：《宋庆龄》，昆仑出版社，1999年1月。

陈廷一：《宋庆龄全传》，青岛出版社，1996年7月。

宋庆龄：《宋庆龄选集》，人民出版社，1992年10月。

辛　平：《毛泽东与党外人士》，太白文艺出版社，1993年12月。

金振林：《毛岸英》，人民出版社，1993年12月。

郭智荣：《毛岸英之歌》，陕西人民出版社，2000年9月。

王得山：《毛泽东一家》，中共中央党校出版社，1993年11月。

黄允升：《毛泽东珍闻录》，中央文献出版社，2000年1月。

中央文献研究室毛泽东研究组:《毛泽东珍品典藏》,2001年6月。

中共中央文献研究室、新华通讯社:《毛泽东》,中央文献出版社,1993年11月。

中国革命博物馆:《纪念毛泽东》,文物出版社,1986年12月。

刘代文、刘迪云等:《二十世纪中国女兵》,解放军出版社,1995年7月。